新编高等院校公共课精品规划教材

军事课教程

主　编／孔健

副主编／程少玉　于芳海

天津大学出版社

TIANJIN UNIVERSITY PRESS

内容提要

本书根据教育部、总参谋部、总政治部2007年联合颁发的《普通高等学校军事课教学大纲》（修订版）编写而成，以国防教育为主线，以军事理论教学为重点，旨在让学生掌握基本的军事理论与军事技能。

全书共分为十章，分别介绍了战略环境、中国国防、军事思想、军事高技术、信息化战争、共同条令教育与训练、轻武器射击、军事地形学、战术基础和军事综合训练。为了贯彻落实《中华人民共和国国防法》、《中华人民共和国兵役法》和《中华人民共和国国防教育法》的精神，书中参考了其中的部分内容。

本书可作为普通高等学校军事课程的教材，也可作为预备役军人学校军训的教材和重要参考读物。

图书在版编目（CIP）数据

军事课教程／孔健主编．—天津：天津大学出版社，2010.8（2013.7重印）

新编高等院校公共课精品规划教材

ISBN 978－7－5618－3635－4

Ⅰ.①军… Ⅱ.①孔… Ⅲ.①军事科学-高等学校-教材 Ⅳ.①E

中国版本图书馆CIP数据核字（2010）第149138号

出版发行 天津大学出版社
出 版 人 杨欢
地　　址 天津市卫津路92号天津大学内（邮编：300072）
电　　话 发行部：022－27403647
网　　址 publish.tju.edu.cn
印　　刷 河间市新诚印刷有限公司
经　　销 全国各地新华书店
开　　本 185mm×260mm
印　　张 16
字　　数 400千
版　　次 2010年8月第1版
印　　次 2013年7月第6次
定　　价 28.00元

前言

为大学生开设军事理论和军训课程，是党和国家赋予的战略任务，体现了党中央、国务院、中央军委对学生军事训练（简称军训）工作的高度重视和亲切关怀，标志着我国学生军训工作实现了由试点到全面展开的重要转变。军事教育作为学科教育进入普通高等学校，将在全面推进素质教育、加速人才培养、强化全民国防意识、加强国防后备力量建设等方面发挥积极的作用。

军事课是大学开设的一门必修课，深入了解其性质、任务和目标，准确把握其意义和学习方法，对增强大学生学习的自觉性和积极性，将其自身成才的迫切愿望同国家前途命运融为一体，具有重要的意义。

军事科学研究的对象是战争，而战争又是一定时间、空间内关系整个社会生活的特殊社会活动形态，因此军事科学具有以下三个基本特点。

(1) 阶级性。毛泽东指出：在阶级社会中，各种思想无不打上阶级的烙印。军事科学是一门涉及社会科学、自然科学等领域的综合性科学。自然科学的许多成就，特别是高科技方面的成就被广泛应用于军事领域。就科学技术而言，军事科学是为战争的政治目的服务的，其本身并不具有阶级性，但就军事科学的社会属性和政治目的而言，它具有鲜明的阶级性和民族特征。因为军事科学是军事实践的战争活动的理性总结，战争这一特殊社会活动形态是敌对双方的活动表现，不同阶级的人，其立场、观点和思想方法不同，对战争的认识和运用也不尽相同，所以军事科学具有鲜明的阶级性。

(2) 时代性。军事科学具有明显的时代性，不同的时代具有不同的特征。例如，我国古代的军事科学技术由于受到生产力和科学技术发展的局限，战争始终处于冷兵器时代。随着现代科学技术的进步，军事科学得到发展，使得战争形态、样式发生了根本性变化。

(3) 继承性。军事科学是随着历史的发展而发展的，也是在批判继承的过程中发展的。军事科学的历史表明，只有在继承前人军事科学遗产的基础上结合本阶级所处的时代特点，才能在军事斗争实践中创造和发展新军事科学。

军事科学的根本任务是从客观实际出发，透过极其复杂的战争现象，探索战争的内在客观规律，提出战争的主观指导规律，努力将客观规律与主观指导规律相结合，有效地指导战争的准备与实施。随着现代科学技术的进步，武装力量的建设、武器装备的发展等将进一步拓展军事科学的研究领域。因此，军事科学的任务就是不断地研究新情况、新问题，不断完善和发展军事科学理论。

军事课的目标是以国防教育为主线，通过大学生对军事课程的学习，使其掌握基本的军事知识与军事技能，增强国防观念和国家安全意识，强化爱国主义、集体主义观念，提高法制意识和组织纪律性，促进大学生综合素质的提高，为中国人民解放军训练后备兵员和培养预备役军官打下基础。

大学生参加军训具有特殊的意义。我国是人民民主专政的国家，我国立国的战略核心思想是人民战争思想，因此，国家十分重视全民国防观念和国防意识的教育，凝聚民族精神和向心力。我国宪法第五十五条规定："保卫祖国、抵抗侵略是中华人民共和国每一个公民的神圣职责。依照法律服兵役和参加民兵组织是中华人民共和国公民的光荣义务。"《中华人民共和国兵役法》第四十三条规定："高等院校的学生在就学期间，必须接受基本军事训练。根据国防建设的需要，对适合担任军官职务的学生，进行短期集中训练，考核合格的，经军事机关批准，服军官预备役。"《中华人民共和国国防教育法》对大学生参加军训作了更具体的规定，其目的是使学生在就学期间，履行兵役义务，接受国防教育，激发爱国热情，弘扬革命英雄主义精神，增强国防观念和组织纪律性，掌握基本的军事知识和技能，为中国人民解放军训练后备兵员和培养预备役军官打好基础。这些充分表明：高校开设军事课，是一种法律行为，是法律赋予高校的神圣职责。

军事科学是一门综合性学科，它集德、智、体、美于一身，通过学习可以促进大学生德、智、体全面发展。大学生正是处在长身体、长知识的时期，也是处于世界观、人生观形成和发展的时期。大学生通过军训，一方面，得到了体质和意志的锻炼，学习了我军的光荣传统和作风，培养了讲文明、守纪律、讲团结的良好作风，为促进良好的校风和学风打下了基础；另一方面，增强了国防观念和爱国热情，在人生观与价值观上紧紧地把自己的命运与国家和人民的命运联系起来，对树立为民族昌盛而发奋学习的观念起了积极作用。总之，本课程的学习，对大学生扩大知识面，改善知识结构，提高思想素质、业务素质、文化素质和身心素质是一个有力的补充，也是培养社会主义高素质接班人的有效形式。

对大学生进行军训是应付未来突发事件、抵御外来侵略的需要。新时期，党中央多次强调要做好军事斗争准备工作，首先是要做好兵员的储备和动员工作。因为，战争兵力动员补充是决定战争胜负的重要因素之一。当今世界暂处于相对和平时期，各国都注重经济发展，在经济上谋取战略制高点，在军事上加强质量建军。为了解决平时少养兵、战时多出兵的矛盾，许多国家在保持一支精干的常备军的前提下，通过各种方式训练和储备预备兵员，以保证战时多出兵。历史的经验表明，只有在和平时期有计划、有步骤地组织好、储备好各类预备役兵员，才能保证战时的需要。我国当前以经济建设为中心，需要一个安全的建设环境，然而这种安全的获取不是靠等待，而是要靠一支数量适中、质量高的常备军及其与众多的优秀后备力量相结合产生的威慑力量来取得。因为在一定的经济物质条件下，高素质的群体、强大的国防精神，可以使综合国力倍增。也就是说，大学生强烈的国防意识所焕发的向心力和凝聚力，在军事上可转化为战斗力，在经济建设上可转化为生产力，总体上有利于增强综合国力。

编　者

目 录

第一章
战略环境

第一节 战略环境概述

战略环境是指影响国家安全或战争全局的客观情况和条件，主要包括国际和国内的政治、经济、军事、外交、科技、地理等方面综合形成的客观情况和条件以及由此而形成的战略态势，特别是战争与和平的总态势。战略环境是动态的，它是制定战略的客观基础，它将随着国内外形势的发展而不断变化。全面、准确地认识和分析战略环境是正确制定战略的先决条件。

一、国际战略环境

国际战略环境是指一个时期内世界各主要国家在矛盾与斗争、合作与共处中的全局状况和总体趋势，是国际政治、经济、军事形势的综合体现。它主要包括各方力量消长、利益得失、矛盾升降、斗争起伏，特别是在双边或多边关系中敌与友、战与和、对抗与妥协、分化与组合、多助与寡助，在战争中进与退、攻与守、胜与负、强与弱、优势与劣势等方面的总状况和总趋势。

国际战略环境关系到一个国家的生存与发展、安危与兴衰，影响着一个国家军事斗争的对象、性质、目标、敌友关系以及军事力量建设与运用的基本方向。因此，在制定一个国家的战略时首先必须考察和关注国际战略环境这一外部环境和条件。国际战略环境的范围极其广泛，在研究和考察的过程中，重点应从以下几个方面人手。

（一）时代特征

时代特征反映了世界发展总进程中的矛盾领域和斗争状况，是整个世界在一定历史阶段的总标志，而不是个别国家的个别现象，也不是国际社会一时一事的情节或短时期的形势变化，因而，它具有世界性、阶段性的特点。正确认识时代特征，有助于战略指导者从宏观上把握当今世界的主要矛盾和总的发展趋势，进而对国际战略环境作出正确的判断，避免战略指导的重大失误。

（二）世界战略格局

世界战略格局是指世界各国政治、经济、军事力量在其消长、分化、组合过程中所形成的，对世界战略全局具有重大影响而又相对稳定的力量结构。它反映了一定时期内国际间的力量对比、利益矛盾和需求以及基本的战略关系。全面分析与研究世界战略格局，有助于从总体上了解世界各主要国家在世界全局中的地位以及战略利益方面的矛盾和需求，有助于对世界形势及其可能的发展趋势作出基本的估计。

（三）主要国家的战略动向

世界各国之间由于战略利益和政策的异同，既可能是对手，也可能是盟友。各国的战略动向，既互为条件、相互依存，又相互影响和制约。一些实力较强的世界性或地区性的大国，特别是超级大国所推行的战略，对其周边地区乃至世界的安全与稳定都具有重大影响，对其他国家的战略也有不同程度的影响。因此，一定时期内各主要国家的战略及发展趋势，是国际战略环境的重要部分。了解主要国家的战略动向，有助于从世界各国特别是大国之间的关系上具体地研究国际战略环境，进而对世界形势作出正确的判断。

（四）当代世界战争与和平的趋势

战争是解决阶级与阶级、民族与民族、国家与国家、政治集团与政治集团之间利益矛盾和冲突的最激烈的手段。只要战争的根源还存在，战争与和平就始终是国际安全面临的重大问题。因此，当代世界战争与和平的趋势在国际战略环境中最引人注目，也是世界各国研究和制定军事战略时最为关注的中心。

（五）周边安全形势

周边安全形势是指周边国家直接、间接影响本国安全的条件和因素。其中，周边国家与本国的利益矛盾、对本国的政策企图、与本国密切相关的军事力量及其部署等是直接影响本国安全的情况和因素，是周边安全形势中最值得关注和研究的重要内容。

从上述五个方面入手研究国际战略环境，对于洞察国际斗争，特别是战争与和平的基本趋势，进而判明对本国战略利益的影响具有十分重要的意义。

二、国内战略环境

国内战略环境是指对筹划、指导军事斗争全局具有重大影响的国内社会环境与自然环境，它反映了国家军事力量建设与运用的可能条件与制约因素，决定着战略的基本性质与方向，是制定战略的依据。

国内战略环境主要包括国家政治、经济、军事、地理等方面的基本状况，其中，国家地理环境、政治环境和综合国力状况对国内战略具有最直接的影响。

（一）地理环境

地理环境主要包括国家（战区）的地理位置、幅员、人口、资源、地形、气候以及行政区划、交通、要地等要素。这些要素与军事斗争的关系十分密切，是军事力量生存、活动的空间条件。军队的集结、机动、作战、训练、后勤补给等一切军事活动都要受到地理环境的影响和制约。因此，地理环境不仅是制定战略的重要客观依据，而且还是影响战争胜负的一个很重要的因素。加强对地理环境的研究与认识，是促使战略指导符合客观实际的一个重要环节。

（二）政治环境

国内政治环境涉及的范围比较广泛，其中，国家的政治、法律制度和基本国策以及国内政治安全形势两个方面对战略影响最大。国家的政治、法律制度和基本国策是国内政治环境的本质和核心，对军事斗争全局的筹划与指导起着决定性作用，是确定军事斗争的目的、性质、任务、基本方针、政策和战略指导原则的政治依据，也是保证战略得以贯彻实施的政治基础；国内政治安全形势，包括一定时期内国内的阶级、民族、宗教、政治集团之间相互关系的基本状况以及对政局和国家安全的影响。其中，敌对势力分裂、颠覆国家和发生武装冲突或国内战争的情况，是直接影响国家统一和稳定的因素，是筹划和指导军事斗争必须关注的重要问题。

（三）综合国力状况

综合国力是一个国家全部物质力量和精神力量、实力和潜力的总和，包括国家的人力、物力、财力、军力、科技与生产能力、社会保障与服务能力以及组织动员能力等。综合国力是军事斗争特别是战争的物质基础，是军事理论、作战方法发展进步的重要条件。因此，战略指导者必须立足于国家综合国力的实际状况，本着勤俭节约、讲究效益的原则，合理筹划和指导军事力量的建设与运用，使之与国家建设和社会发展总体水平相适应。

第二节　国际战略形势的新特点

近年来，国际形势总体上趋向缓和，国际战略形势也向缓和的方向发展，在世界经历从两极化向多极化转变的过渡时期，国际战略形势逐渐显露出以下新的特点。

一、美国成为世界唯一的超级大国

苏联的解体标志着以美苏对抗为特征的两极国际军事格局的终结，同时也导致了世界军事力量对比的严重失衡。美国作为冷战后唯一的超级大国，其经济、政治、军事、科技等力量占据着极大的优势。尽管它的经济在连续十多年的增长、特别是经历2008年金融风暴之后出现了一定程度的衰退，但它在国际舞台上仍具有最强的竞争力和影响力，处于“超级”或“超强”的地位。同时，由于世界战略格局的转变具有渐进性，这将使美国“一超独霸”的局面保持相当长的一段时期。美国也凭借其日益增强的政治、经济、军事、科技、文化等优势，企图利用2015年以前的“战略机遇期”，将防止在欧亚大陆出现对美构成战略威胁的新对手作为首要的目标，以确保“美在世界的领导地位”和巩固“既定的世界政治和经济秩序”。

二、世界多极化的趋势正在发展

冷战结束后，世界战略格局开始进入有史以来最激烈、最动荡、最复杂的过渡时期，在这个过渡期内，国际战略格局呈现出“一超诸强，多元争极”的基本态势。称霸与反称霸、单极与多极的斗争将极为激烈。因此，世界各种力量都在抓紧时机，发展经济、政治、科技、军事等力量，增强自己的综合国力，提高自己在世界上的竞争力和国际地位。突出表现在战后的日本、德国迅速崛起，已成为世界主要经济大国，并且凭借其强大的经济实力，力图谋求政治大国的地位，积极争取成为联合国安理会常任理事国，客观上朝着“极”的方向发展，极力争取得到“极”的地位。

日本是世界上仅次于美国的第二经济大国，人均国民收入已超过美国，外汇储备居世界第二位。尽管近些年经济较低迷，但整体实力依然强大，军事力量近年增长很快。随着其经济、科技及军事力量的增强，日本力争在关系世界稳定和发展的重大问题上拥有不次于其他大国的发言权，成为在未来国际战略格局中“支撑国际秩序的一极”。

欧盟具有雄厚的经济、科技和军事实力，在联合国安理会5个常任理事国中占有两个席位，在处理全球或地区事务中有很大的发言权；在南北关系中有较大的影响力，尤其与曾是其殖民地的发展中国家还保持着较为密切的政治、经济、文化联系。

俄罗斯虽然丧失了前苏联超级大国的地位，但其军事力量仍然是一个可以对世界形势产生重大影响的因素。俄军仍然是目前世界上唯一能与美国抗衡的军事力量。

中国是发展中大国，政治稳定，经济持续、快速、健康发展，综合国力不断增强，在国际事务中的影响力与日俱增，现仍属于一支“新生力量”。虽然发展道路并不平坦，但高速发展的趋势无人能阻挡，在21世纪中期成为多极化格局中的一极是毫无疑问的。

以上因素的存在都将促使世界军事格局朝着多极化的方向发展。当前“一超多强”的国际战略格局已初露端倪。

三、各种新的安全结构正在建立和完善

在两极格局时代，美苏始终互为对手，在西方集团内部即使有时其经济、政治上的矛盾升为主要矛盾，但盟友关系却一直是十分清楚的。而在两极格局瓦解后，对手和盟友便模糊不清了，均势的维持更多依靠结盟。

当前，世界各国正力求通过建立和完善各种形式的安全机制来维护自身的安全利益，各种力量正围绕建立新的全球和地区安全结构进行着斗争和协调，以使自己在未来新的安全结构中处于较为有利的地位。例如，以美国为首的西方国家尽管相互之间出于各自利益的考虑而产生日益明显的矛盾，但它们正加强协调，试图形成一个以它们为主体的、在某种程度上体现多边参与对话、相互协调和制约的安全结构。

在欧洲，北约加快了从军事政治集团向政治军事组织的转变，并开始调整其战略，以适应冷战后欧洲新的安全形势。1992年，北约决定将它的军事活动范围由北约成员国领土之内向整个欧洲扩展，北约建立了北大西洋合作委员会，将其作为北约成员国与原华约国家讨论安全问题的论坛，并与其他欧洲国家以及俄罗斯建立了“和平伙伴关系”。欧共体已于1993年11月开始实施《欧洲联盟条约》，成为欧洲联盟。欧安会已由过去东西方之间在安全问题上对话的论坛，发展成为一个在建立信任与安全、裁军谈判、泛欧安全与合作、调解冲突等方面能发挥一些作用的机构，并于1994年12月改名为“欧洲安全与合作组织”，初步建立了在危机情况下进行协商与合作的机制。在这个新的安全结构中，这些组织各自发挥作用的侧重点会有所不同，同时某些职能又会有所重合，从而互补共存，共同在欧洲安全事务中发挥影响。

在亚太地区，基本能够覆盖全区域的多边安全合作机制的主要有东盟地区论坛和亚太

安全合作理事会。东盟地区论坛（ARF）是东盟主导的、官方性质的多边安全合作机制。1994 年 7 月，东盟地区论坛首次外长会议在泰国曼谷召开，标志着论坛正式成立，其目标和宗旨是：作为一个高级别的磋商论坛，使亚太地区各国就共同感兴趣的和关注的政治安全问题开展建设性对话，为亚太地区建立信任和进行预防性外交。目前，论坛已发展成为有 26 个国家及欧盟参与的泛亚太地区多边安全合作机制。亚太安全合作理事会（CS—CAP）是西方国家主导的、非官方性质的多边安全合作机制，其目的是以非政府机构的形式促进亚太地区的安全与合作，通过开辟第二轨道外交，邀请国际非政府组织和政府官员以私人身份参加，发挥其对东盟地区论坛的咨询作用。此外，还有一些次区域性的官方与非官方安全合作机制，如朝核问题六方会谈、东北亚合作对话会、亚太圆桌会议、中美日安全磋商等。亚太地区重要的双边安全合作机制还包括中俄、中美等双边安全磋商机制。随着各地区安全机制的建立，预示着未来地区军事格局将朝着多样化、区域化的方向演进。在新的国际安全结构形成的过渡时期，联合国在协调和处理重大国际安全问题上的作用正在增强。在美苏冷战时期，联合国主要被作为政治讲坛，在维持世界和平方面所起的作用极为有限。随着旧的安全结构的解体，联合国将会在处理危机、调解冲突、监督停火、维持和平、军备控制等方面发挥更大的作用。然而，美国等西方国家也企图更多地利用联合国来干涉其他国家的内政。需要的时候，他们会打着联合国的旗号，如海湾战争时利用联合国组织多国部队打击伊拉克；不需要或者遭到反对的时候，他们则绕过联合国直接干涉，如以美国为首的北约空袭南联盟。这些都可能使问题复杂化，加剧某些地区的动乱。

四、经济因素的作用得到加强，但军事手段仍为各国重视

近年来，世界上大多数国家都将精力更多地转向国内的经济建设。随着科技和国际贸易的迅猛发展，促进了各国在经济上的密切交往，大大加深了世界各国在经济上的相互依存程度，很大程度上推动了各国更多地从经济利益的角度来考虑国与国之间的关系，并尽可能地避免采取极端的军事手段使矛盾激化，从而使经济因素在国际事务中的作用得到加强。反映在各国的安全政策上，几乎普遍一致地将确保国家的经济安全作为各国首要的目标，使军备建设服从于经济建设的需要。但是，军事手段的作用仍然为各国，特别是各大国所重视。其原因有以下几点。

第一，经济因素作用的加强可能推动一部分国家对军事手段的重视。某些国家正是出于维护自己经济利益的考虑，更加重视对海洋资源、贸易通道的保护，在经济得到发展之后，便加快了发展本国军备的步伐。例如，亚太地区的东盟国家以及中东地区的一部分阿拉伯国家近几年来不但没有降低军费，反而都增加了军费开支。

第二，各国经济竞争中民族主义情绪正在上升，促使一部分国家更加重视加强军事实力，以弥补经济力量的不足，并将其作为确保自身利益的重要手段。

第三，西方各大国，特别是美国仍然将军事力量当做对付所谓来自第三世界威胁的重要威慑和打击的手段。

由此可见，经济因素作用的加强，并不意味着作为解决国际争端的重要手段的军事因素的作用可以减弱或变得不重要；相反，在冷战结束后的一段相当长的时期内，军事因素仍然为各国所重视。

五、地区武装冲突和局部战争成为主要的军事冲突形式

随着美苏冷战的结束，世界大战的危险进一步减少，地区武装冲突和局部战争成为主要的军事冲突形式。这是因为：① 许多过去被美苏对抗这一主要矛盾掩盖着的民族、领土和宗教矛盾，随着冷战的结束而爆发出来；② 旧的世界战略格局的瓦解所带来的动荡，尤其是苏联和南斯拉夫解体所造成的局部力量真空和失衡使局势失控；③ 部分地区过去长期处于经济贫困之中，又受到因世界战略格局变化而带来的西方政治思潮的冲击和外援减少等影响，从而引发了严重的社会动乱；④ 国际恐怖主义、民族分裂主义和宗教极端主义"三股恶势力"对国际安全与稳定的影响更加突出。这些在旧的国际政治秩序瓦解和新的秩序形成过程中出现的各种动荡和矛盾，如果不能妥当处理和解决，就有可能引发新的冲突，从而对国际安全与世界的稳定构成新的、严重的威胁，甚至会给全世界带来灾难。

六、先进武器倾销，对和平产生不利影响

随着美苏冷战的结束和两极格局的瓦解，国际武器交易总额有所下降，无形地造成了更加激烈的国际武器市场的竞争。为了在减少国内武器采购和削减本国军备的同时，维持现有军工企业并从出口武器中谋取高额经济利益，美国、俄罗斯以及一些西欧发达国家大力支持本国的军火工业，在已有的国际武器市场基础上，扩大或寻求新的国际武器市场，源源不断地向第三世界，特别是向一些重要地区倾销先进的常规武器装备。据不完全统计，1990 年美国向第三世界出口武器达 185 亿美元，与 1989 年相比有较大的增长，超过了苏联，成为世界最大的军火出口国。1993 年，美国向外出口军火数量进一步增加，达到 320 亿美元。如此大数量地倾销先进常规武器，势必给被倾销地区带来诸多的不利影响，具体体现在以下几个方面。

第一，发达国家大量倾销先进武器在一些地区产生了一种"作用与反作用"效应，刺激一些国家竞相购买先进武器，引起某种地区性的军备竞赛，进而有可能打破现有的地区力量平衡，破坏这些地区的和平与稳定。

第二，有可能引发新的地区冲突。发达国家大量倾销先进武器可能会使某些国家的军事实力大大超出其自身的防备需要，进而促使它们在处理领土、边界等争端时更愿意诉诸武力。

第三，刺激了大规模杀伤性武器的扩散。一些得到先进战斗机的国家由此具备了核常规武器的投掷能力，而另一些得到较少先进常规武器的国家则企图用核武器来弥补自己在常规武器方面的劣势。

最后，发达国家大量倾销先进武器还将迫使第三世界国家将更多的财力和物力用于军事方面，从而影响它们的经济增长和社会发展的速度。

第三节　未来国际战略格局的发展趋势

一、"多极化"作为世界格局的一种趋势不可阻挡

当前，超级大国的单边主义图谋和世界范围主张多极化的力量继续激烈碰撞，美国作

为唯一的超级大国，仍然想凭借自己的强大实力，把本国的意识形态、价值观念、发展模式和社会制度强加于国情不同的世界各国，企图建立美国一家独霸的单极世界。尤其是自“9.11”事件后，美国更是打着“反恐”的旗号，趁机对战略地位极其重要的中亚和外高加索地区实行“历史性”的军事介入，并开始施加经济和政治影响。与此同时，还依仗自己庞大、先进的军事装备和雄厚的经济实力主导着北约继续东扩，加紧全方位推行自己称霸世界的全球战略。

但是，从长远来看，世界上从来就不可能有永远的“霸权”，大英帝国的衰落就是一个很好的历史例证。可以预见，美国的单极世界之路最终也是行不通的，这是因为，尽管美国具备先进的军事装备、雄厚的经济实力，但却无法包揽全世界的所有事务。随着世界局势越来越复杂，很多国际问题的解决单靠一个国家是根本不可能完成的，尤其是在世界面临许多新的威胁和挑战的情况下，只有在多边合作的基础上才能有效地解决或缓解。单边主义不可能解决全球面临的问题，只能使全球更不安宁。所以说，世界多极化趋势不可避免，尽管世界多极化的形成会经历一个长期、复杂的过程，其间也会充满各种政治力量之间的激烈争斗，但世界多极化的趋势却是不会逆转的，而未来一段时间世界格局的主要特征将体现在“次中心”的出现。

另一方面，当前世界战略力量呈现出多极化的发展趋势，最突出的特征表现在经济领域的多极化速度比其他领域的发展速度更快。战后几十年激烈的军事对抗和军备竞赛使美苏这两个超级大国的经济均不同程度地受到影响，并最终导致苏联解体；美国在国际市场的竞争能力也受到越来越严重的挑战。美国的国民生产总值在世界上所占的比例已由二战结束初期的46%下降到现在的28%。而日本和一些欧盟国家经过这几十年的迅速发展，已成为对国际事务有着重要影响的经济大国和经济集团。1993年，日本的国民生产总值约为3.8万亿美元，位居世界第二位，仅次于美国；1998年，欧盟的国民生产总值为8.8万亿美元，已超过美国和日本；统一后的德国具有强大的经济、科技实力与军事潜力，其国民生产总值超过了英、法两国。经济力量均衡化的发展必将引起政治、军事力量对比关系的变化。目前，日本和德国都在凭借自己强大的经济实力谋求政治大国的地位，积极争取成为联合国安理会常任理事国。此外，日本在亚太地区与美国争夺主导权的矛盾日益明显，并正在隐蔽地加强其军事力量，企图逐步建立起与其经济、政治地位相符的军事实力。

作为当今世界上最大的发展中国家的中国，政治稳定，经济发展充满活力，综合国力不断增强。经济的快速增长也使中国成为世界经济中一支越来越重要的力量。加上中国积极发展与世界各国的睦邻友好关系，在维护世界和平与稳定等方面发挥着积极而重要的作用。

俄罗斯作为苏联的主要继承者，其地域广阔，自然资源特别是能源非常丰富，而且具备相当先进的科技力量，特别是拥有强大的军事力量，是世界第二大核武库。从长远来看，俄罗斯不可能无限制地削减其军事力量而放弃其世界大国的地位，它的军事力量仍然是一个可以并可能对世界形势产生重大影响的因素。因此，无论从历史的角度还是从发展的观点看，俄罗斯都是世界格局中一支不可忽视的力量。

所有这些汇成了世界战略力量均衡化发展的主流。尽管世界战略力量均衡化的趋势在短时期内还不会引起世界军事力量的对比关系发生重大变化，但从长远来看，它对世界军

事形势的影响不可忽视。这一趋势的发展正在并将越来越明显地成为制约超级大国的霸权主义和强权政治的重要因素。可见，世界向“多极化”方向发展已经成为一种客观趋势，这既是历史的必然，也是时代的要求。

二、各方关系将日趋复杂化

随着冷战后国际形势的发展，当今世界五大力量的地位和关系已经发生了重要变化，尤其是中、俄、日、欧的地位提高，大国间相互关系显著增强。今后，维护世界和平、推动经济发展，主要依靠这五大力量的协调与合作，其中，美、中、俄的协调与合作尤为重要。从近、中期来看，世界上只有美、俄等国有能力把经济实力转化为政治实力，因为它们具备将经济实力转化为政治实力的四个条件，即辽阔的国土、众多的人口、强大的军事实力及其对外政策。不具备这四个条件，国家再强大、经济再发达，也难以成为具有世界性影响的战略力量，西欧一些国家乃至日本都是如此。因此，为了寻求自己在国际战略格局中的有利地位，当今世界的五大力量都在积极调整各自的对外政策以及战略关系，进而促使各方关系日趋复杂化。

第四节　我国周边安全环境的历史和现状

我国幅员辽阔，海陆兼备，陆地国土 960 多万平方千米，海洋国土 470 万平方千米，曾是世界上面积最大的国家。我国有着漫长的边界线和海防线。大陆边界全长约 2.28 万千米，大陆海岸线长约 1.84 万千米，另有岛岸线 1.4 万余千米，海岸线总长超过 3.2 万千米，为世界上海岸线最长的国家之一。在 19 世纪中叶，中国的陆地面积还在 1100 万平方千米以上。那时中国的版图，如一枚海棠叶——西跨巴尔克什湖到葱岭，东北到黑龙江的外兴安岭和库页岛，东南包括台湾及其附属钓鱼岛、赤尾屿等众多岛屿，南至南沙群岛，西南直到印度河上游流域地区。

19 世纪上半期，西方资本主义国家抓住中国“国防不固，军队不精”的致命弱点，开始对中国进行赤裸裸的侵略。闭关自守、夜郎自大的清政府终于被洋枪洋炮轰开国门，一个个不平等条约被迫签订，不计其数的黄金白银被掠走，数百万平方千米的国土被列强瓜分，海棠叶形的中华疆土被肢解、割裂、蚕食。这段泣血的历史让所有中国人心痛。

我国的陆地邻国共有 14 个，东北与朝鲜接壤，东北、西北与俄罗斯、哈萨克斯坦、吉尔吉斯斯坦、塔吉克斯坦为邻，正北方是蒙古国，西部毗邻阿富汗、巴基斯坦，西南与印度、尼泊尔、不丹相接，南面有缅甸、老挝和越南，并且与韩国、日本等许多国家隔海（洋）相望。

但由于历史的原因，中国与周边国家在领土边界上仍有很多历史遗留问题没有解决。

一、中俄、吉、哈、塔边境

中国与俄罗斯、哈萨克斯坦、吉尔吉斯斯坦、塔吉克斯坦的边界问题，是沙俄帝国主义和苏联霸权主义对我国侵略、蚕食所造成的。边界总长 7364 千米，其中东段 4280 千米，西段 3084 千米。中国近代，清朝政府腐败无能，国防虚弱，被沦为半殖民地，任人

宰割。沙皇俄国正是在这种情况下，强迫中国清政府签订了一系列不平等条约，非法霸占了东段黑龙江以北、乌苏里江以东共100多万平方千米，西段50多万平方千米的中国领土。苏联解体前，两国存在争议的是黑瞎子岛的归属问题，其中包括新疆帕米尔地区2.8万平方千米，新疆其他地区大小18块6000余平方千米，黑龙江、乌苏里江中的600个岛屿共1000余平方千米的国土面积。

新中国成立后，我国政府一贯主张协商解决边界争端。在我国政府的积极建议下，双方曾多次谈判，由于苏联坚持霸权主义态度，始终未能达成协议。20世纪60年代两国边境一度十分紧张。苏联挑起珍宝岛事件和铁列克提事件，我国给予了有力的还击。1986年7月，前苏联总统戈尔巴乔夫在海参崴讲话中，提到东段以河为界，以主航道中心线划分。1988年10月两国在边界谈判中，就东段大部分地段边界线走向取得了一致意见，1991年正式按此划定了边界线。对尚未取得一致的地段，双方将继续进行讨论。西段边界的关键是帕米尔地区（重点是我国与塔吉克斯坦和吉尔吉斯斯坦的交界处）约2万平方千米的土地。苏联不仅违反了《中俄续勘喀什噶尔界约》，而且在侵略阿富汗后，于1981年，与阿富汗当局签订了所谓的《从佐尔库里湖西岸到波瓦塔—什维伊科夫斯基峰的边界走向条约》。苏联单方面同第三国签订了涉及中苏争议的帕米尔地区边界走向，企图造成既成事实予以侵占。我国政府已宣布该边界走向条约是非法的、无效的。

2004年10月14日，中俄双方签署了《中华人民共和国和俄罗斯联邦关于中俄国界东段的补充协定》，就黑瞎子岛和阿巴该图洲渚两个未协商一致地段的边界线走向问题达成协议，从而标志中俄之间长达4300千米边界线的走向全部确定。

二、中印边境

印度是与我国西南边疆接壤的邻国，中印边境在历史上没有正式划定，双方按照行政管辖所及的范围形成了一条传统习惯线。全长约1700千米，共分三段：东段从中、印、不（丹）三国交界处至中、印、缅三国交界处，长约65千米；中段从西藏阿里地区同印度交界的6795高地至中、印、尼三国交界的强拉山口附近，长约450千米；西段从喀喇昆仑山口附近至6795高地，长约600千米。

印度于1947年独立以后，一直把西藏看做自己的势力范围，1950年曾阻挠我国和平解放西藏，1953年，非法占据传统习惯线与所谓的“麦克马洪线”之间9万余平方千米的中国领土，中段非法侵占我约2000平方千米土地。中印边界西段本来毫无问题，但1959年3月，我国西藏发生农奴主叛乱，印度趁机向中国提出占领阿克赛钦3.3万平方千米领土的要求。阿克赛钦一直是我国连接新疆和西藏阿里地区的交通命脉，历来是中国的领土，一直在我国控制之中。之后，印度又在东段地区挑起边境流血冲突，于1962年发动了边界战争。我军边防部队发起自卫反击作战，在东段，我军越过非法的“麦克马洪线”，直抵传统习惯线附近，在西段拔除了印军构筑的全部据点。

自1981年以来，中印双方为解决边界问题，举行了多次副外长级官员会谈，但是边界问题拖而不决。近年来印度积极加强中印边界地区的扩军备战活动，不断蚕食中国领土，多次侵占实际控制线内我国的土地。1986年12月8日，印度议会通过法案，将在其非法占领的东段中国领土（传统习惯线与非法的“麦克马洪线”之间）9万余平方千米内建立的“阿鲁纳恰尔”中央直辖区升级为“邦”，1987年2月20日宣布正式成立所谓的“阿鲁纳恰尔邦”。这一做法表明，印度又一次严重侵犯了中国的领土主权，中国政府决不承认。

从当前形势看，印军的战略指导思想是“西攻北守”，半数以上的兵力部署在印巴边境，中印边界还不会爆发较大规模的武装冲突。但是，印度地区扩张主义根深蒂固，绝不会轻易放弃非法侵占我国的12.5万平方千米的领土。

三、中越边境

中越边境全长约1300千米，早在1887年3月29日，清政府同法国政府就已签约，会勘立界。新中国成立以后，中越双方都表示尊重已划定的边界线。但是，过去越南积极投靠苏联，在东南亚推行霸权主义政策，控制老挝，入侵柬埔寨，使东南亚地区呈现不该有的紧张局势。从1974年开始，越南在中越边界上频频制造事端，蚕食我国领土。1979年越南挑起中越边境武装冲突，我国被迫自卫还击，越南没有得逞。但是，越南在我国自卫还击之后又越过边界，建立据点，修筑工事，袭扰我国边民，制造事端。目前，中越关系已恢复正常，边界冲突已经缓和，越南主动从边境一线后撤部队，降低军事对抗。但是，越南现在仍然侵占着我国南沙群岛西部的部分岛礁，构成从南子岛到安波沙洲约230海里的岛链。尤其是还把西沙群岛、南沙群岛和我国南海大部分海域划归它的版图。越南已将霸占我国南沙群岛、西沙群岛作为基本国策。它的方针是：增强该地区的军事存在，与中国抗衡，加紧侵占无人岛礁，力争保持和扩大既成事实。今后中越之间的争议仍然还是存在的，争议的重点是在南沙和西沙地区。

四、中国与日本

中国与日本在大陆架问题上一直存在着争议。中国与日本的大陆架是相向的，但不是共架。我国东海大陆架延伸至冲绳海槽中心线。日本却认为，中日两国是共架，主张按中心线划分海域，并要求以钓鱼岛为中心划分大陆架。这样就把东海海区约46平方千米的大陆架划去一半，恰恰把油气资源开发最有远景的海域大部分划归日本。1974年初，日本与韩国在东海大陆架东北部海域私自划定了所谓的“日韩共同开发区”（大约8万余平方千米），共同投资开发石油和天然气，严重侵犯了我国主权。

中日之间存在的领土争议，关键是日本侵占了我国的钓鱼岛群岛。钓鱼岛群岛是位于我国福建闽江东南500~600千米东海海面上的一群小岛，主要由钓鱼岛、黄尾屿、赤尾屿、南小岛和北小岛及若干小礁石组成，自明代以来就是中国固有的领土，一直在中国海边区之内，而且在主权上拥有国际法上的依据。日本1895年开始就妄图窃取中国的钓鱼岛群岛。1979年，日本擅自对钓鱼岛进行实地调查，在岛上非法修建临时直升机场；1981年日本冲绳县政府派人上岛考察，还在周围划定12海里海线，并以此为基础片面划定东海大陆架中间线海域。这是一种侵犯我国主权的行径。

目前，我国尽管与日本关系正常化，而且具有广泛的经济往来，但在领土争端问题上依然存在很大的争议，我们是不会放弃原则的。

五、中国与朝鲜半岛

朝鲜半岛西海岸面向我国辽东半岛、山东半岛和黄海海域。我国与朝鲜半岛有共同的大陆架，在大陆架的划分上存在着分歧。我国与朝鲜相邻共架，我国主张按国际惯例以中间线划界，朝鲜提出以纬度等分线划界，因此，双方在此问题上实际存在着明显的争议。但是，目前两国都从大局出发，各自采取忍让态度，所以边界始终相安无事。韩国与我国是相向大陆架。韩国主张以等距线划界，但黄海的海谷靠在朝鲜半岛一边。海谷两边的底土来源不同，海谷东侧以砾石粗沙为主，来源于黄河河道。韩国教授朴仲和发表文章说，中国要求以此为界划分大陆架，韩国实难反驳。1970 年，韩国宣布，黄海石油勘探区沿等距线划定，我国尚未表态。目前，我国与韩国存在着 10 万平方千米的海区争议。

六、中国与马来西亚

马来西亚侵占了我国南沙群岛南部的岛礁，目前已抢占的有榆亚暗沙、南海礁、光星仔礁、弹丸礁、簸箕礁、皇路礁等，其中一个有驻军，构成了从南海礁到禄康礁约 200 海里的岛链。马来西亚在传统海疆线内，即在我南沙的曾母暗沙附近海区打油井约 90 口，发现 2 个天然气田和 3 个油田。两个天然气田中较大的一个，位于宾七卢以北约 130 千米处，估计其储存量达 9500 亿立方米。1982 年 10 月底，我国发现马来西亚伙同英国石油公司在我国南沙的南薇滩附近钻探石油。

七、中国与菲律宾

菲律宾侵占了我国南沙群岛东部的岛礁，现已抢占我国中业岛、北子岛、西月岛、南钥岛、马欢岛、费信岛、双黄沙洲、司令礁、礼乐滩共 9 个岛礁，其中 8 个有驻军，入侵兵力约 100 人，构成从北子岛到司令礁约 200 海里的岛链。菲律宾已侵占我国 58 万平方千米的海域面积，在我国传统海疆内打油气井 7 口，其中油田 1 个、油井 1 口。1976 年 3 月底菲律宾已与美国、加拿大、瑞典各国的石油公司在我国南沙郑和群礁、安度礁地质考察和磁引震波探测。这是一种侵犯我主权的行为。

八、中国与其他国家

印度尼西亚在我国传统海疆内打下油气井 7 口，内有 1 口气井，估计储气量为 5.66 亿~11.32 亿立方米，可能是目前世界上最大的天然气田之一，其余均为干井。

我国与不丹边界全长约 55 千米，有争议地区有 5 块，双方共同控制，近年来正在进行边界谈判。

在以上这些国家中，有的大肆侵占我国疆土，掠夺我国资源，有的与我国存在历史遗留的边境问题。国家间的利害冲突，一旦通过外交途径无法解决时，就会爆发局部武装冲突，对此，我们必须时刻保持高度的警惕。中国人民是爱好和平的，但决不允许别国侵占我国的一寸土地、一滴水，决不会忍让外国对中国的任意凌辱和侵犯。坚持捍卫国家主权，保卫国家领土完整，维护国家尊严，这就是中国人民的严正立场。

九、台湾问题面临严峻挑战

台湾问题是我国的内政，这是我国政府的一贯主张。台湾问题的形成与发展虽然有极

其复杂的国际背景和外部势力的干扰，但它本质上是我国的内政问题。解决台湾问题，完成祖国统一大业是我国在新世纪的三大任务之一。台湾与祖国大陆的完全统一，不仅事关中国国家主权与领土完整及民族尊严，而且事关中华民族的生存与发展及中华民族在新世纪的伟大复兴。

然而，在陈水扁执政期间，岛内分裂主义倾向严重，台湾当局在一些西方大国的怂恿和支持下，坚持拒绝两岸进行政治谈判的顽固立场，坚持反对“和平统一，一国两制”的主张，积极推行“两个中国”的政策；公开抛出“特殊两国论”，在国际上以金钱为诱饵，搞“银弹外交”和“弹性务实外交”，企图谋求主权国家的外交地位；此外，还买通个别国家为其摇旗呐喊，鼓吹台湾以主权国家身份加入联合国。“台独”势力在台湾当局的纵容包庇下，公开鼓吹台湾独立，进行分裂祖国的活动。陈水扁执政后，不断鼓吹“拓展台湾国际生存空间”和“一边一国”论，使岛内分裂分子气焰更加嚣张。自马英九执政以来，台湾的分裂倾向有所缓和，但台湾问题仍为实现中国安全和中华民族伟大复兴的最大内患。

十、边疆地区仍不太平

我国是一个多民族的国家，56 个民族创造了灿烂的中华文明。新中国成立后，由于党和政府制定和执行了正确的民族政策和民族区域自治制度，少数民族的平等权利和民族自治权利得到充分保障，边疆和少数民族地区的经济得到了迅速的发展，人民生活得到很大改善，各民族团结的局面得到进一步巩固。

然而，部分地区民族分裂主义依然相当猖獗，突出表现在西藏和新疆地区。达赖集团在国外建立流亡政府，成为外国反华势力企图“分化”中国的工具，是西藏民族分裂主义的根源。达赖在国外到处游说，与国外反华势力勾结，就所谓“人权问题”和西藏问题攻击中国政府，妄图最终实现西藏独立。他打着宗教的幌子，千方百计向国内渗透、拉拢和迷惑信教群众，煽动民族分裂主义分子制造事端。新疆的民族分裂分子自 20 世纪 50 年代逃到国外以后，一直没有停止分裂祖国的活动，他们企图建立所谓的“东突厥斯坦”国家。另外，在新疆境内的一小撮民族分裂主义分子与之遥相呼应，成立分裂主义组织，煽动群众闹事，搞颠覆破坏，甚至搞暗杀、爆炸等活动，已活脱脱地演变成一个恐怖主义组织，对新疆人民的正常生活秩序构成了严重威胁。

我国周边国家，从社会制度上看，有资本主义的，也有社会主义的，还有封建制的；从意识形态上看，有的国家占主导地位的是马克思主义，有的是西方的价值观、人权观，有的是民族主义的价值观等；从宗教上看，有基督教、东正教、伊斯兰教、印度教、佛教、道教等；从经济发展程度上看，有仅次于美国的世界第二经济大国日本，有新兴工业国家和地区如亚洲“四小龙”等，有发展迅速的发展中国家，也有多次被联合国列为最不发达的国家如阿富汗、尼泊尔、不丹、蒙古、缅甸等。

从我国周边地区环境因素总的形势分析可以看出，一方面，由于周边地区环境因素的特殊性、复杂性和差异性，我国的周边安全环境面临着多元性、综合性的新挑战，即由过去单一的军事性威胁向综合性挑战转变，周边地区不确定因素、不稳定因素增多。对此，我们务必要保持高度的警惕。另一方面，我们又必须正确地分析和估计周边安全形势，既不过分夸大威胁性、危险性，也不能自欺欺人。应当说，在 21 世纪初叶，周边国家针对

我国的大规模侵略战争爆发的可能性较小，但中小规模战争或武装冲突爆发的可能性始终存在。为此，我们务必要在正确认识周边地区环境因素的基础上，有针对性地提前或加紧做好各方面的应对准备，掌握主动权，使之在未来的各种形势下始终立于不败之地。

思考题

1. 什么是战略环境？什么是国际战略环境？
2. 当前国际战略环境的主要特征有哪些？
3. 什么是国际战略格局？
4. 当前世界主要国家的安全形势有哪些？
5. 我国周边安全环境有哪些主要特点？
6. 我国相对稳定的周边安全环境中存在哪些不安全因素？

第二章 中国国防

国防是指国家为防备和抵抗侵略，制止武装颠覆，保卫国家主权统一、领土完整和安全而进行的军事以及与军事有关的政治、经济、外交、科技、教育等方面的活动，是国家生存与发展的安全保障，也是国家固有的职能。

因此，国防是随着国家的产生而产生、随着国家的发展而发展的，最终也将随着国家的消亡而消亡。由此可以看出，国防是一个历史范畴。世界上只要有国家的存在，就不可能没有国防。任何国家，从诞生之日起，就要强边固疆，用武力抵御外来侵略，以保障国家安全，维系国家生存，巩固既得政权。

第一节　中国国防概述

一、国防的概念

《中华人民共和国国防法》中将国防概念界定为“国家为防备和抵抗侵略，制止武装颠覆，保卫国家的主权、统一、领土完整和安全所进行的军事活动，以及与军事有关的政治、经济、外交、科技、教育等方面的活动”。

国防是国家生存与发展的安全保障，国防是国家的特征和最重要的职能之一，也是国家自卫权的集中体现。国土是国防的载体，它的完整和安全是国防状况的基本标志。然而，在人类发展的历史长河中，并不是一开始就有国防的。国防是随着国家的产生而产生，有国才需要防。追溯国防的渊源，可以说，国防的萌芽始于氏族时代，在国家未建立以前就有了部落的武装组织和原始的武装冲突。开始，武装组织和劳动组织是不分的，平时生产，一旦战争爆发，部落的所有成员都是战士。随着社会分工的发展，劳动组织与武装组织渐渐地有了分工，专职的武装组织产生了，这时，国家还未出现。所以，从历史演变的过程来说，是先有了武装组织，然后才有了国家。

随着生产工具的改进和生产力的发展，有些氏族和部落有了剩余的劳动成果可以交换，交换发展了社会经济，但也产生了贪婪、不公平、剥削等现象，拥有财产数量的多寡促进了人群的分化和制度的变革。此时，战争中的俘虏也不再被杀害，而是变成了奴隶，财富已成为人们追求的共同目标。拥有众多财富和本来就有势力的人和家族就企图使自己的财富不受氏族共产传统的侵犯，把私有财产神圣化，将已经形成和正在形成的等级差别、阶级差别从制度上固定下来，于是，便产生了阶级统治的工具——国家。伴随着国家的诞生，便出现了具有新的含义的防卫措施和防卫观念——国防和国防观念。

国家一经建立，抵御外来力量的侵扰和防止内部叛乱等巩固国家政权的问题就非常突

出地摆在统治者及其人民面前，这就是国防问题。恩格斯在《家庭、私有制和国家的起源》一书中曾精辟地指出：国家的产生是同暴力、军队同时发生的，自从有了国家，就开始有了防务。战争以及进行战争的组织已成为国家生活的正常职能。

综上所述，我们可以看到，国防是随着国家的产生而产生的，国家的起源也就是国防的起源，只要世界上有国家存在，国防就会存在。国防是国家的事业，任何国家，从诞生之日起，都必须固疆强边，用武力抵御外来侵略，巩固既得政权。国家在本质上是阶级的专政，是统治阶级利益、力量与意志的体现，而这种利益、力量与意志必须通过国家权力来实现。国防就是要维护国家的这种权力，同时，也只有依靠国家的这种权力才能使国防得以运转，只有国家才能领导和组织国防事业。在人类社会发展的不同历史阶段，在不同阶段专政的国家，其国防具有不同的特征。处在不同社会地位上的各个阶级、阶层也具有不同的国防观，但是，一切国防的共同实质都是以捍卫和扩大国家利益为核心的。

随着社会的发展，现代国防注入了新的内涵。国防是一个大系统，它的范畴主要包括多个方面：武装力量建设、国防体制建设、国防经济、国防外交、国防科学技术研究、国防工业建设、国防工程建设、战场建设、军事交通、国防动员准备、对人民群众进行国防教育、建立国防法规等。

二、国防的目的

国防的目的，主要是捍卫国家的主权、领土、安全和保卫国家建设的顺利发展，这是国防概念最基本的内容。

（一）捍卫主权

主权是一个国家存在的根本标志，是一个国家具有按照自己的意愿，根据本国情况选择自己的社会制度、国家制度、组织政府，独立自主地处理其国内事务和国际事务而不受他国干预或限制的最高权力。按照国际法的表述，主权是一国不受外来控制的自由，是完整无缺、不可分割且独立行使的，是最高的权力和尊严。主权具有两重性，即对内属性和对外属性。具体说来，国家主权的对内属性，是指在一国范围内对其一切事务的最高政治统治权。它决定和派生其他一切权力并通过立法、行政、司法、公安、军事、经济、文化等手段进行自己的统治，而不受其他任何力量的干预和限制。国家主权的对外属性，是指国家在对外事务中独立自主的决定权，不受他国或其他政治实体的干涉。它通过独立自主地决定外交政策、处理国际事务和享受国际权利与国际义务，以及国际交往、缔结条约、决定战争与和平等重大问题表现出来。国家主权的两重性是不可分割的统一体，一方面，对内主权决定并派生出对外主权，没有对内的最高统治权，就不可能存在对外的独立权，如果对内主权受到颠覆和破坏，对外主权必然遭受践踏和侵犯；另一方面，对外主权反映并维护对内主权，如果对外独立权受到侵犯，国家对内主权必然受到侵犯和破坏。如果一个国家的主权被剥夺，其他的一切，包括国家的独立、领土完整、传统的生活方式、基本的政治制度、社会准则和国家荣誉等，也就无从谈起。因此，捍卫国家主权，始终是国防中第一位的、根本的目的和任务。

（二）保卫领土

领土是国家存在和发展的自然物质前提，是国家行使其主权的空间。我国1989年版《辞海》对领土的解释是："在一国主权下的区域，包括一国的陆地、河流、湖泊、内海、领海以及它们的底床、底土和上空（领空）。"简单地说，领土由领陆、领海和领空所组成。领土完整是国家主权在地域上的最高表现。国家的领土主权是指国家对其领土享有完全的、排他性的管辖权，也包括对领土内一切居民和事务的管辖权。没有领土的国家是不存在的，领土不完整的国家也不是一个完全统一的国家。任何国家即使是因历史原因造成领土暂时不完整，也应该追求、实现领土完整。领土完整的含义是：凡属本国的领土，决不能丢失，决不允许被分裂、肢解和侵占。任何国家不得破坏别国的领土完整，任何集团或个人也不得开展分裂本国（或别国）领土完整的活动。领土完整和尊重主权是互相联系的。领土完整是国家行使主权的基础，是构成国家主权的重要而不可分割的部分，破坏领土完整就是侵犯国家主权，国防必须履行保卫本国领土完整的职能。

（三）维护安全

国家若要正常地生存和发展，就必须处于和平、稳定的状态。一个国家如果没有和平、稳定的环境，就难以生存，就不能搞好建设和发展。国防的目的包括维护国家和平、稳定的状态。一旦遭到外来的武装侵略和颠覆，安全受到威胁，国家必须运用自己的国防力量，抵御和挫败外来的侵略和颠覆，确保国家的和平、稳定状态。当国内的敌对分子勾结外国敌对势力进行武装暴乱，危及国家安全的时候，国防力量就要采取措施，防止和平息这种暴乱，以保卫国家安全。

（四）保障发展

国防必须保障国家的发展，即维护国家的发展利益，主要是国家的经济利益。经济利益是国家利益的基础。国家的经济利益表现为国家经济的繁荣发展、科学技术的不断进步、人民生活水平的不断提高。国防要保护经济的正常发展，而经济发展又是国防建设不可或缺的物质基础。没有经济发展，就不可能从根本上建设强大的国防；没有强大的国防，就不能强有力地保障经济的发展。经济发展和国防强大是相辅相成的。在和平时期，国家安全利益始终不能放松，但国家利益的追求侧重点是经济利益。例如，我国在新的历史条件下就以经济建设为中心，强调在国民经济发展的基础上逐步实现国防现代化，要求国防建设服从、服务于国家经济建设大局，并为经济建设创造良好的和平环境。世界上很多国家在第二次世界大战以后都在大力发展经济。只有经济发展了，国防才能强大，国家的主权、领土、安全、地位和尊严才有可靠的保障。

（五）巩固国家的地位

要巩固自己国家在国际上的地位和威望，除了要有强大的经济实力外，还必须具备强大的国防实力。从新中国成立以来我国国际地位的恢复、国际威望的提高，就可以看出这

一点。为什么我国能够恢复在联合国的合法席位，成为五个常任理事国之一，其中一个重要的原因，就是我国国防力量的增强。世界在向多极化发展，过去是美苏两极，现在是美、俄、中、日、欧盟国家构成的多极格局，这些也都是以自己国家的国防实力为砝码的。

一个国家光靠政治、经济来维持国家的地位是不够的，如果没有强大的国防军事力量作后盾，就不会被其他国家承认为是一个真正的大国或强国，在国际上就会被看不起。现在我国国际地位与威望随着国威、军威的不断提高而提高，在国际事务中发挥着越来越重要的作用，为世界和平与人类进步事业作出贡献。

三、现代国防的特征

由于经济和科技的发展，现代社会，特别是现代信息社会的国防具有了全新的观念。它具有以下五个特征。

（一）国防存在多种斗争形式的角逐

现代国防的斗争，不仅继续以双方军事势力在战场上进行武力较量为基本形式，而且也是通过非武力斗争形式进行的角逐，如政治斗争、心理斗争、经济斗争、科技斗争以及外交谈判、军备控制等。

（二）战争潜力转化为作战的实力

现代国防仍然是以军事力量为主体，但它不单纯指军事力量，还要靠国家潜力转化为作战的实力。战争潜力包含国家的方方面面，如国土面积、地理位置、自然资源、人口的数量与质量、地形气候、生产能力、科技与文化水平、交通运输、通信状况、社会制度、国家政策、管理能力、国际关系与国际地位等都属于这个范畴。

（三）国防是综合国力的抗衡

现代国防已成为综合国力的对抗。综合国力主要由人力、自然力、政治力、经济力、科技力、精神力和国防力等组成。其中，经济实力、国防实力和民族凝聚力是综合国力的基本要素；经济实力是基础，国防实力是支柱，民族凝聚力是灵魂。现代国防与国家的综合国力有着密切的联系，国家的发展水平制约着武器装备发展水平和国防力量的总规模。事实证明，没有强大的综合国力，国防建设只能是空中楼阁。

（四）国防应走质量建设的道路

在历史上，“兵多将广”曾是一支军队强大的标志。科学技术的发展，改变了战争样式，打破了“兵多必胜”的传统观念。抓住大战一时打不起来的有利时机，实施科技强军，走精干的常备军和强大的后备力量相结合的质量建设道路，是各国国防建设与发展的必然选择。

（五）威慑是国防的重要功能

威慑是和平时期国防的主要功能。它不进行战争，而是运用强大的国防力量，采用多种手段，发挥最大的影响力，给对方造成巨大的压力，使其不敢动用武力，以保证本国获

得最大的利益。富国强兵，不战而屈人之兵，是各国国防的最佳选择。

第二节　中国国防建设

中国国防具有悠久的历史。公元前21世纪，中国进入奴隶社会，产生了一个阶级压迫另一个阶级的机关——国家，从此，作为抵御外来侵犯和征伐别国的武备——国防便产生了。随着人类社会的不断演变和发展，中国先后经历了奴隶社会、封建社会、半殖民地半封建社会、社会主义社会，国防也经历了几千年荣耀和屈辱、昌盛和衰败的历史，从而给我们留下了丰富的国防遗产，积累了宝贵的历史经验。

一、中国古代的国防

中国古代的国防从公元前21世纪夏王朝的建立开始，至公元1840年鸦片战争终结，大约经历了4000年的历史。在漫长的国防历史发展过程中，中华民族经历了无数次血与火的洗礼，培育了民族的凝聚力和自强不息、卫国御侮的尚武精神，最终形成了多民族、大疆域的国家。

（一）古代的国防政策和国防理论

我国古代为提高国防能力提出了许多卓有成效的国防政策和国防理论：①“以民为体”、“居安思危”的国防指导思想；②“富国强兵”、“寓兵于农”的国防建设思想；③“爱国教战”、“崇尚武德”的国防教育思想；④“不战而胜”、“安国全军”的国防斗争策略等。这些思想使我国取得了无数次对外战争的胜利，使中华民族代代繁衍，生生不息，其间甚至出现过“中国既安，四夷自服”的鼎盛时期。

（二）古代的兵制建设

所谓兵制，就是军事制度，现在一般称为军制，它包括武装力量体制、军事领导体制和兵役制度等方面的内容。

在武装力量体制上，我国古代一般区分为中央军、地方军和边防军。秦朝以前，武装力量比较单一，在军事力量构成上，实行兵民合一的民军制，平时生产劳动，战时集合成军，以临时征集的方式组成军队。秦朝以后，随着政治制度的完善和经济生产的发展，各朝代根据国家的状况和国防的需要以及驻防地区和任务，将军队区分为中央军、地方军和边防军，并对军队的组织编制、屯田戍边、兵役军赋、军队调拨、军需补给、驿站通道、武器的制造和配发等作了具体的规定，通过法律形式颁布执行，如唐代的《卫禁律》、《军防令》等。

在军事领导体制上，夏、商、西周时期还没有专门的军事机构，天子一般亲自主持军政，领兵作战。春秋末期，国家机构出现将相制，以将为主组成军事指挥机构。战国时期，将军独立统兵作战已很普遍。秦统一后，设立了专门管理军事的机构，最高的军事官员称太尉。隋朝对国家机构进行了改革，设立了三省六部制，专门设立了主管军事的部门——兵部。宋朝为了防止“权将”拥兵自重，在中央设立了枢密院，作为军事领导的最高机构，主官由文官担任。枢密院对军队有调遣权，但无指挥权；将军对军队有指挥权，

但又不能调遣军队，造成枢密院和将军的相互牵制。各朝代在军事领导体制方面的做法虽然不尽一致，但皇权至上，军队的调拨使用大权始终掌握在皇帝手中。

兵役制度则随着各个历史时期的政治、经济、人口状况和军事需要而发展变化。奴隶社会时期，生产力低下，人口稀少，战争规模小，主要实行兵民合一的民军制度。封建社会时期，民军制度逐渐演变为与当时历史条件相适应的兵役制度，如秦汉时期的征兵制、魏晋南北朝时期的世兵制、隋唐时期的府兵制、宋朝的募兵制、明朝的卫所兵役制等。

（三）古代的国防工程建设

我国古代为抵御外敌的侵犯，巩固边海防，修筑了数量众多、规模庞大的国防工程，如城池、长城、京杭运河以及海防要塞等。

城池是我国古代国防建设中时间最早、数量最多的工程。城池建筑始于商代，之后规模不断扩大、结构日益完善，一直延续到近代。由此，城池的攻守作战成为我国古代战争中主要的作战方式之一。

长城是城池建设的延续和发展，始建于春秋战国时期。秦灭六国完成统一后，为了防御北方匈奴的南侵，于公元前 214 年，将秦、赵、燕三国北部的长城予以修缮，连贯为一。故址西起临洮（今甘肃岷县），北傍阴山，东至辽东。后经各朝代多次修建连接，至明代形成了西起嘉峪关、东至山海关的万里长城。

京杭运河是我国古代伟大的水利工程。隋炀帝时期在原有的旧河道上开凿连贯，使运河北起通州，南至杭州，全长的 1794 千米，把南北许多州县连成一线，对军事交通运输和“南粮北运”起到了积极作用。

古代海防建设是从明朝开始的。为防止倭寇的袭扰，明朝在沿海重要地段陆续修建了以卫城、新城为骨干，水陆寨、营堡、墩、台、烽堠等相结合的海防工程体系。

二、中国近代的国防

中国近代的国防是孱弱、破败和屈辱的。1840 年西方殖民主义者利用坚船利炮击破了清王朝紧锁的国门，将殖民主义的枷锁套在了中华民族的头上。在西方殖民主义者的侵略面前，腐朽的统治者却奉行“居安思奢”、“卖国求荣”的国防指导思想；“以军压良”、“贫国臃兵”的国防建设思想；“愚兵牧民”、“莫谈国事”的国防教育思想；“不战而败”、“攘外必先安内”的国防斗争策略。结果导致有国无防，国家沦为半殖民地半封建社会，人民惨遭蹂躏和屠杀。

（一）清朝后期的国防

1644 年清军大举入关，定鼎中原。自顺治开始，经康熙、雍正、乾隆和嘉庆五代，经历了 177 年，是清朝的兴盛时期。但是经过“康乾盛世”之后，政治日趋腐败，国防日益虚弱。1840 年鸦片战争爆发，西方殖民势力大举入侵，从此清王朝一蹶不振，每况愈下，有国无防，内乱外患不息，逐步沦为半殖民地半封建社会。

1. 清朝的武备

清朝的武备包括军事领导体制、武装力量体制和兵役制度等方面。

在军事领导体制方面，1840 年以前清朝先后设立了议政王大臣会议、兵部和军机处。鸦片战争后，开始实施“洋务新政”，成立了总理衙门。八国联军入侵中国后，清朝深感军备落后，企图通过改革军制以加强军事，遂改总理衙门为外务部，裁撤兵部，成立陆军部。

在武装力量体制方面，清入关前，军队是八旗兵；入关后为弥补兵力的不足，将投降的明军和新招募的汉人单独编组，成立了绿营；1851 年以后，为镇压太平天国运动，咸丰帝号召各地乡绅编练乡勇，湘军和淮军逐渐成为清军的主力；中日甲午战争之后，开始编练新军。

在兵役制度方面，八旗兵实行的是兵民合一的民军制。清朝规定凡年满 16 岁以上的男子即为兵丁，不满 16 岁的闲散余丁编为养育兵，以充后备。绿营兵虽是招募的，但一经入伍即编入兵籍，家属随营居住，成为职业兵，直到年过 50 才解除现役。湘军和淮军是由地方练勇逐渐发展起来的。太平天国运动被镇压后，湘军、淮军取代八旗兵和绿营兵的地位，成为清军的主力。中日甲午战争中，湘军、淮军大部溃散，清朝开始“仿用西法，编练新兵”。新军采用招募的形式，在入伍的年龄、体格及识字程度方面均有较严格的要求。

2. 清朝边海防务建设

清朝初期重视边海防务建设，在同国内割据势力的斗争中，制止了分裂，促进了国内各民族的团结，维护了国家的统一；在与外部侵略势力的斗争中，捍卫了国家的领土主权，建立了一个统一的、疆域辽阔的多民族的封建专制国家。从道光年间开始，朝政日益腐败，防务日渐废弛。袁世凯在《军政司试办章程折》中说：“中国军政废弛，匪伊朝夕。其弊端之尤著者，在于营制不一，操法不齐，器械参差，号令歧异。为将者不习谋略，为兵者半属惰游。平时而心志不相浮，临阵而臂指不相使，聚同乌合，散如瓦解。”清军的精华北洋水师也是“日久玩生，弃兵于操驾事宜全不练习，遇敌之时雇佣舵工，名为舟师，不谙水务”。边防废弛，海防要塞火炮年久失修，技术性能落后，炮弹威力甚小且不能及远。西方殖民者趁虚而入，以坚船利炮打开了中国封闭的国门。

从 1840 年鸦片战争到 1911 年辛亥革命这 70 多年间，清政府与外国列强签订了几百个不平等条约，割让领土近 160 万平方千米，共赔款 2700 多万银元，白银 7 亿多两。如把利息计算进去，仅《辛丑条约》中规定的“庚子赔款”本息就达 9.8 亿多两白银。当时在中国 1.8 万多千米的海岸线上，竟找不到一个中国自己享有主权的港口。国家有海无防，有边不固，绝大部分中国领土成了帝国主义的势力范围：俄国在长城以北；英国在长江流域；日本在台湾、福建；德国在山东；法国在云南。中华民族美丽富饶的国土被踩踏蹂躏得支离破碎。

（二）民国时期的国防

辛亥革命虽然推翻了清朝的统治，建立了中华民国，但并没有改变中国任人宰割的局面。帝国主义扶植各派军阀为自己的代理人，加紧对中国的掠夺，各派军阀争权夺利，混战不已，中国依然是有边不固，有海无防。1921 年 7 月，中国共产党成立，1927 年 8 月建立了人民的军队，共产党开始独立领导武装斗争，经过土地革命战争、抗日战争、解放战争，于 1949 年 10 月 1 日建立了中华人民共和国，从而翻开了中国国防历史新的

一页。

1．军阀混战和中华民族的觉醒

辛亥革命后，帝国主义为维护其在华利益，纷纷扶植自己的代理人。先是袁世凯称帝，后有张勋复辟，各派军阀以帝国主义为靠山，割据称雄，混战不休。直、皖、奉三大派系军阀先后窃据中央政权，贿选国会议员和总统，出卖国家和民族利益。《二十一条》的签订和“巴黎和会”中国外交的失败，充分暴露出北洋政府的腐败无能，使中国面临被帝国主义进一步瓜分的命运，从而激起了中华民族同仇敌忾、共御外侮的决心和勇气。以“五四”运动为标志，中国反帝反封建的资产阶级民主革命发展到新阶段。1921 年 7 月中国共产党成立，把中国人民的救亡图存斗争推向新的阶段，中国工人阶级开始以自觉的姿态登上历史舞台。

2．日本的入侵及中国人民的抗战

1931 年 9 月 18 日日本发动了“九・一八”事变。面对日本的侵略，蒋介石却奉行“攘外必先安内”的方针，一味妥协退让，出卖民族利益，使东北大片国土迅速沦陷。1937 年 7 月 7 日，日本发动“卢沟桥事变”，进一步扩大了对中国的侵略，中华民族到了生死存亡的紧要关头。中国共产党高举团结抗日的旗帜，肩负着民族的希望，再次与国民党合作，领导全国人民进行了 8 年艰苦卓绝的抗战，终于取得了我国近代历史上第一次抗击外敌侵略的完全胜利。

3．解放战争及新中国的成立

抗日战争胜利后，全国人民迫切需要一个和平安全的建设环境。但蒋介石背信弃义，妄图消灭中国共产党及其所领导的军队，经过 4 年的解放战争，中国人民终于推翻了国民党的反动统治。

三、新中国的国防建设

1949 年 10 月 1 日，毛泽东同志在天安门城楼上庄严宣布中华人民共和国成立，从此结束了近代中国有国无防的历史。在中国共产党的领导下，经过 60 多年的艰苦奋斗和不懈努力，中国国防建设取得了举世瞩目的伟大成就。今天的中国之所以能够屹立在世界东方，赢得国际社会的普遍尊重，在国际上的地位越来越高，其主要原因就是我国政治长期稳定、经济不断发展、国防不断强大的结果。今天，我们已经形成了完备的国防体系，取得了瞩目的成就。这主要表现在以下几个方面。

（一）国防建设纳入国家总体战略

国家在进行经济建设的同时，注意增强国防力量，使国防建设在国家财力增加的基础上不断有所发展。近些年来，国家在财政依然比较紧张的情况下，想方设法逐步加大了对国防费用的投入，虽然基数仍比较低，但增长比例却比以往有了较大的提高。2002 年，中央财政增加国防支出 252 亿元，比上年增长 17.6%，这对于改善部队官兵的待遇、维修和更新现有武器装备、提高我军在现代技术特别是高技术条件下的防卫作战能力，产生了积极的影响。我军广大官兵积极参加国家和地方重点工程建设，在上海浦东开发、三峡水利枢纽以及兰州、西宁、拉萨光缆通信干线建设等一大批国家重点工程建设中，投入了大量人力和装备，发扬优良的战斗作风，成为重要的攻坚力量。我军积极参加在长江、黄河上游开展的“绿化母亲河行动”以及新疆沙漠防护林带和内蒙古西部防沙治沙、陕西小流域综合治理等基础和生态环境工程等建设，对于贯彻党中央关于西部大开发的战略发挥了重要作用。

（二）建立了有中国特色的武装力量领导体制

我国的武装力量领导体制，是在长期的革命战争中形成和发展起来的。新中国成立后，中央人民政府人民革命军事委员会成为全国武装力量的最高统帅机关。1954 年 9 月，第一届全国人大第一次会议通过的《中华人民共和国宪法》（以下简称《宪法》）规定，中华人民共和国主席统帅全国武装力量，并决定设立国防委员会和国防部，由国家主席担任国防委员会主席，同时取消中央人民政府人民革命军事委员会。后来，中共中央政治局决定在中央政治局和书记处之下成立中共中央军事委员会，领导中国人民解放军和其他武装力量，军委下设总参谋部、总政治部、总后勤部作为军委的工作机关。1982 年 9 月，第五届全国人大第五次会议通过的《宪法》规定，设立中华人民共和国中央军事委员会，自此，中共中央军委与国家中央军委是一个机构两个名义，从而形成了党和国家高度统一的武装力量体制。为加强我军武器装备建设，1998 年，中央军委增设了总装备部。在中央军委的领导下，还设有负责各军种组织建设、军事训练和战备作战的海军、空军、第二炮兵指挥机关。此外，直接隶属中央军委的还有军事科学院和国防大学等单位以及负责指挥驻在各大战略区范围内的陆、海、空军部队和民兵的大军区领导机关。

（三）我军的革命化、现代化和正规化建设有了突破性的进展

新中国成立初期，我军基本上是一支以步兵为主的陆军，炮兵、装甲兵等技术兵种所占比例很小，海军、空军初具雏形。经过 60 多年的艰苦努力，我军实现了由单一陆军向诸军兵种合成军队的发展，不仅研制和装备了各类比较齐全的常规武器装备，而且拥有极具威慑力的原子弹、氢弹等尖端武器装备。20 世纪 90 年代以来，为适应未来战争的发展需求，我军开始把军事斗争准备的立足点放在打赢现代技术特别是高技术条件下的局部战争上来。军队建设正在逐步实现由数量规模型向质量效能型、由人力密集型向科技密集型的“两个根本性转变”。其基本精神是依靠科技进步，加强质量建设，把人民解放军建设成为一支思想先进、数量规模适度、体制编制科学、武器装备精良、人员素质很高、指挥高效灵活、后勤保障有力、能够打赢高技术局部战争的现代化、正规化的革命军队。同时，我军正在大力实施“科技强军”的战略，以科技强军为主要杠杆推动军队的现代化、正规化建设。

（四）形成了门类齐全、综合配套的国防科技工业体系

国防科技是衡量国家综合国力的重要标志之一，也是国防现代化建设的重要方面。经过 60 多年的建设和发展，我国的国防科技工业从无到有、从小到大、从落后到先进，先后建立起包括电子、船舶、兵器、航空、航天、核能等门类齐全、综合配套的科研实验生产体系，并取得了一大批具有国际先进水平的科研成果，为我军现代化建设和增强我国的综合国力作出了重要贡献。

经过多年努力，我国将军事电子逐步发展成为具有相当规模、门类齐全的新兴工业部

门，特别在指挥自动化、情报侦察、预警探测、电子对抗和通信等方面，为军队提供了各种新式装备和产品，增强了部队侦察、通信、指挥和作战的能力；在船舶工业方面，先后自行研制建造了常规潜艇、核动力潜艇、导弹驱逐舰、导弹护卫舰、导弹快艇等作战舰艇，以及各种辅助船舶和新型鱼雷、水雷等装备；在兵器工业方面，研制生产了一大批性能先进的坦克、装甲车辆、火炮、弹药、轻武器、军用光电器材和综合火控、指挥系统等新型武器装备；在航空工业方面，累计生产歼击机、轰炸机、直升机、运输机、教练机等60多种型号军用飞机，基本满足了海、空军作战和飞机训练的需要；在航天科技工业方面，已经拥有地地、地空、海空和空空导弹武器系统，运载火箭、各种应用人造卫星的研制发射和实验能力在世界航天技术领域占有一席之地；在核工业方面，我国不仅可以生产制造原子弹、氢弹，还掌握了核潜艇技术，形成了核威慑力量。此外，在和平利用核能方面也取得了突破性进展。

（五）国防后备力量建设取得长足的发展

我国历来十分重视国防后备力量的建设。1985年，党中央、国务院、中央军委提出了"精干的常备军和强大的后备力量相结合，是建设现代化国防的必由之路"的基本指导方针，国防后备力量建设呈现出了良好的局面。表现在：① 国防后备力量建设实现了指导思想的战略性转变，走上和平时期稳步发展的轨道，明确提出民兵工作要以更好地适应新时期军事战略方针和适应发展社会主义市场经济的新形势为指针；② 确立并实行了民兵与预备役相结合的制度，重点抓基干民兵队伍建设和预备役部队建设，加强训练，更新武器装备，使得后备兵员的整体素质得到明显提高，初步形成具有中国特色的国防后备力量体系；③ 注重宏观指导，合理布局，边海防、大中城市和重点地区的民兵工作得到加强；④ 民兵、预备役部队在参战支前、保卫边疆、发展生产、扶贫帮困、抢险救灾、维护社会治安等方面发挥了重要作用，为国家的改革、发展和稳定作出了巨大贡献；⑤ 加强了国防教育，有效地增强了全民的国防观念，普及了国防知识，推动了国防建设，中国的国防，是全民的国防，从1985年开始，我国有组织、有计划地在部分高等院校和高级中学开展学生军训工作试点，2001年4月28日，《中华人民共和国国防教育法》（以下简称《国防教育法》）公布实施，使国防教育逐步走上经常化、多样化、规范化轨道，《国防教育法》公布实施后，从2001年开始，学生军训工作有计划、有步骤地在全国普通高等学校和高级中学全面展开，每年参加军训的学生达到1000余万人；⑥ 完善了国防动员体制，国家组建了国防动员委员会，在国务院和中央军委领导下，主管全国的国防动员工作，按照"平战结合、军民结合、寓兵于民"的方针，协调国防动员工作中经济与军事、军队与政府、人力与物力之间的关系，从而将人民武装、国民经济、人民防空、国防交通等方面的动员准备纳入国家总体发展规划和计划，通过优化动员机制提高后备力量的快速动员能力，提高平战转换能力，极大地增强了国防实力。

第三节 中国国防法规

国防法规是指国家为了加强防务，尤其是加强武装力量建设，用法律形式确定并以国家强制手段保证其实施的行为规则的总称。国防是国家的总防务；国防建设是国家总体建设的重要组成部分；武装力量建设是国防建设的核心。国防法规作为国防活动的基本法律规范，其主要任务是调整规范国家在国防领域中的各种社会关系，把国防建设纳入法制化轨道，确保军队革命化、现代化、正规化建设总目标的实现。

一、我国现行国防法规的主要内容和等级

国防法规从国防建设的实际需要出发，其规范的内容十分广泛：① 规范我国国防建设基本任务、方针原则、领导体制及制度的《中华人民共和国国防法》（简称《国防法》）；② 规范国家兵役制度的《中华人民共和国兵役法》（简称《兵役法》）；③ 规范武装力量作战、军事训练、管理训练等内容的行政法规；④ 规范军官、士兵服役、军衔等内容的国防人事法规；⑤ 规范发展武器装备、保护军事设施的《国防科技法》、《军事设施保护法》等。

根据《宪法》的规定和立法权力及立法原则，我国现行的国防法规从纵向结构可划分为以下五个等级。

（1）全国人民代表大会及其常务委员会制定颁布的基本法律及基本法律之外的其他法律。如《国防法》、《兵役法》等，这些法律由国家最高权力机关——全国人民代表大会制定，处于国家基本法的地位。中国人民解放军《军官服役条例》、《军官军衔条例》等，由全国人大常务委员会制定颁布，属于基本法之外的其他法律。

（2）国务院、中央军委制定颁布的行政法规。国务院和中央军委是国家最高行政机关和军事领导机关，也是国家最高权力的执行机关。因此，有关国家的国防、军事行政法规都由它们单独或联合制定颁布。如《军人抚恤优待条例》、《退伍义务兵安置条例》等，由国务院制定颁布；中国人民解放军的《内务条令》、《纪律条令》、《队列条令》等，由中央军委制定颁布；而《征兵工作条例》、武装警察部队的《警官警衔制度的具体办法》等，是由国务院和中央军委联合制定颁布的。

（3）国务院各部委和军委各总部制定颁布的法规。国务院各部委、军委各总部是中央人民政府和中央军委的办事机关，依照宪法和基本法律规定，各部门在其权限范围内，制定了若干具体的法规和规章，如《应征公民体格条件》、《交通战备科研管理暂行规定》等。

（4）各军种、兵种和各大军区制定颁布的法规细则。中国人民解放军是诸军兵种合成的军队，为了加强部队建设，坚持严格训练，实施科学管理，提高作战能力，各战区、各军兵种根据自身特点，依据基本法律法规，制定具体的法规细则，如陆军颁布的《战斗条令》、海军颁布的《舰艇条令》、空军颁布的《飞行条令》等。

（5）各省、自治区、直辖市人大和政府制定的地方性法规规章。为了贯彻落实国家宪法、国防基本法律，加强国防建设，确保地方政府各个部门有法可依、有章可循，各省、市、自治区的人大和政府制定了相应的法规和规章，如《关于加强人武部建设意见》、《征兵工作若干规定》、《国防教育条例》等。

二、中华人民共和国国防法

1997 年 3 月 14 日，由第八届全国人民代表大会第五次会议审议通过，并由国家主席江泽民签署颁布的《中华人民共和国国防法》（简称《国防法》）是依据我国宪法而制定的国家在国防方面的基本法律，是指导和规范国防和军队建设的基本依据。它以毛泽东、

邓小平和江泽民为核心的三代领导人关于国防建设重要思想和论述为指导，根据国防建设的方针政策和基本经验，科学地解决了社会主义市场经济新体制下国防建设的新情况、新问题，对巩固国防、促进国防现代化建设有着十分重要的意义。

（一）《国防法》的特征及作用

《国防法》是根据《宪法》的有关条文制定的，它是军事基本法，在军事法体系中居于最高层次。它是由我国国家最高权力机关——全国人民代表大会制定的，规定了国防建设和国防斗争的基本制度、基本方针和基本原则。

1. 制定《国防法》是国家经济建设发展的需要

我国国民经济已由过去的主要依靠行政手段来调节的计划经济转向社会主义市场经济，这就要求国防建设必须适应这一转变。而市场经济需要依靠完善的法制来协调保障。只有制定了军事法律系统的基本法——《国防法》，才能使国防适应整个国家建设的总要求；才能使经济建设在不断发展的基础上加强国防建设；才能理顺国防建设与其他领域的关系，使加强国防建设落到实处。

2. 制定《国防法》是国防建设发展的需要

我国军事斗争准备的基点是由对付一般条件下的常规战争转向准备打赢一场现代技术特别是高新技术条件下的局部战争。而现代条件下特别是高新技术条件下的战争极其复杂，是一个系统工程，涉及国防建设和军事建设的方方面面，只有用《国防法》来理顺这些关系，才能促进国防现代化建设。

3. 制定国防法是军事法制建设发展的需要

我国的军事法体系共分四个层次：国家最高权力机关（全国人民代表大会）制定的军事基本法——《国防法》；由全国人民代表大会常委会制定的某一个重要领域的基本规定——军事法律，它是基本法的延伸和具体化；由全国人民代表大会授权国家最高行政机关（国务院）和最高军事机关（中央军委）制定的军事行政法规和军事法规；由国务院有关职能部门和中央军委下属各总部、国防科工委、各军兵种、各大军区制定的军事行政规章和军事规章。在四个层次中，《国防法》是属于国防的基本法，是其余三个层次制定法律、法规的依据。其他三个层次的法律、法规则是《国防法》的延伸和具体化，都不能与基本法相抵触。

我国的《国防法》是由国家最高权力机关（全国人民代表大会）制定的，具有国家性和权威性，无论是对国家机关、武装力量、社会组织、公民都具有约束力，因为它代表的是国家意志，每个公民和军人、社会组织和国家机关都必须遵守，不能凌驾于《国防法》之上。

《国防法》的作用是维护国家的国防利益。国家的国防利益是全体公民的整体利益，国防是全体国民的国防，它维护的是全体国民的利益。这些利益包括国家主权、领土完整和安全，也包括保护我国政治、经济、外交、科技、教育等方面与军事有关的活动。

（二）《国防法》简介

《国防法》共十二章，分别为：总则；国家机构的国防职权；武装力量；边防、海防和空防；国防科研和军事订货；国防经费和国防资产；国防教育；国防动员和战争状态；

公民组织的国防义务和权利；军人的义务和权益；对外军事关系；附则。

《国防法》规定了其适用的范围是防备和抵抗侵略，制止武装颠覆，保卫国家的主权、统一、领土完整和安全所进行的军事活动以及与军事有关的政治、经济、外交、科技、教育等方面的活动。这就明确规定了我国的国防是大国防，不仅包括军事活动，还包括与军事有关的政治、经济、外交、科技、教育等方面的活动。

《国防法》明确了国防与经济的关系，即国防必须保障社会主义现代化建设的顺利进行；国防建设与经济建设应协调发展。

《国防法》规定中华人民共和国公民都要依法履行国防义务，并明确规定保卫祖国，抵抗侵略是中华人民共和国每一个公民的神圣职责，拒绝履行国防义务或者危害国防利益的公民，将被依法追究法律责任。

《国防法》规定我国独立自主、自力更生地建设和巩固国防，实行积极防御战略，坚持全民自卫的原则。

《国防法》规定我国的武装力量属于人民。它的任务是巩固国防，抵抗侵略，保卫祖国，保卫人民的和平劳动，参加国家建设事业，全心全意为人民服务。同时，还规定我国的武装力量受中国共产党的领导，从而确保了党对军队的绝对领导。

《国防法》规定我国武装力量由中国人民解放军现役部队和预备役部队、中国人民武装警察部队、民兵组成，并规定禁止任何组织或者个人非法建立武装组织，禁止非法武装活动。

《国防法》规定普及和加强国防教育是全社会的共同责任，又规定学校的国防教育是全民国防教育的基础，各级各类学校均要设置国防教育课程，通过开展国防教育，增强国防观念，掌握国防知识，发扬爱国主义精神，自觉履行国防义务。

《国防法》还规定了国家和社会应尊重、优待军人，保护军人的合法权益，开展各种形式的拥军优属活动。《国防法》的颁布把党和国家在国防建设、军队建设方面的方针、政策和优良传统，用法律的形式加以确认，有利于长期稳定地组织实施，充分发挥法律机制在国防中的规范、调节、保障和引导作用；有利于国防建设更好地适应国家经济体制的转变；为进一步完备国防法制提供基本的法律依据；有利于国家法制的健全和完善；用法律的形式向国际社会表明我国的国防性质和国防政策；有利于树立和维护我国爱好和平的国际形象。

三、中华人民共和国国防教育法与兵役法

（一）《中华人民共和国国防教育法》

2001 年 4 月 28 日，第九届全国人民代表大会常务委员会第二十一次会议审议通过的《中华人民共和国国防教育法》（以下简称《国防教育法》），是我国第一部全面调整和规范国防教育的重要法律。在新世纪之初，这部法律的公布施行，对于普及和加强国防教育、增强公民国防观念、激发人民群众的爱国热情、促进国防建设和社会主义精神文明建设具有十分重要的意义。

《国防教育法》是为适应我国的国情和我国所面临的国际安全形势制定的。它以毛泽东、邓小平、江泽民同志关于加强国防教育的重要论述为指导，以《国防法》和《教育法》为依据，科学地总结了我国国防教育的理论成果和实践经验，并采取一系列有效措

施，加强新形势下的全民国防教育。根据立法的指导思想，《国防教育法》明确了“国防教育是巩固和建设国防的基础，是增强民族凝聚力、提高全民素质的重要途径”；明确了“国防教育贯彻全民参与、长期坚持、讲求实效的方针，实行经常教育与集中教育相结合、普及教育与重点教育相结合、理论教育与行为教育相结合的原则”；要求“针对不同对象确定相应的教育内容，分类组织实施”；明确了国防教育的领导体制和各级国防教育工作机构的职责；确定全民国防教育日。同时，《国防教育法》还对学校国防教育、社会国防教育、国防教育的保障以及法律责任作了明确规定。这部法律的制定，集中反映了各方面的意见和建议，充分体现了广大人民群众的意愿，为全民国防教育健康、持久、深入地开展下去，提供了可靠的法律保障。

依法普及和加强国防教育是全社会的共同责任，依法接受国防教育是每个公民的权利和义务。因此，一切社会组织和每个公民都有责任和义务学习和贯彻《国防教育法》。军队作为国家武装力量的主体，担负着巩固国防、抵抗侵略、保卫祖国、保卫人民和平劳动的重任，更应当带头学习和贯彻《国防教育法》，紧密结合军队的实际，加强自身的国防教育。通过教育，激发全军官兵的爱国之心、报国之志，坚定“打得赢、不变质”的信念，以饱满的政治热情和强大的战斗力，随时准备完成党和国家赋予的“维护祖国统一、捍卫国家主权和尊严”的神圣使命。根据《国防教育法》的规定，军队在搞好自身国防教育的同时，还应当积极支持和协助地方开展国防教育，这是军队义不容辞的责任。有关军事机关和部队要把支持地方的国防教育同开展拥政爱民活动、军地共建社会主义精神文明活动结合起来，与地方党委和人民政府密切配合，协助地方抓好国防教育工作。省军区系统要按照国家和军队的有关规定，结合政治教育和组织整顿、军事训练、执行勤务、征兵工作以及重大节日、纪念日活动，依法抓好对民兵、预备役人员的国防教育，要采取有效的措施，保证受教育的人员、教育时间和教育内容的落实。各地驻军应当根据需要和可能，积极为当地有组织的国防教育活动选派军事教员，提供必要的军事训练场地、设施以及其他便利条件。军队有关部门还应当根据《国防教育法》的要求，研究制定军队支持地方开展国防教育的具体规定和措施，以保证《国防教育法》赋予军队的任务落到实处。

相信在全国军民的共同努力下，《国防教育法》将会得到全面的贯彻执行，我国的国防教育事业将会健康地向前发展，全民国防观念和民族凝聚力将会进一步增强，爱好和平的中华民族一定能够建设一个更加强大的国防。

（二）《中华人民共和国兵役法》

新《兵役法》是1984年5月21日第六届全国人民代表大会第二次会议通过的，并根据1998年12月29日九届全国人大常委会第六次会议修正。《兵役法》是国防现代化的重要法规，它共有十二章六十八条。《兵役法》确立了我国的兵役制度是以义务兵役制为主体的，义务兵与志愿兵相结合、民兵与预备役相结合的兵役制度；《兵役法》规定公民履行兵役义务有多种形式，如参军服现役，服预备役，参加民兵组织，高等院校和高级中学学生参加军事训练等。具体要求有：① 年满18岁的公民，要按照兵役机关的要求进行兵役登记，适龄公民要积极报名应征入伍；② 青年学生要积极报考军事院校；③ 现役军人要安心服役，忠于职守，努力学习军事技术，积极参加社会主义建设，英勇作战，不怕牺牲，全心全意为人民服务；④ 符合服预备役条件的公民，要积极参加民兵组织，及时办理预备役登记，并按要求参加军事训练（战时，接到通知后，必须准时到指定地点报到）；⑤ 高等院校和高级中学的学生，要自觉参加军事训练，适合担任军官职务的高等院校学生，还要按照规定参加培养预备役军官的集训；⑥ 各级领导要积极教育和支持公民履行兵役义务，认真做好本部门、本单位的兵役工作。

《兵役法》明确了由省军区、军分区和县、市人民武装部兼各同级人民政府的兵役机关，在上级军事机关和同级人民政府的领导下，办理本区域的兵役工作。《兵役法》还明确了实行民兵与预备役相结合的制度，从而完善了预备役力量的体制，是增强我国兵源后备力量的根本途径。《兵役法》还对由于公民服兵役而产生的权利义务等各个方面作了相应的规定。

总之，新《兵役法》的颁布是加强我国现代化国防建设的重要法规，对进一步完善我国的兵役制度，增强全国军民的国防观念，加强武装力量的建设，保卫社会主义祖国的安全和现代化大业的顺利进行，具有十分重大的意义。

四、我国公民及组织的国防义务和权利

（一）公民的国防义务

根据有关法律法规，公民应承担的国防义务包括：兵役义务、支持人民军队建设和改革的义务、支前参战的义务、保护国防工程和设施的义务等。其中，最主要的是兵役义务。《兵役法》对公民的兵役义务规定主要包括以下几个方面。

1. 公民平时被征集服现役的规定

《兵役法》规定：“中华人民共和国公民，不分民族、种族、职业、家庭出身、宗教信仰和教育程度，都有义务依照法律规定服兵役。”“每年 12 月 31 日以前年满 18 岁的男性公民，应当被征集服现役。当年未被征集的，在 22 岁以前仍可以被征集服现役。根据军队需要，可以按上述规定征集女性公民服现役。根据军队需要和本人自愿的原则，可以征集当年 12 月 31 日以前年满 17 岁未满 18 岁的男女公民服现役。”

2. 参加民兵组织的规定

凡 18 岁至 35 岁符合服兵役条件的男性公民，除应征服现役外，应编入民兵组织服预备役。

3. 参加军事训练的规定

民兵预备役人员和在校学生要依法接受军事训练。

4. 关于预备役军官的规定

预备役军官要依法履行登记手续，按规定参加军事训练和军事活动，接受政治教育，随时准备应召服现役。

5. 公民服预备役的规定

凡 18 岁至 35 岁符合服兵役条件的男性公民，除应征服现役的以外，应编入民兵组织服预备役。不建立民兵组织的单位，按照规定对符合服兵役条件的男性公民进行预备役登记。根据需要，吸收女性公民参加基干民兵。

此外，《国防法》还规定了公民的其他国防义务，主要包括：接受国防教育的义务；保护国防设施的义务；保守国防秘密的义务；协助国防活动的义务。

（二）组织的国防义务

《国防法》规定，国家机关、社会团体和企事业单位应当依法完成民兵和预备役工作，协助兵役机关完成征兵任务。各类组织应当支持国防建设，为武装力量的军事训练、战备勤务、防卫作战等活动提供便利条件或其他协助。

根据《国防法》的规定，国家机关、社会团体和企事业单位的国防义务主要包括：协助完成兵役工作；接受国防科研生产和军事订货；交通建设应符合国防要求；应当为现役军人和军用车辆、船舶的通行提供优先服务并给予优待；保护国防设施；协助国防活动等。

《民兵工作条例》和国家七部委《关于企业民兵、预备役工作的规定》明确规定，企业单位应当按照当地人民政府和本地区军事领导指挥机关的要求，把民兵工作纳入管理计划，完成民兵工作任务。

企业必须根据国家法律法规的规定，完成民兵、预备役和兵役工作任务，其主要任务如下。

（1）建立和巩固民兵、预备役部队组织，进行年度组织整顿，适时开展活动。

（2）开展民兵、预备役部队政治思想工作。

（3）完成民兵、预备役部队军事训练任务。

（4）按规定管理、维修民兵、预备役部队的武器装备。

（5）组织民兵担负战备执勤，维护本单位正常秩序，配合公安部门维护社会治安。

（6）完成新兵征集任务，落实优抚政策。

（7）进行预备役军官、士兵和动员物资、车船登记，落实战时动员有关准备工作。

（8）按规定设立人民武装部，配备、管理专职人民武装干部和民兵干部。

（9）发动民兵、预备役人员带头参加社会主义物质文明和精神文明建设，带头发展生产，完成急、难、险、重任务。

（10）战时，组织民兵、预备役人员参军参战，保卫生产，保护群众，支援前线，完成兵员动员和物资、车船等国防动员任务。

（三）公民的国防权利

我国国防相关法规规定了公民的国防权利，分别如下。

（1）《宪法》规定，国家和社会保障残废军人的生活，抚恤烈士家属，优待烈士家属，优待军人家属。

（2）《国防法》规定，公民有对国防建设提出建议的权利，有对危害国防的行为进行制止或者检举的权利。公民因国防建设和军事活动在经济上受到直接损失的，可以依照国家有关规定取得补偿。

（3）《预备役军官法》规定，国家依法保障预备役军官的合法权益。预备役军官享有法律规定的因服军官预备役而产生的权利，享受国家规定的有关待遇。民兵、预备役人员和其他人员依法参加军事训练，担负战备勤务、防卫作战时，国家和社会保障其享有相应的待遇，按照有关规定实行抚恤优待。

（四）组织的国防权利

《国防法》规定，组织享有以下两项国防权利。

（1）维护国防利益的权利。组织有权对国防建设提出建议，有权对危害国防的行为进行制止或者检举。

（2）依法取得补偿的权利。组织因国防建设和军事活动在经济上受到直接损失的，有权依照国家有关规定取得补偿。

第四节　中国武装力量

中国武装力量由中国人民解放军、预备役部队和民兵组成。中国人民解放军由陆军、海军、空军和第二炮兵组成，是中华人民共和国武装力量的主要组成部分，是我国人民民主专政的坚强柱石。本节重点介绍中国人民解放军各军兵种发展、编成、任务及其武器装备。

一、中国陆军

陆军，是指在陆地上作战的军种，具有强大的火力、突击力和高度的机动能力，其主要任务是在陆地上歼灭敌人。既能独立作战，又能与海军、空军合同作战，是决定陆地战场胜负的主要力量。

中国人民解放军于1927年诞生时，全由陆军组成。土地革命战争和抗日战争时期，绝大多数是步兵，只有少量的骑兵、炮兵、工兵、通信兵等部队、分队。解放战争时期，中国人民解放军陆军规模不断扩大，武器装备明显改善，发展了炮兵、工程兵和通信兵部队，新建了坦克兵和防化兵部队、分队。中华人民共和国成立后，逐步由以步兵为主发展成包括步兵、炮兵、装甲兵、工程兵、通信兵、防化兵等在内的合成军种，形成了适应现代战争需要的合成作战能力。

人民解放军的合成体制是在全国解放后，随着国际、国内形势的发展和武器装备的改善，通过精简军队员额、减少步兵、发展特种兵的途径逐渐形成的。新中国成立前夕，陆军总兵力约为420万人，其中，绝大部分是步兵部队。1950年，陆军兵力发展到520万人，1951年年底，总兵力达到580余万人，1953年年底，全军减少员额160万。至此，陆军初步完成了由分散领导向集中统一指挥、由单一步兵体制向诸兵种合成体制、由落后装备向比较先进装备的历史性转变，为以后的发展奠定了基础。

随着社会主义建设的全面展开，为进一步减少军费开支，1957年1月，中央军委决定把军队总定额在1957年的基础上再减少1/3，裁减重点是陆军。到1958年年底，人民解放军总定额已降到新中国成立以来的最低点，陆军编制人数仅为新中国成立时的1/3。各特种兵部队有了相当的发展，占陆军兵种部队兵力的比例超过了20%。至此，陆军的诸军种合成体制已基本形成，并初步具备了在现代条件下进行协同作战的能力。

（一）步兵

步兵是徒步或搭乘装甲输送车、保障车辆等基本装备，执行地面突击任务的兵种，是地面作战的主要兵种，担负着直接歼灭敌人、坚守和夺取重要目标和地区的作战任务。步兵由摩托化步兵、机械化步兵、山地步兵组成，按师、团、营、连编成。

步兵的特点：武器装备简单、轻便，具有夜战、近战和独立战斗的能力。受地形的限制、气象的影响较小，能在各种艰险困难的条件下独立持久地作战，具有很强的灵活性和顽强性；又能在其他军兵种的协同下联合作战，善于扼守阵地。

现在，我军步兵的机动能力有了很大的提高，火力也大大地加强了，并由过去只能徒步冲击，发展到能乘车直接冲击，甚至还能从空中垂直加入战斗。在火力方面，既有能打摩托化步兵的能力，又有较强的打装甲目标的能力，还有一定的对敌空中目标攻击的能力。

（二）炮兵

炮兵是以各种压制火炮、反坦克火炮、反坦克导弹和战役战术导弹为基本装备，执行地面火力突击任务的兵种，是陆军的重要组成部分和主要火力突击力量。它通常与其他军兵种协同作战，也可单独进行火力突击任务。炮兵由地面炮兵、高射炮兵和战术导弹部（分）队组成，按师（旅）、团、营、连编成。

炮兵的特点：具有强大的火力、较远的射程、良好的射击精度和较高的机动能力。火炮射程远、射程广，能及时广泛地实施火力机动，杀伤敌人，摧毁敌武器装备和工程设施，适时机动，且能在一段时间内集中火力对敌实施猛烈突击。但是，炮兵也有机动易受气象、地形、道路等条件的限制和影响以及装备复杂、补给困难、射击准备时间长等弱点。

（三）装甲兵

装甲兵是以坦克及其他装甲战车、保障车辆为基本装备，执行地面突击任务的兵种，是陆军中一支重要的突击力量。在合成作战中，它可以配属步兵作战，也可在其他军兵种的协同下单独进行战斗任务。按师（旅）、团、营、连编成。在坦克师（旅）、团中，还编有装甲步兵、炮兵等部（分）队及其他勤务保障分队。

装甲兵的特点：具有较强的火力、较好的通行能力、快速的机动能力和一定的夜战能力及良好的装甲防护能力。但其行动易受天气、气候和地形的影响；车辆多，目标大，难以隐蔽和伪装；物资供应和技术保障较为繁重和复杂。

（四）防空兵

防空兵是以高射炮、地空导弹武器系统为基本装备，执行野战对空作战任务的兵种，是陆军对空作战的主要力量。防空兵由高射炮兵、地空导弹兵和雷达兵等部（分）队组成，以队属高射炮兵为主的体制，按旅（团）、营、连编成。

防空兵的特点：具有较强的火力、较远的射程、良好的射击精度、较高的机动能力和快速的反应能力，能在昼夜和复杂气象条件下，持续地打击来自高、中、低空的敌飞行器。

（五）陆军航空兵

陆军航空兵是装备攻击直升机、运输直升机和其他专用直升机及轻型固定翼飞机，执行空中机动和支援地面战斗任务的兵种。我军的陆军航空兵是 20 世纪 80 年代组建的一个新的兵种。它既可担负战勤运输和机降作战任务，也可以实施强有力的近距火力支援或突击，按团、大队、中队编成。

陆军航空兵的特点：具有较强的攻击火力、广泛的机动能力和快速的反应能力，且隐蔽性好，不受地形的影响，具有超低空、“贴地”飞行的本领，能在地形复杂的条件下，远离机场执行多种作战任务，能快速从各个方位将兵力集中于主要作战方向，令敌人防不胜防。它将在侦察、运输空降作战、反坦克、布雷、电子战等方面发挥愈来愈大的作用，是名副其实的“空中铁骑”，为坦克、装甲目标的“天敌”，步兵的“克星”。

（六）电子对抗兵

电子对抗兵是对敌实施电子战的主要力量，通常协同其他兵种作战，有时也可以单独地执行电子侦察、电子干扰和电子摧毁任务，按团（大队）、营、连编成。

电子对抗兵的特点：以电子设备或器材为武器，以电子斗争为主要作战形式，作战双方通过电磁波在空间的传播进行斗争，因此通常双方并不接触，斗争具有很强的技术性、谋略性和欺骗性。

（七）防化兵

防化兵是担负防化学保障任务的兵种，是对核、生、化武器防护的技术骨干力量。它既是军队对核、生、化武器防护的一支专业技术力量，又是一支可能直接杀伤敌人的战斗力量。由防化（观测、侦察、洗消）、喷火和发烟等部（分）队组成，按团、营、连编成。

防化兵的特点：专业性、技术性和完成任务的时效性强，执行任务分散，保障条件下的目标多，具有较强的独立性、机动性和灵活性。

如今，防化兵增强了野战条件下的群防能力和快速侦察能力，成为我军一支技术程度较高的专业力量。

（八）通信兵

通信兵是担负军事通信联络任务、保障军队指挥的专业兵种，具有在各种战斗情况下执行通信保障任务和提高指挥效率的能力。主要由通信、通信工程、无线电通信对抗、航空兵导航和军邮勤务等专业部队组成，按团（站）、营、连编成。

通信兵的特点：装备复杂，通信联络手段多，技术性、专业性、保密性和时效性强。

二、中国海军

中国人民解放军海军是以舰艇部队为主体，在海洋上作战的军种。海军具有在水面、水下、空中和岸上实施攻防作战和战略袭击的能力，既能独立在海上作战，又能协同陆军、空军作战，具有常规作战能力和战略核打击能力，是海上作战的主力。

1949年4月23日，人民解放军百万雄师横渡长江。同一天，中国人民解放军序列中的第一支海上武装——华东军区海军在江苏泰州白马庙宣告成立。自组建以来，人民海军同国内外敌人作战1000余次，击沉、击伤和俘获敌舰船400多艘，击伤、击落敌机200余架。

回首人民海军走过的光辉历程，作为人民军队一支新生力量和年轻军种，在短短的时期内，从无到有，由弱到强，实现了跨越式的飞跃。特别是自改革开放以来的30余年内，海军建设更是如虎添翼，一批新型装备陆续进入海军现役，逐步发展成为多兵种合成、初具现代化水平的海上防御力量。1980年，人民海军向南太平洋海域派遣特混舰队；1984年，远洋打捞救生舰远征南极，创造了人民海军航海史上的新纪录，标志着中国海军由近海开始走向蓝色远洋。

与此同时，人民海军也将目光投向未来的海上战场。新中国成立初期自苏联引进的“四大金刚”——“鞍山”号、“抚顺”号、“长春”号、“太原”号驱逐舰等一批旧型舰艇纷纷退出现役，一批新型作战舰只陆续列入序列。代表我国造船实力的人民海军新一代名舰——“哈尔滨”舰雄风威振，在现代化的指挥室里，一块块圆形和方形的荧屏在闪耀，来自海面、空中、水下的各种“敌情”同时出现在屏幕上，使舰长一览无遗。一个键盘、几十个按键连接起全舰的每个战位，战士们依靠操纵软件投入战斗……

潜艇部队主要在水下进行作战，具有良好的隐蔽性和较强的突击威力，能够长期在海上独立作战，是人民海军的主要战斗舰艇。1954年6月，人民海军第一个独立潜艇大队在山东青岛成立。1957年6月，国产第一艘03型潜艇列入海军潜艇部队序列。1970年底，252号潜艇率先突破禁区，进入浩如烟海的太平洋，连续航行30昼夜，航程达到3300海里。1959年，毛泽东同志指出：“核潜艇，一万年也要搞出来。”1970年12月26日，我国第一艘攻击型核潜艇下水。1974年8月1日，我国成为继苏、美、英、法之后世界上第五个拥有核潜艇的国家。中央军委发布命令，将该艇命名为“长征一号”。随着我国造船技术的进一步发展，近年来，先后又有一批新型号的潜艇装备引入人民海军部队序列。

中国海军先后研制成功了以攻击型核潜艇、导弹驱逐舰、导弹护卫舰为代表的第一代武器装备；以新型驱逐舰、新型潜艇、隐形舰艇、新型战斗机为代表的第二代武器装备以及配套的各型各类导弹、鱼雷、舰炮、电子战装备等正陆续交付使用。

目前，中国海军主要战斗舰艇已实现导弹化，具备了远洋航行的能力，并能在远航中执行各项任务。随着各种新型装备的不断列装，海军装备的科技含量不断增加，如何驾驭这些新型装备，掌握现代化高科技的海战本领，成为克敌制胜的关键。目前，海军主要作战舰艇上的军官中受过大学教育的已经高达87%，掌握高科技知识的人才正在成为现代化战舰上的指挥官，一些具备现代海军意识和指挥管理才能的干部走上重要的领导岗位，一批“上天能驾机、下海能操舰”的复合型人才正成为人民海军建设的中坚力量。

海军的最高领导和指挥机关是军委，海军领导机关设有司令部、政治部、后勤部、装备部以及各类院校、科研、试验机构等，下辖有东海、南海、北海三个海军舰队和海军航空兵部，各舰队下辖基地、水警区、舰艇支队、舰艇大队等。

（一）水面舰艇部队

水面舰艇部队是指在水面执行作战任务的兵种，是海军的基本作战兵力，主要包括战斗舰艇部队和勤务舰船部队。具有在广阔海域进行反舰、反潜、防空、水雷战和对岸攻击等作战能力，主要用于攻击敌方海上兵力和岸上目标，支援登陆、抗登陆作战，保护或破

坏海上交通线，进行海上封锁、反封锁作战，运送作战兵力和物资，参加夺取制海权和海洋制空权的斗争等。

水面舰艇部队由驱逐舰、护卫舰（艇）、导弹艇、鱼雷艇、猎潜艇、扫（布）雷舰（艇）等战斗舰艇部队按舰艇支队、大队、中队编成。勤务舰船部队编成大队，根据专业性能和担负的任务分别组成不同专业性质的勤务舰船大队。

水面舰艇部队的特点：装备种类多，武器和技术装备复杂，装载力较大；执行任务范围广，可进行多项作战和保障任务，可以担任攻击、保障、防御任务，也可执行海上运输任务，可以对沿海目标、水面目标和水下目标实施攻击，还可以反击空中目标，既可单独编成舰队独立进行作战任务，又可以与其他军兵种协同进行作战任务；航速高，续航力大，航海性能好，既可长期在远洋活动，又可在近岸、浅水、岛礁区活动。

（二）潜艇部队

潜艇部队是海军在水下执行作战任务的兵种，是海战场的重要突击力量。携带战略导弹的核潜艇是国家战略核反击力量的重要组成部分。

潜艇部队按潜艇动力可分为常规动力潜艇部队、核动力潜艇部队；按武器装备可分为鱼雷潜艇部队、导弹潜艇部队和战略导弹潜艇部队。

潜艇的主要战术技术特点有两方面。一是有良好的隐蔽性。潜艇主要活动在水下，有较大的下潜深度，不易被水面舰艇、飞机和卫星侦察发现，这是潜艇区别于其他舰艇的主要特点和优点。由于作为探测潜艇最有效的器材——声纳，其作用距离有限，故难以探测到在大洋深处活动的潜艇。相反，潜艇却能对水面和空中的反潜兵力实施隐蔽的搜索观察，做到先发现敌目标，及早主动采取避防措施。一旦被敌发现，还可以使用各种伪装和干扰器材欺骗和迷惑敌人。二是有较强的突击威力。潜艇可在水下发射鱼雷、导弹和布放水雷，突然对敌各种舰船和岸上目标实施攻击，命中精度高，破坏威力大，并可实施多次攻击。三是有较大的续航力和自给力。潜艇在水下航速高，续航时间长，常规动力潜艇续航力在5000～10000海里，自给力可达60昼夜；核动力潜艇的续航力和自给力更大。因此，潜艇可远离基地到中、远海区长时间游弋，独立执行作战任务。

（三）海军航空兵

海军航空兵是在海上执行作战任务的一个重要兵种，是海军重要的突击和保障力量之一。海军航空兵可以单独也可以协同海军其他兵种完成海上多种作战任务。

海军航空兵通常由轰炸航空兵、歼击轰炸航空兵、歼击航空兵、强击航空兵、侦察航空兵、反潜航空兵部队的执行预警、电子对抗、运输、救护等保障任务的部队编成。它是夺取和保卫海洋战区制空权的重要力量，能对海战的进程和结局产生重大影响。其编制层次为舰队航空兵、航空兵师、团、大队（营）、中队（连）。

（四）海军岸防兵

海军岸防兵是指海军部署于沿海重要地段、岛屿，以火力进行海岸防御任务的兵种，是海岸防御的主要火力。它能充分利用岛、岸的有利条件，预先构筑多种阵地，储备大量作战物资，进行持久作战，是近岸坚守防御战中的主要兵力之一。

海军岸防兵通常由海岸导弹部队和海岸炮兵组成。其基本任务是封锁海峡、航道，消灭敌方舰船，掩护近岸海区的己方交通线和舰船；支援海岸、岛屿守备部队作战，保卫基地、港口和沿海重要地段的安全。其编制有独立团、营、连等，分属于海军基地或水警区。

（五）海军陆战队

海军陆战队是指海军中担负渡海登陆作战任务的兵种，是实施两栖作战的快速突击力量。它是一支由诸兵种合成的，能实现快速登陆或担任海岸、岛屿作战任务的两栖作战部队，是海军对岸作战的重要力量，是国家海上威力的重要组成部分之一，是实现国家海洋战略的重要兵力。通常由陆战步兵、炮兵、装甲兵、工程兵及侦察、通信等部（分）队组成。其基本任务是独立或协同陆军实施登陆作战、抗登陆作战。其编制序列为旅、营(团)、连、排、班。

海军陆战队的特点：具有两栖化、装甲化、自动化、轻型化的特点，具有强大的火力、较强的机动能力、很强的突击力和较强的保障能力。

三、中国空军

中国人民解放军空军是主要进行空中作战的军种，具有快速反应、高速机动、远程作战和猛烈突击的能力，既能协同其他军种作战，又能独立进行战役、战略任务，是现代立体作战的重要力量，能对战争的进程和结局产生重大影响，在现代国防和现代战争中具有重要的地位和作用。

空军是20世纪军事斗争的产物。飞机在战场上的出现使传统的平面战争向立体化战争转变。第二次世界大战爆发之前，空军已成为世界各军事强国的独立军种，并开始在战争中扮演举足轻重的角色。我党第一代领导人在极端困难的条件下，积极筹划建设人民军队自己的空军。1949年11月，空军领导机关成立。

初创时期的人民空军稚嫩幼小，但却及时跟上了世界军事发展的潮流，在现代国防和军队建设的大棋盘上，投下了具有战略意义的一颗棋子。新中国第一支航空兵部队于1950年6月在南京正式成立，其番号为“空军第四混成旅”，其兵员来自陆军各部队，飞机有英制、美制、日制，机种有战斗机、轰炸机、运输机、教练机。直至后来用苏制米格—6型飞机装备空军，航空兵才有了整齐装备的机群。1950年，朝鲜战争爆发，我国年轻的人民空军挥师蓝天，取得了击落击伤美国飞机425架的赫赫战果，不仅一鸣惊人，而且震惊了世界。

飞机是空军的主要装备。在朝鲜战场上，年轻的人民空军虽然取得了骄人的战绩，但落后的民族工业尚不能支持生产自己的飞机。中华泱泱大国，不能没有自己的航空工业！在全国人民的共同努力下，1954年7月，南昌飞机公司仿制成功第一架雅克—18型教练机。这架教练机就像一支报春花，预示着中国航天工业的春天在经过漫漫冬夜之后终于到来了。此后，国产高空高速歼击机、强击机、轰炸机、运输机、直升机等相继问世并装备部队，使人民空军创造了世界防空史上一个又一个奇迹。经过50余年的建设，我国人民空军已发展成为一支以航空兵为主体，包括地空导弹、高炮、雷达、空降兵等诸兵种合成的现代化军种，具备了远程作战、高速机动、对空防御和支援陆、海军作战的

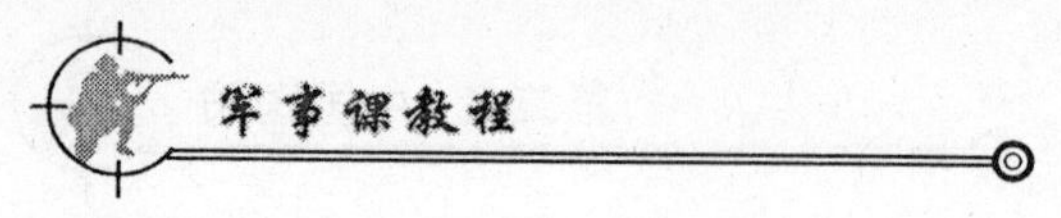

能力。

空军主要由航空兵、地空导弹兵、高射炮兵、空降兵及雷达、通信、电子对抗、气象等部队组成。其编制序列为：军委空军、军区空军、空军军（空军基地）、师（旅）、团（站）、飞行大队（营）、飞行中队（连）。空军领导机关设有司令部、政治部、后勤部、装备部。军区空军根据任务辖一至数个航空兵军（基地）或航空兵师，一至数个防空混成师、地空导弹师（旅、团）、雷达旅（团）或高炮旅（团）。

（一）航空兵

航空兵是指装备军用飞机在空中执行作战任务的兵种，是空军的主体。按照装备的飞机不同，可分为歼击航空兵、强击航空兵、轰炸航空兵、侦察航空兵和运输航空兵等。

（1）歼击航空兵是担负歼灭敌空中飞机和飞航式空袭兵器任务的兵种。其任务是：争夺制空权，掩护和保障各军兵种的作战行动，对保障航空兵本身各机种的战斗行动均具有特殊的意义。

（2）强击航空兵是担负攻击敌地面部队或其他目标任务的兵种。其任务是：压制敌战场目标；消灭敌有生力量；阻滞敌交通运输；突击敌航空基地，压制敌防空兵器，争夺制空权；必要时，实施航空侦察和歼灭空中目标。

（3）轰炸航空兵是担负对地面、水面目标实施轰炸进攻任务的兵种。其任务是：破坏敌纵深政治、经济、军事等目标；消灭敌有生力量；突击敌航空兵基地，夺取制空权；阻滞敌交通运输；进行航空侦察、空中布雷及反潜等任务。

（4）侦察航空兵是以侦察机为基本装备，担负从空中获取情报任务的兵种。其任务是：查明敌兵力部署；查明敌政治、经济、军事、交通等重要目标情况；查明敌电子技术设备的性能和配置；发现敌实施突然袭击和使用核武器的征兆；检查我军的伪装情况和对敌突击的效果。

（5）运输航空兵是装备军用运输机和直升机，执行空中输送任务的兵种。具有远程、快速的运输能力和广泛的机动能力，对保障军队机动和补给具有重要的作用。其任务是：保障地面部队实施空中机动；协同其他航空兵转场；输送空降兵实施空降作战；空运武器装备和物资器材；实施空中求援。

除侦察航空兵按团、大队、中队编成外，其他航空兵均是按师、团、大队、中队编成。

（二）地空导弹兵

地空导弹兵是装备地空导弹（也称防空导弹）武器系统，执行防空作战任务的兵种。它是国土防空的重要力量，具有较强的战斗力、较高的射击精度和一定的机动能力，能在昼夜间各种天气和气候条件下执行作战任务。通常与歼击航空兵、高射炮兵共同行动。

地空导弹兵与高射炮兵是空军两个地面防空作战的兵种，两者既有分工，又密切协同，通常在要地周围，按远、中、近（程）和高、中、低（空）构成严密的防空火力网。通常按师、团、营或旅、营编成。

地空导弹兵的主要任务：歼灭来袭的敌空袭兵器，掩护国家要地；歼灭敌侦察机，制止敌航空侦察；歼灭敌运输机，制止敌空运、空投和空降；必要时，掩护陆、海军的主要

部署。

(三) 高射炮兵

高射炮兵是以高射炮为基本装备，执行防空作战任务的兵种，是国土防空的重要力量，具有迅猛的火力和较强的机动能力，能在昼夜间各种天气和气候的条件下持续地进行战斗，特别是对于中低空目标，更能发挥其战斗威力。通常按旅、团、营、连编成。

高射炮兵的主要任务：歼灭来袭的敌空袭兵器，掩护国家要地；歼灭敌侦察机，制止敌航空侦察；歼灭敌运输机和伞降、机降的空降兵；必要时，掩护陆、海军的主要部署，歼灭敌地面、水面目标。

(四) 空降兵

空降兵是以伞降或机降方式投入地面作战的兵种。具有作战空间范围大，可大范围超越地理障碍，全方位机动能力强，行动隐蔽、速度快，应急作战能力强和可进行的作战任务及作战式样多等特点，是一支具有空中快速机动特点，能实施远程奔袭、全纵深作战的突击力量。我军的空降兵主要由步兵、装甲兵、炮兵、工程兵、通信兵及其他专业部(分)队组成，以陆军为基础，按军、师、团、营、连编成。

空降兵的主要任务：夺取敌方纵深区域的重要目标或地域，断敌后路，阻敌增援，配合下面进攻部队歼敌或夺取登陆场，配合登陆部队登陆；摧毁或破坏敌指挥机构、导弹、核武器、电子设备、机场、交通枢纽和后方供应设施等重要目标；应急部署，掩护下面部队的机动和展开；支援敌后作战的部队和游击队；参加反空降作战和担负其他特殊作战任务。

(五) 雷达兵

雷达兵是以雷达获取空中情报的兵种，是国土防空预警系统的主体和指挥、引导的主要保障力量，具有全天候搜索、探测和监视空中目标的能力。随着装备的不断更新以及探测范围不断扩大，现在已构成了覆盖全国的雷达预警网，在保障国土防空、飞行管制、航空兵的作战和训练等方面均发挥着巨大的作用。通常按旅(团)、营、连编成。

雷达兵的主要任务：实施对空警戒侦察，及时提供防空作战与协同登陆、海军作战以及人民防空所需的空中情报；提供空中敌我机的活动情况，保障空军各级指挥所指挥引导我机的战斗活动，保障航行管制部门实施飞行管制，并将有关违反飞行规划、偏航、迷航、遇险等情况及时通知有关部门，对经批准在我国领空飞行的一切飞行器进行监察。

四、第二炮兵

中国人民解放军第二炮兵是装备地地战略导弹武器系统，执行积极防御战略任务的重要核反击力量，是20世纪60年代中期新组建的独立的兵种，成立于1966年7月1日，受中央军委直接领导和指挥。它与海军潜地战略导弹部队和空军战略轰炸机部队构成我国三位一体的战略核力量。

第二炮兵的建立和发展壮大，是我国国家实力和国防现代化的重要标志之一，它不仅展示了我国拥有强大的军事实力和尖端科学技术，同时，也标志着我军现代化建设进入了

一个新的阶段。它对于提高我国的国际威望、鼓舞我国人民的战斗意志、振奋民族精神、遏制超级大国可能对我国发动的战争、维护世界和平起着重要作用。

当第一面五星红旗庄严地在天安门广场升起时，新生的中华人民共和国正被世界核阴云所笼罩。毛泽东同志作出高瞻远瞩的历史性抉择：打破垄断，研制“两弹一星”。钱学森等一大批知名科学家冲破国外阻力，成千上万名知识分子和甘心奉献的军人隐姓埋名，投入到研制工作之中，以“两弹一星”为标志的一个个奇迹在当时经济和技术均还十分落后的土地上先后问世。

20世纪50年代末，中国成功仿制苏联近程地地导弹后，开始自行研制液体和固体燃料的近程、中程、洲际地地战略、战役导弹和潜地固体燃料战略导弹，到20世纪80年代成功研制并试验了多型地地战略战役导弹，并完成了导弹贮存、防护、运输、测试、发射与发射控制等各项地面设备的研制试验工作，初步形成核导弹与常规导弹兼有、近中远程和洲际弹道导弹齐备的武器系列，能够独立或协同其他军兵种实施自卫核反击和纵深常规打击。进入20世纪90年代后，我导弹部队装备建设开展了跨世纪的战略研究，一大批高新技术成果相继用于装备建设。随着我国在核武器、航天技术、固体燃料、运输机动性上的突破，我导弹部队的战略打击火力体系正在逐渐实现威慑力大、覆盖面广、精度高和机动隐蔽性强的目标，使我军真正拥有了克敌制胜的“杀手锏”。1996年7月29日，我国在成功地进行了又一次核试验之后，随即宣布暂停核试验，表明我国已建立起一支精干、有效的核自卫力量。

作为人民军队中最年轻、最现代化的一支部队，第二炮兵多次圆满完成导弹发射训练任务，并已形成了核条件下的生存能力、快速反应能力和核反击作战能力。从拥有核武器的那天起，中国政府就向全世界作出庄严承诺：在任何时候，任何情况下绝不首先使用核武器。后发制人，成了我国战略导弹部队的唯一选择。就是这一选择给部队官兵提出了必须在素养上强于对手的要求。20世纪70年代中期，我国新组建的战略导弹部队就开始组织规模宏大的远距离机动作战实弹发射演习，这是战略导弹部队实现“机动作战”的首次尝试，同时也是走向成熟的显著标志。此后，我战略导弹部队又成功地进行了规模庞大的合成训练战役演习，检验了部队的整体作战能力。第二炮兵由地地战略导弹部队、常规战役战术导弹部队以及工程、情报、侦察、测地、计算、气象、通信、防化、伪装等专业部队组成。编制序列为第二炮兵导弹基地（相当于军）、旅、营。第二炮兵领导机关设有司令部、政治部、后勤部、装备部。

第二炮兵的主要任务：平时发挥威慑作用和遏制敌人可能对我国发动的核战争；战时则主要遏制将常规战争升级为核战争、遏制核战争升级、实施核反击。

第二炮兵装备有多种型号的地地战略导弹，包括近程（射程在1000千米以内）导弹、中程（射程为1000～3000千米）导弹、远程（射程为3000～8000千米）导弹、洲际（射程在8000千米以上）弹道导弹，具有在昼夜各种复杂气象条件下的发射能力。这些导弹的特点：① 射程远，杀伤破坏威力大，命中精度高，突防能力和生存能力强；② 建有与之配套的作战指挥、防护工程和其他各种设施；③ 可以固定发射，也可以机动发射，因此具有较强的生存能力。

我国目前正在研制各种新型的性能更好的导弹。随着我国科学技术的飞速发展，第二炮兵的导弹武器将会在固体化、小型化、机动化等方面进一步得到改进，并进一步提高其

命中精度、快速反应能力和生存能力，更好地发挥它的威慑作用和突击作用。我国目前已建立起一支具有一定规模和作战能力的战略导弹部队，这对于提高人民解放军的战斗力和威慑力、提高我国的国际地位均具有重要的意义。我国将执行不首先使用核武器的承诺和有限报复的核战略，独立地使用核武器，做到防御性、威慑性、报复性、有限性和有效性相结合，完成党中央和中央军委赋予的战略核反击任务。

目前，第二炮兵已建成了一批不同型号和不同发射方式的作战阵地，初步形成了多种型号的导弹武器装备系统，快速机动作战能力和准确打击目标能力有了进一步的提高。

第五节　国防动员

国防动员又称战争动员，是指国家由平时状态转为战时状态时所采取的，对人力、物力和财力进行统一调动的紧急措施，一般分为总动员和局部动员。总动员是指在全国范围内实施的国防动员；局部动员是指在局部地区、某些部门或担负作战任务的部队中实施的国防动员。国防动员通常包括武装力量动员、财政金融动员、人民防空动员、交通战备动员等。

一、武装力量动员

武装力量动员是战争动员的核心内容，是战时扩充军队进行战争的基本手段。在现代信息条件下，无论是全面战争还是局部战争，做好武装力量动员，对夺取战略主动和战略优势，把握战争的进程和结局，都具有极为重要的影响。

（一）动员部署

动员部署通常是在国家发布动员令、宣布战争状态的情况下进行的。在正式发布动员令之前，根据需要，党和国家的最高军事领导可预先发出号令，使军队和有关方面从精神上、物质上、组织上做好必要的准备。《兵役法》规定，在国家发布动员令以后，各级人民政府、各级军事机关必须实施动员。军队的军区、军兵种、部队及各级军事工作机关，各级地方党委、人民政府，在接到上级动员命令后，要迅速向所属单位和预备役人员通报动员命令，立即组织有关部门健全战时动员领导机构，修改动员计划，下达本级动员令，收拢预备役人员，各部队根据上级下达的动员计划和预先号令，拟制本级的扩编实施计划，做好实施动员的准备。

（二）兵员集结

在国家和各级动员令下达后，动员工作进入实施阶段。这个阶段的主要工作，就是把处于分散、流动状态的预备役人员，特别是首批征召对象，迅速收拢、集结起来，做好向部队输送和组织民兵参战的准备。组织兵员集结的主要工作有：制定兵员集结实施方案；下发兵员集中通知；开设兵员集中站；申领和调用武器装备和作战物资；做好兵员运输保障准备；组织安全保卫；完成预备役部队建制调整；做好武装民兵的工作等。

（三）输送交接

战时征集的兵员集结后，省军区、军分区、人民武装部门要在动员领导机构的统一领导下，与有关部门密切协作，按照兵员运输计划，运用一切可能使用的运输工具和方式，尽快将补充部队的兵员输送到上级指定的地点，与接收部队做好交接。输送工作主要包括：建立输送指挥机构；征租用运输工具；进行运输编组；做好安全教育工作；严密组织警戒等。

战时兵员动员的形式不同，采用的交接方法也不同，必须在上级规定的时间和地点交接，既要交接清楚，又要简化手续。补入部队的兵员交接，应由兵员动员机关派出干部，将所征集的兵员送到部队，与部队办好兵员移交手续；预备役部队转为现役部队、地方部队升级为野战部队和组建新部队时的交接，一般由省（自治区、直辖市）或县（市、区）的动员机构或地方军事部门与相对应的接收部队办理交接手续。

（四）做好持续动员的准备

战争过程中的武装力量动员，是分期分批持续进行的。为保证不间断地动员，各级动员部门和兵役机关在完成战争初期的动员任务后，应在各级动员领导指挥机构的统一领导下，与有关部门一起认真总结经验，并立即做好持续动员的准备。在每批动员任务完成后，要根据情况，做好工作：调整各级动员机构；掌握、分析动员潜力和各方面的条件，修订持续动员计划和保障方案；广泛深入地进行宣传教育，做好应征民兵预备役人员家属的思想工作和优抚工作；做好民兵预备役组织整顿，调整队伍；加强对民兵预备役人员的政治思想教育和军事训练，随时准备按照上级命令进行持续动员。

二、财政金融动员

财政金融动员自产生之日起，就执行着将一部分国民经济实力转化为战争实力的职能。财政动员是国家为保障战争和应付突发事件需要，对部分社会产品进行分配和再分配而形成的分配关系。战争一旦爆发，财政收入即可能锐减，而支出则会激增，财政上供给与需求之间通常会出现不平衡。财政动员就是为稳定国民经济、支持战争筹集和提供资金，尽可能把财政预算上的不平衡控制在一个合理的范围内。金融动员是国家运用金融手段筹集并合理分配战争费用的活动。其主要任务是保证作战部队货币供应，保证民转军企业获得必要的资金货款，保持金融货币市场稳定。现代战争对财政金融动员的依赖性越来越大，因此，财政金融动员的地位和作用越来越突出。

（一）财政动员

财政动员是战争财力筹措最基本的途径。通过财政手段筹措战费，主要包括动用国家财政储备、战时调整国家预算、增加税收等方法。

1．动用国家财政储备

国家财政储备，是和平时期将国民收入通过财政手段进行的积累，通常以战略物资和战争储备金的形式储存起来，以备战争和其他紧急需要。国家财政储备规模有严格限制，其保障战争需要的作用有限，但它能在战争初期缓解国家财政面临战争破坏、战费激增的困难，故世界各国都十分重视战前的财政储备。

2．战时国家预算调整

战时国家预算，是国家战时财政收支分配的计划。它是有计划地筹集和供应战争财力

的一个最基本手段。由于现代战争财力耗费直线上升，因此调整国家预算、扩大军事支出在财政支出中的比重是必然的。一般说来，战时国家预算调整的范围和幅度，视战争规模的大小和对国家安全的威胁程度而定。从实际情况来看，战时需求千变万化，战时国家预算的调整比较频繁。

3. 调整战时税收

税收是国家凭借行政权力参与社会产品分配的一种方式。它是财政收入的基本途径，也是筹措战争费用的又一种方式。在战时财政金融动员中，国家在运用税收这个经济杠杆筹措战争费用时，不仅强调了税收的强制性、无偿性，同时也突破了平时征税标准的限制，常采取提高税率、增加税种、降低起征点和免征额等方式进行征税。如对市场价格上升的消费品，可按国家标准课征战时附加税；对某些需要限制生产的商品可提高税率等。

（二）金融动员

金融动员，即国家运用金融手段筹集并分配战争费用的活动，主要通过金融机构进行。一般来说，金融机构包括两大类：一类是银行机构，主要有中央银行、商业银行等；另一类是非银行机构，主要有投资公司、保险公司、租赁公司、证券公司、基金组织等。金融机构根据国家金融动员法规和计划，一方面利用信用业务，吸收社会闲散资金，直接为国家提供战争经费；另一方面运用其调整功能，管理和控制金融市场，促进战时经济发展。通过金融手段筹集战费，主要包括信用筹款和发行货币等具体方法。

1. 信用筹款

信用筹款是战时筹措经费的有力手段，其主要形式是发行公债。公债包括国内公债和国外公债。国内公债是向国内人民举债，国外公债是向他国举债。战时发行公债筹措军费有许多优点。首先，能够迅速筹集到大量财力。战时发行公债能在短时期内筹措到巨额财力，满足战时财力急需。其次，发行公债易于为人们所接受。公债是一种信用形式，是国家向国民或国外借款，战后不仅要还本而且还应支付利息，其信用形式容易得到认可。

2. 发行货币

战争时期，由于财力消耗剧增，战时预算赤字庞大，为了弥补战费消耗和赤字，国家不得不增发货币。参战国大多采取向银行透支的办法，即增加财政性货币发行来解决财政危机。增发货币能够迅速筹集到部分财力，具有速度快、方法简便、量大等特点。但其危害也十分明显，超发的货币由于没有与之对应的商品参与流通，必然导致货币贬值，出现通货膨胀，从而直接影响社会生活的稳定。由于战争是压倒一切的，国家安全利益是头等大事，因此权衡利弊，以通货膨胀、物价上涨为代价，换取对战争的财力支持，最终夺取战争的胜利，是值得的。

（三）辅助动员

财政金融动员的辅助方法，包括运用价格杠杆调整国民收入分配、动员国民捐献资财和寻求利用国外资源。在财政动员和金融动员不足以保证迅速增加战争费用支出的情况下，可以采用以下辅助动员方法，满足战费需要。

1. 利用价格杠杆

价格是商品价值的货币表现。价格杠杆的再分配作用是通过有意识地提高或降低价格使价格与价值背离，影响居民的实际利益，形成国民收入在各利益主体之间的再分配。因此，调整战时价格就成为筹措战费的又一途径。利用价格杠杆筹措战争经费，主要是有计划地提高非生活必需品的价格，增加国家财政收入，对那些诸如电器、小汽车、化妆品等非生活必需品提高价格有利于集中财力。

2. 向国家捐献资财

动员国民为战争捐献财物，不仅能够起到财力动员的作用，而且是一种号召全民关心战争、支持战争、履行国民义务的精神动员，对于激励国民的爱国热情和增强必胜信念，具有深远意义。捐献活动的开展程度和效果大小，关键在于全民对战争的态度和政治发动的程度。捍卫国家主权的正义战争，可以得到国民的广泛理解和支持。我国在朝鲜战争时期，全民以高涨的爱国热情，掀起了捐献飞机支援战争的活动，捐得款项可购买 3710 架米格战斗机，对朝鲜战争的胜利起到了重大作用。

三、人民防空动员

人民防空动员，简称人防动员，是指国家为了适应战争的需要，发动和组织人民群众防备敌人空袭、减少空袭损失、消除空袭后果所进行的活动。随着现代科学技术的飞速发展，各种新式空袭兵器不断出现，空袭反空袭已成为现代战争的主要作战样式之一。做好人民防空动员，对于增强国家总体防御和打赢能力具有重要的战略意义。

（一）人民防空动员的内容

人防动员的内容，一般包括群众防护动员、人防专业队伍动员、人防工程物资技术保障动员、人防预警保障动员等。

1. 群众防护动员

人民群众是人防动员的主要对象，是防空袭斗争中重要的依靠力量。群众防护动员在战争中具有重要的战略地位，组织和发动居民与敌人的空袭作斗争，可以有效地保障人民的生命财产安全，对于保障军队的兵员补充和国民经济各部门的劳动力具有直接影响。实施群众防护动员的主要任务是组织和发动居民防备敌人空袭，与敌人的空袭作斗争，尽量避免和减少空袭所造成的人员生命和财产损失。其内容包括：在平时对居民进行人防知识的宣传教育和防空训练，构筑防护工事及掩体，对人员、重要经济目标、牲畜、粮食和水源进行必要的防护准备；战时根据防空袭警报，适时进行人员疏散隐蔽，在有放射性物质、毒剂沾染的情况下，对受染地面、建筑物、水源、粮食和衣物进行消毒和清理，实行灯火管制等。

2. 人防专业队伍动员

人防专业队伍动员是根据城市防空袭斗争的需要，组织各种防护专业技术分队，有针对性地消除空袭后果的行动。人防专业队伍动员是人防动员的重点，是进行防空袭斗争的骨干力量。现代空袭兵器的发展及空袭手段的增多，增大了战争的突然性、破坏性和残酷性，加之现代城市及重要战略目标各种设施配置十分集中，在遭敌空袭的情况下，必将伴随出现火灾、水灾以及建筑物倒塌、水电中断、交通堵塞、人员伤亡等情况。要有效控制或迅速消除其影响就必须建立一支精干的、具有良好专业素质的人防专业队伍。战时，组织动员人防专业队伍，实施抢险、抢救、抢修和消防，消除空袭后果，能支援城市防卫作

战，最大限度地减少损失，尽快恢复生产和生活秩序。

3. 人防工程物资技术保障动员

人防工程物资技术保障动员，主要是指为了满足战争中人民群众防空袭的需要，筹措和调用工程技术装备、个人防护器材、防火灭火器材、医疗器材、粮食、水、燃料等所采取的措施。人防工程物资技术保障动员是人民群众进行防空袭斗争的基础和条件，是实施有效防护、减少空袭损失的必要措施，对夺取防空袭斗争的胜利关系极大。在信息化战争条件下，人民防空对工程物资技术的依赖性越来越大，不仅工程物资技术保障品种的数量增多，质量要求也更高，因此，只有做好工程物资技术保障动员，才能适应现代防空袭斗争的需要。

4. 人防预警保障动员

人防预警保障动员，是获取人防所必需的情报，为顺利地组织民众防护和进行紧急抢险抢救做好准备的动员。其主要内容包括：平时规划、实施通信与警报网的建设；组织对空观察；战时及时向有关部门了解和向人防系统通报空中情况，按规定适时发放空袭预报、警报和解除警报信号，加强警报系统的防护，确保连续报警能力。

（二）人民防空动员的基本要求

高技术兵器在战争中的广泛运用，使现代空袭出现了许多前所未有的特点，对人防动员提出了新的更高的要求。

1. 充分准备、积极防护

现代空袭具有突然性强、命中精度高、突击威力大、破坏性强的特点。要求人防动员必须预有计划，充分准备，积极防护。战略空袭已由过去单一武器，单一军种、兵种空袭，发展到多种武器、多军兵种全过程连续突袭，而且空袭威力大、精度高、杀伤力大、破坏性强。空袭行动的准确性、有效性和破坏性，给人防动员带来极大的困难，人防动员将面临异常复杂的局面，没有周密的计划和充分的准备，必将导致严重的后果。所以，人防动员必须贯彻平战结合的原则，把握好从平时准备到战时实施的每一个环节。平时立足战时最困难的情况进行计划，战时防止在敌人的突袭下出现军队瘫痪、社会混乱、经济崩溃、束手待毙的境地。人防部门必须进行周密、精确的计划和准备，适应人防动员的需要。特别是对各种复杂情况，必须预定各种处置方案，拟制具体内容和行动步骤，以指导人防动员的顺利实施。

2. 统筹安排、保障重点

现代高技术战争空袭取向的多维性、综合性更为明显，人民防空既要防敌常规武器的袭击，又要防敌核化生物武器的攻击；既要防敌高空、中空的来袭，又要防敌低空、超低空的来袭；既要对战前空情进行实时预测和预报，又要及时进行全面防护的准备；既要组织消除空袭后果的各种活动，又要组织群众进行后方防卫和支援部队防空作战。因此，必须统筹安排可能动用的人力、物力、财力，不能顾此失彼。由于人防动员的涵盖面较宽，各方面担负的任务、所处的战场环境及时间要求不同，人民防空还必须根据实际情况区别对待，确保重点。战时人防动员应坚持以人民群众和重要经济目标的防护为重点，否则，战争潜力将因空袭而受到严重破坏，后果不堪设想。

3. 快速行动，走、藏、打、消相结合

现代信息化条件下的战争，节奏加快，突然性增强，要求人防动员必须快速反应、快速行动。否则，就有可能给人民的生命财产和国民经济造成严重损失。因此，人防动员必须按照主动、安全、有效、就近的原则以最快的速度进行，在尽可能短的时间内完成各种防护保障任务。尤其是临战动员，从下达动员令，到组织人员疏散，工厂搬迁，战略物资转移，人防专业队伍的组建训练，消除空袭后果等，都要以最快的速度进行，各项动员工作稍有迟缓，就可能陷入困境，以致影响到整个战争的结局和国家的安危。所以，人防动员必须在最短的时间内完成，注意抓好走、藏、打、消四个相互关联的环节，做到走得了、藏得住、打得准、消得快，这样才能尽量地减少各方面的损失，最大限度地保存战争潜力。

4. 全民动员，统一指挥

现代空袭火力已具备了对前方和后方同时突击的能力，空袭范围、规模空前扩大，前后方的界限日趋模糊，人防动员已成为全国范围的行动，不可避免地把社会的各个单位、部门乃至家庭、群体和个人都紧密地联系在一起。因此，为了做好人防动员，必须依靠军队和全社会各方面的力量共同实施。人防组织工作非常复杂，对行动的要求很高，在组织实施人防动员中，必须加强统一指挥，形成整体人防力量。在社会主义市场经济条件下，要依靠国家的行政权威和完善的法规制度来保障人防动员工作的进行，保证各项人防任务和行动的落实。要在各级地方党委的统一领导下，在发挥政府各部门职能的基础上，建立精干、高效、指挥灵活的组织机构，统一组织人防动员工作，以人防专业队伍为骨干，充分发动和依靠广大人民群众，依靠社会各种力量，调动各方面的积极性，与敌人的空袭作斗争。在进行防空袭斗争中，使人人明确自己的岗位、任务、应负的责任和行动要求。

四、交通运输动员

交通运输动员是国家为了适应战争需要，组织和利用各种交通运输线路、设施和工具，进行人员、物资、装备输送的活动。其任务是：统筹各种交通运输线路、设施，保障军队机动，兵员和武器装备的补充，军工生产，军品供应，居民疏散，工厂搬迁以及其他人员、物资的前送后运等。交通运输动员对于保障战争需要，夺取战争胜利具有重要影响。在现代战争中，交通运输动员，对战争的准备与实施及整个国家战时的经济活动和社会行为有着重要的影响。交通运输动员的内容广泛，但最基本的包括铁路、公路、水路、航空、管道五种运输方式的动员。

（一）铁路运输动员

铁路运输动员，是指组织和利用铁路、列车及有关设施，进行人员、物资、装备等输送所采取的措施。铁路运输具有运载量大、速度快、效率高，通用性好的特点，可担负远距离、大运量的运输任务，是在战略、战役后方实施大规模运输的主要手段。它在国家交通运输中占有重要地位，是现代战略运输的基本网路。高效进行铁路运输动员，最大限度发挥铁路运输优势，才能提高运输效率，迅速而及时地将各种物资运送到战场。

（二）公路运输动员

公路运输动员能力受公路网络化程度、路况、汽车的数量与质量、驾驶人员的数量与质量等因素的制约，受油料保障和零配件的制约。做好公路运输动员，主要是采取一切组

织和技术管理措施，提高战时公路运输的保障能力，包括：加强战场公路网建设，使之密度适当、布局合理，保障各战区、各战略战役方向和后方之间运输通畅；组织民间运力参加军事运输，按照运输任务的性质、时限和数量，准备运输工作；战时应根据运输任务的性质、道路条件、气候变化、车辆状况等，正确计划和使用车辆，准备装卸场地、设备和人员，部署交通调整勤务，注意装、运、卸紧密衔接，保障车辆的正常运行。

（三）水路运输动员

水路运输动员，是指组织和利用水上航线、船舶和其他浮运工具以及有关设施，进行人员、物资、装备等输送所采取的措施。水路运输具有运量大、成本低、隐蔽安全、航线不易被破坏等特点，是海上作战和江河水网地区部队机动和物资供应的主要手段。1950年，中国人民解放军在海南岛登陆战役中，使用2100多艘船舶，输送作战部队和大批物资，保障了登陆作战的胜利。做好水路运输动员，不仅对支援岛屿作战和海疆防御作战以及海外物资的相互支援起着重要作用，而且是对铁路运输、公路运输方式的重要补充。

（四）航空运输动员

航空运输动员，是指组织利用飞机和其他航空运输工具以及空中航线和有关设施，进行人员、物资、装备等输送所采取的措施。航空运输具有快速、灵活、一般不受地形条件限制等特点，适用于紧急情况下输送人员、物资。特别是在水路、陆路交通受阻的情况下，航空运输是完成前送后运任务的主要手段。在现代战争中，战场情况复杂，时间要求紧迫，而航空运输是争取时间、保障部队快速实施机动、夺取战争主动最有效的措施。

（五）管道运输动员

管道运输动员，是指组织利用输送管线力量、器材和设施，进行流体物资输送所采取的措施。管道运量大、损耗小、成本低、比较安全可靠、不易受气候影响，是满足现代战争对流体物资需求最大的理想运输手段。管道运输动员能力受管线数量和质量的限制，它只能在已铺设管道的有限范围内进行。对于战略运输，平时必须根据战时动员需要，向预设战场方向铺设输送管道，完善各种管道技术设施，加强防护措施，以提高管道运输的能力。战时组织管道运输动员时，必须根据上级的指令编制运输计划，加强技术管理、运行调度和通信联络，确保管道运输畅通。

思考题

1. 谈谈国防建设在国家安全中的地位和作用。
2. 现代国防的基本特征有哪些？
3. 公民、组织的国防义务和权利有哪些？
4. 我国武装力量由哪几个部分组成？其主要任务是什么？
5. 中国人民解放军各军种分别由哪些主要兵种组成？
6. 国防动员的主要内容有哪些？

第三章 军事思想

第一节　军事思想概述

军事思想是关于战争、军队和国防的基本问题的理性认识，是人们长期从事军事实践的经验总结和理论概括。军事思想以战争和军事问题为研究对象，它的根本任务是揭示战争的本质、战争的基本规律，研究和阐明军队和国防建设的基本理论和原则，从总体上考察和解决军事领域的普遍性和根本性问题，反映研究战争和军事问题的成果。

军事思想作为一种独立的意识形态是从奴隶社会开始的，它产生于一定的社会物质生产和战争实践基础之上，并且受到其他社会意识形态的制约和影响。战争的产生及其对人类社会的影响，促使人们很早就开始对军事领域的基本问题进行思考，并不断地通过总结上升逐渐形成了不同的军事思想。目前，世界一些军事强国在大力推进军队体制编制改革和武器装备现代化的同时，无不积极地创新和发展军事思想，以保证它对未来战争发挥正确的理论指导作用。

军事思想是军事科学体系中的重要内容。它来源于军事实践，又给军事实践以指导，并伴随着战争和军事实践的发展而发展，在军事实践中接受检验。军事思想具有鲜明的阶级性和时代性，不同的时代、国家和阶级及代表人物，有着不同的军事思想。

军事思想的内容大体可以分为两个层次：① 军事哲学，主要包括战争观、军事问题的认识论和方法论；② 军事实践的基本方针和原则，主要包括战争指导、军队建设和国防建设的基本方针和原则等。

第二节　中国古代军事思想

中国古代军事思想大致经历了一个“屋顶”式的发展轨迹，萌生于夏、商、西周时期；春秋战国时期蓬勃发展，达到了中国古代甚至世界古代军事思想的高峰；从秦王朝建立到清前期，则是其长期缓慢演进的时期。

一、萌芽时期（约公元前21世纪至公元前8世纪，即夏、商、西周时期）

中国是最早的文明发祥地之一，于公元前2100年前后建立了夏王朝，进入了奴隶社会。夏、商、西周时期战争频繁，作战形式有步战、车战，其间军事思想也开始萌芽，有军事文献《军志》、《军政》，在古代典籍《尚书》、《周易》等书中也包含着一些军事思想，从中可以看出当时人们对建军、作战等问题的一些规律性认识。

二、蓬勃发展时期（公元前8世纪至公元前3世纪，即春秋战国时期）

由于周王朝的衰落和各诸侯国实力的膨胀，社会处于大动荡、大变革、大发展之中，争霸、兼并直至统一，战争十分激烈。人们对军事思想的认识，已经不再停留在感性认识阶段，而是上升到理性认识层次，军事思想进入到一个蓬勃发展时期。其中最成熟的标志是兵书《孙子兵法》的问世以及其后涌现出的《吴子》、《孙膑兵法》、《司马法》、《尉缭子》、《六韬》等一大批军事著作，诸思想家如墨子、孟子、荀子、商鞅等也有大量论兵之作。

这一时期的军事著作，基本上概括了冷兵器时代一般战争的战略战术、战争理论和原则；同时，对战争的本质和起源以及战争与政治、经济、外交、自然条件等因素的关系等也有了一定的认识，体现了朴素的辩证法和唯物主义思想。

（1）对战争的起源已从“自然存在”的认识上升到从“争名、争利、仇恨、内乱、饥荒”等社会现象的角度加以分析，具有了朴素的唯物主义思想。

（2）对战争的性质有了正义与非正义之分，提出了战争是镇压暴乱、制止不义行为的有利手段。

（3）对战争和军队的重要性，有了“兵者，国之大事，死生之地，存亡之道，不可不察也”的认识，提出了“慎战”的思想；揭示了战争的本质，指出“兵者，以武为植，以文为种，武为表，文为里”；还提出了“以战养战”、“用兵攻战之本，在乎重民”的思想。

（4）在军队建设方面，揭示了“以治为胜”、“以教为先”的思想，重视军队的作战训练，重视选拔将才。例如，对组织军队士兵的训练有“不教民战，是谓弃之”；“士不生教，不可用也”之说；对选拔将帅，《孙子兵法》提出了“智、信、仁、勇、严”五条标准。诸葛亮则对选拔标准有了进一步的解释，指出“善将者，不恃强、不怙势、宠之不喜、辱之不惧、见利不贪、美色不淫、以身殉国、一意而已”。

（5）在作战指挥方面，《孙子兵法》提出“知己知彼，百战不殆”、“不战而屈人之兵”、“兵贵胜，不贵久”以及“多算胜，少算不胜”的思想，要求做好充分的战前准备。同时，还提出“致人而不致于人”的争取主动、力避被动的作战思想。

（6）在后勤保障方面，初步建立了经济是战争的物质基础的思想。例如，《孙子兵法》提出“军无辎重则亡，无粮食则亡，无委积则亡”；“善用兵者，役不再籍，粮不三载。取用于国，因粮于敌，故军食可足也”，“食敌一钟，当吾二十钟；芑秆一石，当吾二十石”。《孙膑兵法》提出“垒无其资，众恐，可败也”。同时，还提出了多备财物的最好办法是使用敌人的所有财物，丰富和发展了“以战养战”的思想。

孙武是先秦军事理论家的杰出代表，其著作《孙子兵法》不仅是中国，也是世界军事思想发展史上的第一座里程碑。以《孙子兵法》为代表的先秦军事思想，对战争的认识以及系统的建军理论、战争指导和作战原则等方面，有着深入而系统的观点阐述，对日后的中国及世界军事思想的发展产生了广泛而深远的影响。

三、缓慢演进时期（公元前3世纪至1840年）

自公元前221年秦王朝的建立到1840年鸦片战争爆发的2000多年间，主要特点是政治上的专制主义和中央集权，经济上自给自足的小生产占统治地位，思想文化上的儒家学说起主导作用。军事思想虽没有出现像春秋战国时期那样的兴盛景象，但还是时慢时快地向前发展。这一时期可分充实提高阶段（公元前 3 世纪至公元 10 世纪中叶）和系统完善阶段（公元 10 世纪至 19 世纪中叶），此间颁布了《武经七书》，官定为武学教材，成为将帅及武科举子的必读书，培养了大批军事人才，繁荣了军事学术。

总之，中国古代军事思想的发展从奴隶制社会到封建社会前期，战争之多，兵书和论兵要著之多，军事群星之多，军事典章之多，堪为世界之最，其军事思想的发展水平和理论成就一直居于世界前列。学习、借鉴中国古代军事思想，对弘扬中国军事文化的优良传统，汲取其思想哲理，启迪智慧，具有极其重要的意义。

第三节　毛泽东军事思想

毛泽东军事思想是关于中国革命战争、人民军队和国防建设及军事领域的科学理论体系，是毛泽东思想的重要组成部分。

一、毛泽东军事思想的产生、形成和发展

毛泽东军事思想的产生、形成和发展，是同中国革命战争的发生、发展和胜利以及新中国成立后的国防建设和军事斗争联系在一起的。

（一）毛泽东军事思想的萌芽

毛泽东军事思想的萌芽阶段是在大革命时期。在党的一大上通过的党纲中，我党原则上提出了用革命手段推翻旧政权的历史任务。1924 年，国共第一次合作，大批共产党员进入黄埔军校和国民革命军中学习和工作，在军队中创造了政治工作和党代表制度，并逐步掌握了部分军队和民众武装，先后参加了广东战争和北伐战争，开始懂得了武装斗争的重要性。在此期间，毛泽东在广州主持第六届农民运动讲习所时就向学员们指出，搞革命就是刀对刀、枪对枪，要推翻地主武装，必须建立农民自己的武装，刀把子不掌握在自己人手里就会出乱子。他还在《湖南农民运动考察报告》中明确指出了无产阶级领导农民进行革命斗争的重要性，并提出：推翻地主武装，建立农民武装。在中国革命历史发生转折的紧要关头，毛泽东于 1927 年 7 月 4 日在中共中央常委扩大会议上，针对党内一些同志的右倾主张，提出“上山可造成军事势力的基础”。同年 8 月，在党的“八七会议”上，毛泽东提出“今后要非常注意军事，须知政权是由枪杆子中取得的”。这些都为毛泽东军事思想的产生奠定了基础。

（二）毛泽东军事思想的初步形成

毛泽东军事思想的初步形成，是在土地革命战争时期。1927 年 8 月 1 日，我党在南昌发动起义，打响了反对国民党反动派的第一枪。随后，根据“八七会议”的精神，我党在全国各地都领导了规模不等的武装起义。同年 9 月，毛泽东领导了湘赣边界的秋收起义。在起义遭受挫折时毛泽东毅然改变了攻打长沙的计划，率领余部向反动派统治薄弱的农村进军，在井冈山地区开展游击战争，发动农民土地革命，建立工农民主政权，成功地创建

了我国第一个革命根据地。1928 年 4 月，朱德、陈毅率领南昌起义保留下来的部分部队到井冈山与毛泽东会师，壮大了革命力量。这期间，毛泽东总结“工农武装割据”的经验，先后写了《中国的红色政权为什么能够存在》、《井冈山的斗争》、《关于纠正党内的错误思想》和《星星之火，可以燎原》等著作，在实践中找到了以农村为根据地，建立工农武装，开展游击战争，以农村包围城市的中国革命的成功之路。毛泽东以农村根据地为依托，把武装斗争和土地革命结合起来，发动广大农民开展广泛的人民战争，并提出了“党指挥枪”的原则，标志着毛泽东人民军队和人民战争思想开始产生。在粉碎国民党“围剿”的过程中，他总结出了游击战术，随后又将游击战向运动战发展，提出了“诱敌深入”的方针，逐步形成了以积极防御为核心的红军作战的战略战术，从而奠定了我军战略战术的第一块基石。1936 年 12 月，毛泽东在《中国革命战争的战略问题》一文中，阐明了无产阶级对待战争根本观点和研究指导战争的基本方法，深刻分析了中国革命战争的特点和规律，系统论述了中国革命战争的战略指导问题，确立了积极防御的基本原则。随后毛泽东发表了《实践论》、《矛盾论》等包含丰富军事内容的重要哲学著作，以军事辩证法观点系统回答了中国革命战争的战略和策略问题。

（三）毛泽东军事思想科学体系的建立

毛泽东军事思想科学体系是在抗日战争时期建立起来的。1938 年，毛泽东在《抗日游击战争的战略问题》、《论持久战》、《战争和战略问题》等军事名著中，阐明了抗日游击战争的战略地位和整套人民战争战略战术原则的理论。1944 年，毛泽东、周恩来主持写成了《关于军队政治工作问题》的报告，对我党我军的政治工作进行了系统总结，进一步阐明了我军政治工作的性质、方向、任务和方法。1945 年，党的六届七中全会作出的《关于若干历史问题的决议》总结了革命战争的历史经验，系统阐述了人民军队的建军宗旨和人民战争的基本内容。此外，这一时期毛泽东军事思想还展现于毛泽东其他著作中，如毛泽东的《和英国记者贝特兰的谈话》、《论新阶段》等。至此，毛泽东军事思想的内容基本上包括了毛泽东战争观和方法论以及人民军队、人民战争、人民战争的战略战术和国防建设等，形成了一个比较完整的科学体系。

（四）毛泽东军事思想的全面成熟

毛泽东军事思想的全面成熟是在解放战争时期。在战争指导问题上，毛泽东相继发表了《抗日战争胜利后的时局和我们的方针》、《以自卫战争粉碎蒋介石的进攻》、《集中优势兵力，各个歼灭敌人》、《将革命进行到底》等大量文章和电文，不仅使战略防御和运动战理论有了发展，而且还创立了战略反攻、战略进攻、战略决战和战略追击等系统理论。

（五）毛泽东军事思想的新发展

毛泽东军事思想取得新发展是在新中国成立以后。夺取全国政权后，毛泽东为我国国防现代化的建设指明了方向。朝鲜战争是一场挫败强敌的反侵略战争。其间，毛泽东先后发表了《给中国人民志愿军的命令》、《祝贺中国人民志愿军的重大胜利》、《抗美援朝的伟大胜利和今后的任务》等著作和电文，提出并阐述了现代条件下进行反侵略战争和建军

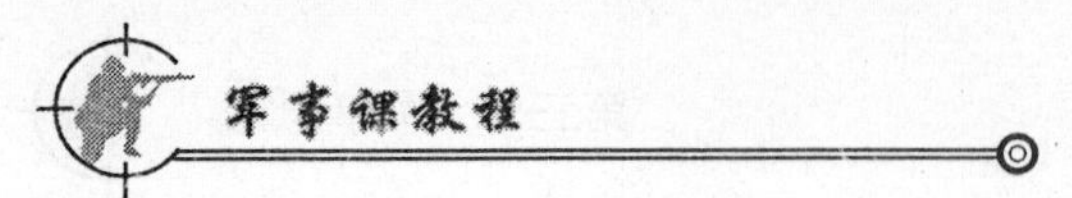

的一系列理论原则。在这场战争中，我军以劣势装备战胜了世界一流装备的美军，初步取得了现代条件下作战的新经验。毛泽东根据这场战争的新特点，提出和解决了现代条件下进行国际主义行动的局部战争的方针、政策和作战原则。如志愿军出国作战的政策纪律；军事打击与政治斗争紧密配合；利用初战的突然性，夺取先机之利；对战斗力较强的美军实行战术的小包围和打小歼灭战；研究打坦克、反空袭、反空降、反登陆作战的方法；以"零敲牛皮糖"的原则，不断歼灭和消耗敌人的有生力量；依托坑道工事进行坚守防御；以战术、战役的反击，大量歼灭敌人；重视兵力、火力对比和军队的伪装隐蔽；建立强大的后勤保障等。在社会主义革命和建设时期，毛泽东提出了建设现代化、正规化的国防军，以抵御外敌入侵的历史任务，并确立了向国防科技尖端发展的战略，使我军进入了建军的高级阶段。毛泽东还特别强调要研制尖端武器，要搞好"两弹一星"，提高国防实力，否则"落后就要挨打"，就要被"开除球籍"。因此他说："我们不但要有更多的飞机大炮，而且还要有原子弹。在今天这个世界上，我们要不受人家欺侮，就不能没有这个东西。"在加强我军现代化、正规化建设的同时，毛泽东领导并制定了积极防御的战略方针；强调后备力量建设；强调现代条件下的人民战争；强调帝国主义是现代战争的主要根源；提出了三个世界的划分理论和建立反帝、反霸统一战线的策略；要求平战结合，加强三线建设，做好长期反侵略战争的准备等。

二、毛泽东军事思想的主要内容

（一）毛泽东的战争观

1. 战争的起源和根源

毛泽东对战争的起源和根源作了精辟的概括，他说："战争——从有私有财产和有阶级以来就开始了的，用以解决阶级和阶级、民族和民族、国家和国家、政治集团和政治集团之间、在一定发展阶段上的矛盾的一种最高的斗争形式。"

2. 战争的本质和目的

毛泽东指出："'战争是政治的继续'，在这点上说，战争就是政治，战争本身就是政治性质的行动，自古以来没有不带政治性的战争。""政治是不流血的战争，战争是流血的政治。"经济是战争的物质基础，战争依赖于经济。毛泽东结合战争的起源，说明战争与经济的关系的含义有：战争起源于一定的生产方式；战争依赖于社会的经济力量；战争最终目的是为了一定的经济利益。战争的本质和目的，无非是为了取得或维护政治地位和经济利益。

3. 拥护正义战争，反对非正义战争

毛泽东对战争的性质进行了科学的划分历史上的战争分为两类，一类是正义的，一类是非正义的。一切进步的战争都是正义的，一切阻碍进步的战争都是非正义的。毛泽东对战争性质的划分，奠定了无产阶级对待战争的根本态度，那就是反对非正义战争，拥护正义战争。

4. 战争的最终目的和消灭战争的途径

毛泽东明确指出："战争——这个人类互相残杀的怪物，人类社会的发展终究要把它消灭的……但是消灭它的方法只有一个，就是用战争反对战争，用革命战争反对反革命战争，用民族革命战争反对民族反革命战争，用阶级革命战争反对阶级反革命战争。"这指

明了要达成消灭战争的最终目的，必须消灭阶级，铲除产生和滋养阶级的私有制。战争是随着私有制、阶级的产生而发生的，所以战争就必须随着私有制、阶级的根除而消亡。

（二）毛泽东人民战争思想

1. 毛泽东人民战争思想的主要内容

第一，坚持中国共产党对革命战争的统一领导。中国共产党对革命战争的统一领导是进行人民战争的政治、思想、组织保障。统一领导包括政治领导、思想领导和组织领导。政治领导，就是用中国共产党的路线、方针、政策，统一全党、全军和全体人民的思想和行动，使之政治上与党中央保持一致。思想领导，就是用无产阶级的革命理论，教育人民，引导人民群众批判和克服各种错误思想；用人民战争的战略和策略武装人民的头脑，树立必胜的信念和艰苦奋斗、不怕牺牲的奋斗精神。组织领导，就是建立党对军队和地方组织的各级党的工作机构，这些机构实行党委集体领导的制度。

第二，结成最广泛的革命统一战线。广泛深入地动员和组织群众，是毛泽东人民战争思想的基本内容之一，也是我党领导中国革命战争战胜一个又一个强敌的成功经验。毛泽东深刻指出："国家不分大小，只要充分动员人民，坚决依靠人民，进行人民战争，任何强大的敌人都是可以打败的。"

第三，实行以人民军队为骨干的三结合的武装力量体制。土地革命时期，毛泽东采用主力红军、地方赤卫队和工农暴动队三结合体制；抗日战争期间，采用主力兵团、地方兵团和人民自卫军（民兵）三结合体制；解放战争时期，采用野战军、地方军和民兵（游击队）三结合体制；新的历史时期，邓小平采用人民解放军、人民武装警察部队和民兵与预备役三结合体制。

第四，以武装斗争为主与其他斗争形式密切配合。中国人民革命斗争的主要形式是武装斗争。毛泽东指出："统一战线和武装斗争，是战胜敌人的两个基本武器。""离开了武装斗争，就没有无产阶级的地位，就没有人民的地位，就没有共产党的地位，就没有革命的胜利。"不经过武装斗争，就不可能推翻由几百万军队维系的强大的反动政权。仅靠政治的、经济的或者文化的斗争，就想让敌人自动放下屠刀，那是不切实际的幻想。

第五，建立巩固的革命根据地。革命根据地是进行革命战争的依托和战略基地，是发动行人民战争的必要条件。革命根据地的作用主要体现在：政治上，是团结人民的中心，具有强劲的吸引力；军事上，它是战争的依托，人民军队在根据地内如鱼得水，依靠良好的群众条件，有效地歼灭敌人，又是军队战斗后休整、补充和训练的基地，使军队能及时得到补充，安心休养生息，无干扰地组织练兵；经济上，它是提供战争所需财力、物力和各种战争保障的后勤基地，保证军队的生存和发展。

第六，创造一整套适应人民战争的战略战术。战略战术是进行战争的方法，不同的战争有不同的方法。中国人民进行的人民战争，有别于历史上所有的战争。毛泽东在指导中国人民开展人民战争过程中，坚持"你打你的，我打我的"原则，趋利避害，灵活机动地指导战争，从而创造了自己的一套人民战争的战略战术。

2. 人民战争的战略战术

（1）战略上藐视敌人，战术上重视敌人。毛泽东关于帝国主义和一切反动派既是"纸老虎"，又是"真老虎"的论断，奠定了人民战争战略战术的基本原则。即战略上，敌人是"纸老虎"，我们要藐视它，建立敢斗敢胜的信心；在战术上，敌人又是"真老虎”，我们要重视它，注意善斗善胜的方法，讲究斗争艺术。敌对双方战争力量的强与弱，是绝对性与相对性的统一。

（2）保存自己，消灭敌人。毛泽东指出：“一方面，尽可能地保存自己的力量；另一方面，尽可能地消灭敌人的力量。”“保存自己的目的，在于消灭敌人；而消灭敌人，又是保存自己的最有效的手段。”从而得出这样的结论：只有大量地消灭敌人，才能有效地保存自己；只有善于保存自己，才能有力量消灭敌人。

（3）实行积极防御，反对消极防御。毛泽东说：“积极防御，又叫攻势防御，又叫决战防御。消极防御，又叫专守防御，又叫单纯防御。消极防御实际上是假防御，只有积极防御才是真防御，才是为了反攻和进攻的防御。”这是毛泽东对两种不同性质的防御概念的科学概括。积极防御战略思想的基本精神是：从自卫的、后发制人的立场出发，在敌强我弱的总形势下，将战略上的防御与战役战斗上的进攻紧密结合起来，以积极的攻势行动抗击敌人，不断消灭和消耗敌人，转化敌我力量对比，夺取战略主动权，并适时地把战略防御导向战略反攻和进攻，彻底消灭敌人，夺取战争的全面胜利。

（4）歼灭战是基本的作战方针。歼灭战是指消灭敌人全部或大部的作战，消耗战是逐渐消耗敌人力量的作战，击溃战是打跑敌人迫使敌人溃退的作战。毛泽东在指导战争中确定了歼灭战为我军的基本作战方针。他指出：“击溃战，对于雄厚之敌不是基本上决定胜负的东西。歼灭战，则对任何敌人都立即起了重大的影响。”他还形象地比喻说：“对于人，伤其十指不如断其一指；对于敌，击溃其十个师不如歼灭其一个师。”歼灭战是我军作战的基本方针。

（5）集中优势兵力，各个歼灭敌人。集中优势兵力，各个歼灭敌人的原则，是古今中外军事家都很强调的一条原则，是毛泽东战略战术思想的重要组成部分，是我军的基本作战方法。

（6）三种作战形式密切配合并适时转换。作战形式，主要有运动战、阵地战和游击战三种。运动战是正规兵团在较长的战线和较大的战区上，从事战役战斗的外线的速决的进攻战的形式；阵地战是军队依托阵地进行防御战，对据守阵地之敌实施进攻的作战形式；游击战是民兵、游击队或正规部队组成的游击部队，分散流动、灵活机动地袭击敌人的作战形式。

（7）不打无准备、无把握之仗。毛泽东十分强调：不打无准备无把握之仗，也不打只有准备但无把握之仗。准备的立足点，要从困难处着眼，估计最困难最危险的可能性，预作解困的方案，在作战实践中，就能措置裕如，解困排险，争取最好的结局。

（8）慎重初战，实行有利决战。初战是指战争或战役的第一仗。首仗获胜，对己会产生极大的鼓舞作用，对敌则是对其士气的沉重打击。毛泽东指出：“一切无把握的战役和战斗应避免决战，赌国家命运的战略决战应根本避免。”“我们主张一切有利条件下的决战。”为此，毛泽东规定了“执行有利决战，避免不利决战”的原则。

（9）战争指导上的主动性、灵活性和计划性。主动性、灵活性和计划性，是战争谋划的基本要求，是战争指导者和一切战役战斗指挥员指导和实施作战过程中能动性的体现。随着历史条件的发展和战争的发展，人民战争的战略战术将随着这些客观变化而发展，产生新的内容，增添新的活力。

（三）毛泽东的国防建设和国家安全理论

新中国成立以后，毛泽东在领导党和人民进行社会主义建设的过程中，在正确分析国际战略形势和国家安全环境的基础上，提出了一系列关于加强国防建设和保卫国家安全的原则、目标、计划和措施等，逐步形成了关于建设现代化国防和保卫国家安全的理论，有力地指导了国防现代化建设和多次自卫反击作战。

第一，必须建立巩固的国防。为了有效地抵御外来反动势力的侵略，保卫人民的胜利果实，保证社会主义革命和社会主义建设事业的顺利进行，获得了胜利的中国人民不能不建立巩固的国防，在英勇的、经过考验的人民解放军的基础上，人民武装力量必须保存和发展起来。不仅要有强大的陆军，而且要有强大的海军和空军。

第二，实行积极防御的战略方针。我国是社会主义性质的国家，不会侵略别国。我国奉行和平外交政策，主张与不同社会制度的国家和平共处，以和平共处五项原则来建立国与国之间的关系，提倡以谈判的方式而不是战争的方式来解决国际争端。据此，我们的国防执行的是积极防御的战略方针。

第三，建设强大的国防军。建设一支强大的国防军以保卫我国的社会主义建设，抵御外来侵略，是和平时期人民军队建设的总方针和总任务。和平时期的军队建设，必须继承和发扬我军的优良传统，全面加强军队的现代化建设，建立正规化制度，发展现代军事理论，培养适应现代战争的合格人才。

第四，建立独立、完整的国防科技和国防工业体系。为了给军队现代化建设提供强大的技术和物质基础，必须建立独立、完整的国防科技和国防工业体系。

第五，建设强大的国防后备力量。要从总体上加强国防后备力量建设，以适应未来战争的需要；民兵是巩固国家政权的重要力量之一，要将民兵同预备役结合起来；大力开展国防教育，抓好青少年的军训工作。

三、毛泽东军事思想的地位和科学价值

（一）毛泽东军事思想的地位

以毛泽东为主要代表的中国共产党人，在长期的中国革命和军队建设过程中，把马克思列宁主义军事理论同中国革命战争的具体实践相结合，形成了当代最先进的军事科学——毛泽东军事思想。它深刻地揭示了战争的本质和基本规律，全面回答和解决了当代面临的一系列重大军事问题，创造性地丰富和发展了马克思列宁主义军事理论，指导中国革命战争取得了伟大的胜利。毛泽东军事思想在中国乃至世界军事史上独树一帜，占有极其重要的历史地位。

第一，毛泽东军事思想创造性地丰富和发展了马克思主义军事理论。中国革命战争是中外历史上最宏伟的一场人民革命战争，以毛泽东为代表的中国共产党人，为了正确指导这场战争，一方面完全忠实于马克思列宁主义的基本原理，用它的立场、观点、方法认识和解决革命战争中的实际问题；另一方面，又完全从中国的实际情况出发，独立地、创造性地解决革命战争中的实际问题。因而，毛泽东军事思想是对马克思主义军事理论创造性的运用和发展，极大地丰富和发展了马克思主义军事理论。

第二，毛泽东军事思想是中国革命战争胜利和军队建设的理论指南。先进的军事思想

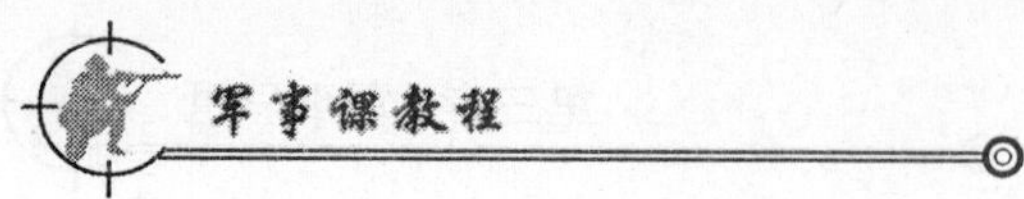

一旦被群众所掌握，就会产生巨大的物质力量。毛泽东军事思想是中国革命战争的光辉记录。中国革命战争的胜利，正是在它的指引下取得的。发生在20世纪前叶的中国革命是中国历史上的一个伟大事件，要在这一场史无前例的革命战争中取得胜利，如果没有先进的军事理论作指导，那是不可能的。正如邓小平所说的：“没有毛主席，至少我们中国人民还要在黑暗中摸索更长的时间。毛主席最伟大的功绩是把马列主义的原理同中国革命的实际结合起来，指出了中国夺取革命胜利的道路。”

第三，毛泽东军事思想在世界上具有广泛影响。由于毛泽东军事思想科学地揭示了革命战争的客观规律，因此受到了为民族独立和解放而斗争的第三世界国家人民的重视，他们十分注意吸取和运用毛泽东军事思想。阿尔及利亚军民在反对法国殖民主义的武装斗争中，曾经从《中国革命战争的战略问题》一书中吸取力量，经过7年多的战争，终于战胜法国殖民主义者，赢得了民族独立。莫桑比克、津巴布韦、几内亚等国的自由战士，运用毛泽东人民战争理论，结合本国实际情况，在农村建立根据地，建立民兵、游击队和正规军，开展游击战争，最后取得了独立。国外一些军事理论家、评论家对毛泽东军事思想给予了高度评价。美国前国务卿基辛格在《核武器与外交政策》一书中说：“关于共产党军事思想的最好阐述，不见诸苏联的著作，而见诸中国的著作”，“毛泽东基于大家熟悉的列宁主义学说，即战争是斗争的最高形式，研究出一套军事理论。这套理论表现出高度的分析力、罕有的洞察力……”英国军事评论家巴特曼在《在东方的失败》一书中指出：“毛泽东是掌握打开这个时代军事奥秘之锁的全套钥匙的一个时代的人物。”毛泽东军事著作已成为各国军事家必读的经典，有的国家还把毛泽东军事思想列为军事院校的必修课。

（二）毛泽东军事思想的科学价值

毛泽东军事思想把辩证唯物主义和历史唯物主义的世界观、方法论贯彻到军事领域，使古老的军事学不仅在知识形式上，而且在思想内容上焕发科学魅力。

第一，毛泽东军事思想是以弱胜强的高超的战争指导艺术。从公元前3500年到20世纪70年代，世界上发生过无数场战事。其中，大多数是在力量对比上本来就强大的一方获胜。中国革命战争双方力量对比的强弱悬殊程度，为世界战争史上所罕见。大部分阶段中，我军历次重大作战的兵力劣势程度，远远超过西方战史上那些最著名的以弱胜强战例。如土地革命战争时期中央苏区前四次反“围剿”，敌我兵力分别为：10:4，20:3，30:3，50:7，平均比差为6.5倍，最大的一次达10倍。然而，在毛泽东的指挥下（虽然第四次反围剿由周恩来、朱德指挥，但他们仍然按前三次反围剿成功经验制定作战方案），我军创造了一个又一个以弱胜强的战争奇迹。西方战史上的以弱胜强，其含义基本上限于兵力上的以少胜多，双方军队的武器装备，则大都同属一个水平。而中国革命战争除在军队数量方面长期处于敌众我寡的状态外，在武器装备上也长期处于敌优我劣的状况，是以“小米加步枪”对付“飞机加大炮”。特别是朝鲜战争，我军装备较之过去虽然有所改善，但较量的对手是世界头号帝国主义强国及其仆从国。

第二，毛泽东军事思想揭示的军事规律达到了前所未有的广度和深度。战争和军事活动是一种极为复杂的特殊社会形态，涉及的问题十分广泛。对于一种军事理论来说，从本质上、规律上说明的问题越多、越深刻，适用范围就越广，对军事实践的指导作用就越大，其科学成就就越高。总观毛泽东军事思想这座宝库，既有关于中国革命战争及其军队

建设特殊规律的完整理论，又有关于整个战争和军事领域一般本质、一般规律的大量普遍原理；既有作战理论，又有建设理论；既有关于武装夺取国家政权的战争理论，又有关于掌握全国政权后进行国防建设的理论；既有关于革命战争的指导理论，又有关于民族解放战争和保卫国防的指导理论；既有“小米加步枪”条件下的战争指导理论，又有打现代条件下战争的指导理论；既有对诸多军事规律的深入揭示，又有关于如何研究和运用军事规律的认识论、方法论；既有军事战略理论，又有统领武装斗争和各种非武装斗争的国家战略（西方称“大战略”）理论；既有战略指导理论，又有战役、战斗的指导理论；既有游击战争理论，又有正规战理论；既有军事工作理论，又有军队政治工作、军队后勤工作和军事科研工作理论。如此丰富多彩的真理性认识成果浑然一体，构成了一座宏伟瑰丽的军事理论体系大厦，广泛而深刻地反映了军事领域多方面、多层次的规律性认识。它回答的问题之多、认识的真理性之强，在中外军事理论中实属罕见。

第三，提出了一系列重大的军事科学创见。在毛泽东军事思想所凝聚的丰富多彩的规律性认识成果中，大量属于创见。其中有些重大的创见性理论，在军事科学领域具有根本性意义，如完整的战争本质论、战争中人的自觉能动性学说、战争中的强弱转化理论、军事问题的认识论方法论，等等。

在新的历史条件下，学习毛泽东军事思想，掌握它的科学原理，对于加强新时期国防和军队建设，做好新时期军事斗争准备，打赢未来可能发生的高技术局部战争，无疑是一项根本性大计。

第四节　邓小平新时期军队建设思想

邓小平是我党第一代领导集体的重要成员，是第二代领导集体的核心。他在领导全党和全国人民开创社会主义改革开放和现代化建设事业的伟大进程中，创立了邓小平理论。与此同时，他在领导我军建设的伟大实践中，运用马列主义军事理论，丰富和发展了毛泽东军事思想，创造性地提出了一整套具有中国特色的、符合新时期军队和国防建设需要的科学理论，形成了系统的、完整的邓小平新时期军队建设思想。

邓小平新时期军队建设思想，是邓小平理论的重要组成部分，是在我国社会主义建设的新的历史时期，关于军队和国防建设及有关军事问题的科学理论体系。其基本内容包括：当代战争与和平问题的新论断，国防建设、军队建设指导思想的战略性转变以及建设现代化国防和建设现代化、正规化革命军队等一系列重要的理论、方针与原则等。

一、邓小平新时期军队建设思想的科学含义

（1）邓小平新时期军队建设思想是马列主义军事理论、毛泽东军事思想与我国新时期军队和国防建设实践相结合的产物，是对毛泽东军事思想的继承和发展。

邓小平作为我党第二代领导集体的核心，在领导我国新时期军队和国防建设的伟大实践中，以巨大的理论勇气和求真务实的科学态度，运用马克思主义军事理论和毛泽东军事思想的立场、观点和方法，研究新情况，解决新问题，创造性地提出了一系列理论、原则、方针和政策，形成了完整的思想体系。这一思想体系是在新的历史条件下，对毛泽东军事思想的继承、丰富和发展。

（2）邓小平新时期军队建设思想，是新时期我国军队和国防建设实践的科学总结，是全党和全军集体智慧的结晶。

在我国新时期军队和国防建设的伟大实践中，邓小平亲自领导并正确回答和解决了军队与国防建设实践中遇到的一系列重大理论及现实问题。

（3）邓小平新时期军队建设思想，是邓小平理论的重要组成部分。

邓小平新时期军队建设思想与邓小平理论是一个密不可分的完整的科学理论体系，是邓小平理论在军事领域的具体化。

“解放思想，实事求是”是邓小平理论的精髓，也是邓小平新时期军队建设思想的理论基础；“和平与发展”是时代主题的理论，既是邓小平理论的重要基石，也是我们正确认识国际战略环境，作出一系列战略决策的重要依据，还是邓小平新时期军队建设思想的重要内容。

二、邓小平新时期军队建设思想的主要内容

（一）军队和国防建设的指导思想实行战略性转变

邓小平对国际形势及我国安全环境的科学分析和正确判断，为我军和国防建设的指导思想实行战略性转变提供了基本依据。

“和平与发展”是时代主题，世界大战可以避免，但战争的威胁依然存在。霸权主义是现代战争的主要根源，局部战争随时都有可能发生，并且，局部战争将成为当今世界战争的主要形态。

20 世纪 80 年代以来的世界历史进程已证实了邓小平同志的论断是完全正确的。邓小平反复告诫全党、全国，要抓住机遇，以经济建设为中心进行现代化建设，果断地决定对军队和国防建设的指导思想实行战略性转变。

战略转变，具体来说就是：军队和国防建设从过去立足于早打、大打、打核战争的临战准备状态转向和平时期加强军队质量建设的轨道上来，充分利用今后一段较长时间里大仗打不起来的相对和平环境，在服务国家经济建设大局的前提下，有计划、有步骤地加强以现代化为中心的军队和国防建设，全面提高军队和国防建设水平。

（二）军队建设要服从和服务于国家建设的大局

邓小平强调，我国军队和国防建设要服从和服务于国家建设的大局，这是我国目前所处的社会主义初级阶段的基本国情和主要矛盾所决定的，是和平时期我军和国防建设必须遵循的基本规律。

邓小平根据马克思主义关于经济建设是军队建设基础的观点，联系当前相对和平的国际环境、我国社会主义初级阶段的基本国情、古今中外军队建设的历史经验以及新时期我军建设的客观实际，指出：经济建设是全党、全国和全军的大局，军队必须顾全大局，在大局下行动。军队的各个方面都和国家建设有关系，都要考虑如何支援和积极参加国家建设。因此，只有在以经济建设为中心，大力发展国民经济的同时，不断加强军队和国防建设，才能保证富国强兵，也才能保证我国“四化”建设的顺利发展，才能保证我国的长治久安。

（三）实行积极防御的军事战略

军事战略是战争指导者为了达到战争的目的，依据战争规律所制定与采取的准备和实施战争的方针与策略，它是指导武装力量建设和运用的基本依据。军事战略的基本类型分为进攻战略和防御战略两种。

我国实行的是积极防御的军事战略，这是新时期军队和国防建设必须遵循的军事战略思想。

虽然新的世界大战和针对我国的全面战争在较长时期内打不起来，但诱发局部战争、武装冲突和国内局部动乱的因素仍然存在，因此，要维护国家主权、领土完整、安全和稳定，必须做好必要的军事斗争准备。

我国的方针是积极防御，坚持自卫，后发制人，防御和进攻想结合，持久和速决相结合，军事和政治相结合，和平时期遏制战争和战争时期打赢战争相结合；坚持并研究现代条件下的人民战争，坚持在加强经济建设的前提下逐步实现军队现代化，使我们的人民战争更有力量，实现现代条件的人民战争，并立足于打赢现代条件特别是高技术条件下的人民战争。

（四）走中国特色的精兵之路，建设强大的、现代化的、正规化的革命军队

从我国和我军的实际出发，走中国特色的精兵之路，建设强大的、现代化的、正规化的革命军队，是新时期我军建设的总目标和总任务，是军队建设由低级阶段向高级阶段发展的历史必然。

革命化是现代化和正规化的灵魂；现代化为革命化和正规化规定了具体的任务和检验的标准；正规化是革命化和现代化的重要保障。

走中国特色的精兵之路，建设具有中国特色的强大的、现代化的、正规化的、革命化的军队，必须做到以下几点。

（1）军队要始终不渝地坚持人民军队的性质。

（2）军队建设要以现代化为中心，走中国特色的精兵之路。新时期我军建设面临的主要困难是现代化水平与打现代战争的能力不够。我们必须在发展国民经济的基础上，改善武器装备，逐步实现军队现代化，必须建立适应现代化战争要求的体制编制，注重质量建设，适当减少数量，优化结构，提高效能，坚持科技强军，把教育训练提高到战略地位，提高军队的素质，使我军由人力密集型向科技密集型转变，由数量规模型向质量效能型转变，在精兵、利器、合成、高效上下工夫，不断增强综合实力。

（3）要大力培养现代化的军事人才。

（4）要发展现代军事科学理论。

（5）要努力提高军队的正规化建设水平。

三、邓小平新时期军队建设思想的历史地位与作用

（一）邓小平新时期军队建设思想是当代具有中国特色的马列主义军事理论

邓小平新时期军队建设思想作为邓小平理论的重要组成部分，产生和形成于我国

社会主义改革开放和现代化建设的伟大实践中，既是邓小平对当今国情形势冷静观察和正确判断的结果，也是他对新时期我国国情和军情进行实事求是科学分析的产物。它具有鲜明的时代特征和强大的生命力，是当代具有中国特色的马列主义军事理论。

（二）邓小平新时期军队建设思想是我军和国防建设的科学指南

邓小平新时期军队建设思想，科学地揭示了和平时期军队和国防建设的基本规律。它坚持把当今世界各国军队和国防建设的一般规律及原则，同新时期我国我军的实际情况相结合，把我军传统的经验原则同新时期的新情况相结合，紧紧抓住我军建设的主要矛盾，创造性地回答和解决了新时期我军建设亟待解决的一系列重大理论和实际问题。邓小平新时期军队建设思想作为邓小平理论的重要组成部分，是一个完整的科学理论体系，是马列主义军事理论、毛泽东军事思想在新的历史条件下的创造性运用和发展，是新时期我军和国防建设的科学指南。

（三）邓小平新时期军队建设思想是我军打赢现代高技术条件下局部战争的锐利思想武器

邓小平新时期军队建设思想，科学地揭示了现代战争的规律和特点，为现代高技术条件下局部战争的作战指导提供了理论武器。邓小平提出和平与发展的新理论，不失时机地领导我军顺利实现了指导思想的战略性转变。

第五节　江泽民国防和军队建设思想

江泽民担任党中央总书记并主持中央军委工作以来，面对国际国内形势的重大变化，始终坚持以邓小平新时期军队建设思想为指导，坚持从我国和我军的实际出发，创造性地运用和发展了马列主义军事理论、毛泽东军事思想和邓小平新时期军队建设思想，对军队和国防建设作出了一系列重大决策和改革，并从理论上进行了深刻阐述和概括，提出了关于军队和国防建设的重要思想。

一、江泽民国防和军队建设思想的科学含义

江泽民国防和军队建设思想，是在马克思主义军事理论、毛泽东军事思想和邓小平新时期军队建设理论的指导下，对当代中国军事领域实践经验的科学总结，是新的历史条件下我国国防和军队建设基本规律的集中体现。

（一）江泽民国防和军队建设思想是时代发展的产物

20 世纪 90 年代以来，我国国防和军队建设所处的历史条件出现了新的变化。虽然和平演变与发展仍然是时代的主题，但国际战略格局出现了重大转折，世界新军事变革迅猛发展，高技术战争成为战争的主要样式，取得高技术质量优势成为抢夺军事斗争制高点的主要标志。这些变化给我国的国防建设和军队建设带来了新的机遇，也带来了新的挑战，提出了一系列前所未有的崭新课题。以江泽民为核心的党中央、中央军委敏锐地把握了世界形势的发展趋势，始终把当代中国与世界形势加以密切联系，对中国的国防和军队建设

这一重大课题作出了科学的回答。因此，江泽民国防和军队建设思想是在新的历史时期应运而生的，是时代发展的产物。

（二）江泽民国防和军队建设思想是对毛泽东军事思想和邓小平新时期军队建设思想的继承、丰富和发展

江泽民作为党的第三代领导集体的核心和我军的统帅，是毛泽东军事思想和邓小平新时期军队建设思想的忠实继承者和模范实践者。江泽民在关于国防和军队建设的问题上，始终坚持以毛泽东军事思想和邓小平新时期军队建设思想为根本指导。他面对不断变化的新形势，坚持解放思想、实事求是的思想路线，与时俱进，不断改革创新，研究新情况，解决新问题，揭示新规律，坚持和运用马克思主义军事理论的基本立场、观点和方法，系统地提出了具有鲜明时代特点的关于国防和军队建设的一系列新的理论、原则和方针政策，是对马克思主义军事理论新的开拓、新的创造，与毛泽东军事思想和邓小平新时期军队建设思想是一脉相承的。就本质而言，江泽民国防和军队建设理论的基本原理是同新形势下我国国防和军队建设的具体实践相结合的经验总结和理论概括，是对毛泽东军事思想和邓小平新时期军队建设思想的继承和发展。

二、江泽民国防和军队建设思想的主要内容

江泽民国防和军队建设思想博大精深，涵盖了新形势下国防和军队建设的各个领域，回答了“建设一支什么样的军队，怎样建设这支军队”的一系列基本问题，深刻地揭示了国防和军队建设的客观规律，是一个科学的理论体系。

（一）全面贯彻与落实邓小平新时期军队建设思想，坚持从国际战略全局和国家发展大局谋划国防和军队建设

邓小平新时期军队建设思想是军队和国防现代化建设的根本依据和指针。江泽民明确指出，邓小平新时期军队建设思想具有鲜明的时代性、深刻的实践性和科学的指导性，为我们提供了正确认识和解决新时期军队建设和军事斗争问题的立场、观点和方法，坚持以邓小平新时期军队建设思想为指导，是我军建设沿着正确方向不断发展、夺取新的更大胜利的根本保证。

我国改革开放以来，特别是党的十四大以来，在邓小平新时期军队建设思想的指引下，以江泽民为核心的党中央和中央军委，领导全党全军，面向21世纪，迎接新的军事发展的挑战，坚定不移地走中国特色的精兵之路，推动军队的革命化、现代化、正规化建设不断迈出新的步伐，取得了新的成就。军队始终保持自己的人民军队性质和老红军的优良传统，军政素质和现代作战能力不断提高，国防科研取得了一批重大成果，武器装备的现代化程度有了很大改进，现代条件下后勤保障能力和抗风险能力不断增强，在维护国家主权、统一、安全和稳定，支援国家经济建设和社会主义精神文明建设方面作出了积极贡献，赢得了党、国家和人民的信赖。

在全面贯彻邓小平新时期军队建设思想、加强国防和军队现代化建设方面，江泽民主要抓了两个方面的工作。

第一，积极探索新形势下治军的特点和规律。江泽民多次强调，没有理论上的清醒和

坚定，就不会有政治上的清醒和坚定。全军官兵不但要系统学习邓小平理论，而且要结合军队的工作特点，深入钻研邓小平新时期军队建设思想。要紧紧抓住解放思想、实事求是的思想路线，着重领会邓小平新时期军队建设思想的一系列基本观点，要从这些基本观点的相互关系上来把握新时期军队建设的科学体系和精神实质，积极探索新时期新形势下军队和国防建设的新思路、新举措。

第二，坚持从国际战略全局和国家战略大局来谋划国防和军队建设。科学分析和正确判断国际战略形势，是谋划国防和军队建设的前提。20 世纪 80 年代末 90 年代初，东欧剧变，苏联解体，美国成为世界上唯一的超级大国，国际战略格局发生了重大变化。以江泽民为核心的第三代党中央领导集体，经过冷静观察和科学分析，对国际战略形势的发展以及战争与和平问题作出了正确判断，认为国际形势缓和的大趋势不会逆转，争取一个良好的国际环境和周边环境仍然是可以实现的，但霸权主义和强权政治的气焰有时还很嚣张，地区局部战争和武装冲突不可避免，世界仍不安宁。同时，在我国改革开放和社会主义市场经济的新形势下，西方国家一直没有放弃对我国实行西化、分化的战略图谋，国内民族分裂势力依然十分猖獗。祖国统一大业还没有实现，海洋权益仍然受到侵害。军队维护国家主权和领土完整，必须随时准备应对可能发生的局部战争和武装冲突，对可能的战争危险要保持足够的警惕。要有计划、有步骤地进行军队现代化建设，抓紧做好现实军事斗争准备。面对复杂的国际国内环境，国防和军队建设只能加强。要坚持从国家发展的大局出发，使国防建设与国家经济建设相互促进，协调发展。江泽民指出，无论形势发生怎样的变化，除了发生大规模的外敌入侵外，一定要坚持以经济建设为中心，这一条是绝对不能动摇的。国防建设必须服从国家经济建设的大局；必须在集中精力进行经济建设的同时，努力加强国防建设，使国防建设在国家经济实力不断增强的基础上不断有所发展；要形成国防建设和经济建设相互促进、协调发展的机制；要把国防实力作为国家综合国力的重要组成部分，努力提高以经济实力、科技实力、国防实力和民族凝聚力为主要内容的综合国力。江泽民还强调，军队必须始终坚持国家和人民的利益高于一切的原则，要从国家战略和维护国家根本利益的高度来认识这个大局，自觉在大局下行动，军人要牢记自己的责任，坚决捍卫人民民主专政，捍卫社会主义江山。要不断增强国防实力，更好地担负起保卫国家领土、领空、领海主权和权益，维护祖国统一和安全的神圣使命，为改革开放和市场经济建设保驾护航。

（二）围绕解决好“打得赢”和“不变质”这两个历史性课题，切实加强军队思想政治工作和干部教育

江泽民指出，打赢未来高技术战争，保持人民军队的性质、本色和作风，这是党中央和中央军委对新形势下军队建设最为关注的两个重大课题。

新时期军事斗争准备的基本立足点是打赢未来高技术战争。江泽民指出，随着高新技术大量涌现并运用于军事领域，战争形态、战场环境、作战手段、指挥方法等各个方面，都在发生深刻的革命性变化。高技术战争成为现代战争的主要样式。面对复杂的国际国内环境，人民军队要确保性质不变。我军是人民民主专政的坚强柱石和社会主义祖国的钢铁长城，也是体现党和国家政治优势的重要力量。敌对势力必然会把我军视为其对我国实施西化、分化战略图谋的重大障碍，必然会把军队作为思想政治经济渗透的重点目标。市场经济条件下形形色色的错误思潮、腐朽文化和生活方式，也会对部队产生很大的不良影响。

（三）按照“五句话”的总体要求全面加强军队的质量建设

全面加强军队的质量建设，符合我国的根本利益，是我国长治久安的需要，从毛泽东、邓小平到江泽民，都十分重视全面加强军队的质量建设这一问题。

江泽民提出的“五句话”的总要求如下。

(1) 政治合格，是军队质量建设的首要任务和根本要求。

(2) 军事过硬，是全面加强军队质量建设的一项基本要求。

(3) 作风优良，是我军的鲜明特色和特有政治优势。

(4) 纪律严明，是全面加强军队质量建设的重要保证。

(5) 保障有力，是全面加强军队质量建设，提高战斗力的重要方面。

（四）根据世界军事局势的变化和国家安全形势的新特点，确定新时期的军事战略，实现“两个根本性转变”，确保我军永远立于不败之地

根据当今世界军事斗争格局的变化和维护国家安全利益的要求，以江泽民为核心的党中央、中央军委把新时期积极防御军事战略同当代军事斗争的最新发展趋势结合起来，明确提出了新时期军事斗争准备的基点。要从打赢一般条件下的常规战争转到打赢现代技术特别是高技术条件下的局部战争上来，新时期的军队建设必须从数量规模型向质量效能型、从人力密集型向科技密集型转变。这是我军在新形势下的“两个根本性转变”，是我军军事战略指导上的一次重大调整，具有十分重要的意义。

高技术局部战争，是时代条件与新技术革命的必然产物。它是一种新战争形态，也是军事斗争准备中必须面对和解决的主要挑战。现在，世界主要国家都在调整军事战略，积极发展高技术武器装备，我国周边一些国家和地区正积极引进高技术兵器，军事高技术化的发展趋势极为迅速。未来我国面临的战争，将很可能是高技术局部战争。为此，在贯彻积极防御的军事战略方针时，必须十分重视高技术发展及其对战争的影响，关注高技术条件下的军事战略问题。这样，才能确保在必要时以武力捍卫国家的安全、主权和领土完整，维护祖国统一，才能使我军在未来战争中立于不败之地。

（五）实施科技强军方针，切实提高国防和军队的现代化水平

“科技强军”是江泽民对邓小平关于“科学技术是第一生产力”的著名论断的继承和发展，反映了现代军事变革现实和军队建设的规律。

科学技术是第一生产力，科学技术也是军队提高战斗力的重要动力。军队的国防现代化，离不开科学技术的发展。

实施科技强军方针，要加快我国武器装备的现代化步伐，提高我军武器装备的现代化水平。武器装备的现代化是军队现代化的重要标志，也是未来高科技防卫作战的重要条件。经过新中国成立以来60多年的努力，我军的武器装备有了明显改善，但与世界发达国家的军队相比，从总体上说，我军的武器装备水平特别是高技术武器装备还有明显的差距。

实施科技强军方针，要全面提高我军人员的高科技素质。要加强对广大官兵进行军事科技知识普及，坚持“科技练兵”，提高我军掌握高科技武器装备，驾驭现代战争的能力，将“科技强军”方略落到实处。

第六节　胡锦涛国防和军队建设重要论述

21世纪，中国的发展进入了一个重要的战略机遇期。2004年党的十六届四中全会决定由胡锦涛担任中共中央军委主席。他善于调查，长于研究，在不长的时间里，对国防和军队建设情况了然于心，思考甚深。他站在时代和战略全局的高度，运用马克思主义的立场、观点和方法，科学分析我国安全环境面临的新情况、新问题，尤其是新时期新阶段和今后一个时期国防和军队建设必须应对的严峻挑战，提出了一系列关于国防和军队建设的重要论述。

一、胡锦涛国防和军队建设重要论述的科学含义

胡锦涛关于国防和军队建设的重要论述，是新世纪新阶段用科学发展观统筹国防和军队现代化建设，打赢信息化战争的军事指导理论，是继承和发展毛泽东军事思想、邓小平新时期军队建设思想和江泽民国防和军队建设思想的创新成果，是科学发展观在国防和军队建设领域的展开和延伸，是党中央新的领导集体智慧的结晶，集中反映了新形势新任务对国防和军队建设的新要求。胡锦涛国防和军队建设重要论述，高屋建瓴，总揽全局，内涵丰富，思想深刻，具有重大而深远的指导意义。

（一）胡锦涛国防和军队建设重要论述，丰富和发展了党的三代领导人的军事理论

中国共产党军事领域的思想和实践，先后形成了毛泽东军事思想、邓小平新时期军队建设思想、江泽民国防和军队建设思想。三代领导人的军事思想，虽然产生于不同的历史时期，且这些军事思想具有时代的内容和理论特征，但一脉相承，其主题都是马克思主义军事理论的中国化，是中国各个时期战争指导、国防和军队建设、党的军事指导理论的重大创新成果。

新时期新阶段，国防和军队现代化建设应如何建设和发展，同样需要党的创新军事理论进行指导。胡锦涛提出了用科学发展观统筹国防和军队建设，提出了新时期新阶段我军“三个提供，一个发挥”的历史使命，按照革命化、现代化和正规化相统一的原则加强军队信息化建设等重要论述，确定了新时期新阶段国防和军队现代化建设的指导方针，指明了坚持“以人为本”的战斗力生成模式的有效途径，明确了我军新时期新阶段的地位、作用，进一步拓展了我军的职能，指明了国防和军队建设的奋斗目标，极大地丰富和发展了三代领导人的军事思想内容。

（二）胡锦涛国防和军队建设重要论述，着眼点是解决新世纪新阶段国防和军队建设出现的新挑战

进入新时期新阶段，中国国防和军队建设所处环境和形势任务发生了重大变化，国防和军队建设需要解决诸多具有时代性的课题，既面临难得的发展机遇，也面临严峻的挑战。如何坚决有效地维护国家的战略利益；如何有效地维护国家的主权、统一、安全和稳定；如何增强应对危机、维护和平、遏制战争、打赢信息化战争的能力；如何乘势而上，

推动国防和军队建设迈上新台阶。这些都给我国国防和军队现代化建设带来了时代性的挑战。

胡锦涛提出的国防和军队建设重要论述，在中国特色社会主义事业的总体布局中占有重要地位。必须站在国家安全和发展战略全局高度，统筹经济建设和国防建设，在全面建设小康社会进程中实现富国和强军的统一；贯彻新时期军事战略方针，加快中国特色军事变革，做好军事斗争准备，提高军队应对多种安全威胁、完成多样性军事任务的能力，坚决维护国家主权、安全、领土完整，为维护世界和平贡献力量。胡锦涛的这些重要论述，为国防和军队建设转变发展观念、创新发展模式、提高发展质量提供了新思路和新方略，指明了新时期新阶段我军的历史使命以及军队和国防建设必须坚持的指导思想和根本要求。

（三）胡锦涛国防和军队建设重要论述，是科学发展观在军事领域的展开和延伸

坚持以人为本，全面协调可持续发展的科学发展观指导国家现代化建设，是以胡锦涛为总书记的党中央，从新时期新阶段党和国家事业发展全局出发提出的重大战略思想。胡锦涛强调，用科学发展观统领国防和军队建设的思想，深刻揭示了新时期新阶段，推进国防和军队现代化建设又好又快地发展的科学内涵，充分表明了科学发展观在军事领域的开展和延伸。

二、胡锦涛国防和军队建设重要论述的主要内容

（一）进一步认清新时期新阶段我军肩负的历史使命

新时期新阶段我军肩负的历史使命是：努力为党巩固执政地位提供重要的力量保证，为维护国家发展的重要战略机遇期提供坚强的安全保障，为国家利益的拓展提供有力的战略支撑，为维护世界和平与促进共同发展发挥重要作用。

胡锦涛在党的十七大报告中指出，着眼全面履行新时期新阶段我军的历史使命，军队建设必须坚持的指导思想和根本要求是：必须坚持以毛泽东军事思想、邓小平新时期军队建设思想、江泽民国防和军队建设思想为指导，把科学发展观作为国防和军队建设的重要指导方针，贯彻新时期军事战略方针，加快中国特色军事变革，做好军事斗争准备，提高军队应对多种安全威胁、完成多样化军事任务的能力，坚决维护国家主权、安全、领土完整，为维护世界和平贡献力量。

（二）坚持在国防和军队建设中贯彻落实科学发展观

要坚持十六大提出的国防建设与经济建设协调发展的方针，坚持以人为本，坚持全面、协调、可持续发展，不断提高国防和军队现代化建设的质量和效益，为建设一支同我国地位相称、同国家安全和发展利益相适应的军事力量创造可持续发展的条件。新时期新阶段，贯彻落实科学发展观，推进国防和军队现代化建设又好又快地发展，必须是融入国家现代化战略全局、与国家安全和发展利益相适应的发展，是注重全面建设、革命化现代化正规化相统一的发展，是坚持以人为本、推动军队建设和促进官兵全面发展相一致的发展，是走中国特色精兵之路、速度质量效益相协调的发展。

（三）切实加强和改进思想政治工作

要始终坚持党对军队的绝对领导的根本原则和人民军队的根本宗旨，保证军队履行好保卫国家安全、捍卫国家主权和领土完整的神圣使命，始终不渝地坚持“三个代表”重要思想在军队建设中的指导地位；教育全军官兵坚定理想信念，树立正确的世界观、人生观、价值观；要围绕军事斗争准备深入开展思想政治工作，要在全军深入进行强化战斗精神、提高打赢能力教育，使广大官兵真正搞清楚“为什么要准备打仗，准备打什么仗，怎样准备打仗”这个重大问题，引导官兵牢固树立敢打必胜的坚定信念，自觉担负起党和人民赋予的光荣使命；必须着眼时代发展和形势任务变化对思想政治工作提出的新要求，加强军队党组织能力建设，坚持围绕中心抓党建，把先进性贯彻和体现到党的思想、组织、作风、制度建设等各个方面；扎实深入地做好保持共产党员先进性、军队历史使命、理想信念、战斗精神和社会主义荣辱观教育活动；领导机关和党员干部要带头讲党性、重品性、做表率。

（四）继续加紧推进军事斗争准备

坚持以新时期军事战略方针统揽全局，用军事斗争准备这个龙头带动和促进各项建设和工作；要把军事斗争准备作为最重要、最现实、最紧迫的战略任务抓得紧而又紧，必须以只争朝夕的精神，争分夺秒地干，夜以继日地干，决不能有半点迟缓和懈怠，确保一旦有事，军队能够有效地履行使命；各项准备工作一定要很深入、很扎实、很具体，要实施集中统一领导，实行严格的责任制；部队战备训练、武器装备发展、战场设施建设、后勤和装备保障、战时政治工作以及国防动员等各个领域、各个环节的具体准备工作，都要有时间节点、有质量标准、有检查方法，做到责任到人，落实到位；要从国际国内大局出发，用更加远大的战略目光来审视国防和军队建设问题、确立国防和军队建设的目标和任务，建设信息化军队，打赢信息化战争；以增强打赢信息化条件下局部战争的能力为核心，不断提高应对多种安全威胁、完成多样化军事任务能力，确保我军能够在各种复杂形势下有效应对危机、维护和平、遏制战争、打赢战争。

（五）坚持不懈地把中国特色军事变革推向前进

要密切观察世界新军事变革的趋势，主动适应世界军事发展的潮流，从国情、军情出发，真正走出一条具有中国特色的军事变革之路，努力夺取国际军事竞争的战略主动权；要增强使命感和责任感，解放思想，与时俱进，只争朝夕，埋头苦干，不断深化中国特色军事变革，努力实现我军现代化建设的跨越式发展；必须高度重视军队建设的战略筹划，搞好顶层设计，要坚持以新时期军事战略方针为依据，以作战需求为牵引，紧紧围绕军事斗争准备来展开，贴近未来作战实际，确定军队建设的战略布局，尽快提高我军在信息化条件下作战的能力；要正确处理机械化和信息化的关系，坚持以机械化为基础，以信息化为主导，推动机械化和信息化的复合发展；要解决制约军事斗争准备和军队现代化建设的突出矛盾和问题，优化战略资源配置，集中抓好武器装备、作战力量、人才队伍、体制编制和政策制度等重点建设和改革，通过局部跃升带动整体协调发展；要坚持积极稳妥的原则，坚持一切从实际出发，统筹考虑需要和可能、当前和长远的关系以及各军兵种、各战

略方向的相互关联，注重实效，把握好改革时机和力度，看准一项改革一项，成熟一项推广一项；中国特色军事变革面临改革管理方式、创新管理机制的重要任务；必须坚持发扬艰苦奋斗精神，始终贯彻勤俭建军的方针。胡锦涛在党的十七大报告中指出，为适应世界军事发展趋势和我国发展新要求，军队要积极推进军事理论、军事技术、军事组织、军事管理创新。

（六）从严治军，努力提高军队的正规化建设水平

要适应军队现代化发展，大力促进军队正规化建设；要坚决贯彻从严治军方针，把从严治军作为一项全局性、基础性、长期性工作抓紧不放；要高度重视法规建设，自觉按照依法治军的要求，把军队建设逐步纳入法制化的轨道；要严格执行条令条例和各项规章制度，认真抓好作风纪律养成，切实解决管理松懈、作风松散、纪律松弛的问题，确保部队高度稳定和集中统一，不断提高部队的正规化建设水平；从严治军要从领导机关抓起，从领导干部特别是高中级干部做起，努力为部队做好样子。

（七）推进机械化条件下军事训练向信息化条件下军事训练转变

胡锦涛在2006年的全军军事训练会议上明确要求，加强新时期新阶段军事训练，要着眼有效履行我军历史使命，以新时期战略方针为统揽，立足机械化信息化复合发展的实际，推进机械化条件下军事训练向信息化条件下军事训练转变。他指出，军事训练是军队和平时期最基本的实践活动，与军队建设的各领域、各方面都具有广泛而深刻的联系。并指出，军事训练对于创新军事理论、推动体制编制调整改革、牵引武器装备发展、培养高素质军事人才，具有十分重要的作用。一定要把军事训练摆在战略地位，作为部队的经常性中心工作，集中精力，抓实抓好；要加大对军事训练的投入，提高训练保障标准，改善训练保障条件；要坚决纠正降低训练标准和难度、消极保安全的不良倾向；坚持从难从严，从实战出发进行训练，在贴近实战的环境和条件下摔打磨炼部队。

（八）高度重视做好抓基层、打基础的工作

各级党委要按照《军队基层建设纲要》（以下简称《纲要》）确立的标准和要求，紧密结合部队实际，全面加强基层建设，推动基层建设可持续健康发展；要切实把抓基层建设的观念、思路、方法和作风搞端正，用《纲要》规范抓基层建设的工作秩序，严格按《纲要》指导和开展工作，建立起科学的抓基层建设的工作机制；各级党委要经常分析基层建设形势，盯住薄弱环节做工作，下大力解决长期困扰基层建设的突出矛盾和问题；一定要树立长期打基础、反复抓落实的思想，持之以恒地做好经常性、基础性工作；加强基层建设，最重要的是加强党支部建设，要坚持用“三个代表”重要思想指导基层党支部建设，不断增强党支部解决自身问题、领导基层全面建设和带领官兵执行作战任务的能力，真正使党支部充分发挥坚强战斗堡垒的作用，带动和促进基层建设全面进步、全面过硬；要坚持以人为本，心系基层、情系官兵，真心实意地为基层办实事、解难事、做好事。

（九）进一步发扬求真务实的科学精神和作风

全军各级要增强求真务实的自觉性，坚持重实际、干实事、求实效，努力推动军队建

设和改革各项工作的落实；要进一步端正工作指导思想，牢记从事工作的根本出发点是为了党和人民的事业、为了军队建设和改革的发展，切实摆正个人与组织、个人与广大官兵的关系，把对上负责和对下负责一致起来；要树立正确的政绩观，自觉地用是否有利于部队建设的发展进步、有利于部队战斗力的提高、有利于解决官兵的实际问题来衡量和检验自己的工作，坚决反对搞花架子、假把式；要结合新的形势和任务，在加强部队思想政治教育的针对性、实效性上下工夫，在抓基层、打基础上下工夫，在克服形式主义、官僚主义上下工夫，把从严治军真正落到实处；要建立健全科学的干部实绩评价标准体系，使干部的工作成绩得到全面、客观、公正的评价，调动他们坚持求真务实的积极性和主动性；军队是要打仗的，在抓各项工作时，任何时候都要硬碰硬、实打实，来不得半点飘浮和虚假，否则一旦打起仗来就要吃大亏，就会付出惨痛代价。胡锦涛还在多个场合强调发扬我军听党指挥、服务人民、英勇善战的优良传统。

（十）国防与经济建设一定要协调发展

要在经济发展的基础上，努力建设一支同中国地位相称、同中国安全和发展利益相适应的军事力量，有效维护国家安全统一，确保全面建设小康社会的顺利推进；实现国防和军队现代化建设又好又快地发展，必须坚持军民结合、寓军于民的方针，把国防和军队现代化建设深深融入经济社会发展体系之中，统筹国防资源和经济资源，注重国防经济和社会经济、军用技术和民用技术、军队人才和地方人才的兼容发展，进一步形成国防建设和经济建设相互促进、协调发展的良好局面；能利用民用资源的就不自己铺摊子，能纳入国家经济科技发展体系的就不另起炉灶，能依托社会保障资源办的事都要实行社会保障；要尽可能把国防科学技术研究纳入国家科学技术中长期发展规划，广泛吸纳成熟的民用技术，提高武器装备的创新发展能力；要加大依托国民教育培养军事人才和从社会引进专业技术人才工作力度，更好地满足军队建设日益增长的高素质人才需求；国防动员是实现军民结合、寓军于民的重要组织形式和桥梁，要通过国防动员推进军队后勤保障和其他社会保障的社会化，大力加强民兵和预备役部队建设，突出抓好高新技术武器装备动员和综合保障动员建设，巩固军政军民团结，切实增强打赢信息化条件下的人民战争的整体实力。胡锦涛在党的十七大报告中强调，国防和军队建设在中国特色社会主义事业总体布局中占有重要地位；必须站在国家安全和发展战略全局的高度，统筹经济建设和国防建设，在全面建设小康社会进程中实现富国和强军的统一。

第七节　现代西方军事思想

一、西方军事思想的主要特点

近代以来，西方军事思想及理论在工业革命和信息革命两大浪潮的强力推动下，呈现出前所未见的“大跃进”趋势。认真分析可以发现，在西方的军事思想中，以下三个特征表现得十分明显。

（一）着眼战略层面，构筑具有全球性战略思维的新型军事理论体系

随着西方各主要资本主义国家的兴起，西方军事思想呈现出一个重要的特点，即注重

构建具有全球性战略思维的军事理论。1492 年，航海家哥伦布发现美洲大陆和其后的一系列航海大发现，宣告了西方殖民时代和海洋瓜分时代的开始。从此，资本主义列强开始利用海上航道极力谋求海外市场。在此背景下，西方军事思想突破了以前狭隘的理论视野，逐渐具备了全球性的战略眼光。这种角逐全球的战略思维，是人类战争史上未曾出现过的。配合西方资本主义全球性的扩张行动，西方军事理论界也产生了一系列新型军事理论。这些新型军事理论彻底突破了过去以“陆权论”为主导的军事思维模式，引发了西方军事思想史，乃至整个人类军事思想史上的一次飞跃。

西方军事思想的这种突破性发展，以马汉所提出的“海权论”最具代表性。马汉的“海权论”把国家的战略利益与海洋权益紧密结合在一起，为世界主要资本主义国家通过控制海洋进而控制世界打下了理论基础。关于这一点，美国军事史学家韦格利曾指出，马汉“献给读者的不仅是一项海军战略，而且更多地是一项追求民族强盛的国家政策……”，其最终目标不仅是要建立国家海权，更重要的是要建立强大的海权国家。

从本质上说，马汉的“海权论”是地理大发现的产物，具有全球性和世界性眼光，这是区别于以往任何时代的军事思想的一个重要特点。随着资本主义在全球范围的扩张，近代以来的西方军事思想也越来越具有全球性的战略眼光，出现了大量关于全球战略的论述，开始构建具有全球战略思维的军事理论。20 世纪末出现的“全球战略”、“国际战略”“联盟战略”等一系列战略思想，其实都深受“海权论”等全球性战略思想的影响。在这些具有全球战略思维的新型军事理论的指导下，建立世界军事强国陆续成为一些资本主义大国所追求的目标。

（二）重视新技术的发展和应用，及时创立与之相适应的军队作战理论

在西方的军事思想发展进程中，出现了一个非常先进的理念，即注重军事技术的应用，并把新的军事技术与新的作战方法有机结合起来，创建新的作战理论，再以新的作战理论推动和牵引军事技术的发展，形成一个良性互动的发展道路。可以说，近代以来西方先进军事思想的产生，无一不具有这一特征，或遵循这一规律。比如，杜黑提出的“空中战争”理论，富勒提出的“机械化战争”理论，鲁登道夫提出的“总体战”理论，都是在当时军事技术允许的条件下，经由那些具有前瞻性眼光的军事家认真思索后提出的。实践证明，军事技术与创新战法相结合，就能够改变传统作战样式，产生新的作战思想，进而产生指导新技术条件下各种战争的新军事理论。

（三）军事思想的创新与军事领域的其他变革形成良性互动

透过西方军事理论的发展可以发现，每当一个真正具有突破性意义的创新理论问世后，都会在军队编制体制、武器装备、后勤保障等方面引发一连串新的、巨大的变革，产生新的战争实践。而且，随着先进作战理念的不断涌现，先进的军事理论会更加成熟，军事领域的其他变革也就向着更加高效和正确的方向迈进。

仍以马汉的“海权论”为例。它的出现在当时的世界范围内引发了新的战略指导理论、军队作战方式乃至军队建设模式的变革。在美国，当时的美国政府借助马汉的理论，冲破国内的“孤立主义”，调整军事战略，从 1900 年起，通过不断建设，使海军力量由世界排名第 12 跃居到世界前列，第一次世界大战后，又超过英国成为海上霸主。依靠强大

的海军，美国于1898年打赢了与西班牙的战争；第一次世界大战中与英法共同挫败德国海军；第二次世界大战中，又在太平洋上取得一系列海战的重大胜利，直至进驻东京湾，在“密苏里”号战列舰上接受日本投降签字……可以说，由于西方列强都运用了先进的军事理论并在它们的指导下进行了军事变革，其军事实力在近代以来的100多年间，大都得到了迅速增强或恢复。

总之，西方的军事思想，在大胆摸索、不断创新的催动下，走在了世界的前列。西方军事思想的创新，直接导致了军队建设和战争实践的变革，这些变革又与军事思想的创新形成了良性互动，引发更深层次、更大规模的军事理论创新。西方军事思想的这个特点，已经成为一些军事强国确保其军事实力长盛不衰的秘诀之一。

二、美国军事思想中的减少伤亡观

（一）在战略指导上，把不战而胜和小战而胜作为追求目标

2500多年前，中国的孙子提出了“不战而屈人之兵”的理论，并一直被奉为最完美的战略理论。然而美国人却将其尽情“发挥”，形成了诸如遏制战争、有限战争和短期战争等一整套较为系统的理论。

1. 遏制战争

遏制战争就是依靠国家的政治、经济、军事、外交、文化等多领域斗争的紧密配合，并在军事斗争中充分发挥非战争方式的作用，来解决国家利益的矛盾，制止和控制战争的发生和发展。《美国武装部队的联合作战》指出：“我们还有使用军事力量维护国家目标而不诉诸战争的悠久历史”，“保卫国家安全首先是威慑。通过显示国家的决心及保持应付国家利益面临的威胁所需要的力量，我们可能慑止企图对我们使用武力的敌人。”

2. 有限战争

有限战争就是美军在“有限的地区”使用“有限的手段”，进行“有限规模”的作战。美国军事理论家康恩提出了“逐步升级”理论，他把战争从“危机”到“全面核大战”分为7个阶段、44个台阶和6道门槛，包含着战争由小到大，由特种战争到局部常规战争到有限核战争到全面核大战的“逐步升级”过程。美国人认为，有限战争可以迅速而有效地干预世界上任何地方的局部冲突，可以迫使敌对国作出一定限度的让步，可以避免因追求过高军事目标而招致过多的人员伤亡，还可以使战争在美国本土以外进行，避免本土遭受战争的破坏。

3. 短期战争

短期战争就是依靠决定性优势，投入决定性力量，进行决定性交战，速战速决，在短时间内达成战争目的的“一锤定音”式战争。美军认为，越南战争中由于采取逐次增加兵力的方法，没有形成决定性优势，因而导致战争旷日持久和大量伤亡，使国内民众越来越反对政府的政策，这是导致越南战争失败的最重要原因。因此，今后从战争一开始就要形成压倒对方的决定性优势，速战速决，在国内和国际舆论“逆转”之前就取得战争胜利。

美国的“不战而胜”、“小战而胜”、“一战而胜”及“人战已胜”的军事战略，源于它们对现代局部战争目的有限的认识。美军认为，现代与过去不同，无论国力如何强大，技术如何先进，要想通过战争对另一国进行殖民占领、领土扩张，甚至迫使敌国彻底屈服已不大可能。几场现代局部战争的实践，如美国对越南的战争、苏联对阿富汗的战争和伊

拉克对科威特的战争都已表明，在现代条件下，“以占领、控制土地为主导的作战理论是失败的理论”。因此应慎重选择战争方式，当战争不可避免时，应力求以最小的代价特别是最小的人员伤亡代价，来保卫国家安全和捍卫国家利益，这是一种明智而必然的选择。

（二）在作战目的上，把避免伤亡与赢得胜利看得同等重要

从这个意义上讲，赢得胜利与减少伤亡，是战争指导的根本法则，是任何国家军队的作战理论和作战行动所追求的基本目标。对此，美军的观点则有所不同。在美军看来，减少伤亡是第一位的，赢得胜利是讲代价的，这个代价的最重要指标就是减少伤亡；如果一场战争的人员伤亡会超过民众情绪可以“容忍”的限度，即便可以赢得胜利，也不得不被放弃。这是美军实施作战指导的一个突出特点。纵览美军各个年代、各种版本的作战条令、作战纲要等出版物，“以最小的伤亡代价取得胜利”的字句频繁出现。每次作战前，美军都要制定详细的“交战规则”，规定具体的伤亡指标。在美国人看来，歼敌5万，自损3万，这种仗划不来；“一战即胜”并伤亡最小才最为理想。美军地面进攻作战有“三个不打”，即没有制空、制海、制信息权不打；没有通过远程火力突击致敌基本丧失战斗力不打；到达或即将到达作战“顶点”不打。美陆军作战条令要求，指挥员“必须及时觉察何时已经达到或即将达到顶点，在此之前如果还未取得决定性战果，就应及时转入防御或撤出战斗”。能攻则攻、不能攻则守、守不住就跑、跑不了就当俘虏，似乎成了美军的习惯做法。纵观美军200多年的历史，由美国发动和参加的战争达35次之多，而一次战役损失上万人却很鲜见。美国两次空袭利比亚，无一伤亡；轰动世界的海湾战争，美军也仅付出了死亡一百余人的代价。

从发展趋势上看，美军更加重视人员的生命安全。全线保护同制信息权、制敌机动、精确作战、聚集式后勤一样，已成为美军21世纪的重要作战原则。美军的所谓全线保护，主要包括主动与被动防护、分散配置、欺骗与伪装、探测与预警、单兵或部队防护等内容，要求在作战的各个阶段、各个方向、各个层次对美军部队实施全面保护。美陆军颁发的新版《作战纲要》把兵力保护作为解决的主要问题之一。美陆军上校戴维·法斯本德指出：“兵力保护是陆军高级指挥官担心的焦点，因为人们担心士兵的生命安全，国会与美国民众希望制定失误几乎为零的伤亡标准。”美军认为，伤亡过多，不仅会给已经投入战场的官兵造成心理压力，而且还会给尚未投入战场的人员造成心理恐慌，另外，“屠杀”式作战容易激发国内外民众的反战情绪，使战争难以为继。美军入侵索马里阵亡了18名别动队队员，美国民众就曾立即作出强烈反应，迫使美军不得不从索马里撤军，就是一个典型的例子。

在设法避免己方人员伤亡的同时，美军也重视尽可能减少战争的附带伤亡。在美军的作战条令和作战纲要中，提得最多的是“击败”对方，而很少用“消灭对方”一词。美陆军条令规定的进攻作战的目的是“击败、抑制敌军；夺取决定性地形；剥夺敌人的作战资源；获取情报；欺骗敌军和分散其兵力；牵制敌军；破坏敌军进攻为尔后的成功作战创造条件”。在这7条中，没有一条提到消灭敌军。苏军进攻战役的目的非常明确，那就是“歼灭当面重兵集团，夺取重要地域”；而美军则认为，这很容易造成两败俱伤，在大量歼灭对方有生力量的同时，己方也势必蒙受重大伤亡。

（三）在作战方法上，把既可达成战争目的又可减少伤亡作为基本着眼点

“东方重谋略，西方重技术”，这种说法虽不够准确，但不无道理。美国作为目前世界上的头号强国，其武器装备整体上的先进性无与伦比。他们倚仗明显的技术优势、信息优势、火力优势和兵力投送优势，着眼于以最小的伤亡迅速达成作战目的，创造了一系列建立在高技术基础之上、领导世界“新潮流”的作战形式和战法，如电子战、信息战、精确战、机动战、心理战、特种战、非接触作战、非对称作战、全线一体战、电脑网络战、指挥控制战等。总的来说，美军在战术上的主要特点包括以下几个方面。

1. 注重“软打”

美军认为，现代社会正在步入信息社会，信息的获取、控制和使用，已成为军队赖以生存和取胜的关键。因此，要在侦察、监视系统提供准确情报的基础上，综合运用电子战、心理战、军事欺骗和物理摧毁等手段，在己方得到严密防护的同时，使敌方不能获得信息，成为“瞎子”、“聋子”和“靶子”。

2. 注重“远打”

美军非常强调充分发挥己方火力射程远的优势，在对方武器系统的有效射程外，至少也要在对方的密集火力制区外杀伤与消耗敌军，不使敌军接近和“胶着”，达到“我能以火力有效地打击对方，而对方却不能有效地打击我”的目的。美军在对伊拉克实施的“沙漠之狐”空袭行动中就采用了这种战法。

3. 注重“精打”

精打，即使用精确制导武器，对敌人的要害目标实施及时、准确的打击。美军认为，运用高技术作战平台或在机械化兵器中大量嵌入信息技术，为弹药装上“眼睛”，做到“发射后不用管”，不仅反应快、打击准、威力强、作战效费比高，而且可以减少作战伤亡，特别是作战的附带伤亡。

4. 注重“全打”

全打，即综合运用战略战术导弹、航空兵器、舰载兵器、地面打击兵器及电子战武器和航天兵器等各种武器系统，从空中、地面、海上以至太空的整个作战空间，同时实施“全维打击”，以剥夺敌人作出反应的时间和能力，震撼、击溃和迅速击败敌军。

5. 注重“联打”

美军强调，在现代战争中已经无法孤立地看待地面、海上、空中、空间和特种作战部队的作用，每个军种都很关键，都具有其他军种无法替代的独特作战能力。因此，“有机地结合在一起的联合作战部队使敌人无虚可乘，却可迅速而有效地攻击敌人的弱点。联合作战是取胜的关键。”

综上所述，美军的作战思想、作战原则和作战方法，都体现了减少人员伤亡的思想。究其原因，主要是：① 现代局部战争的目的有限，人们普遍难以承受重大伤亡；② 美国通常是在国外作战，不涉及领土主权，因而不愿意付出沉重代价；③ 现代社会信息传播手段多、速度快，国内外民众舆论影响力大；④ 美军武器装备先进，具备少伤亡而制胜的作战实力；⑤ 受西方价值观念特别是人权观念的影响。任何国家的军事思想，无不根植于本民族的传统文化和价值观念之中。美国作为资本主义国家的典型代表，效益观念由来已久，且渗透到社会活动的各个领域，而人的生存观在其效益观和价值观中占有重要地位。

三、日本的军事思想

日本官方和军事理论界关于战争、军队和作战等问题的系统理性认识，是日本长期军事实践活动的经验总结和理论概括，是日本进行战争和军队建设等军事实践活动的理论依据。

1868年开始的明治维新为日本资产阶级军事思想的形成开辟了道路。明治政府成立后，实行“富国强兵”政策，掀起学习西方的热潮。在军事领域，海军以英国为样板，陆军先后以法国和德国为榜样。西方的军事思想、军事制度、战略战术、条令教范等大量传入日本，尤其是C. von克劳塞维茨的“战争论”和A. T. 马汉的“海权论”对日本军事思想产生深刻影响。西方军事思想的传播，加速了日本的军事改革。明治政府建立由中央统一指挥的常备军，在全国实行国民兵役制；完善军队指挥体制，设立参谋机构；成立军事院校，加强教育训练；发展军事工业，改良武器装备。至19世纪末，日本军队成为亚洲最强大的军队。

在引进西方军事思想的同时，日本也继承和发展了其封建“武士道”精神。1878年发布《军人训戒》，要求军人效忠天皇；1882年颁布《军人敕谕》，要求军人遵守“武士道”的忠节、武勇和礼仪。“武士道”成为日本军人的伦理规范，日本军队成为具有军事封建性质的资产阶级军队。1890年，首相山县有朋把日本本国疆域称做“主权线”，把朝鲜和中国称做“利益线”。以此为理论依据的大陆政策成为当时日本国家战略的核心。作为推行这个政策的重要步骤，1894年和1904年日本先后发动两场对外侵略扩张的战争，即中日甲午战争和日俄战争。战争中，日本军事思想得到发展，陆军获得了大兵团作战经验，海军积累了大规模海战经验。第一次世界大战中，日本出兵中国山东，攫取德国在中国和南太平洋诸岛的权益，并提出灭亡中国的“二十一条”。1927年，首相田中义一召开“东方会议”，确定以武力侵占中国东北的方针，提出“惟欲征服中国，必先征服满蒙；如欲征服世界，必先征服中国”的总战略。日本军事理论界总结世界各国许多著名战争尤其是第一次世界大战的经验，于1928年和1932年先后推出《统帅纲领》、《统帅参考》等著作。1931年，日本制造了“九·一八”事变，开始了历时14年的侵华战争。1937年制造了“七·七”卢沟桥事变，发动了全面侵华战争。1941年推行“南进”战略，对美、英、荷兰等国开战，发动太平洋战争。此时，日本军事思想更加明显地呈现出为其侵略扩张服务的基本特征：在对战争的认识上，提出战争是国家使用武力实行国策的行为，日本进行的战争是实现所谓“大东亚共荣圈”的“圣战”，为此应动员一切力量并使用一切手段进行总体战争；在军事与政治的关系上，实行统帅权独立和军政分离原则，将国家政权置于军队控制之下；在军事与经济的关系上，实行战时经济体制，牺牲国民利益；在战争与精神因素的关系上，夸大精神因素在战争中的决定作用，实行精神“总动员”；在战略指导上，采取突然袭击、先发制人、夺取主动、速战速决的进攻战略，陆军重视大兵团机动作战，海军强调舰队决战；在军队建设上，提出国民皆兵，以“武士道”精神和奴役性军纪将士兵训练成战争“肉弹”；在作战方法上，强调主动性、坚决性、连续性、快速性和近战。由于日本进行的是侵略战争，失道寡助；人力财力有限，资源匮乏，经不起长期战争的消耗；树敌过多，战线太长；战略指导错误等原因，在世界反法西斯力量的打击下，最终无法摆脱失败的命运。

第二次世界大战后，日本受到美国的庇护和扶持，军事思想进入新的历史发展阶段。其基本内容如下。

（一）战争观

日本军国主义长期进行侵略战争，被侵略国家人民深受其害，日本人民也饱尝战争之苦。战后，否定一切战争的“和平主义国家”、“非武装中立”思想应运而生。日本宪法第九条规定：“永远放弃以国权发动的战争、武力威胁或武力行使作为解决国际争端的手段”，“不保持陆海空军及其他战争力量”，“不承认国家的交战权”。然而，有人却提出“自卫战争有理”和“自主防御”等主张，认为不能一概否定战争，日本作为一个主权国家，有权自卫，不应依赖别国而要靠本国的力量保卫自己。20 世纪 70 年代中期发表的《防卫计划大纲》认为，核恐怖遏制了核战争和大规模常规战争；在大国核僵峙局面下，世界大战虽得以避免，但国与国之间意识形态的对立、民族宗教矛盾和领土资源纠纷导致局部常规战争不断，世界并不安宁；由于亚太地区大国互相制约，日本不致遭到外国大规模武装入侵，但有限的小规模的战争威胁随时存在。进入 90 年代后，日本政界滋生出一股否认日本侵略亚洲邻国的历史甚至美化其军国主义的势力，主张修改宪法，增加军费，加强军队建设，走军事大国道路，复活军国主义。

（二）战略思想

战后初期，为适应美国军事战略的需要，日本政府提出安全必须依赖“集体防御”的主张。据此，1951 年与美国缔结《日美安全条约》。条约规定，美国对日本的安全承担义务，日本为美军提供基地和设施。从此，日美共同防御成为日本军事战略的“支柱”。其基本构想是：对付核威胁，依靠美国的核遏制力量；对付有限的小规模侵略，原则上依靠本国的力量；依靠本国力量难以抵御外敌入侵时，应以各种方法顽强抵抗，等待美军支援。但也有人反对过分依赖美国，认为《日美安全条约》有损于日本的独立地位，主张“自主防御”。

20 世纪 70 年代初，日本政府提出“专守防御”的战略方针，即只有遭到外敌入侵时才行使武力，而且必须限制在自卫所需的最小限度以内。日本政府曾向国际社会作出一系列原则性承诺，包括不充当给其他国家造成威胁的军事大国；不拥有、不制造、不引进核武器；只有突然遭到外敌入侵且运用其他手段无法排除时，才行使“国家自卫权”，但必须限制在最小限度；不拥有“集体自卫权”，禁止向国外派遣军队，友好国家遭到武装进攻时不以武力提供支援；不发展进攻性战略武器等。20 世纪 80 年代初，日本政府提出“综合安全保障战略”，认为对国家安全的威胁不仅有军事威胁，还包括自然灾害、粮食危机、资源危机等，威胁的多样化要求对付威胁的手段多样化。军事手段是维护国家安全的重要手段，但不是唯一手段。只有在政治、经济、军事、科技、外交、文化等方面作出努力，国家安全才能得到保障。随着日本综合国力的增强和美国实力的衰落，还有人强调日本作为西方的一员，应积极分担西方防务责任。日本政府决心建立一支与其国力相称的武装力量。军费开支连年增长，海上防御范围不断扩大。1991 年海湾战争后向中东派出扫雷艇，1992 年，国会通过“向国外派兵”的法案，1993 年以后向柬埔寨等国家和地区派遣维和部队，以后又向伊拉克派出部队。“专守防御”战略已被突破。

日本的军事战略从属于美国的军事战略，是美国联盟战略的重要组成部分。20 世纪五六十年代，日本追随美国以周围社会主义国家为敌。七八十年代，由于苏联加强其远东地区的军事部署，日本认为苏联是对日本既有侵略能力又有侵略意图的国家，因而视苏联为主要假想敌国。进入 90 年代后，日本认为，国际形势趋向缓和，全球性军事对抗更为遥远，但地区性冲突不断，核扩散的危险增大。据此，日本继续采取措施加强日、美军事合作，并提高本国在这一体制中的地位。1996 年，日、美两国签署《日美安全保障联合宣言》，将两国的军事合作范围扩大到整个亚太地区。鉴于俄罗斯联邦是日本近邻中最大的军事强国，以及地缘政治和领土纠纷等原因，日本将继续重视其北部防务，同时又以面临“多重威胁”为理由，加强西部和中部地区的防御部署。

（三）建军思想

1950 年朝鲜战争爆发后，美国开始重新武装日本。1954 年，日本全面实现重建军队的目标，建成包括陆海空三军的“自卫队”。日军重建初期，日本政府提出军备要适应国家经济力量的发展和国民的心理基础，要考虑日本所处的国际地位以及与周围国家的关系。据此，1957 年制定了根据国情在自卫限度内逐步发展的建军方针。随着经济不断发展，日军的实力逐渐增强。20 世纪 70 年代中期，日本政府提出和平时期军队建设思想，认为美、苏之间爆发大战和日本遭到大规模武装入侵的可能性不大，加上国内经济、政治条件的制约，难以大规模扩充军事力量。因此，必须坚持日美安全保障体制，以对付有限的小规模侵略为目标，建设一支规模小、质量高、机能齐全和国际形势一旦有变就能迅速扩充的“基础防御力量”。在宪法和内外舆论的制约下，日本的军队建设始终以控制数量、提高质量为重点。1958—1976 年完成的四次防御力量发展计划和 1977—1990 年基本完成的《防卫计划大纲》，都贯彻质量建军方针。1995 年制定的《新防卫计划大纲》和 1996—2000 年制订的防御力量发展计划，强调建立“合理、高效、精干”的现代化军队。其要点是：保持军费持续增长，更新武器装备特别是海军、空军的武器装备，改善体制编制，加强教育训练，增强后勤保障能力。

（四）作战思想

日美共同防御是日本作战思想的基础。1978 年两国制定《日美防卫合作指导方针》，随后又制订联合作战计划。日军主要在本国领土及周围海、空域实施防御作战，美军负责提供支援并实施进攻作战。日本认为，日本周围数百海里和东南、西南两条长约 1000 海里的海上交通线是日本的“生命线”，确保其安全至关紧要。据此，日海军将采取海上巡逻、护航、防空、港湾与海峡警备等措施，确保海上交通线畅通。防空作战是日本抗击外敌入侵的前提。其防空作战原则是：力求将来犯敌机歼灭在领空之外，以保证领土和国民不受侵害，作战能力免遭破坏。为此，日本建立了严密的防空体系。抗登陆、反空降是日军抵御外敌入侵的主要作战样式。日军强调：敌航渡时，海陆空三军分别以舰艇、岸舰导弹、攻击机进行截击，力求歼敌于海上；敌突击登陆时，陆军利用地形和工事，以岸舰导弹、地雷及其他火器歼敌于水际滩头；敌登陆后，陆军在海军、空军支援下歼敌于濒海地区。敌空降和机降时，陆军、空军密切协同，力求歼敌于空中；敌着陆后，陆军以火力和机动部队打击、歼灭敌人；敌向纵深发展进攻时，在通向内陆的要地顽强抗击，等待美军来援。

日本随着国力的不断提高，其军国主义和狭隘民族主义思潮日益增长，侵略扩张为其历史翻案和追求充当政治大国的趋向进一步发展。为此，在战略思想方面，将逐步放弃“专守防御”方针，强调防务的主动性和国际性，以更多地参与国际事务；在建军思想方面，将更加强调发展高新技术武器装备，以提高军队的快速反应和远距离作战能力；在作战思想方面，将更加强调陆海空三军协同，发挥综合威力，形成多层、多道、多手段相结合的立体抗登陆、反空降体系，并将进一步重视与美军联合作战。

思考题

1. 军事思想的基本含义是什么？它具有哪些基本特征？
2. 我国古代军事思想的发展经历了哪几个时期？
3. 《孙子兵法》的军事思想精华有哪些？
4. 毛泽东军事思想的主要内容有哪些？
5. 毛泽东人民战争思想的基本精神、基本原理是什么？
6. 邓小平新时期军队建设思想的主要内容有哪些？
7. 江泽民国防和军队建设思想的主要内容有哪些？
8. 我军新时期新阶段历史使命的具体内容是什么？

第四章

军事高技术

第一节　军事高技术概述

所谓高技术，即高新技术，是指科学技术领域中处于前沿或尖端地位，对促进经济和社会发展、增强国防力量有着巨大推动作用的技术群。当代高技术主要指信息技术、新材料技术、新能源技术、生物技术、航天技术和海洋开发技术等。

军事高技术，简单地说，是指应用于军事领域或从军事领域直接产生的高技术。具体地说，是指建立在现代科学技术成就基础上，处于当代科学技术前沿，将对武器装备、军事理论和作战样式的发展起着巨大推动作用的所有高技术的总称。

军事高技术是高技术的一个重要组成部分，是诸多高技术中为了满足国防现代化的需要而发展起来的部分新技术群。尽管军事高技术和民用高技术之间并不存在截然的分界线，但人们还是习惯把高技术分成军事高技术和民用高技术两大方面。在高技术的发展过程中，军事高技术往往起着带头作用。

军事高技术崛起于第二次世界大战的末期。近几十年来的历史证明，主要是军事的需要直接导致一系列高科技成果的问世，并导致大多数高科技成果首先应用于军事，然后再逐渐向民用领域扩展。

第二次世界大战中，为满足战争的需要而研制的雷达、原子弹、导弹（V—1 和V—2 导弹）以及 1946 年研制成功的电子计算机等，实际上揭开了自 20 世纪 60 年代开始的高科技发展的序幕。在冷战时期，由于两个超级大国激烈的军备竞赛，使得以核武器技术、导弹技术、计算机技术、微电子技术、航天技术为代表的军事高科技群体在 20 世纪 60 年代异军突起，并从此带来了战后世界科技发展的黄金时代。20 世纪 70 年代，在美国、苏联、西欧诸国和日本，在计算机技术、航天技术发展的影响下，以信息产业为代表的高科技产业如雨后春笋般涌现并迅速成长壮大。以军事高科技为导向，这些国家的国防科技和军事工业开始全面走向高科技化。精确制导武器、军用卫星、电子战装备和指挥、控制、通信、情报系统等崭新的高科技武器装备得到大量研制并成功登上战争舞台，同时，许多传统的常规武器也因采用高新技术手段加以改造而使战术技术性能得到了极大提高。因此，高科技就这样广泛地进入了军事技术发展的各个领域。

20 世纪 80 年代爆发了几场大而重要的局部战争，如 1981 年以色列空军对伊拉克核反应堆的成功袭击；1982 年的英、阿马岛战争以及以、叙在贝卡谷地交战；1986 年美国对利比亚的“外科手术战”打击，等等。在这些局部战争中，都充分显示了高科技武器装备给战争所带来的崭新变化。因此，军事高科技的发展更加引起世界各国的广泛关注和高度重视。

20世纪90年代初，爆发了著名的海湾战争，大量高科技武器装备在战场上的广泛应用及其取得的惊人作战效果，更使各国普遍深刻地认识到，未来战争将是高科技战争，如果不掌握高科技手段，将难以在高科技战争中立于不败之地。因此，在冷战结束后，尽管国际形势总体趋于缓和，各主要国家都调整了军事战略，缩小了军队的规模，减少了军费开支，但军事高科技反倒成为人们更加关心的热门话题。一些大国和强国制定并实施了满足新需要的军事高科技发展计划，而一些小国家也纷纷从维护本国的安全出发购买大批高科技武器装备。军事高科技从此进入了一个新的发展时期。

我国军事高科技的发展始于20世纪50年代中期。1955年初，党中央作出了发展原子能事业、研制原子弹的决策；1956年，中央军委又作出了发展导弹的决定。此两项研究工作的开展及研制计划的实施，标志我国以尖端技术为代表的军事高科技的发展已经起步，而且将在世界军事高科技发展中占有举足轻重的一席之地。经过几十年的不懈努力，我国先后研制出了原子弹、氢弹、各种战术导弹和战略导弹、核潜艇等高科技武器装备，并拥有运载火箭和军用卫星的制造与发射能力。这是毛泽东、周恩来等老一辈革命家的丰功伟绩。十一届三中全会以来，在邓小平理论和关于军队建设及国防建设的思想指导下，我国的军事高科技获得了全面稳步的发展，不但战略武器和军事航天技术的发展跃上了新台阶，而且采用高新技术成果的新一代战斗机、直升机、水面舰艇、坦克、大炮、电子战装备、指挥自动化设备器材、精确制导武器相继研制成功并装备部队。近几年来，我国还从国外引进了一批高科技武器装备，如苏—30战斗机、“红土地”激光制导炮弹等。根据军委新时期的军事战略方针，我军建设的基本点是，立足于打赢现代技术条件特别是高科技条件下的局部战争。为此，我们在不断采用高新技术手段改进原有武器装备的同时，继续发展部分高科技武器装备。

要深入理解军事高科技的内涵或本质特征，必须明确下列几点。

（1）军事高科技是处于当代科学技术前沿的高水平的技术或尖端技术，它们都能够满足军事的需要，对武器装备的发展起巨大的推动作用。军事高科技或者能用于武器装备的改进，或者能用于研制战术技术性能更优异的新一代武器装备，甚至促使原理、结构和杀伤破坏性全新的新概念武器的出现。美国将军事高科技明确地划分为三种技术，即渐进性技术、突破性技术和王牌技术。这正是以军事高科技的这种功能特征为依据的。

（2）军事上的需要是军事高科技发展的主要推动力。军事上的需要或国家安全的特殊重要性决定了科学技术成就一般首先应用于军事，这已成为一种普遍的历史规律。正如科学学的创始人丁·贝尔纳在《科学的社会功能》一书中所指出的：“自古以来，改进战争技术一直比改善和平生活更需要科学。这并不是由于科学家具有好战的特性，而是因为战争的需要比其他更加急迫。各国君主和政府不那么乐于向其他研究工作提供津贴，都乐于向军用研究工作提供经费，因为科学界能研制出新的装备，而这种装备由于十分新颖，在军事上极为重要。”这里实际上就如实地指出了军事技术特别是军事高科技产生和发展的根本原因。正因为如此，所以当今世界许多国家都高度重视开展军事技术或国防科技研究，以获得军事上必需的技术手段。这导致许多重要的军事高科技成果的出现，如雷达、导弹、原子弹、电子计算机等直接产生于军事领域，而集成电路、微电子器件、卫星等也是首先应用于军事目的。

(3) 军事高科技是当代技术的主要组成部分，甚至可以认为，当代高科技主要为军事高科技，当代高科技主要产生于军事高科技。事实上，尽管高科技有军用和民用之分，但大量的高科技都具有军用和民用相结合的特征，它们之间并没有严格的界限。而且不管某项高科技来源于何处，首先却是应用于军事目的。据统计，现在85%以上的重大科技成果或者已应用于军事，或者具有军事应用潜力。

(4) 随着新技术革命的深入发展和国际形势的变化，和平与发展已成为当今世界的两大主题，为经济建设服务的高科技已成为许多国家经济与科技发展的重点。在“军转民”的同时，有些高科技的民用价值已超过军用，有些军事高科技发展依赖于民用技术的发展，因此出现了“民转军”的新动向。由此可见，军民结合将是军事高科技发展的主要途径。

第二节　侦察和隐形技术

现代侦察技术是指将目标与背景加以区分，从而发现、识别、监视、跟踪目标，并对目标进行定位的技术。其应用范围主要包括：预警与监视、战场情报侦察等领域。现代侦察技术是信息技术的重要组成部分。该技术所采用的设备器材或系统，主要包括：雷达、电子探测器、红外探测器、激光探测器、可见光探测器、水声探测器等。它们不但可以部署在空中、地面、海上、水下，而且还可以部署在太空；不但可以安装在各种平台上，而且还可以安装在枪支和头盔上，或由人员以及其他方式携带。利用这些高性能的侦察系统可以极大地提高战场的透明度和武器的命中精度。

在高技术条件下，现代侦察技术及其装置已成为高技术武器和指挥自动化系统不可缺少的组成部分，是获取对方信息的主要技术手段，它可以为指挥人员的决策提供及时、全面、准确的情报信息，是夺取战争胜利的重要保障。

现代侦察技术在军事上的应用，按照空间地域及其运输工具的不同，主要有以下几种。

一、航天侦察技术

航天侦察就是利用航天器上的光电遥感器和无线电接收机等侦察设备获取侦察情报的技术。航天侦察是现代战略侦察的主要手段。其原理是：遥感器和无线电接收机所获得的目标信息以不同方式传回地面，经加工处理和判断分析后，作为决策者判明敌情和制定对策的重要依据。因此，航天侦察主要担负战略侦察任务，也可执行战术侦察任务或为战术侦察情报提供旁证材料。航天侦察按使用的航天器是否载人可分为卫星侦察和载人航天侦察。其中，卫星侦察是航天侦察的主要方式。如果按航天侦察的功能还可分为照相侦察、导弹预警、电子侦察、海洋监视和核爆炸探测等。

二、航空侦察技术

航空侦察，又称空中侦察，是军事侦察系统的重要组成部分，它包括有人驾驶监视飞机和无人驾驶监视飞机两大类，也可以根据航空侦察监视系统的功能划分为预警机、电子侦察监视飞机、海事巡逻飞机、无人机等种类。

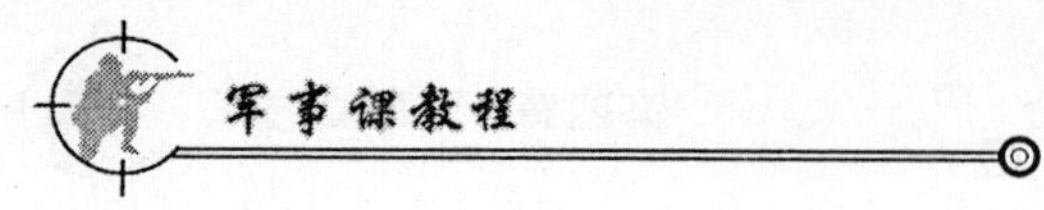

1. 有人驾驶侦察机

有人驾驶侦察机是航空侦察的主力，可以携带可见航空照相机、红外航空照相机、侧视成像雷达、电视摄像机、电子侦察设备等。其特点是：反应灵活、机动性能好，可以迅速准确地提供各种情报，并能直接引导各种武器系统击毁目标。

世界上，拥有有人驾驶侦察机数量最多、品种最齐全的国家是美国，其预警机、电子侦察机在世界上赫赫有名。

美国是世界上最早发展预警机的国家，其预警机全称为“机载预警和控制系统”，能够全方位跟踪400千米范围内的几百个空中目标，在近年来的几场局部战争中发挥了重要作用。它的E—3“机载预警和控制系统”分为A、B、C、D四种，其中，E—3A是一个以脉冲多普勒雷达为核心的大系统，被称为“空中指挥所”。它在9千米的高度上值勤巡航时，能以不同雷达工作方式有效地探测370千米半径范围内的高空与低空目标、水上目标，并能通过舰船和车辆上的应答器获取己方陆海军的展开情况，使空中指挥员可以有效地指挥空中力量完成拦截、格斗、空运、求援等各种作战任务。

美国E—8A是世界上最先进的电子侦察机之一，由美国诺斯罗普—格鲁曼公司研制。它能够探测像伊拉克南部那么大的地区的地面运动和静止目标，提供近实时的监视和瞄准数据，使战场司令能够很快作出决策并执行。U—2型飞机使用几个波段搜集数字图像，并可将情报传输到基地。从20世纪70年代起，美国不断对该机进行改进，为其安装了全球定位系统等先进设备。

美国海军的EA—6B“徘徊者”、空军的EC—130等是世界上最先进的电子战飞机，能对雷达和通信系统进行侦察定位并实施电磁大功率压制和干扰。

俄罗斯的航空侦察技术仅次于美国，在苏联时期，其侦察机无论在数量上，还是在性能上都可与美国匹敌。苏联曾把图—95、图—22等战略轰炸机和米格—25、苏—24等战斗机改装成侦察机。

2. 无人驾驶侦察机

无人驾驶侦察机是从20世纪60年代发展起来的，它与有人驾驶侦察机相比具有体积小、不易被发现等优点。无人机可以装载高分辨率数字摄像机、数字静止照相机、红外摄像机、雷达、激光指示器和测距仪。与卫星相比，无人机可以在目标上空徘徊，比卫星离目标近百倍，而且其价格比较低，一架“全球鹰”的价格仅1000万美元。

目前，美国正在发展研制的无人机有远程、中程、近程战术无人机三种，已经为无人机建立了探测装置性能、系统集成、航程、巡逻时间、隐形、成本等标准。“全球鹰”是美国正在发展中的大型远程无人机，“掠夺者”是美国获取视频图像并用于执行空袭任务的中程无人侦察战斗机。

以色列在无人侦察机领域也有较为先进的技术。它研制的“侦察兵”飞行器由两人遥控指挥，装有电视照相机、全景照相机、激光指示器和红外成像设备，此飞行器曾在战争中大显身手。

由加拿大、联邦德国和法国1988年共同研制的CL—289遥控侦察系统，由反雷达、反辐射复合材料组合而成，包括可重复使用的无人侦察机、发射装置、修复设备及情报搜集装置等。法国航天工业公司研制的TBM—700高空侦察机，既可由驾驶员驾驶，也可遥控，飞行高度超过大部分地空导弹的射程。

三、地面侦察技术

地面侦察可分为便携式侦察、固定侦察和机动侦察，可执行战略、战役、战术侦察任务。常用的技术侦察装备有可见光照相机、望远镜、潜望镜、观察镜、瞄准镜；各种红外、可见光、微光、激光、电视、声测等侦察观测器材；地面传感器、地面侦察雷达、装甲侦察车、无线电技术侦察设备、电话窃听器等。这些侦察系统可以与海、空、天等侦察资源相连，构成陆战侦察体系，及时为地面部队提供准确的战场态势和目标信息。

装甲侦察车是常见的地面侦察装备系统，它装备有各种侦察观测设备，如大倍率光学潜望镜、主动红外观察设备、微光观瞄设备等。现代化的装甲侦察车上还装备了激光测距仪、地面激光指示器、热像仪、微光电视、地面导航仪、红外报警仪、战场侦察雷达、防核生化探测器等先进的侦察设备。

四、海上侦察技术

海上侦察主要分为水面舰艇侦察、潜艇侦察、海军航空兵侦察和两栖侦察，可用于执行战略、战役、战术侦察任务。

目前，各国的海上侦察装备是由水面舰艇、潜艇等平台携带有关传感器（包括雷达、声纳、电子支援设备、光电设备）组成的侦察系统。这些系统虽专以侦察为目的，但大都是包括武器、指挥和控制等功能的综合系统。

五、太空侦察技术

太空侦察技术主要靠侦察卫星实现。太空侦察卫星通常称为“间谍卫星”，主要从事大区域范围的情报搜集和监视活动，具有速度快、范围广、限制少等优点。一颗在赤道运行的卫星，可以同时侦察地球表面 1.63 亿平方千米的面积，相当于高空侦察机侦察面积的5600 倍；定位精度可控制在 10 米范围内，可发现 7 厘米大小的物体，分辨出单兵携带的武器，还具有识破伪装和隐蔽于地下、水下目标的能力。侦察卫星按功能可划分为照相侦察卫星、电子侦察卫星、预警卫星、海洋监视卫星等。

（一）照相侦察卫星

照相侦察卫星是采用光学成像的遥感设备进行侦察的航天器，包括可见光、红外成像侦察卫星。1960 年 8 月 18 日，美国成功发射了世界上第一颗照相侦察卫星后，苏联、以色列、法国、日本、印度也纷纷进入这一领域。

照相侦察卫星有“太空神探”之称，其原理是：利用所携带的光学遥感器微波遥感拍摄地面一定范围内的物体，并产生高分辨率图像，以用于战略情报搜集、战术侦察、军备控制核查的打击效果评估等目的。与一般的民用对地观测卫星相比，照相侦察卫星最主要的特点是地面分辨率高，最高分辨率可达 0.1 米。

照相侦察卫星按其获取图像的方式，可以分为回收型和传输型两种；若按星载遥感器的不同，则可分为光学照相侦察卫星和雷达照相侦察卫星两种。

目前，世界上以美国的照相侦察卫星品种最为齐全，技术最为先进，视角覆盖全球，可对各种战略和战术目标实施全天候、全天时、高分辨率的实时侦察，是收集重要情报的主要来源。

（二）电子侦察卫星

美国已先后发展与使用了四代电子侦察卫星：第一代为低地轨道卫星；第二代至第四代主要以同步轨道为主，少数采用大椭圆轨道。现在美国正在发展第五代电子侦察卫星。加拿大于2002年也发射了分辨率为3米的雷达成像卫星。

2004年，美军研制出一种新型间谍卫星，以“封闭循环再生燃料电池”为动力，机动性能强，神出鬼没，“使被侦察的目标摸不清规律，来不及隐藏或欺骗”，“寿命可达25年，是目前卫星的2~3倍”。

（三）预警卫星

预警卫星的主要任务是监视弹道导弹的发射情况。一颗预警卫星“可以监视地球上大约三分之一的地面”，“对洲际导弹可以取得25分钟预警时间，对潜射洲际导弹可以取得15分钟预警时间”。

目前世界上只有美国和俄罗斯有太空预警卫星系统，而且美军还发展了新的低轨和高轨天基红外卫星，以代替现在的“国防支援计划”导弹预警卫星。

（四）海洋监视卫星

海洋监视卫星主要用于探测、跟踪世界各海洋上的舰艇。由于海洋面积广阔，需要探测的目标又是活动的，因此，海洋监视卫星的轨道比较高，多采用几颗卫星组网的侦察体制，以提高覆盖面积，实施连续监视，提高探测概率和定位精度。海洋监视卫星包括雷达型和电子侦察型两种类型。

苏联是世界上较早发展海洋监视卫星的国家，有雷达型和电子侦察型两种监视卫星。1982年马岛战争期间，苏联海洋监视卫星曾监视战场情况。

美国于1973年开始发展两类海洋监视卫星，即“白云”电子侦察型卫星和“飞弓”雷达监视型卫星。

六、隐形技术

隐形技术，又称低可探测技术，是指通过降低武器装备等目标的信号特征，使其难以被发现、识别、跟踪和攻击的一种新兴军事技术。

隐形技术起源于第二次世界大战，20世纪六七十年代进入全面发展时期，80年代以后逐步进入深化研究和广泛应用的阶段。现代战场上的侦察监测系统主要包括雷达、红外、电子、可见光及声波等，因此，目前与侦察监测相对抗的隐形技术主要包括反雷达探测隐形技术、反红外探测隐形技术、反电子探测隐形技术、反光学探测隐形技术以及反声纳探测隐形技术等。

（1）反雷达探测隐形技术是目前最重要，也是最主要的隐形技术之一。它是利用雷达发射出的电磁波遇到飞机、导弹等军事目标后会发生反射，而反射波又取决于目标形状、尺寸、材料、视角等因素的原理，通过对目标采用隐形外形和结构设计、使用能够吸收和透过雷达波的材料，进行有源与无源电磁干扰等技术措施，来减弱返回波在雷达上的信号

强度，以达到对雷达隐形的目的。

（2）反红外探测隐形技术的重要性仅次于反雷达探测隐形技术。它主要通过改变目标的红外辐射波段、降低目标的红外辐射强度、调节目标红外辐射的传输过程等办法，来隐蔽目标的红外辐射特征信息。

（3）反电子探测隐形技术主要是通过减少飞机、导弹等目标上的无线电设备、电缆的电磁辐射，对电子设备进行屏蔽等办法，来抑制目标本身的电磁辐射，从而降低被侦察到的概率。

（4）反光学探测隐形技术就是通过减少目标与背景间的亮度、色度和运动的对比特征，从而达到对目标视觉信号进行控制的技术。

（5）反声纳探测隐形技术是通过控制目标的声频特征，以降低被声波探测系统发现的概率的技术，这种技术多用于潜艇。

军用隐形技术的发展对未来战争产生了十分重大的影响，归纳起来，主要表现在以下几个方面。

（1）使传统战场的攻防格局发生了重大变化。例如，进攻的突发性大大增强，战场范围进一步扩展，战场的电磁环境更加复杂，电子对抗斗争日趋激烈。

（2）对战争胜负产生了深刻的影响。在现代战争中，以雷达为主的各种探测器在攻防作战中起着十分重要的作用，如果进攻一方采用雷达截面非常小的隐形兵器参战，将大大提高其生存能力和作战能力。例如，采用隐形技术的战略轰炸机和巡航导弹，使被雷达探测距离缩短了82%，极大地缩小了防御一方防空系统的有效控制空域，予敌以出其不意的打击。利用隐形攻击机、轰炸机可以打开进攻通道，确保非隐形兵器顺利完成作战任务和提高作战效能。

（3）为有效解决武器装备的战场生存问题提供了新的途径。在提高武器装备生存能力方面，传统方法主要是靠增加钢甲厚度来实现的，然而，这势必降低了武器装备的机动性能；而隐形技术的应用则使武器装备实现了隐形、机动和防护的完美结合。

第三节 激光和航天技术

激光和航天技术是当今世界上最先进的技术。它们出现的时间并不长，但对世界军事和民用有着革命性的影响。

一、激光技术

激光是20世纪60年代的一项重大科学技术成就。激光的出现，标志着人类对于光的掌握和利用进入了一个新阶段。所谓激光，即受激辐射光放大的简称，是指利用光能、热能、电能、化学能或核能等外部能量来激励物质，使其发生受激辐射而产生的一种特殊光。

众所周知，一切物质都是由原子组成的，而原子又是由原子核和绕核高速旋转的电子所组成。原子核带正电荷，电子带负电荷。通常情况下，物质中绝大多数原子处于稳定状态，能态越高，原子数目越少，呈宝塔形分布。原子的这种能量分布状态，属于正常分布状态，也称粒子数正常分布。此时即使有外来光子射入，由于大多数原子都处于低能态，高能态原子极少，所以引起的受激辐射十分微弱，受激吸收占主导地位，故不能形成激光。而要大量产生受激辐射，最终形成激光，需要具备一定的条件，具体如下。

（1）要有一个足够强的激励源，实现粒子数反转。受激辐射是产生激光的必要条件。要形成受激辐射，必须打破原子的正常分布状态，使高能态原子多于低能态原子，即造成一种反常分布状态，这种反常分布状态称为粒子数反转。要实现粒子数的反转，就需要有激励源把处于低能态的原子激发到某个高能态上去。只要激励源足够强，使被激发到某高能态的原子数超过自发辐射回到低能态的原子数，就有可能在这个高能态上积累更多的原子，实现粒子数反转。

（2）要有一种特殊的工作物质。在一般的发光物质中，原子被激发到高能态后，会很快地自发跃迁回低能态，因为高能态是不稳定的。因此，就要选择特殊的发光物质作为激光工作物质。这种发光物质的特殊性在于高能级上的原子能稳定一段较长的时间，从而在这个能级上积累大量原子，实现粒子数反转。

（3）要有一个光学谐振腔。要想获得激光，只有设法使受激辐射和光放大的过程持续进行下去，这就需要一个经过精心设计安装的光学谐振腔，以保证激光的连续输出，同时具有控制激光的输出方向和激光波长的作用。

世界上第一台激光器是由美国于 1960 年 7 月首先研制出来的。1961 年 9 月，我国第一台激光器研制成功。激光和普通光一样，既是电磁波，又是粒子流，都以光速传播。然而，激光又是一种特殊的光，与普通光相比，它有如下特点。

（1）方向性好。方向性即光的指向性。光的方向性好坏，可以用光束在空间传播时的发散角和光斑直径大小来衡量，发散角和光斑越小，光的方向性就越好；反之则差。激光的发散角很小，基本上是一束平行光。例如，用一束激光射到距地球 38 万千米的月球上，其光斑直径还不到 2km。激光的方向性之所以好，是因为激光在形成过程中，凡是偏离工作物质轴线方向传播的光子都很快地从腔壁逸出。只有沿工作物质轴线方向传播的光子，才能保持在谐振腔中来回振荡，放大后形成激光。因此，输出的激光是一束与工作物质轴线方向一致的平行光，因而方向性好。

（2）亮度高。亮度是指单位面积的光源向某一确定方向的单位立体角内发射的光功率。亮度是衡量光源的重要指标，亮度高低是指光源发光的强弱。在自然光源中，以太阳的亮度最高，但激光亮度比太阳光的亮度高得多。1 毫瓦的氦氖激光器发射的激光，其亮度是我们从地面上看到的太阳亮度的 44 倍；而大功率激光器输出的激光亮度，可以比太阳表面亮度高几百亿倍。这种高亮度的激光束，经过聚焦之后，可以产生几百万度的高温，能在不到 1/1000 秒的时间内，使任何金属直接转变成气体，故可用作激光武器来直接毁伤目标。

（3）单色性好。光的颜色是由光的波长决定的。不同的颜色，是不同波长的光作用在人眼视网膜上的不同反应的结果。波长范围越窄，即谱线宽度越小，单色性越好，颜色越纯；反之则差。然而，我们平常所说的某一种色光，其波长并不是单一的。例如，红光就包含了 0.63 ~0.76 微米范围内各个波长的光。因此，严格地说，它并不是单色光。而激光的波长范围很窄，其谱线宽度通常均小于 10 埃，所以，激光的单色性极好。

（4）相干性好。光的相干性，是指相干光波在叠加区形成稳定的干涉图形所表现的性质，是光的波动性所表现出的一个特性，它是衡量光波与光波在频率、振动方向上是否一

致，在相位上是否有恒定关系的一个特性。频率相同、振动方向相同、相位相同或相位保持恒定的两列或两列以上的光波在空间重叠时，重叠区的光强分布会出现稳定的强弱相间的现象，这种现象叫做干涉，相应的光波和光源叫做相干光波，简称“相干光”和“相干光源”。由于激光来源于受激辐射，同一光源发出的激光光波，其频率、偏振、传播方向等都是非常一致的，因此，激光是一种相干光，具有极好的相干性。激光的这一特性被广泛应用于精密计量、全息照相、光学信息处理等方面。

激光技术在军事上的应用主要包括激光测距、激光雷达、激光制导、激光通信、激光侦察和激光武器等。

（一）激光测距

激光测距是发展最早、最成熟的一种军用激光技术。1962年，美国生产出了世界上第一台激光测距仪（机）的样机。与一般光学测距相比，激光测距具有以下优点。

（1）测量距离远，精度高。一般光学测距机的测距误差的大小不仅与操作人员的经验和观察条件有关，而且还随被测距离的增大而增大，误差范围往往达到30~50米，甚至更大。而激光测距则不同，它的精度与操作人员的经验及被测距离无关，误差一般在10米以下，性能好的激光测距机，测距精度可小至0.15米；高精度的激光测距机测量距离可达几十万千米，而且误差很小。例如：

1）脉冲激光测距机能发出很强的激光，测距能力较强，即使对非合作目标，最大测距也能达到30000米以上。其测距精度一般为5米，最高的可小至0.15米。脉冲激光测距机既可在军事上用于对各种非合作目标的测距，也可在气象上用于测定能见度和云层高度，还可用于人造卫星精密距离测量等领域。

2）连续波激光测距机的发射（平均）功率较低，测距能力相对较差。例如，对非合作目标，相位法测距的最大测程低于3千米；但连续波激光测距机的测距精度很高，可低至2毫米。因此，连续波激光测距机大多用来对合作目标进行较为精确的测量，如用做自动目标跟踪系统中的精密距离跟踪（像对导弹飞行初始段的测距和跟踪）、大地测量等。

目前，军用激光测距机主要有步兵/地炮激光测距机、高炮激光测距机、坦克激光测距机、飞机载激光测距机和舰艇载激光测距机等几种类型。

（2）操作简便、速度快。只要瞄准了目标，只需几秒钟就可测得一个数据，而一般光学测距机测一个数据需要几分钟。

（3）体积小、重量轻。由于激光的频率高，所以不用巨大的天线就能发射极窄的光束。例如，发射发散角为0.05度的红宝石激光，只需直径7.6厘米的天线。而对微波来说，要想得到同样的发散角，天线直径则要在305米以上。因此，激光装置小而轻。已经装备的激光测距机，重量一般为10千克左右，最小的只有0.36千克，体积只有香烟盒大小。

激光测距机的主要缺点：不能全天候使用，其作用距离受天气和战场条件（如硝烟、尘埃等）影响较大。

（二）激光雷达

激光雷达是用激光器作为辐射源的雷达。在激光测距机的基础上加装测角、测速和自动跟踪装置就构成激光雷达。激光雷达不仅可以精确测量目标距离，而且还可以精确测速、跟踪、警戒防撞、控制飞船会合等。由于激光雷达比微波雷达的频率高，激光束比微波束窄，因此，激光雷达与微波雷达相比，具有以下独特的优点。

（1）测量精度高。目前二氧化碳激光雷达测速精度比微波雷达高 1 万倍，测角精度比微波雷达高 5 倍。

（2）分辨力高。实践表明：波的频率越高，分辨率就越高，识别能力就越强。这是由于频率越高，波长越短，波的衍射（绕射）能力越弱，反射能力则越强。激光的频率比微波高得多，因此具有很高的分辨力，能识别电线杆、空中电线、烟囱等小障碍物；而微波雷达一般只能发现高大的建筑物和山丘。例如，二氧化碳激光雷达可分辨远在 450 米处、直径为 3. 2 毫米的金属线。

（3）隐蔽性好，抗有源干扰能力强。激光分辨率高，加上它的单色性好，脉冲宽度比微波小得多，因此利于抗干扰。例如，探测地面或低空目标时，微波回波信号常被地面反射波所淹没，由于干扰的存在就出现无法探测的区域（即雷达盲区）；而使用激光雷达则可以排除背景或地面杂散回波的干扰和噪声的影响，因此它能对超低空目标进行探测。

（4）体积小，重量轻，机动性好。实践表明：波长越短，所需的发射天线直径越小。从地球照射到月球上 1 平方千米的区域，激光雷达的发射天线直径 30 厘米就足够，而微波天线的直径约需几千米。

激光雷达的缺点：① 由于激光方向性强、波束发散角小，因此在大面积搜索和监视时就容易丢失目标，不适于用做搜索雷达；② 由于波长短，大气成分对激光的散射和吸收较微波严重，因此激光雷达受大气条件的影响较大，尤其在雨、云、雾天，其作用距离更短，甚至难以正常工作，因而不能全天候工作。

正是由于激光雷达具有的特殊优点，因而被广泛地应用于军事领域，其应用主要包括以下几个方面。

（1）武器鉴定试验。在靶场进行武器鉴定试验，可以选择好天气进行使用合作测量。为此目的而发展的靶场测量激光雷达主要用于：导弹发射初始段和低飞目标跟踪测量，飞机等目标的姿态测定，对卫星、导弹等再入目标的测量、识别与跟踪等。

（2）用于武器火控。激光雷达能弥补微波雷达低空盲区、受电子干扰、测量精度有限等不足，被广泛应用于各种武器的火控系统中。例如，地对空监视和目标探测（点防御）、地对地监视和目标探测（坦克战）、空对地目标探测（近距空中支援）等场合。目前已研制出能在几千米内对目标进行精密跟踪测量的激光雷达，如舰载炮瞄激光雷达能跟踪掠海飞行的反舰导弹，使火炮可在安全距离以外拦截目标。

（3）跟踪识别。20 世纪 70 年代以来，外军着手研制与武器配套的激光雷达，用于导弹制导、空中侦察、航天器与载人飞行器的跟踪识别等。

（4）指挥引导。这种激光雷达可用于航天器对接、会合的精确制导，卫星对卫星的跟踪、测距和高分辨力测速，地形和障碍物的回避等。

（5）测量大气。可利用大气对激光的吸收和散射作用来测量大气。例如，对化学、生物毒剂、目标废气等的侦测和监视，环球风监测和其他参数测量，局部风速测量（以利导弹等武器校准），大气湍流探测（以利飞行安全）等。

（三）激光制导

激光制导是利用激光控制飞行器的飞行方向或引导兵器击中目标的一种技术。激光制导与其他制导种类相比具有结构简单、作战实效成本低、抗干扰性能好、命中精度高等优点。不足的是受大气及战场条件影响较大，不能全天候工作等。

激光制导的方式按工作原理，可分为波束制导（又称“驾束制导”）和半主动寻的制导两类。

激光波束制导是利用激光照射器发射激光束对准并跟踪目标，导弹在飞向目标的过程中始终保持在激光束中心。如果导弹偏离了激光束中心，安装在弹体尾部的激光接收器便会发出偏差信号，然后通过控制系统纠正弹道偏差。

半主动式激光制导是利用装在地面、舰艇或飞机上的激光照射器向目标发射激光束，目标反射的激光信号由安装在弹体头部的目标寻的器（即四象限探测器）接收，然后通过控制系统将导弹或弹丸引向目标。半主动激光制导多用于对付地面目标的制导系统中，如激光制导炸弹、空地导弹和激光制导炮弹等。它是目前技术上较成熟的一种激光制导方式。

激光制导精度高，由于激光的方向性好，因此，激光制导武器具有很高的命中率。例如，激光制导炸弹的圆概率误差为 1 米左右；激光制导炮弹的圆概率误差仅为 0.3～0.9 米。抗干扰能力强。由于激光单色性、方向性好，能量集中，使激光制导的抗背景干扰能力比红外和电视制导强，更不怕无线电干扰。此外，目前对激光的人工干扰技术尚不成熟。因此，激光制导具有抗干扰能力强的突出优点。与电视制导、热成像制导系统相比，激光制导系统的结构简单、成本低；与非制导武器相比，虽然激光制导武器价格昂贵，但从总的效能来看，还是大大地降低了作战费用。激光制导炮弹的价格约为普通炸弹的 3 倍，但其毁伤效能却相当于 100 枚同重量的普通炸弹。

尽管激光制导具有以上诸多的优点，但也存在一定的缺点，具体表现在：受天气和战场条件的影响大，不能全天候工作。在弹体飞向目标的过程中，仍需要激光照射器持续不断地照射目标。这就使地面的观察人员或空中的飞机较长时间暴露于敌方火力之下，从而降低了生存能力。激光光束狭窄，搜索能力差，因此，激光制导还只能补充或部分取代其他制导系统。

（五）激光通信

利用激光作载波传送信息的通信叫激光通信。把需要传递的信息变成电信号，寄载在激光光波上传送给对方，就实现了激光通信。

激光通信与电波通信相比抗干扰能力强，保密性好。由于激光光束发散角很小，能量集中在狭小的范围内，所以，抗干扰能力强。由于激光光束狭窄，对方只有在光斑范围内才能接收到信号，故不易被截获。加之还可采用不可见光，因而保密性好。激光通信设备轻便、费用经济。激光通信系统的天线是光学望远镜，直径只有几十厘米，重量为几千克。而微波天线直径达几十米，重量为几十吨，甚至上百吨。激光通信还有信息容量大、传输路数多、方向性好、能量集中等优点。

按照激光传播途径的不同，激光通信可分为大气激光通信、空间激光通信、水下通信

和光导纤维通信四种形式。

（1）大气激光通信。这是以大气为传输介质的激光通信，也就是让载有信息的激光光波通过大气传输至对方。其工作原理及通信过程均与无线电波通信类似，不同的是以激光作为传递信息的载波。这种通信方式受天气等因素影响较大，激光在大气中传输时衰减严重，因而目前只在中、短程距离内应用。小容量、可移动的便携式半导体大气激光通信机已开始使用，它在边防和野战条件下用于定点保密通信十分适宜。

（2）空间激光通信。这是利用激光作为载波在外层空间进行的通信，如卫星之间、卫星与飞船之间的通信等。由于激光在接近真空的空间环境中传播，几乎不衰减，采用小功率激光器就能进行远距离通信。所以，空间激光通信系统可以做到体积更小，重量更轻，通信容量更大，还不受电磁信号干扰，这对发展空间通信十分重要。目前，空间激光通信正处于发展阶段，已对卫星之间的激光通信系统进行了一些试验研究。

（3）水下通信。主要是与潜艇之间的通信，一般采用蓝绿激光，因为这种颜色对水的穿透率最高。目前卫星与深海潜艇之间的激光通信已进行了一些研究，并获得成功，预计不久将可付诸应用。

（4）光导纤维通信。是指以光导纤维为传输介质的光通信。其原理及通信过程类似电缆通信，所不同的是在光纤中传播的是光信号，在金属导线中传播的是电信号。光纤通信，不仅可以作为国家通信干线，而且可以用于高级军事指挥机关、边防前线以及大型舰艇和飞机内部通信。此外，还可以实现把电视、电话、电子计算机连接成网，不但能保证实时通话，传输现场实况，而且能及时提供大量图像、数据、情报资料等，这些在现代战争中都是特别有价值的。

（六）激光侦察

激光侦察在军事侦察技术中是一支“新军”，具有反应灵敏、分辨率高等特点。激光侦察可分为战略激光侦察和战术激光侦察两类。战略激光侦察分为高空激光侦察和空间激光监视。激光侧视雷达、激光行扫描摄影机（也称“行扫描传感器”）、激光帧扫描摄影机主要用于高空机载激光侦察。一般以预警卫星和侦察卫星为观察平台的设备多用于空间激光监视。战术激光侦察适用于夜视侦察，它是通过激光夜视仪进行的。激光夜视仪是常用的战术侦察设备，技术上比较成熟。该观察系统包括激光照射器、激光测距机和红外探测器等。水下激光侦察是常用的战略战术侦察手段。由于蓝绿激光能穿透海水，因此，可以用做水下照明、摄影、电视的光源，也可以用来探测水下障碍物和敌海军基地、海港的水下地形，探测水雷和敌方潜艇。这种水下侦察任务通常由飞机或卫星来完成。激光窃听是间谍人员最新的侦察手段之一，如用不可见的激光照射敌方办公室的玻璃窗。如果室内开会或打电话等，就有声波使玻璃随之振动，这样，从玻璃上反射回来的激光就包含了室内声波振动信息，然后，再利用外差技术分离出语音信号，就能在较远的距离上达到窃听的目的。

（七）激光武器

利用激光的能量直接杀伤或破坏目标的武器，称为激光武器。激光武器有如下特点。

（1）不需要计算弹道。用火炮攻击目标时，弹丸在飞行过程中除受地心引力的作用而

弹道发生弯曲外，还要考虑弹丸自旋及横风影响引起的偏差，因此，射击时要根据距离、高度、风速、风向及弹丸初速等因素进行弹道计算。激光武器发射的是高能激光束，其弹道是一条笔直的直线，不用计算弹道，指哪打哪，命中率极高。

（2）不需要提前测量。激光武器发射的是以光速飞行的“光子弹”。战场上任何高速运动的目标相对于光速来说都可以看成是静止目标。因此，激光武器射击时不需要提前测量，只要对准目标便可命中。

（3）不产生后坐力。激光武器发射的是高能激光束，其静止质量为零，所以不会产生后坐力，是一种无惯性武器。

（4）效费比高。百万瓦级氟化氘激光武器，每发射一次，费用为1000～2000美元。与之相比，“爱国者”防空导弹每枚30万～50万美元；“毒刺”短程防空导弹每枚2万美元。由此比较，激光武器比其他武器具有更高的效费比。

（5）不受电磁干扰。激光在传输时不受外界电磁波的干扰，因此，目标难以利用电磁干扰手段避开激光武器的攻击。

激光武器的杀伤破坏效应主要有三种。

（1）烧蚀效应。激光照射目标，部分能量被目标吸收，转化为热能，使目标表面汽化，产生的蒸气高速向外膨胀，同时将一部分液滴甚至固态颗粒带出，从而使目标表面形成凹坑或穿孔。这是对目标的基本破坏形式。如果激光参数选择合适，还有可能使目标深部温度高于表面温度，这时内部的过热材料由于高温产生高压，从而发生热爆炸。

（2）激波效应。当目标蒸气向外喷射时，在极短的时间内给目标以反作用力，相当于一个脉冲载荷作用到目标表面，于是在固态材料中形成激波。激波传播到目标后表面产生反射后，可能将目标拉断而发生层裂破坏。

（3）辐射效应。目标表面因汽化而形成等离子体云，它能辐射出大量紫外线和X射线，使内部电子元件损伤。实验发现，这种紫外线或X射线对电子元件的破坏比激光直接照射更为有效。

激光武器可分为高能激光武器和低能激光武器两类。

（1）高能激光武器。又称强激光武器，是一种大型的激光装置，能在很短的时间内发出高能激光束。击中目标时，光能量被目标吸收，转变为热能，可以产生几百万度的高温和几百万个大气压的高压，使目标被烧蚀、击穿，甚至引起爆炸。高能激光武器可用于摧毁敌导弹、卫星、飞机等大型目标。它包括防空激光武器、反卫星激光武器和反洲际弹道导弹激光武器等。目前这些武器中的多数还在研制过程中。

（2）低能激光武器。它是指发射功率较小的激光轻武器，也称战术激光武器，如激光枪、激光致盲器等。主要用于射击单个敌人，使之失明、死亡或衣服着火而丧失战斗力，也可使各种光学瞄准观察器材失灵。

第一支激光枪于1978年3月研制成功。美国陆军研制的一种激光枪重6千克，射程为800～1500米，形似轻机枪。它以脉冲式工作，射速为每秒1次以上，可以像轻机枪、冲锋枪一样进行单发或连发射击。在射程内能致人死亡、击穿钢盔等防护装备；在1500米以外，能使人致盲、皮肉灼伤、衣服着火、炸药起爆、使光电设备或电子仪器失效等。

目前，已经研制成功的激光手枪有多种形式，其中一种袖珍激光手枪，外形似一支自来水笔，连电源一起仅重0.5千克，输出功率为1瓦，有效射程为30～50米。英军在英阿马岛战争中曾使用了激光致盲器，阿根廷空军的飞机被英军舰艇上的激光致盲器照射后，一架飞机坠入大海，一架偏离航线被己方防空部队击落，多架飞机被迫改变作战计划。

二、航天技术

航天技术是通过将无人或载人航天器送入太空，达到开发和利用太空目的的综合性工程技术，又称为空间技术。航天技术在军事领域里主要是用以完成军事侦察、通信、预警、监测、导航、定位、测绘和气象测报等各种军事航天任务。火箭是航天技术的基础。

火箭是以火箭发动机为动力的飞行器的总称。运载火箭又称大推力火箭，是多数其他航天器赖以升空的“天桥”，充当航天飞行器的运载工具。弹道导弹采用火箭发动机为动力，将携带的弹头送到被攻击的目标处。运载火箭是发射人造天体（卫星、飞船、空间探测器等）的运输工具。弹道导弹和运载火箭的主要区别在于用途不同，二者均采用火箭发动机为推进的动力，都采用控制技术使其按各自预定的运行轨道飞行，并准确地控制飞行速度和轨道倾角，当达到预定的速度时，关闭火箭发动机。弹道导弹在弹头获得满足射程所需要的速度后，弹头和箭体分离，并靠惯性在地球引力的作用下作椭圆运动并到达攻击目标，而运载火箭则是将有效载荷送入运行轨道。

（一）火箭的发展

“火箭”这个词最早出现在三国时期（220—280），当时的火箭就是在普通的箭杆前部绑上易燃物，点燃后用弓弩射出去。后来，随着火药的发明，到了南宋孝宗年代（1163—1189），出现了靠自身喷气推进的火箭雏形。明代《武备志》中就记载了靠喷气推进的原始火箭的图形。

中国古代的发明家们发明了各种各样的火箭武器，如一窝蜂、震天雷、神火飞鸦、火龙出水、震天雷炮、飞空沙筒、万人敌等。其中，一窝蜂是多发火箭，火龙出水是最早的多级火箭。在明代，中国还出现了一位举世闻名的航天先行者——万户。为了实现人类遨游太空的梦想，万户献出了他宝贵的生命。

人类遨游太空从幻想变为现实，走过了漫长的道路。牛顿及开普勒等人的伟大发现，是现代航天事业的基础。根据牛顿力学的基本原理，要克服地球的引力飞向太空，就必须达到一定的速度，即所谓的“宇宙速度”。

火箭是靠自身携带推进剂（燃烧剂和氧化剂），不靠外界物质，在火箭发动机燃烧室内燃烧产生高温、高压的气体，从喷口喷出高速气流，在反作用力的作用下推动火箭向前运动的。

火箭能在太空翱翔的基本原理就是牛顿第三定律。我们可以做个小实验：将一个气球充满空气，然后放开。这时的空气就会从充气口喷出，气球就会快速前进。这与火箭的运动原理是一样的。气球中的气体向后喷射的同时会给气球一个向前的推力，使它不断加速运动。而从火箭发动机喷口喷出的高速气流，是由火箭发动机在燃烧室中燃烧自身携带的推进剂产生的。牛顿第三定律告诉我们，当一个物体向另一物体施加作用力时，被作用物体将产一个大小相等、方向相反的反作用力，而使施加力的物体获得相反方向的加速度。火箭所携带的推进剂在火箭发动机工作时不断地消耗，在发动机喷流的作用下使火箭不断

地加速，从而使火箭的速度不断地增加。

19 世纪后半叶，涌现出许多航天探索者。火箭运动原理最先由俄罗斯科学家齐奥尔科夫斯基提出，他论证了利用喷气工具进行星际航行的可能性，推导出了著名的齐奥尔科夫斯基公式，该公式是现代航天的理论基础。它指出，提高火箭速度的关键不在于增大火箭的尺寸和质量，而在于提高发动机的喷气速度和火箭在一定条件下尽可能多地携带推进剂。

在现代火箭的发展过程中，美国人戈达德作出了杰出的贡献。他是液体火箭的创始人，戈达德于 1926 年制造了世界上第一枚液体火箭。它的推进剂是煤油和液氧。1931 年，他首次使用与现代火箭相似的程序系统发射火箭。1932 年，他又首次用陀螺控制的燃气舵操纵火箭飞行。1935 年，他研制的火箭已可以超音速飞行，他的杰出贡献直接启发了 20 世纪 30 年代德国的火箭研究者，为 V—2 火箭的出现奠定了基础。

在第二次世界大战末期，德国人为了挽救战场上的失败，向英国、比利时等国发射了 4300 多枚“复仇” 2 号导弹（也称 V—2 火箭）。V—2 火箭也没能挽救希特勒的命运，但它在技术上的成功却使人类在征服太空的道路上迈进了一大步，成为现代大型火箭的鼻祖，是航天史上的里程碑。V—2 火箭的缔造者就是冯·布劳恩。

德国法西斯于 1945 年 5 月 19 日投降，但在这之前，33 岁的布劳恩就带领火箭专家和研究资料、仪器、设备向美国投降。美国迅速把他们连同资料和 100 枚完整的 V—2 火箭运回美国。而苏联人没能俘虏到火箭专家，只好带走了火箭工厂的机器和残余资料，并运走了剩余的 V—2 火箭。战后，苏美两国都从仿制 V—2 火箭开始，揭开了军备竞赛的序幕，今天的火箭技术与 V—2 时期已不可同日而语，但仅从现代新型液体火箭的结构看，它们仍然闪耀着布劳恩的智慧之光。

1957 年 8 月，苏联宣布第一枚洲际弹道导弹 P—7 试验成功。在此基础上稍加改进，于同年 10 月 4 日发射了世界上第一颗人造地球卫星——“卫星” 1 号。1961 年 4 月 12 日，苏联发射了世界上第一艘载人飞船—“东方” 1 号。这些成就都是在科学家科罗廖夫主持下取得的，他被誉为载人航天的开创者。美国于 1958 年 1 月 3 日用布劳恩设计的“丘比特 C” 将“探索者” 1 号送入太空。随后，两个超级大国的太空争霸赛愈演愈烈，并开始向深空进军。同时，两国都多次向月球和其他行星发射探测器，美国还于 1969 年 7 月 20 日利用“阿波罗” 载人飞船首次登月成功。

（二）现代运载火箭与导弹

第二次世界大战以后，美国和苏联在 V—2 火箭的基础上发展了自己的火箭武器——地地导弹，并且在地地导弹的基础上稍加改动，形成了发射军事卫星和科学研究航天器的运载火箭。此后，各国几乎都走了相同的道路，即先发展导弹武器，然后在其基础上改型，形成初期阶段的运载火箭，如苏联的“东方号”，美国的“雷神—德尔塔” 和“大力神”，我国的“长征” 二号等。

随着航天技术的发展，各航天大国都在已有的火箭基础上加了高水平的第三级，形成了过渡阶段的运载火箭，如美国的“宇宙神—阿金纳”、欧洲的“阿里安”、苏联的“质子号”、我国的“长征” 三号等。

后来，由于需要将更大的“有效载荷” 送入太空，各国都研究了捆绑技术，即在整个火箭的周围再捆绑几个助推火箭，以提高运载能力，把更大的航天器送上天，使航天器步入了独立发展的阶段。其典型代表有美国的航天飞机、苏联的“能源号”、我国的“长征二号 E”和欧洲的“阿里安—5”。

现代火箭的基本组成包括火箭发动机、控制系统（对导弹来说叫制导系统）、箭（弹）体和有效载荷。有效载荷是火箭（导弹）运送的各类航天器（卫星、飞船等）或各种杀伤性武器（各种核弹、化学武器、常规炸弹等）。

要提高弹道式导弹的射程，或用运载火箭发射卫星和其他人造天体，都对运载火箭提出了速度要求。目前的火箭发动机大多采用化学推进剂，发动机能达到的有效排气速度有限，而且火箭的结构性能受材料性能的制约，所以，单级火箭难以满足远程导弹和发射卫星的速度要求，因而在工程上不得不采用多级火箭“速度接力”的办法来达到所需的速度。

通常，中程以下的弹道式导弹可采用单级火箭，远程和洲际导弹需要采用 2 ~ 3 级火箭，而发射卫星的运载火箭多为 2 ~ 4 级。当第一级火箭的推进剂耗尽时，关闭发动机并将第一级分离掉，第二级开始工作。依此类推，直至最后一级达到所需速度，按控制指令关闭发动机从而达到所需速度要求。

运载火箭是一个复杂的系统，而要完成运载火箭的发射，除了运载火箭本身之外，还有庞大的地面发射勤务系统，组成运载火箭发射基地。

（三）航天技术的军事应用

把航天技术应用于军事领域目的的称为军用航天器，除了前面提到的军事侦察卫星外，按其用途可分为军事气象卫星、军事导航卫星、军事测地卫星、军事通信卫星及反卫星卫星等。既可军用、又可民用的称为军民合用航天器。在近年来的几场局部战争中，各种军用卫星在支援陆上、海上和空中作战中发挥了显著的作用，成为现代侦察和监视的重要手段。在未来战争中，军用卫星作为一种发射平台，与激光、定向能和动能等新式武器一起，构成“天战”的武器装备系统，成为空间军事化的主要工具。

1. 通信卫星

通信卫星是用做无线电通信中继站的人造地球卫星。按卫星上有无通信转发器，可分为无源通信卫星和有源通信卫星；按卫星运行轨道，可分为静止通信卫星和非静止通信卫星、区域通信卫星和国内通信卫星；按不同用途，可分为军用通信卫星、海事通信卫星和电视广播卫星。军用通信卫星又分为战略通信卫星和战术通信卫星。战略通信卫星提供全球性战略通信；战术通信卫星提供地区性战术通信或军用飞机、舰船、装甲车辆及单兵用移动通信。

现代军事活动规模和复杂程度的提高，对通信保障提出了大容量、高效率、高质量和不受或少受地形、气象、距离以及大气层影响的要求。能满足这一要求的，只有部署在外层空间的通信卫星。

2. 导航卫星

导航卫星是专门为地面、海洋、空中和空间用户提供导航定位服务的人造地球卫星。按用户性质不同，可分为军用导航卫星、民用导航卫星和军民合用导航卫星；按用户是否向卫星发射信号，可分为主动式导航卫星和被动式导航卫星，军用导航卫星均采用被动

式，以便保密；按导航方法，可分为多普勒测速和时间测距两大类。美国的“子午仪”为多普勒测速卫星，“导航星”全球定位系统为时间测距卫星。

军事活动领域的扩展，武器射程的提高，军队运动速度的加快，特别是精确制导武器的出现，使导航、定位问题变得格外突出，导航卫星也因此得到迅速的发展。利用卫星导航精度高、全天候工作、能覆盖全球和用户设备简单等特点，在军事上有着极为重要的意义。

美国于1973年12月制订了一项三军统一使用的导航卫星计划，名为“导航星”全球定位系统，简称GPS。该系统于1994年建成，共有24颗导航星，其中21颗为工作星，3颗为备份星，均在2万千米高的倾角为55度的6条准同步轨道上工作。该系统采用先进的空间导航体制，能在全球范围内全天候提供连续实时的高精度的三维定位和速度数据，其误差小于10米。它可以为地面车辆、人员、飞机、舰船、卫星、航天飞机等导航定位，可作为导弹制导系统的补充以提高导弹的命中精度，还可用于照相制图和大地测量、航空交通控制与指挥、攻击武器定位与发射、搜索和营救工作。

3. 气象卫星

气象卫星是从外层空间对地球及其大气层进行气象观测的卫星。大多数气象卫星为军民合用，按运行轨道可分为太阳同步轨道气象卫星（也称为极地轨道气象卫星）和地球静止轨道气象卫星（简称静止气象卫星）。空间技术的发展为在外层空间设置“气象观测台”创造了条件，在外层空间观测大气层的运动，具有得天独厚的优越条件。

4. 拦截卫星

拦截卫星是用于打击、破坏敌人航天器或使其失效的共轨式军用卫星，故又称做反卫星卫星。由于军用卫星在现代战争中具有重要作用，设法摧毁或使其失去作用，就成为现代战争中的一个重要课题。在众多的反卫星方案中，利用专门的拦截卫星（又称歼击卫星）去摧毁敌方卫星的设想是一个重要的方案，也是目前比较成熟而接近实用的方案。使用拦截卫星反卫星的手段可分为两类：一类是利用自身的爆炸与敌方卫星“同归于尽”，在这种状态下，拦截卫星实际上是一枚部署在外层空间的反卫星导弹或太空地雷；另一类是利用星载武器摧毁敌方卫星或使其失去作用，可供选用的星载武器有导弹、火箭、粒子束武器、微波武器等。

5. 军事载人航天器

（1）航天飞船。航天飞船是活动于外层空间的一种重要运载工具，分为无人和载人两大类。无人飞船主要用于进行动物试验和货物运输；载人飞船主要用于发展新的军事航天技术和试验新型的军用设备，对地面目标进行观察和侦察，以及作为航天运输工具及武器平台。早期的航天飞船是由卫星改装的，以后则是专门研制的。

苏联是世界上最早发展航天飞船的国家，1957年在第一颗卫星发射上天后不久，便于同年发射的第二颗卫星中载入一只名为“莱依卡”的小狗，这颗卫星可以说是航天飞船的“鼻祖”。1960年5月至1961年3月，苏联又相继发射了5艘卫星式无人飞船。1961年4月12日，苏联宇航员尤里·加加林乘坐“东方一号”航天飞船在太空遨游了108分钟，实现了人类首次太空飞行，开创了航天新纪元。

美国紧随苏联之后，也曾执行过三个载人航天计划。1958年10月，美国开始执行“水星”计划，至1963年5月共进行了4次动物飞行试验、4次假人飞行、2次载人亚轨道飞行和4次载人航天飞行。1961年5月，美国开始执行“阿波罗”登月计划，首先是发射了三种无人月球探测器，用以收集月球资料。1969年7月20—7月21日，“阿波罗”11号首次将2名航天员阿姆斯特朗和奥得林送上月球，以后的历次登月飞行中，又相继将10名航天员送上月球。

1999年11月20日，我国使用“长征—2F”火箭成功发射了第一艘不载人航天飞船“神舟”一号。飞船绕地球飞行14圈，历时21小时11分钟，在预定地点安全着陆，获得圆满成功。2002年3月25日22时15分，我国使用“长征—2F”火箭成功发射了第三艘不载人航天飞船“神舟”三号。在预定轨道环绕地球108圈后，于4月1日准确降落于内蒙古中部地区。2003年10月15日，“神舟”五号载人飞船发射升空，开始为期21小时的首次载人航天飞行，航天员杨利伟成为中国飞天第一人。2005年10月12日，中国航天员费俊龙、聂海胜乘坐“神舟”六号飞船开始中国第二次载人航天飞行。在经过115小时32分钟的太空飞行，完成中国真正意义上有人参与的空间科学实验后，“神舟”六号载人飞船返回舱于17日凌晨4时顺利着陆，航天员费俊龙、聂海胜安全返回。2008年9月25日，“神舟”七号发射成功，27日16时35分，航天员翟志刚在刘伯明、景海鹏的帮助下，顺利完成出舱活动，28日17时36分，“神舟”七号成功返回并着陆，展示了我国航天工程的美好前景。在不久的将来，我国将解决空间交会对接技术，根据载人航天发展的需要，将建造有人照料的航天站。

（2）载人航天站。航天站是在载人飞船的基础上发展起来的永久性飞行器，又称空间站、轨道站或太空站，标志着载人航天活动已由空间探索转向空间开发利用。航天站实际上是一颗可供多名航天员巡访、长期工作和居住的大型人造卫星，因而具有很高的军事价值。例如，空间站可作为俯瞰全球的理想侦察基地，直接参与监视、跟踪、捕获和拦截敌方航天器和弹道导弹的作战行动；可作为军用航天飞机的基地，攻击敌方各种卫星或作战平台，并随时对全球任何地方构成威胁；可部署、组装、维修和回收各种军用航天器，并可试验、部署和使用空间武器；还可在军用卫星、空中和地面监视系统的配合下，成为空间预警、指挥、控制、通信和情报中心等。因此，建立空间站对未来高技术战争具有战略意义。

（3）航天飞机。航天飞机是带有机翼，靠运载火箭发射进入太空轨道，返回地面时能在机场跑道水平着陆，并可重复使用的兼有载人、运货功能的航天器。航天飞机比火箭、卫星和飞船具有更多的优点和更多的用途，在军事上也具有巨大的应用潜力。例如，航天飞机可用于部署、维修、回收各种卫星；可实施空间机动以拦截摧毁或俘获敌方卫星；可对陆、海、空、天等军事目标进行侦察、监视、跟踪和预警；可作为从地面到空间站的军事交通工具，接送人员和物资，为建立永久性军事空间基地服务等。

四、军事航天技术对现代战争的影响

军事航天技术的发展极大地扩展了现代战场的空域，使现代战场由陆、海、空三维一体发展为陆、海、空、天四维一体，使太空成为现代战争的新“制高点”。

1．极大地增强了军事侦察能力和军事指挥控制能力

通过部署在空间轨道上的各种军用卫星等航天器，可以居高临下、全时段、全空域、全天候地监视和掌握地面、海上和空中战场所发生的一切变化，为军事指挥员不断提供所需的有关敌方军事目标、军队部署与调动、军队武器装备的数量与性能等各方面的重要情

报，从而保证作战方案的正确制定及对整个作战过程实施正确的指挥。

2. 有效地改善和发挥了武器装备的作战效能

一般来说，利用军事空间系统可以及早地监视与发现敌人，调整武器装备的部署方式，提高命中的精度和毁伤效果，并可提供杀伤效果的反馈信息，便于决定是否需要再次发起攻击。此外，利用军事空间系统可以为火炮、导弹、飞机、舰艇提供敌方目标的精确坐标，并为它们导航，引导它们准确攻击和摧毁目标，甚至还可通过空间系统的侦察对作战效果进行综合评估。所有这些作用是一般地面系统或空中系统都难以达到的。

3. 对建立以信息技术为基础的数字化部队和数字化战场发挥关键作用

信息技术的军事应用以及数字化部队、数字化战场的建立，一刻也离不开军事航天技术。数字化部队和数字化战场建立的物质基础是：从单兵武器到弹药、火炮、坦克、直升机、作战飞机、军舰及指挥技术器材等，都需要装备数字化的处理与传输设备或装置，都需要各种军事侦察卫星和通信卫星提供和传输数字化的战场信息，即使是一个小分队，甚至是单兵，都必须携带并使用卫星终端。没有军事空间系统的支持，不但数字化部队的规模小，数字化战场覆盖范围有限，而且也不可能通过地面的通信网络将它们连成一个有机的整体，因此也就不可能实时、准确、可靠地获取、传输和利用数字化的战场信息。例如，美军数字化部队的神经中枢 C^3I 系统，就是完全建立在“导航星”全球定位系统和战术移动卫星通信系统基础之上的。由此可见，军事航天技术对于未来的军队建设、作战指挥、武器装备及战场的信息化、数字化、自动化都起着关键的促进作用。

4. 促使战场进一步向太空延伸

目前，美国已经建立了三军联合航天司令部，集中执行空间军事任务。俄罗斯也组建了航天兵，作为陆军、海军、空军的扩展，将军事航天力量作为一个独立的新兵种，担负着侦察、预警、指挥、导航、通信、控制以及搜集军事气象资料等任务。随着航天技术的发展，在可见的未来，太空中的空间站将既是住人的军营，也是天军的军事基地；既可以作为太空指挥所，也可以成为太空武器的试验基地、太空航天器和太空武器的修理所，还可以用来装备定向能武器、摧毁敌方的军用卫星和导弹。

可以预见，随着太空争夺的日趋激烈和航天技术的发展，战场也将进一步向太空延伸。

第四节 生化和核能技术

生化和核能技术是生物武器、化学武器和核武器的研制、生产与使用技术的总称。实际上，它们是性质完全不同的三个学科，即生物学、化学和核物理在武器装备制造中的应用技术。由于这三种武器的杀伤破坏作用比其他武器特别，加之它们的毁伤范围大，在投掷方式上又有近似之处，所以人们习惯地将其简称为生化和核能技术。它们都是大规模杀伤性武器，在未来的高技术战争中必须考虑它们的破坏作用。

一、生物武器及防护

生物武器是指利用生物战剂杀伤有生力量和毁坏植物的各种武器、器材的总称，旧称细菌武器。战争中用来伤害人、畜，毁坏农作物的致病微生物（细菌、病菌、立克次体等）和细菌所产生的毒素，叫做生物战剂。装有生物战剂的各种导弹弹头、炸弹和气溶胶发生器等统称为生物武器。生物武器是一种大规模杀伤破坏性武器。

（一）生物武器的种类

1. 细菌

细菌是一种单细胞生物，体积很小，必须用光学显微镜放大几十倍到几百倍才能看得见。细菌的种类很多，用做生物战剂的主要有鼠疫杆菌、炭疽杆菌、霍乱弧菌、野兔热杆菌、布氏杆菌、类鼻疽杆菌等。

2. 病毒

病毒是生物战剂中最小的一种，要用放大几万倍到十万倍的电子显微镜才能看得见。病毒的结构比细菌简单，它没有完整的细胞结构。能使人得病的病毒种类很多，其中用做生物战剂的主要有黄热病病毒、东马脑炎病毒、西马脑炎病毒、委马脑炎病毒、森林脑炎病毒、马尔堡病毒、拉沙热病毒、登革热病毒等。

3. 立克次体

立克次体比细菌小，比病毒大。它的生理特点介于细菌和病毒之间。主要有热立克次体、立氏立克次体、普氏立克次体等。

4. 真菌

真菌结构比细菌复杂，大多数由多细胞组成。用做生物战剂的主要是深部真菌，如球孢子菌、荚膜组织胞浆菌等。

5. 毒素

毒素是由细菌产生的，但有别于细菌。细菌是有生命的，而毒素是没有生命的蛋白质。毒素主要有肉毒杆菌毒素、葡萄球菌毒素等。

生物武器的特点有以下几个方面。

（1）致病力强，污染范围广。生物战剂病菌致病力很强，少量病菌进入人体就可引发疾病或死亡。例如，一架飞机喷洒生物战剂，在下风方向可造成几百平方千米或几千平方千米的污染区，并会使人员致病。

（2）伤害途径多。生物战剂通常能通过下列三种途径侵入人体：① 吸入，生物战剂污染的空气可从呼吸道进入人体；② 误食、误饮，生物战剂污染的水、食物等可从消化道进入人体；③ 直接接触，生物战剂可直接经皮肤、黏膜、伤口或昆虫叮咬进入人体。

（3）具有很强的传染性。有的生物战剂，如鼠疫、天花、霍乱、斑疹和伤寒等，都有很强的传染性，发病后如不及时采取防疫措施，能很快形成大面积疾病流行。

（4）危害作用时间长。生物战剂气溶胶的危害时间通常为数小时，条件适宜的情况下时间更长。鼠疫杆菌在背阴处可存活数周，炭疽杆菌芽胞在土壤中能存活几十年。

（5）没有立即杀伤作用。生物战剂从侵入人体到发病，有一定的潜伏期，其时间长短主要取决于战剂的种类和侵入的剂量等，一般短者数小时，长者十几天。在潜伏期中，受污染的人员无明显症状，仍有战斗力。

（二）生物武器的防护及伤害救治

对生物武器的防护主要是预防接种。预防接种是预防、控制生物战剂对人体伤害，增强人体的抗病能力，提高治疗效果的一种有效措施。接种时应注意被接种人员在接种前必须进行健康检查，并测量体温；接种后两天内不宜做剧烈活动；在遭受核袭击后，不宜立

即进行活苗接种。

1. 对生物战剂气溶胶的防护

对生物战剂气溶胶的防护主要是防止生物战剂气溶胶通过呼吸道或皮肤、眼睛、黏膜进入人体。需要做好以下几点：① 做好呼吸道防护。当敌施放生物战剂气溶胶时，应戴防护口罩或面具，亦可使用防疫、防尘口罩。无上述器材时，用毛巾、三角巾、急救包中的棉花制作的简易口罩或用手帕、帽子、衣襟等捂住口鼻，也能起到一定的防护作用。② 做好眼睛防护。使用口罩防护的同时，应注意眼睛的防护，以防止生物战剂经结膜侵入人体。人员应戴自制的防毒眼镜、风镜（风镜的通气孔应封贴密封）或蒙上透明塑料布防护。③ 做好皮肤防护。穿着防毒衣或防疫服，既可防生物战剂气溶胶污染皮肤，又可防带生物战剂的昆虫叮咬。扎紧三口（袖口、领口、裤脚口），戴手套，穿靴套也有一定的防护作用，如穿上雨衣或披上斗篷、塑料布等防护效果更好。

2. 对带菌昆虫的防护

对带菌昆虫的防护主要是保护暴露皮肤，防止昆虫叮咬。涂抹驱避剂，常用的驱避剂有避虫胺、驱蚊灵等。使用时，将药涂在暴露皮肤上，每次用量为3~5毫升、间隔4~6小时再涂一次；将药涂在衣服的裤脚、袖口和领口处，可防蜘蛛一类小动物从上述口部爬进衣服内。如无驱避剂时，可用一般杀虫剂混于溶化的蜡中，冷凝后将其涂在领口、裤脚口、袖口处，涂处宽10厘米左右。使用驱避剂，切忌全身涂抹，尤其不得抹入眼内，以免引起全身中毒。

3. 消毒、杀虫、灭鼠

消毒的方法很多，主要有以下几种。

（1）擦洗法消毒：可用1%的三合二水溶液、2%的漂白粉水溶液擦洗1~2分钟；呼吸道、眼睛受污染时，可用3%的硼酸、0.05%的洗必泰溶液漱口、洗眼。

（2）煮沸法消毒：对沾染细菌芽胞与毒素类战剂的服装装具，应煮沸30分钟以上。

（3）日晒法消毒：将服装装具放在阳光下翻晒一至数日。

（4）药物浸泡法消毒：蔬菜、水果等可用0.1%的高锰酸钾溶液浸泡30分钟；服装装具用1%的漂白粉活性溶液（漂白粉加等量的硫酸铵，现用现配）浸泡1~2小时，可杀灭生物战剂，浸泡后，应立即用清水冲洗。

（5）火烧法消毒：对污染的地面、工事，按1千克/平方米~1.5千克/平方米铺干草或洒柴油、煤油、汽油等点燃焚烧。

（6）铲除法消毒：用铁锹等工具，铲除污染土层，铲除的土层就地掩埋。

（7）化学法消毒：用5%~10%的三合二或漂白粉水溶液喷洒，可杀灭各类生物战剂。

杀虫、灭鼠也是预防和切断生物战剂传染的有效方法。

（1）人捕打法：当敌人使用生物战剂后，应及时迅速地组织人员捕打敌投放的昆虫、鼠类及其他动物，然后集中烧毁或掩埋，掩埋的深度在1米左右，坑内撒些漂白粉。

（2）烧燎杀虫法：对敌投面积较小的不能飞的昆虫，在野外可浇上汽油、煤油或铺上一层干草点火烧杀，在工事内可用烧燎法灭蚤等，但应注意防火。

（3）熏蒸杀虫法：用一般杀虫剂即可，在工事内可用烟雾熏蒸，在野外熏蒸杀虫可在黄昏、夜晚、黎明或阴天等大气比较稳定时喷洒烟雾。

（三）对生物武器伤害的治疗

（1）对细菌感染者的治疗。抗菌素对细菌有较好的疗效。链霉素是鼠疫最有效的治疗特效药物，疗效快，不易复发。磺胺嘧啶、四环素、新霉素、金霉素、土霉素、卡那霉素、庆大霉素及氯霉素等对鼠疫均有一定治疗效果。治疗霍乱应抓住迅速纠正脱水及电解质平衡这一主要矛盾，早期、快速、足量、合理输液。霍乱弧菌对多种抗菌药物均很敏感，一般可用四环素、氯霉素、链霉素。炭疽杆菌对青霉素、链霉素、氯霉素、红霉素以及四环素等多种抗菌素类和磺胺类药物均甚敏感，其中以青霉素为首选。芽胞对碘液较敏感，1:2500 的碘液 10 分钟就能完全杀死芽胞。

（2）对病毒感染者的治疗。对病毒一般没有特效药物治疗，主要采取支持疗法。例如，天花出现肺炎或皮肤及骨骼的葡萄球菌感染，可选用适当的抗生素治疗；黄热病如出现黄疸和出血较明显者，可静脉输入较大量的葡萄糖液，内加用维生素 K；循环不良可适当输血浆或全血；治疗登革热主要采取卧床休息、止痛、退热及维持水电解质平衡等；处于休克状态的病人都应给氧；治疗裂谷热病毒目前尚无临床可用的特效药物，对本病患者可采取对症治疗和支持疗法；治疗拉沙病毒用“病毒挫”进行静脉注射或口服治疗。

（3）对立克次体类感染者的治疗。使用四环素族药物与氯霉素有特效。治疗 Q 热立克次体病使用四环素、氯霉素，给药时间愈早，疗效愈好，重症病人可静脉滴注给药数日，以后再改为口服。治疗立氏立克次体常用的是氯霉素和四环素。磺胺可促进立克次体生长，从而使病情恶化，故应禁止使用。治疗普氏立克次体可用氯霉素、四环素及金霉素等，一般用药后十几小时后症状即可减轻，48～72 小时左右完全退热。用氯霉素、合霉素、金霉索及四环素等对本病均有特效，在特殊情况下可用做药物预防。

（4）对衣原体鹦鹉热类感染者的治疗。治疗衣原体特效治疗是采用广谱抗生素，常用的有四环素，治疗至少连续 10 天，有建议用药 21 天，短期用药常会出现复发。金霉素、土霉素亦有同样疗效，但氯霉素、青霉素的疗效较差。

（5）对毒素类中毒者的治疗。治疗肉毒杆菌毒素可分为特异疗法和支持疗法两大类。特异疗法是使用特异的抗毒素，在未确定毒素型别前，混用几种抗毒素；在确定引起中毒的毒素型别后，可只用对应型抗毒素治疗。抗毒素使用的时机越早，治疗效果越好。支持疗法采取绝对卧床、输液，给予大剂量的维生素 B 复合物。如金黄色葡萄球菌毒素的一般症状较轻、病程短，不需特效治疗，采取对症处理及加强病情观察即可。

（6）对真菌类感染者的治疗。治疗球孢子菌病最重要的是限制患者活动，在急性症状消失前应卧床休息，并及时和彻底使用两性霉素 B，剂量为第一天静脉注射 1 毫克，以后每天增加 5～10 毫克，一周后增加到最大量即每千克体重 1 毫克，总剂量不超过 10 克。对脑膜炎病人可用脑室注射。两性霉素 B 对肾功能有损害，并可引起贫血、低血钾等，故应限制用量。治疗荚膜组织胞浆菌可采用三种方法：一般支持疗法、外科手术疗法和特效药物疗法。例如，对严重的急性肺组织胞浆菌病患者需要给氧；对缩窄性心包炎患者应立刻施行外科手术。特效药物是两性霉素 B，应用磺胺类药物治疗慢性组织胞浆菌病也有一定的疗效。

二、化学武器及防护

（一）化学武器

化学武器是利用化学毒剂的毒害作用杀伤、疲惫敌有生力量，迟滞、困扰其军事行动的各种武器器材的总称。它包括毒剂、化学武器和防化器材。

毒剂又称化学毒剂、化学战剂、军用毒剂，是军事行动中以毒害作用杀伤人畜的化学物质。它包括性能性毒剂（含磷毒剂）、糜烂性毒剂、全身中毒性毒剂（血液性毒剂）、窒息性毒剂、失能性毒剂和刺激性毒剂。

化学武器按装备对象可分为步兵化学武器（包括手榴弹、枪榴弹、地雷、毒剂布洒器等）、炮兵/导弹部队化学武器（包括炮弹、火箭弹、导弹等）、航空兵化学武器（包括航弹、飞机布洒器等）。它们分别适用于小规模、近距离攻击或设置化学障碍，快速实施突袭，集中的化学袭击和化学纵深攻击以及灵活机动地实施远距离、大纵深、大规模的化学袭击。

防化器材又称防化装备或“三防”装备，是用于防核、化学、生物武器袭击的侦察、防护、洗消、急救的各种器材、装备的总称。其中侦察器材通常由报警、侦毒、化验器材和毒剂侦察车等组成。防护器材可分为个人防护器材和集体防护器材，前者指用于个人防止毒剂、放射性灰尘和生物战剂气溶胶伤害的器材，包括防毒面具、防毒衣、防毒斗篷、防毒手套、防毒靴套等；集体防护器材包括永备工事、特种车辆的集防装置、野战掩蔽部、过滤通风设备等。防化装备可减轻化学武器的杀伤效果。一旦发生化学武器袭击，防化装备可以迅速、及时判定敌方使用的化学武器种类、聚集态、浓度，查明造成危害的范围和程度，从而为己方的防护、洗消和急救提供科学依据，使己方人员免受或减轻伤害。就此而言，防化装备是部队生存能力和作战能力的重要保障。

（二）化学武器的防护

化学武器的集体防护主要是利用永备工事和野战工事。永备工事分掘开式和坑道式两类，它们均配备滤毒通风系统、洗消设备和生活保障设施；野战工事主要是堑壕、交通壕、单人掩体、崖孔及掩蔽部等，它们也要安装掩蔽部门、过滤器和通风装置。

化学武器的个人防护主要是利用防护服（包括衣、裤、围裙、靴套等）、防毒面具，另外还有一些防毒油膏、个人消毒盒、消毒剂乳液等。隔绝式防护服不能长时间穿着，夏季还易使人中暑。透气式防毒服的生理性能远比隔绝式好，可长时间穿着和作战。2003 年在中国突然降临的“非典”灾难给中国人民带来了极大的痛苦，防“非典”成了从中央到地方以至每一个家庭的头等大事，对医护人员的防护成了防“非典”的重中之重。全国的医学科研单位在加紧研制防“非典”药物的同时，也在加紧研制新型防护设施，多种高科技防护服、防护手套、防护口罩等以惊人的速度被研制、生产，并以最快的速度送到了防“非典”第一线。由于医护人员及时穿上了新的防护服具，使防“非典”一线的医护人员得到了及时、有效的保护，从而保证了防“非典”战役的最后胜利。北京小汤山医院先后救治了近千名“非典”患者，1000 多名医护人员没有一人被感染，这其中，新式防护服具功不可没。

对于毒剂的突然袭击，战地人员只能因地制宜，利用地形地物和现有器材（如口罩、

湿毛巾、眼镜、手套等）进行简易防护。

对化学毒剂的药物防护包括：受毒剂袭击或通过染毒区前服用防毒药物；出现中毒症状时立即注射解毒针剂；用药物清洗皮肤和肠胃等。

三、核武器及其防护

核武器是指利用自持核裂变或核聚变反应（或两者兼有）瞬间释放出的巨大能量产生爆炸作用造成大规模杀伤或破坏效果的武器。核武器作为特殊的武器系统由核战斗部投掷系统和指挥控制系统构成。按照释放能量原理、作战使用目的、运载（投送）方式分类，可分为：核导弹、核航弹、核炮弹、核地雷、核鱼雷、核深水炸弹、核水雷等。

核武器是迄今人类制造的杀伤、破坏威力最大的武器，数量之多，威力之大，给人类的生存带来了严重的威胁。

（1）核武器能在最短时间内以最少的兵力、兵器造成敌方人力物力的巨大损失。美国于1945年8月6日和9日先后向日本的广岛和长崎投掷了两枚核航弹。第一枚是以铀235为裂变材料的原子弹，命名为“小男孩”，弹长3.04米，弹径0.71米，重约4.09吨，当量为2万吨TNT。这枚核航弹造成广岛7.1万人死亡，6.8万人受伤，40%城市面积成为焦土，92%的面积无法辨认原貌。第二枚是以钚239为裂变材料的原子弹，命名为“胖子”，弹长3.25米，弹径1.52米，重约4.55吨，当量也是2万吨TNT，造成长崎3.6万人死亡，4.2万人受伤，毁坏房屋2万余幢，市区成为废墟。这是人类战争史上迄今仅有的使用核武器的战例。

（2）核武器具有多种杀伤效果，其作用几乎是同时发生的，但作用的持续时间有短有长，这就使得对核武器的防护相当困难。

（3）核武器的使用手段和使用方式多种多样，已形成完整系列，可根据不同的作战目的作相应选择。

核武器的杀伤破坏作用是其爆炸瞬间释放出的巨大能量及其转化为不同的杀伤破坏因素造成的。这些杀伤因素分为两类：第一类作用时间仅为数十秒，称为瞬时杀伤因素，包括光辐射、冲击波、早期核辐射、核电磁脉冲等四种；第二类作用时间可持续几天甚至更久，主要是爆炸产物的放射性沾染。

永备工事对核武器的各种效应都有较好防护效果。工事内应安装密闭门、滤尘器、报警器、供电系统、供水系统及生活设施。野战工事对减弱冲击波、光辐射和早期核辐射也有良好的作用。各种战斗车辆对地面放射性沾染都有不同程度的削弱作用，在坦克内部镶嵌特殊的衬里，在工事外（上）部加湿土均能有效地防御中子弹。

各类个人“三防”器材对核爆炸的瞬时杀伤因素一般无防御作用。但专用护目镜可保护人眼免受核闪光的伤害。野战条件下的个人防护主要是利用地形地物。采取正确的动作，如背向爆心、卧倒、双目紧闭、立即跳入水中、迅速脱离核爆炸云迹区、跑往上风方向等。

对放射性沉降物可采用预先服用药物的方法防御。例如，服用碘化钾可减少放射性碘在甲状腺内的蓄积，服用双醋酚酊等药可使进入人体的放射性物质迅速向体外排出等。

第五节　电子对抗技术

电子对抗技术，主要是指军事上为削弱、破坏敌方电子设备（系统）的使用效能，保护己方电子设备（系统）正常发挥效能而采取的各种措施和行动的统称。

电子对抗是现代战争中重要的作战和保障手段，目的就在于充分发挥削弱或破坏敌方的同时又保护己方的这种能力，为掌握战场主动权，夺取战役、战斗的胜利创造有利条件。

目前，电子对抗作为陆、海、空、磁、天五维战场之一，已经成为现代战争中不可或缺的重要组成部分。

一、电子对抗在现代战争中的地位

（1）电子对抗是战争的前奏，并贯穿战争的全过程。电子对抗已经成为高技术战争的重要组成部分，是控制战场主动权的重要手段之一。在战争爆发前，以电子侦察与反侦察、干扰与反干扰、摧毁与反摧毁为基本内容的隐形战争早已展开。战争开始后、电子对抗在更加激烈的程度上进行，直到战争结束。

（2）对战争进程和结局将产生重大影响。制电磁权的斗争严重地影响着战场火力的发挥，没有可靠的制电磁权，即使在火器数量上占有优势，也难以获得火力运用的主动权。因此，正确应用电子战手段，不仅可以为攻防的顺利进行创造有利条件，还可能大大加快战争进程。例如，在“海湾战争”中，多国部队以极小的代价取得巨大的胜利，很大程度上得益于电子战方面的成功。

二、电子对抗的基本原理

无线电通信、遥测、遥控及雷达探测等，都是依靠向空间发射和接收无线电波来实现的。在电子对抗中，侦察敌方电子设备的工作情况和扰乱敌方电子设备正常工作，也是依靠发射和接收无线电波来实现的。无线电波又称电磁波，简称电波。电磁学理论和实践证明，电流通过导体时，会在导体周围产生磁场，变化的电场会在其周围产生变化的磁场，变化的磁场又在其附近产生变化的电场。这种交替变化的电磁场以波的形式一圈一圈地向外传播，这就是电磁波。发射无线电波的过程就是将电流能量转换为电磁场能量的过程；接收电波的过程也就是将磁场能量转换为电流能量的过程。

无线电波在传播过程中有三个特性：① 在均匀的同一种媒质中以恒定速度直线传播，传播速度为，在均匀的同一种媒质 M 中，以恒定速度 γ 作直线传播，$\gamma=30$ 万千米/秒；② 传播中遇到障碍物时将发生反射和绕射；③ 传播中遇到导体时将会消耗一部分能量。

此外，由于电波的波长不同，电波的特性有所差异，波长不同，传播方式也不同。电波主要可分为以下四类：① 长波，主要用于地波传播，即电波沿地表面传播到收方；② 短波，主要用于天波传播，电波由发射台向天空发射，并经电离层反射而传到接收一方；③ 超短波，主要用于直射波传播，指收发两方之间没有任何阻隔，电波直接传播到对方；④ 微波，直射波传播。

电子对抗就是利用无线电波在传播中的这些特征来实现的。例如，电子通信设备依靠向空间发射和接收通信电波达到通信的目的，电波在空间传播，敌我双方都能发射和接收，这就有可能被侦察、截获、破译和干扰，无线电通信对抗就是利用无线电波在空间传播中展开的获取通信信息和阻止获取信息的斗争，在掌握了敌方通信频率、呼号、联络规律和通信密码的前提下，就可截获敌人的通信内容，并可对敌台实施干扰，以达到破坏敌方通信的目的。又如，根据电波能定向传播以及遇到障碍物能产生反射这一特征，人们制造出了雷达，用来发现各种目标和测定飞机、舰船的位置，同时，人们又利用锡箔条、金属带、气悬体欺骗、干扰敌雷达，使雷达操作员难分真假。

三、电子对抗在战争中的作用与地位

（一）获取敌方军事情报，为作战指挥提供依据

在战略上及时发现对方战略意图和行动企图，搞清敌方军事实力和新式武器的研制；在战役战斗方面，查明敌方兵力部署、武器配置、作战行动企图；在战术技术上，查明敌电子设备技术参数，为电子干扰提供依据。

（二）破坏敌方作战指挥，使其战斗陷入困境

利用电子干扰阻断通信联络，使其指挥失灵，贻误战机；利用电子欺骗迷惑对方造成指挥混乱，如发假命令、假信号、假情报。

（三）通过电子斗争隐蔽己方作战战略意图和行动，掩护突防和攻击

在战术上使用无线电静默和无线电佯动，造成敌人的错觉，隐蔽己方作战意图，达到暗渡陈仓、出奇制胜的目的。

（四）干扰敌方武器系统，掩护突防和攻击

在进攻行动中，主动干扰敌各种火控雷达和通信指挥系统，使对方兵器失控而不能击中目标，从而掩护己方飞机、舰艇、导弹，顺利突防和攻击。

（五）保卫重要军事目标

在重要城镇、桥梁、机场、工厂和军事要地等目标附近，设置有力的雷达干扰设备或欺骗手段，能有效地干扰敌轰炸机瞄准雷达和导弹制导系统，使飞机投弹不准，导弹失控，减少被击中的几率，达到保卫重要目标的目的。

（六）夺取战场主动权

未来高技术战争中，电子对抗将发挥重大作用，没有制电磁权，就很难有制天权、制空权、制海权、制陆权，就很难掌握战场主动权。国外有人把电子对抗比作高技术武器的保护神和效能倍增器，视为与精确制导武器、C^3I系统并列的高技术战争三大支柱之一。

四、电子对抗的技术手段

电子对抗宏观上包括电子对抗与电子反对抗两个方面。电子对抗手段不断创新，派生有电子隐身与反隐身、电子制导与反制导等，归结起来主要包括：电子侦察与反侦察、电

子干扰与反干扰、电子摧毁与反摧毁。

(一) 电子侦察与反侦察

电子侦察是利用电子设备获取敌方电子设备电磁辐射信号，从中获取战术技术特征参数及位置数据等情报活动。电子反侦察是采取措施防止敌方获取己方的电子情报而采取的措施。电子侦察与电子反侦察是实施电子对抗的前提，是电子对抗的重要组成部分，是电子对抗在平时的主要形式。电子侦察无论平时、战时都在不间断地进行着，反电子侦察已成为经常性的电子防御措施。反电子侦察涉及所有作战部队，必须严密组织、统一实施，与其他反侦察手段结合使用。

1. 电子侦察

电子侦察是通过截获、探测、分析、识别威胁辐射源信号特征及有关参数，输出各类辐射源的特征报告，然后，对多类报告的信息进行相关跟踪、滤波、融合、归并、识别、更新、态势评价和威胁估计等数据处理，获得准确可靠和完整的电子情报，为部队作战行动提供准确的情报。

电子侦察按对象可分为雷达侦察、通信侦察和光电侦察。雷达侦察是指侦测、记录敌方雷达及雷达干扰设备的信号特征参数，并对其定位、识别；通信侦察是指对敌方无线电通信电台和通信干扰设备进行侦察测向、定位，并根据通信电台的技术性能、通信诸元、通联规律，判别通信网的组织、级别和属性；光电侦察是指截获和识别敌方激光雷达、激光制导武器的激光辐射信号和飞机、坦克、导弹等本身的红外辐射信号。

电子侦察是夺取电磁优势的前提条件，没有时空限制，每时每刻都要进行，是电子对抗的主要形式。

2. 电子反侦察

反电子侦察是为了防止敌方截获己方信号，利用己方电子设备发射的电磁信号而采取的措施。目的是使敌方难以截获己方的电磁信号，或无法从截获的信号中获得有关情报。

反电子侦察的主要措施：① 电子设备设置隐蔽频率和战时保留方式，平时采用常用频率工作；② 减少发射次数，缩短发射时间，尽可能采用有线电通信、摩托通信、可视信号通信等通信手段；③ 使用定向天线，充分利用地形的屏蔽作用，减少朝敌方向的电磁辐射强度；④ 将发射功率降低至完成任务的最低限度；⑤ 转移发射阵地不使敌人掌握发射规律；⑥ 减少发射活动，实施静默。其具体做法还有：设置简易辐射源，实施辐射欺骗或无线电佯动；采取信号保密措施，使用不易被敌截获、识别的跳频电台等新体制电子设备。

(二) 电子干扰与反干扰

电子干扰与反干扰，是现代战争中夺取战场电磁优势极为重要的作战手段。应当灵活掌握，正确决策，实施计划管理。

1. 电子干扰

电子干扰是采用专用的发射信号干扰、破坏敌方电子系统正常工作的专用技术。其目的是削弱或破坏敌方电子系统进行战场侦察、作战指挥、通信联络和兵器控制的能力；为隐蔽己方企图，达成战役、战斗的突然性，提高己方飞机、舰艇、装甲车辆等武器装备的生存能力创造有利条件。

电子干扰按产生的机理，可分为有源干扰、无源干扰两大类。有源电子干扰是用专门干扰发射机发射或转发某种形式的电磁波，使敌方电子设备或系统的接收部分受到扰乱和破坏。发射的干扰信号是根据被干扰电子设备类型、工作频率和体制等确定。无源电子干扰是用本身不发射电磁波的器材，散射、反射或吸收敌方电子设备的电磁波，使其效能受到削弱或破坏，主要用于干扰雷达、激光测距装置等接收反射回波的电子设备。

按干扰的作用性质，电子干扰可分为压制性电子干扰和欺骗性电子干扰。压制性电子干扰是指造成电子设备接收系统过载、饱和或难以获取有用信号的干扰；欺骗性干扰是发射与有用信号完全相同或相似并含有假信息的干扰信号，使电子设备或操作人员真假难辨，造成错误的识别和判断。按干扰的对象，可分为无线电通信干扰、无线电导航干扰、雷达干扰、无线电遥控遥测干扰、红外干扰、激光干扰等。

2. 电子反干扰

电子反干扰是识别、阻止敌方干扰以保护己方电子系统处于正常状态的技术。其目的是削弱或消除敌方电子干扰对己方电子设备使用效能的影响。

电子反干扰按电子设备的种类，可分为雷达反干扰、通信反干扰、光电设备反干扰、导航设备反干扰、引信反干扰。按作战使用，可分为技术反干扰和战术反干扰两大类。技术反干扰主要是提高电子设备本身在干扰条件下的工作能力，即在电子设备的发射机、天线、接收机、信号处理系统中采取的反干扰措施。反干扰技术措施的针对性比较强，通常一种反干扰措施只能有效地对抗某一种干扰。在实际作战中，电子设备是军队指挥系统或武器系统的一部分。在单一电子设备反干扰技术措施的基础上，采取一些战术措施来保障作战任务的完成，是反干扰的重要方面。反干扰的战术措施主要是调整电子设备的配置、组网工作和综合运用等，即将不同体制、各种频段的雷达配置成网，以发挥网的整体抗干扰能力；综合应用多种探测和通信手段，如有源探测和无源探测相结合；红外寻的、激光制导和雷达制导相结合；有线通信、运动通信和无线电通信相结合等；设置隐蔽台站（网）并适时启用；利用干扰信号对干扰源进行跟踪寻的、定位，可能时用火力将其摧毁。

（三）电子摧毁与反摧毁

专用电子对抗设备和作战手段在战场上的广泛应用，不仅使雷达、通信和光电设备难以发挥效能，并且对作战飞机、舰船、装甲车辆和精确制导武器等构成了严重威胁。电子对抗手段不断升级，已由消极防御发展到“软”杀伤，进而发展到“软”、“硬”结合，对敌方电子设备直接摧毁。

摧毁是指在查明敌方电子对抗装备及其工作的情况基础上，用直接毁伤的方法使其瘫痪，并使其在短期内难以恢复正常工作的一种电子对抗手段，主要有常规火力摧毁、派遣人员摧毁和反辐射摧毁等。

反辐射导弹、反辐射无人机等，是这种“硬摧毁”的反辐射武器系统。反辐射导弹对辐射源实施摧毁性攻击有两种方式：① 接收到目标信号后发射。由于导弹具有“记忆”（锁定）装置，发射后，即使被攻击的雷达关机，它也能“记住”其位置，不偏离航线击中目标。②“先升空后锁定”方式。先盲目发射，让其在空中无定向飞行、盘旋，一旦接收到目标信号，即咬紧目标，将目标摧毁。反辐射导弹的自导引系统是采用无源被动跟踪

方式，本身不辐射电磁信号，具有稳定性好、不易受干扰和突防能力强等特点，引导头带很宽，具有较高的制导精度，是当今战场上威慑力较高的一种有效电子战武器。

反摧毁是雷达利用战术或技术保护自己及友邻雷达免遭反辐射导弹攻击的技术。反摧毁技术目前常用的有以下几种：采用诱饵引偏技术，部署假雷达阵地；采用雷达发射控制、关机、间歇交替工作；采用反辐射导弹告警系统；采用新体制雷达，如低截获概率雷达、双/多基地雷达、高频雷达、毫米波雷达等；雷达与无源传感器联合组网实施综合对抗技术。

在上述技术的基础上，人们研制出各种各样的高技术武器。除了上面谈到的各种武器之外，还有以下一些高技术武器。

1. 次声武器

次声武器就是一种能发射频率低于 20 赫兹的次声波，使其与人体发生共振，致使共振的器官或部位发生位移、变形，甚至破裂，从而造成损伤以至死亡的高技术武器。次声武器具有隐蔽性强、传播速度快、传播距离远、穿透力强、不污染环境、不破坏设施等特点，是世界各国军方争相研制的非致命武器，并将成为未来战争中非常重要的新概念武器。

第二交世界大战期间，德国人开始秘密研制次声武器，试图利用其产生的“大声效应”摧毁整个城市，消灭敌军士兵或者使其丧失战斗力。1940 年，德军计划向英国人投掷由著名音乐家签名的留声机唱片，这些唱片经过专门录制，加进次声，以引起听者出现慌乱、恐怖感及其他精神失常现象，从而造成骚乱。当然，这一计划并没有实现。但是，纳粹科学家成功地进行了可作用于物体的次声武器的试验。

2. 基因武器

基因武器是一种新型的生物武器，也叫遗传工程武器、DNA 武器，它是通过基因重组而制造出来的新型生物武器。根据其原理、作用的不同，可分为以下三类。

（1）致病或抗药的微生物。这类基因武器是指通过基因重组，在一些不致病的微生物体内“插入”致病基因，或者在一些致病的细菌或病毒中接入能对抗普通疫苗或药物的基因，从而培育出新的致病微生物或新的抗药性很强的病菌。

（2）攻击人类的动物兵。据称，只要研究和破译出一种攻击人类的物种基因，便可以将这种基因转接到同类的其他物种上，其繁育的后代也将具有攻击性而成为动物兵。据外刊报道，如将南美杀人蜂、食人蚁的基因进行破译，然后把它们的残忍基因转接到普通的蜜蜂和蚂蚁身上，再不断把这些带有新基因的蜜蜂、蚂蚁进行克隆，这些克隆后的蜜蜂、蚂蚁，便可以成为大批量的动物兵。据称，某国科学家已经培育出了一种老鼠，这些经基因改造的老鼠具备了很强的进攻性。

（3）种族基因武器。众所周知，基因决定了人类及民族特征：肤色、头发、眼睛、身高等。国外专家认为，随着人类基因组图谱的组成，人类将掌握不同种族、不同人群的特异性基因，这就有可能被用来研制攻击特定基因组成的种族或人群的基因武器，即种族基因武器。如诱发艾滋病的 HIV，不同人种的易感性就有很大区别，而理论上，基因武器的特异识别能力要比 HIV 还高。

3. 动能武器

动能武器是能发射超高速飞行的具有较高动能的弹头，利用弹头的动能直接撞毁目标的武器，可用于战略反导、反卫星和反航天器，也可用于战术防空、反坦克和战术反导作战。如电磁炮发射的射弹速度最大可达每秒几十千米，可以使用同一运载工具同时发射数枚或数十枚射弹，火力强，拦截面积大，毁伤效果好，反拦截和反对抗能力强。

美军目前正在研究一种新型的动能武器。这种武器系统由在距地球1000多千米的太空中运行的一对卫星组成，一颗作为通信和瞄准的平台，另一颗则携带了大量长6米、直径0.3米的钨条作为攻击武器。在接到来自地面的命令后的15分钟内，它们就可以完成从瞄准到发射的整个过程。钨条外有一隔热层以保证它可以安全通过大气层。这些钨条每秒11千米的飞行速度几乎赶上了流星，其结果就是目标被彻底摧毁。

4. 反装备武器

反装备武器主要是用于对付敌方各种武器装备的武器。目前设想中的反装备武器大致有以下几种。

（1）“粘滞性”武器。它是一种黏性非常强的化学制剂，由飞机喷洒在敌方机场跑道或道路上，使这些设施不能使用；或者直接喷洒在敌方的飞机、车辆、装备上，使它们粘住不能动弹；如果飘浮在空中则可粘住敌方各种飞行器的发动机，使它们无法运动。

（2）“溜冰场性”武器。这种武器的设想与上种武器刚好相反，是向敌方飞机跑道、铁路、公路，甚至街道喷洒一种超滑物质，使其瞬间变成名符其实的“溜冰场”，令各种装备不敢行动。据悉，目前可供选择的这种特殊光滑物质有聚四氟乙烯及其衍生物，它们不仅几乎没有摩擦系数，而且难以清洗，只有用利刀才能刮掉。

（3）“泡沫性”武器。这是一种特殊性能的泡沫，能迅速凝结成胶冻状，进而使各种坦克、装甲车和其他各种军用车辆的发动机无法启动。另外，有人还研究出一种大罩网，用于对付敌方的坦克和人群。它由火炮发射，接近目标时自动张开，罩住目标，据说美国已研制出这种网罩的样品。凡此种种，不一一例举。需要指出的是，上述各种武器目前虽都处于设想或探索之中，但随着现代高技术的发展，在不久的将来也可能真的成为事实。

第六节　指挥信息系统

指挥自动化是军队信息化的核心，对提高指挥效能、增强联合作战能力具有重要作用。指挥信息系统则是实现指挥自动化的主要手段，是武器装备体系的重要组成部分，是实现诸军兵种联合作战指挥、夺取信息优势及决策优势的关键。

一、指挥信息系统的概念

指挥信息系统其实是对我军已使用多年的指挥自动化系统概念的取代和发展，即以计算机为核心，具有指挥控制、情报侦察、预警探测、通信和电子对抗以及其他作战信息保障功能的军事信息系统。美军则称之为C^4ISR（指挥、控制、通信、计算机、情报、监视与侦察的英文单词缩写）。

指挥信息系统按照军种可以分为陆军指挥信息系统、海军指挥信息系统、空军指挥信息系统、战略导弹部队指挥信息系统等，各军种还可以按照兵种作进一步分类；按照指挥层次可以分为战略指挥信息系统、战役指挥信息系统、战术指挥信息系统与单兵指挥信息

系统等；按照业务可分为通信网指挥控制系统、情报侦察系统、预警探测系统、电子战系统、网络战系统、后勤保障系统、政工系统等。其结构如图 4-1 所示。

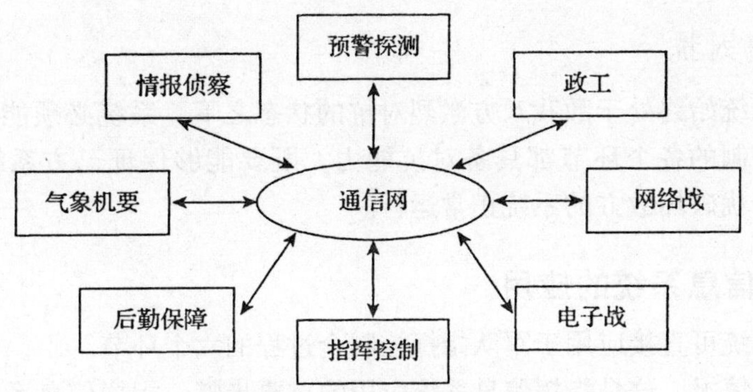

图 4-1 指挥信息系统结构图

二、指挥信息系统的功能

指挥信息系统应具备战场感知、信息传输、指挥控制和战场对抗的功能。

（一）战场感知

系统能够借助遍布陆、海、空、天的各种侦察监视平台及其所搭载的雷达、夜视、光电和声纳等信息获取设备，使作战部队和支援保障部队能实时掌握和正确理解战场空间的敌、我、友各方的兵力部署及态势、武器装备和战场环境等信息。战场感知包括信息获取、信息集成和一致性战场空间理解三个要素。信息获取是指及时、充分、准确地提供敌、我、友部队的状态、行动、计划和意图等信息；信息集成是指动态地控制和集成各方面的信息资源；一致性理解是指参战人员对敌、友和地理环境理解的水平与速度，保持作战部队和支援保障部队对战场态势理解的一致性。由此可见，战场感知除传统的侦察、监视、情报、目标指示与毁伤评估等内涵以外，还包括信息共享及信息资源的管理与控制。

（二）信息传输

系统能够综合利用各种传输设施和手段，迅速、准确、保密、可靠地在所有战斗力量（机构、人员和设施）之间传递各种指挥、控制和情报信息，上述任务主要由传输信息的各种信道、交换设备和通信终端等完成。信道主要包括有线载波、微波接力中继、卫星及光纤等；交换设备主要有电话、电报、数据自动交换机等；通信终端主要是电传机、传真机、汉字终端机、电话机、图形显示器、手机、头盔接收器和网络计算机等。纵横交织的多功能通信网，可以迅速、准确、保密、不间断地传输各种信息，并能自动进行信息交换、加密、解密和选择信息传输的路由。

（三）指挥控制

系统能够依据作战目的和战场情况的发展变化，对情报进行加工处理，协助指挥人员分析判断情况、定下作战决心、选择最佳方案、下达作战命令，并跟踪部队反馈、评估作战效果、随时调整部署、及时通报情况，及时对参战诸军种部队的作战行动实施统一有效的掌握、督导与协调，维持作战行动在时间、空间和任务上的有序进行。

（四）战场对抗

指挥信息系统始终处于敌我双方激烈对抗的状态之下，系统必须能够在战场感知、信息传输和指挥控制的各个环节都具备对抗能力，既要能够保证己方系统免受敌方干扰破坏，又要能够干扰破坏敌方的系统正常运行。

三、指挥信息系统的应用

指挥信息系统可直接应用于军队指挥控制全过程的六个环节。

第一，获取情报。这是指挥信息系统应用的首要步骤。指挥信息系统通过各种侦察手段获得情报信息，经由通信网传输到指挥所，通过计算机对所有接收到的情报信息进行比较、分析、去重复、属性识别、威胁判断等综合处理后，作出对情报判断的结论，输出战场态势图，存储备查或分发到有关指挥员的席位上，同时在显示器上显示出来，供指挥决策使用，并上报上级指挥所和通报友邻部队及下属部队。

第二，评估态势。输入战场态势图、本方通报和数据库信息以及上级下达的战斗任务，由指挥员、作战参谋和情报参谋一起，在计算机的辅助下，判断敌方作战意图，分析敌对双方兵力对比，确定敌方威胁和我方机遇，根据作战任务，判定是否作出反应。如果需要作出反应，则输出评定结果。

第三，产生方案。输入敌方兵力部署、意图、双方兵力对比以及敌方的威胁与己方的机遇，由指挥员、参谋人员和计算机合作，制定多个可能的作战方案，并对其进行计算机模拟和评估，得出各个方案的优劣，输出给下一环节。

第四，选择方案。根据输出的方案，指挥员结合自己的经验，在计算机的帮助下，选出最好的方案。

第五，制订计划。按照作战方案和指挥控制模式，由专门人员在计算机的辅助下制订作战计划，除遭遇战外，作战预案及计划都事先存储在计算机中，选出对应方案的计划，打印或直接传给下级或武器控制平台。

第六，下达命令。由指挥员、参谋人员、计算机合作完成，指挥员核定后通过通信网下发执行，并上报上级。

需要指出的是，首先，指挥控制过程为循环执行过程，只要战场态势图不满足任务要求，评估环节则产生输出，形成新的控制。其次，指挥控制是人机合作、协调的过程，充分发挥计算机数据处理快、记忆准确、容量大和人的经验、直觉、推理、判断等智能两方面优势是系统追求的目标，但在系统中起主导作用的是人。再次，情报是系统工作的关键要素。情报的完整性、准确性和及时性，会严重影响决策的质量。事实上，在双方对抗的条件下，理想的高质量情报很难得到。最后，在时间上，各环节的工作有串行也有并行。

指挥信息系统已经成为衡量一支军队作战能力的关键因素。美国的“全球军事指挥控制系统”总共由100多台大型机、3000多台小型机和工作站、数以万计的微型机组成，可连接全球100个基地与战争热点的大型作战指挥网。在海湾战争中，美军在战区中有

3000多台计算机同国内的计算机联网，跟踪与分析敌军实力、制定与演练作战方案、汇集与查找各种资料，都使用计算机进行。多国部队的战斗机，一般每一架都装有20台左右的计算机，在整个38天空袭期间，多国部队的空域管制人员应用“全球军事指挥控制系统”，每天管理数千架次飞机的飞行活动。反观伊拉克，其防空武器比较齐全，有些还相当先进。但多国部队在发起大规模空袭前，首先实施高强度的综合电子战，使伊军初步建立起来的防空指挥信息系统迅速瘫痪。结果，伊军根本未能组织起有效的防空作战，多国部队以很小的代价赢得胜利，出动飞机11.4万架次，只损失固定翼飞机47架，真正战损39架，战损率仅为0.34%，远低于过去的平均战损率。可以说，没有高效的指挥信息系统，就不可能打赢信息化条件下的局部战争。

四、指挥信息系统的发展趋势

目前，指挥信息系统正在向一体化方向发展，具体表现在以下几个方面。

（一）体系结构一体化

体系结构一体化即提供一个公共的体系结构框架，使战略、战术和各军兵种的指挥信息系统综合集成在一起，实现系统更好的互联、互通和互操作，保证系统的安全性、可靠性以及资源共享等。

（二）功能一体化

功能一体化即多种功能集中在一个系统中实现。例如，美国的“全球军事指挥控制系统”可以完成作战指挥、军事训练、日常工作管理以及抢险救灾、缉毒走私等多种功能。

（三）服务一体化

指挥信息系统一般为指挥员指挥作战、训练和日常管理等工作提供服务。随着技术的进步、系统性能的提高，指挥信息系统的服务对象，从国家最高当局、战区司令、战术指挥员到初级指挥员，最终可以给单个战斗员提供信息收集、处理、显示、传输等战斗员所需的各种信息服务，使指挥员、战斗员等都能得到指挥信息系统的服务。

（四）管理一体化

管理一体化即保持系统统一管理，提高系统的整体性、安全性、有效性、适应性和可用性等。管理的内容包括对系统运行的监视、检测、资源分配、系统重新构造等。管理由管理人员和软件共同来完成。

（五）操作一体化

操作一体化即保持统一的人机交互界面，使系统的运行、修改、安装等各种操作统一起来。一体化操作对指挥员来说，意味着指挥员坐在任意指挥席上，都可进行同样的指挥。系统一体化带来的是分布式指挥结构，形成所谓的“虚拟参谋部”，使系统生存性大增。

（六）信息武器一体化

信息武器一体化即实现传感器到武器的无缝连接，加快武器的反应速度。从概念上讲，指挥信息系统不包含武器系统本身，而仅涵盖武器系统的控制器。为了提高作战的快速响应和自动化程度，系统将逐步实现把目标信息直接送给武器控制器，作为武器的射击目标和控制参数，减少中间环节，达到对付快速目标的目的。目前，美军将 C^4ISR 发展为 C^4ISRK，正是这一发展趋势的直接体现。

第七节 新概念武器

一、高功率微波武器

高功率微波武器是一种利用定向发射的高功率微波频段的电磁波束对目标进行干扰、致盲或毁坏的武器。这种高功率微波的峰值功率达 1 亿瓦以上，远高于民用微波源发出的微波功率。高功率微波的波长大致是可用做高能激光武器光源的化学激光器的工作波长的一千至十万倍。波长越长的电磁波，在传输过程中会发散得越厉害。因此，高功率微波的发散要远远大于激光的发散。

高功率微波武器是利用高功率微波在与目标的相互作用过程中产生的电效应、热效应和生物效应来对目标进行杀伤破坏的，如图 4-2 所示。

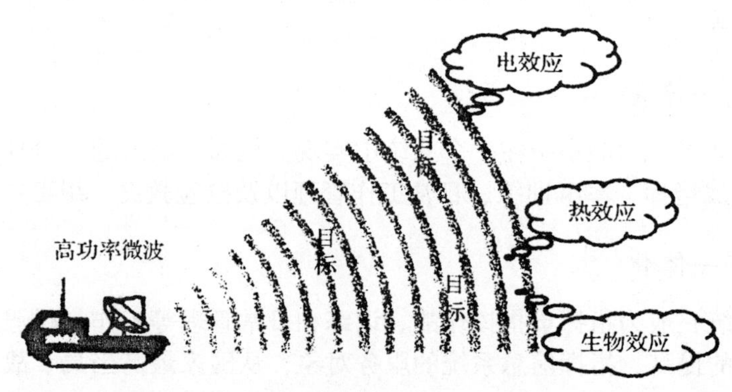

图 4-2　高功能率微波发射示意图

（1）电效应：高功率微波在与目标相互作用时，会在目标结构的金属表面或导线上，感应出电流或电压；或通过目标表面小孔、缝隙的耦合，在目标腔体内感应出电流和电压。这些感应电压或电流会对目标上的电子元器件产生多种效应，如造成电路中器件性能下降、状态反转和半导体击穿等。

（2）热效应：高功率微波射到目标时，目标因对其部分吸收，引起温度升高而产生的效应，如烧毁电路器件、损坏半导体结构等。

（3）生物效应：高功率微波照射到人体或其他动物后，会产生热效应和非热效应。热效应是指由较强的微波能量照射时，所引起的人或动物被烧伤甚至烧死的现象；非热效应是指较弱的微波能量照射到人体或其他动物后，产生的诸如神经紊乱、行为失控、烦躁不安、心肺功能衰竭，甚至双目失明等现象。

高功率微波武器对电子设备的作战效果可分为干扰、性能暂时降低、长时间故障造成运行中断和永久性损伤四个等级。各级作战效果的形成，既依赖于作战对象的电磁敏感特性，也与高功率微波武器的性能参数密切相关。

二、非致命武器

非致命武器，是一类能在尽量减少人员伤亡和设备破坏的情况下，通过作用于人员弱点或物质的方式来强迫或阻止敌方行动而运用的武器。非致命武器的出现，为现代军事斗争提供了许多新的作战手段。在某种特定的作战环境中，如需要达到某种军事目的但又不容许人员大量伤亡时，使用非致命武器就成了最好的作战手段之一。

非致命武器的种类有很多，根据作战对象的不同，大致可分为针对物质系统（非人员）的非致命武器和针对人员的非致命武器两大类。

（一）针对物质系统的非致命武器

针对物质系统的非致命武器主要用来致盲或干扰敌方武器系统中的光学传感器和寻的装置，使武器系统中的光学和电子系统失效，阻止运载工具移动，造成计算机控制系统失灵或引起运行故障，弱化或改变燃料和金属的性能，破坏公共事业设备，使现代材料（如复合材料、聚合物、合金等）失去作用，增强战区安全，孤立或隔离对手等。这类武器和技术的种类很多，大致可分为反机动非致命武器、反基础设施非致命武器、反 C^3I 非致命武器、反传感器非致命武器等。具体可参见表 4-1。

表 4-1　针对物质系统的非致命武器

名　称	特性描述	名　称	特性描述
反牵引物质	可造成失去摩擦力的一类物质，如各种超级润滑剂	光学涂料	能沉积到光学传感器或监视口上，以遮挡观测的一类材料
土质失稳物	可使土质软化或不稳定，从而导致车辆不能行驶的一类物质	光学弹药	爆炸/电能驱动的闪光装置，可导致光学传感器眩晕或暂时致盲
燃料凝结剂	可使燃油在常温下迅速凝结成胶冻状或固化	导电丝带	散布在电线上面可导致电子系统短路的一类带状物
超腐蚀剂	可腐蚀结构材料（如金属）的一类物质	遮挡剂	可遮挡视觉和电子观测的一类烟幕状制剂
过滤器阻塞剂	进入发动机后可阻塞空气过滤器的一类制剂	专用电磁干扰	产生电子干扰效应的一类装置
引擎破坏剂	可使发动机失能或将其破坏的制剂	生物退化剂	可腐蚀结构材料或燃料的一类物质
燃烧调节剂	注入内燃机后会造成机械故障的一类制剂	易燃分散剂	受到车辆的压力作用便会起燃的一类物质
黏结/磨蚀物质	黏附于机械运动部件表面，用以破坏或阻止其正常运转的物质	纠缠装置	用于纠缠运载工具的网状物、圈套和类似装置
黏结涂料	可阻止运载工具移动的一类物质	材料脆化剂	可造成材料迅速分解、分子键断裂的一类物质

（二）针对人员的非致命武器

针对人员的非致命武器种类也有很多，如次声波、麻醉剂、“肥皂泡”化学黏剂等。人耳可听到的声音的频率在20赫兹到2万赫兹之间，超过2万赫兹的声波叫超声波，低于20赫兹的声波叫次声波。次声波武器就是利用强大的次声波对人员进行非致命攻击的武器，可使人员产生头晕、呕吐等不适症状。麻醉剂武器实际上是一种镇静剂，如二甲亚凡，可利用飞机进行大面积喷洒，人员皮肤接触后，能使人很快失去战斗力。“肥皂泡”化学黏剂是一种特殊的化学剂，它与空气接触后，可迅速凝固，用喷射装置将之射到人员身上后，可迅速将人缠住，使人丧失反抗能力。其实，高功率微波武器、低能激光干扰与致盲武器也是有效地对付人员的非致命武器。具体可参见表4-2。

表4-2　针对人员的非致命武器

名　称	特性描述	名　称	特性描述
次/超声波	声波发生器，可发射造成人员不适的声压波	纠缠/牵制装置	用于诱捕人员的网状物、圈套和类似装置
噪声	噪声发生器，可产生足以使人眩晕或失能的声音	空间填充物	可迅速填充空间的物质或装置，能使里面的人员活着但不能移动，如空气袋
失能物质	有机或无机物质系列，可造成暂时失能	多水泡沫	可阻碍运动造成障碍的一类泡沫，与刺激物混合使的时效果更佳
恶臭物质	无机物质系列，带有使人不适的刺鼻气味	欺骗术	诱劝人群采取与己不利的行动的技术
催吐剂	可造成人员恶心呕吐的化学物质	全息显像	全息图像发生器，可产生用作假目标或用于欺骗的全息图像
非穿透弹丸	可将人员击晕，但不穿透其身体的一类弹丸	声音/合成变体	可合成某一熟识人物声音或形象的装置，用于蒙骗、发布假命令或获得接近的机会
频闪灯光	大型高强度频闪灯光，可使人迷茫或慌乱	超级黏结涂料	能阻止人员移动的一类黏结剂
致晕武器	可制服人员，或使人晕倒不能移动的一类武器	反牵引物质	能使人员推动附着摩擦力的一类物质
低能激光器	用于致眩人眼的激光装置	光学弹药	可击晕人员，致眩或暂时致盲人眼的爆炸/电能驱动的闪光装置

三、其他新概念武器

（一）粒子束武器

激光武器和高功率微波武器都是利用电磁波的定向传输来打击目标的，因此都是定向

能武器。这种能量的定向传输，除可利用电磁波来进行外，也可利用微观粒子来进行，这就是粒子束武器原理的主要思想。粒子束武器是利用高能强流粒子加速器，将注入其中的粒子源产生的电子、质子、离子或重粒子等一类带电粒子加速到接近光速，使其具有极大的动能后，再用磁场将它们聚集成密集的高能束流，直接（或去掉电荷后）射向目标，在极短的时间内将极高的能量传给目标而对目标进行摧毁或软杀伤。

（二）微机电系统武器

微机电系统武器是以微机电系统为基础的武器。微机电系统是近年来正在迅速发展的微米/纳米技术的一项重要应用成果，它利用微电子器件制造技术，将微电路、微电机、微传感器等微型器件集成在硅片上，含有微电源，不仅能搜集、处理和发送信息，还能依据所获得的信息自主地或根据外部指令采取行动，整个系统可小到厘米、毫米甚至微米量级。目前正在研究的微机电系统武器主要有微机器人电子失能系统、昆虫平台、机械蚂蚁和机器虫等。

（三）等离子体武器

等离子体一般由气体电离而成，含有离子、电子及未电离的中性粒子。等离子体武器是一种利用高密度等离子云团来摧毁导弹、飞机等运动目标的武器。其工作原理大致是：使等离子体武器发射相互交汇的大功率、超高频电磁波在大气中聚焦，焦点处的空气将被高度电离而形成密度极高的空气团，即等离子云团。导弹、飞机等各种飞行器一旦进入等离子云团，就会偏离飞行轨道，产生旋转力矩而导致坠毁。

（四）气象武器

气象武器是通过人工改变一定区域内空气中的电荷分布而在相关地区造成恶劣天气甚至自然灾害，从而达到军事目的的武器。它是人造气象应用于军事的结果。人造气象主要是用飞机、火箭或火炮等向某地区低空大气层播撒催雨物质而进行降雨或造雾的行动。

第八节 军事高技术与新军事变革

当今世界，一场广泛而深刻的新军事变革正在如火如荼地进行，它是在工业时代向信息时代转化的社会大背景下，随着以信息技术为核心的高技术在军事领域的广泛运用而兴起的。当前，这场变革已在许多国家展开，成为世界军事的发展大势，将对战争、军队和国防建设等各个方面产生广泛而深刻的影响。

一、新军事变革的含义及主要特征

（一）新军事变革的含义

“军事变革”的概念是由英文 Revolution in Military Affairs（RMA）翻译而来的。美国官方于 1991 年海湾战争结束后首先使用。“RMA”一段时间内曾被翻译为“军事革命”，但随着我军对世界新军事变革问题认识的深入，特别是结合推进中国特色军事变革的实践，对这一概念的理解更趋科学，现在“新军事变革”的表述已为我军所普遍使用。

新军事变革的含义可表述为：以信息技术为核心的军事高技术的发展，引起机械化战争的军事理论、军队体制编制和军事管理等各个方面发生重大变革，进而导致军事效能，特别是作战效能成数量级地提高，其发展将促使军事领域的各个方面都产生全面而深刻的变革，使人类社会从机械化战争时代进入信息化战争时代。新军事变革的核心就是要把工业时代适于打机械化战争的机械化军队，建设成信息时代适于打信息化战争的信息化军队。

新军事变革的主要内容包括：军事技术、军事理论、军事组织和军事管理的重大创新等四个方面，它们共同构成了新军事变革的四大要素或四大基本问题，即新军事变革的理论构架或主要内容。其中，创新的军事技术是军事变革的物质技术基础和前提条件；创新的军事理论是军事变革的主导要素和灵魂；创新的军事组织是军事变革的组织保证，是将创新的军事技术与创新的军事理论结合起来并付诸行动的纽带或桥梁；而军事管理的变革则贯穿在上述三个方面的变革之中，被认为是军事变革的重要手段。

（二）新军事变革的主要特征

目前，正在世界范围发生的，由机械化战争时代向信息化战争时代转变的新军事变革，具有鲜明的时代特征。

1. 深刻性

这次变革不是表层性的革新，而是对旧的军事形态的全面彻底的改革。它涉及军事领域的深层次问题，如战争观、安全观、军事问题的方法论等，引发人们对战争、军队和国防建设问题进行适应时代的深层次思考。在信息时代，传统的战争观落后于时代，传统的战略思想已难以指导军队建设，传统的战役战术原则不再适用，传统的军队建设方针已经落伍。几十年来，先后出现信息战、网络中心战、非对称作战、联合作战、精确战等新理论。在新军事理论的指导下，军队建设模式、作战方式和军队体制编制开始变革。如军队结构走向质量建设道路，陆军比例缩小，高技术兵种如数字化部队、天军、网络战部队相继出现。相对于机械化战争，这些变革都是革命性的。

2. 广泛性

这次变革不仅仅局限于几个发达国家，许多发展中国家也在积极推进。变革也不仅仅局限于某些方面或主要方面，而是触及军事领域的方方面面，如安全战略、军事战略、武器装备、编制体制、教育训练、后勤保障、兵役制度、民防与战争动员、人才培养等。正因为如此，这场变革表现出整体联动、系统推进的特性，如武器装备向信息化方向发展，指挥控制体系向网络化方向发展，军事训练向一体化方向发展，编制体制向精干化方向发展，军事理论向创新化方向发展。

3. 不平衡性

这次变革的发展不平衡：① 各军事要素的变革不平衡，军事技术、武器装备及其教育训练的变革领先，作战思想和军队建设理论的创新随之进行，编制体制和军事制度的变迁进展较慢；② 变革的进程不平衡，发达国家变革最早，进展最迅速。发展中国家进展迟缓，有的刚刚开始，有的甚至尚未起步，这也进一步加大了世界军事力量的

失衡。

4. 快速性

信息技术的突飞猛进使得新军事变革较以往历次军事变革都更为迅速。这次世界新军事变革从酝酿到现在不过30年左右，目前已取得显著进展。据预测，在未来20年内，中等以上国家就将初步实现军队信息化，大约到21世纪中期就能基本完成变革，持续时间仅半个多世纪，这种速度和周期是以往军事变革所无法比拟的。

二、新军事变革的发展动因

科学技术的发展历来是军事领域变化和战争形态演变的最直接动力。以信息技术为核心的军事高技术，为这场世界新军事变革提供了所需的技术基础和物质手段。

（一）信息技术是催生新军事变革的直接动力

20世纪五六十年代以来，随着世界科学技术的重大变革，特别是信息、航天、新能源、新材料、生物和海洋六大技术群在军事领域的广泛应用，大大加快了在此基础上逐步发展起来的以信息技术为核心的军事新材料技术、军事新能源技术、军事工程技术等军事高技术群的成熟和应用的步伐。尤其是以微电子技术、电子计算机技术、探测技术、通信技术、计算机仿真技术和信息安全技术构成的军事信息技术，以其所具有的“系统集成技术”的突出功能，在推动军事高技术群能量的整体发挥，导致新型信息化武器装备体系的出现，实现军队作战能力的迅速跃升中始终处于主导地位，发挥着不可替代的核心作用，从而成为催生世界新军事变革的直接动力和基础。

（二）军事高技术促进武器装备划时代的发展

武器装备是技术物化的成果，作为推动新军事变革发展的高技术武器装备，在信息时代得到了划时代的发展。其主要体现在以下几个方面：武器装备的信息化程度不断提高，性能获得重大突破；信息化主战平台和精确制导武器已取代机械化平台和非制导武器成为主要作战装备，并日趋隐身化、智能化，其中，无人化作战平台的发展特别引人注目；电子信息装备保持强劲发展势头，并不断趋于综合化、网络化、一体化；核武器在继续发展，反导防御系统的建立和新型常规高超音速与远程精确制导武器的发展可能为战略威慑增添新的力量；新概念武器，特别是临近空间飞行器和作战航天器等更新的高技术武器将登上战争舞台。

（三）高技术引起军事理论的重大创新

军事理论的创新对新军事变革的产生与发展起着基础性和先导性的作用。20世纪五六十年代以来，军事理论的创新发展牵引着新军事变不断加速向前发展，一大批创新性军事理论成果在推动新军事变革发展的同时，也改变着战争的面貌。例如，一体化联合作战将成为主要作战思想；体系对抗将成为战场对抗的基本特征；空中力量的地位和作用越来越突出，非接触、非线式精确打击作战将成为重要作战方式；信息能力成为最重要的作战能力，信息作战成为重要的作战样式；空间战将成为崭新的作战领域；新的保障体制、方式、手段的变革，成为提高军队战斗力的重要因素。

（四）高技术导致军队体制编制的变革

一场军事变革的完成，是以军队组织结构调整的最终实现为标志的。调整改革军队的体制编制，实现人与武器的最佳结合，是最终完成军事变革的关键。高技术武器装备在军事领域的不断运用，推动着军队体制编制不断改革创新。军队体制编制的变革主要体现在以下几个方面：军队规模大幅度缩小；军队结构不断变化；指挥体制扁平化、网络化；组建崭新的作战部队，如组建小型化部队、一体化部队、数字化部队、信息战部队和快速反应部队等。

（五）新军事变革必将实现军事高技术的跨时代跃升

正因为以信息技术为核心的军事高技术成为世界新军事变革发生和发展的直接动力，所以在世界军事学术界中，有人把新军事技术革命、新武器装备革命以及这些技术、武器装备的结构方式革命看做是这场世界新军事变革的本质内涵。新军事变革的基础首先是现代化的科学技术。科学技术是第一生产力，也是重要的战斗力。然而，发展军事高技术并不是世界新军事变革的唯一目的。世界新军事变革的实质，是要把工业时代的机械化军队改造成信息时代的信息化军队。这就是说，构成军队作战能力的所有要素都要通过新军事变革来实现历史性的转型。在世界新军事变革的推动下，在军队各构成要素向信息时代的转型中，军事高技术的发展和武器装备的转型最快，对推动军队作战能力的跃升作用最直接、最明显，也必将首先得到跨时代跃升。

三、积极推进中国特色军事变革

加快中国特色军事变革，增强国防实力，是维护世界和平，确保中国和平发展的必然要求，也是应对国际战略格局变化，迎接世界新军事变革挑战的必然选择。

（一）中国特色军事变革的主要特征

积极推进中国特色军事变革，根基在“特色”。如果忘记了中国特色，就会使中国军事变革走上歧途。与西方军事变革相比，中国军事变革在启动原因、变革环境、变革特点、推进方式、领导力量等诸多方面有着许多不同。

首先，中国特色军事变革的启动具有应对性和后发性。中国是为了应对现代战争的深刻变化，应对世界新军事变革的严峻挑战，应对大国霸权主义的膨胀和扩张而进行军事变革的。只有抓住人类社会技术形态的时代转型机遇，实现中国特色军事变革，才能确保中国的国家安全和发展利益。不仅如此，我们是在半机械化的基础上向信息化战争时代变革的，无论从时间上还是状态上，我们都处于严重的落后状态，因此，我们进行的军事变革具有后发性。

其次，中国特色军事变革目的具有有限性和坚定性。中国进行军事变革的目的仅限于维护国家的根本利益，而不是争霸世界。我们的变革是在全党全军全国人民的支持下，在中国共产党集中统一领导下逐步推进的。为了捍卫国家根本利益，抓住机遇，推进中国特色军事变革的信心也是不可动摇的。

再次，中国特色军事变革的过程具有艰巨性和跨越性。我国经济还不够发达，科学技

术、文化教育水平不高，这些国情决定了中国特色军事变革不可能一蹴而就，而是一项艰巨的系统过程。又由于中国军事变革处于后发状态，受国家综合国力和社会发展条件的制约，面对西方军事变革的严峻挑战并与西方大国存在相当大的差距，我们就不能跟在人家后面亦步亦趋，而应该努力跨越其中某一两个发展阶段或发展步骤，走跨越式发展道路才是正确的选择。

（二）中国特色军事变革的宏伟目标

中国特色军事变革的战略目标是“建设信息化军队、打赢信息化战争”。这一目标的确立是对未来战争形态的本质认识。如果说“高技术条件下局部战争”概念的提出是对现代战争本质的初步探索的话，那么“信息化条件下局部战争”概念的提出就是对现代战争本质的深刻揭示。同时，这一目标的确立，找准了我军现代化建设的时代定位，明确了我军现代化建设的基本方向。

（三）中国特色军事变革的发展道路和战略构想

1. 坚持走信息化与机械化复合式发展的道路

我军尚处于机械化半机械化发展阶段，在向信息化发展的过程中，首先必须完成机械化建设，因为信息化是建立在机械化基础上的。但是，我们既不能等到走完发达国家军队机械化建设的全过程再来搞信息化，也不能直接搞信息化建设。我们必须从本国的国情、军情出发，实施跨越式发展，尽快完成我军机械化和信息化建设的双重历史任务，也就是必须坚持走以信息化为主导，机械化为基础，信息化与机械化复合式发展的道路，推动我军现代化建设又好又快地向更高层次跃升。

2. 按照“三步走”的战略构想推进中国特色军事变革

为了确保中国现代化建设的顺利进行，党中央、中央军委提出了从20世纪末到21世纪中叶，国防和军队现代化建设分“三步走”的发展战略：第一步，到2010年，努力实现新时期军事战略方针提出的各项要求，为国防和军队现代化打下坚实的基础。第二步，再用10年时间，加快军队质量建设的步伐，使国防和军队建设有一个较大的发展。第三步，再经过30年的努力，到2050年，基本实现国防和军队的现代化。“三步走”战略构想所确定的发展目标，就是要建设信息化军队，打赢信息化战争。

国防和军队现代化“三步走”的战略构想对国防和军队现代化作了总体设计，规定了总目标和阶段性目标、任务和要求，提出了迎接挑战、深化改革的对策，使国防和军队建设能适应中国特色军事变革的潮流，适应时代发展的需要，抓住国家建设和发展的机遇，加快现代化步伐，从而有效地增强国防实力。

思考题

1. 什么是军事高技术？它是如何分类的？
2. 军事高技术对现代作战有哪些影响？
3. 什么是侦察与监视技术？其在军事上有哪些应用？
4. 什么是伪装与隐身技术？其在军事上有哪些应用？

5. 什么是精确制导技术？其在军事上有哪些应用？
6. 什么是信息战技术？其在军事上有哪些应用？
7. 什么是军事航天技术？其在军事上有哪些应用？
8. 什么是指挥信息系统？它应具备哪些功能？
9. 新概念武器主要包括哪些？
10. 什么是新军事变革？
11. 谈谈你对推进中国特色军事变革的认识。

第五章

信息化战争

有什么样的社会形态，就会孕育出什么样的战争形态。农业社会孕育了冷兵器战争，工业社会产生了机械化战争。伴随着信息社会的到来，战争也必然会出现新的形态，这就是信息化战争。

第一节　信息化战争概述

纵观战争发展的历史进程，新的战争形态的产生需要经历一个从发生、发展到成熟的历史过程。信息时代的信息化战争，同样要经历一个从发生、发展到成熟的历史过程。人们对信息化战争的理解，也必将会经历一个由浅入深、逐步深化的认识过程。

一、信息化战争的基本概念

所谓信息化战争，是指信息化军队在陆、海、空、天、电磁、信息、认知、心理等多种领域，运用信息、信息系统和信息化武器装备进行的战争。它是人类步入信息时代后，以信息和知识为核心资源，以大量运用信息技术而形成的一体化信息系统和信息化武器装备为基础，以信息化战场为依托，以信息化军队为主体，以争夺制信息权为基本目标，以信息战为基本作战形式而进行的战争。由于政治、经济、科技、军事等发展的不平衡性，在人类社会进入信息时代的初始阶段，信息化战争也指交战双方或一方以信息化军队为主要作战力量，以信息化武器为主要作战工具，以信息战为主要作战形式的战争。

信息化战争，是信息时代的基本战争形态，其内涵主要包括以下五个方面：① 信息化战争是信息时代的产物，是这一时期生产力和生产关系在战争领域的客观反映；② 信息化战争的主体力量是信息化军队，战争双方至少有一方拥有信息化军队，机械化或半机械化军队之间的战争不能称为信息化战争；③ 信息化战争的主要作战工具是信息化、智能化和综合化的武器装备平台，诸作战单元实现网络化、一体化；④ 在物质、能量和信息等作战要素中，信息要素起主导作用，即信息化战争的核心资源是信息，战争首选的打击目标是信息获取、信息控制和信息使用的系统及其基础，作战以剥夺敌方信息控制权、建立己方的信息优势为主要目的；⑤ 战争在空前广阔的多维空间进行，尤以信息空间、航天空间、认知空间为主。

二、信息化战争的历史演变

（一）信息化战争的发展历程

信息化战争从机械化战争中脱胎出来并成为一个独立的战争形态，经历了一个孕育、形成和发展的过程，这次转换较之以往形态转换时间相对较短、速度较快，目前正进入一个快速发展的时期。

1. 初始孕育时期

信息化战争的初始孕育时期，始于20世纪70年代初，止于1991年初的海湾战争。在这以前，虽说信息在作战中发挥着重要作用，电报、电话、无线电和雷达等指挥、侦察器材得到大量使用，但都没有从根本上改变机械化战争这一形态。只是到了20世纪70年代以后，西方发达国家开始军事技术革命，以计算机为核心的信息技术快速发展并开始在军事领域得到广泛运用，信息在作战中的地位才产生质的飞跃，信息化战争形态才开始逐步孕育产生。

越南战争、第四次中东战争、第五次中东战争、马岛战争、美国空袭利比亚和海湾战争，为信息化战争的孕育提供了肥沃的土壤。越战后期，“灵巧炸弹”开始出现，优势打击崭露头角，局部战争逐渐走向有限化和高技术化，机械化战争开始向信息化战争形态演变，信息化战争开始孕育。在第四次中东战争中，各式导弹开始得到大量使用，侦察卫星、高空侦察机得到试验和检验，制空权地位上升，电子战、精确制导导弹威力初显，信息化战争初见端倪。贝卡谷地之战成为信息化战争孕育过程中的一大亮点。在英阿马岛战争中，精确制导武器的使用改变了海上作战的样式，电子对抗也从过去的作战保障手段上升为重要的作战手段。美军空袭利比亚，尽管规模很小，但影响巨大，可以说是一场信息化武器唱主角的作战行动。海湾战争，由于C^3I系统和大量高技术兵器的使用，改变了机械化战争的面貌，呈现出许多信息化战争特征，标志着信息化战争作为现代战争的基本形态开始登上世界军事舞台。

2. 初步形成时期

在海湾战争中，信息化的雏形初露端倪，在科索沃战争、阿富汗战争中得到推进，在伊拉克战争中首展其貌。因此，可以把1991—2003年伊拉克战争结束这一时期，看做机械化战争向信息化战争形态剧烈转换、信息化战争逐步形成时期。海湾战争中所表现出的作战思想、作战样式、作战方法、指挥方式、作战力量组织结构和作战进程与结局等方面的重大变化，不仅令人耳目一新，而且对第二次世界大战以来形成的传统作战观念产生了强烈震撼，从而引发了一场以机械化战争向信息化战争转变为基本特征的世界性军事变革，世界各国无不积极研究对策，调整战略，以求在未来信息化战争中占据有利地位。

波黑战争、科索沃战争、阿富汗战争和伊拉克战争有力地推动了机械化战争向信息化战争的迅速转化，为信息化战争形态顺利发展创造了充足的客观环境。其中，伊拉克战争可以说是一场划时代的战争，呈现出许多以往战争所从未有过的新特点：运用C^4ISR系统创建了陆、海、空、天、电磁等多维一体的庞大数字化战场，大量使用高技术兵器和精确制导弹药，信息战贯穿战争始终并成为决定战争胜负的关键因素，精确打击战法占据主导地位，附带损伤大幅下降，后勤保障复杂紧张，等等。至此，机械化战争形态向信息化作战形态演变已发生质的变化，信息化战争形态初步形成。

3. 快速发展时期

伊拉克战争所显示出的信息、信息系统、信息化武器装备的巨大威力，极大地刺激了世界各国竞相发展先进武器装备，这必将加剧世界范围内的军备竞赛，推动作战理论的创新和发展，牵引信息化战争进入一个快速发展时期。

美国为确保其唯一超级军事大国的地位，必将继续投入巨额资金，改进、研制和发展先进的武器装备，率先完成全球性 C^4ISRK 系统建设，加快 TMD、NMD 部署并投入使用，武器装备和部队全面实现数字化，进行信息化战争的能力迅速提高。俄罗斯和欧洲国家，也必将加速发展先进的信息化武器装备，建立各自独立的有效防御力量。各中小国家为维护本国安全，也不得不大幅增加投入。预计到 21 世纪中叶左右，由于以信息技术为主体的现代高技术群趋于成熟，信息化战争将进入一个相对缓慢的成熟完善发展时期，战争形态将趋于稳定。

（二）信息化战争产生与发展的动因

任何一种新的战争形态的形成与发展，都有其内部动因和外部条件。信息化战争的产生与发展，是当代社会政治、经济、科技、军事、文化等多种因素综合作用的结果。

1. 信息化战争是社会形态发展的必然结果

社会形态孕育战争形态是不以人的意志为转移的客观规律，而决定社会发展形态的生产力和生产关系也必然是决定战争形态的决定性因素。农业时代的手工业生产方式，决定了战争能量的释放形式主要是依靠人的体能，战争所使用的武器主要是冷兵器，因此，这一时代的战争被称为冷兵器战争。工业时代的机器大生产方式，决定了战争能量释放的主要形式是热能，战争所使用的武器是机械化武器，因此，这一时期的战争被称为是机械化战争。从冷兵器战争到机械化战争，战争的物质基础发生根本性变化，战争形态也随之发生了革命性变化。20 世纪中叶以来，以计算机技术和信息技术为龙头的高新技术的迅猛发展，使人类社会的生产力发展水平和生产方式发生了巨大变化，表现在战争领域，突出的是以信息技术为核心的军事高技术得到广泛运用，大量信息化武器装备投入战场，决定战争形态的物质基础得到空前发展。迄今为止，一场人类军事史上波及范围最广、变化最深刻、发展最迅速的军事革命正在世界范围内蓬勃兴起。以使用信息化武器装备为主导，使战争基本方式发生根本变化的信息化战争，开始登上战争舞台。

2. 高技术的发展是信息化战争产生与发展的直接动力

战争形态的发展变化，根本动力在于技术的不断进步。信息化战争形态的形成与发展，其根本动力来自于以信息技术为核心的新技术革命。20 世纪 50 年代以来，在世界范围内不断涌现出一大批高新技术，一方面极大地提高了社会生产力，改变了社会面貌，另一方面也带来了军事领域的革命，从根本上改变了未来战争的整个面貌。在近期的几场局部战争中，军队作战实现了精确化、控制化、一体化，作战行动由三维立体空间，发展为陆、海、空、天、电磁等多维空间，机械化军队诸兵种合同作战逐渐退出历史舞台，以战场信息优势为基础的多维力量一体化联合作战方式逐步形成。人们从战争实践中看到了新军事革命的曙光，感受到了战争形态正在发生着深刻的变化。不仅如此，技术的进步还是促成战争形态发生全方位变革的关键。新技术的出现与运用，通过影响作战方式的变革，促使作战理论的创新发展和作战条令的修订，从而导致了军队编制体制的调整和军事训练内容与方式的改革。正如马克思所指出的："随着新作战工具即射击火器的发明，军队的整个内部组织就必然改变了，各个人借以组成军队并能作为军队行动的那些关系就改变了，各个军队相互间的关系也发生了变化。"一种新战争形态的全面到来，不仅要看新技术武器系统巨大战斗效能在战争中的运用，更重要的是人们在主观上真正认识到这一作用，并探索出与新技术武器相适应的新的作战方式，形成相应的理性认识——先进作战理论，并根据新的军事理论，调整军队编制，指导平时训练，自觉地按新作战理论指导战争实践。随着主要武器装备的信息化、军队编制体制的调整、军事训练的改革，全面的信息化战争将会逐渐地形成和发展起来。

3. 局部战争实践是信息化战争产生与发展的基础

20 世纪 70 年代以来的几场局部战争，特别是 90 年代以后发生的海湾战争、科索沃战争、阿富汗战争以及伊拉克战争，是人类历史上具有划时代意义、承前启后的重要战争。它们既是工业时代机械化战争的延续，更是孕育信息化战争的“母体”。这几场局部战争大量使用了以信息技术为核心的高技术武器装备和与之相适应的全新的战法，不仅在实践中推动了信息作战向更高层次发展，而且使人们逐步看清了信息化战争的面貌。与以往战争相比，战争的进程、结局以及作战特点所表现出的巨大变化，更使人们看到了战争形态发生的深刻变化以及机械化战争形态向信息化战争形态转变的发展轨迹。人们越来越强烈地感受到，战争形态正在发生深刻而革命性的变化，机械化战争形态正向信息化形态转变，信息化战争时代已经来临。

4. 军事理论的创新发展是信息化战争产生与发展的重要推动力量

随着 20 世纪 80 年代人类社会开始由工业时代向信息时代的迈进，世界各国在军事理论领域的角逐日趋激烈。由于信息技术为核心的军事高技术在军事理论研究领域的广泛运用，许多军事理论的创新成果可以在强大的技术支持下，在实验室得到“预实践”性的验证，军事理论对战争实践的指导作用一改往日的面貌，更多地表现为对战争、军队和国防建设的强力牵引。主要军事大国为抢占信息化战争的制高点，赢得未来战争的主动权，纷纷投入大量的人力、物力进行信息化战争理论研究和实践探索，适应信息化战争要求的新思想、新观念层出不穷，作战理论创新取得了许多重大进展，提出了许多适应信息化战争要求的新作战思想。美军先后提出了空地一体战、指挥控制战、精确闪击战、网络战、全维作战等作战思想，并成功地将这些理论运用于海湾战争、科索沃战争、阿富汗战争和伊拉克战争等军事行动，取得理想效果。俄罗斯、日本、德国、英国、印度等，包括中国在内的一些世界主要军事大国，也纷纷从不同层面对信息化战争理论进行深入研究，提出了许多有价值的见解。世界各国对信息化战争理论的研究和运用，有力地牵引着信息化战争向更高层次发展。

第二节　信息化战争的基本特征

不同的战争形态具有不同的特征，与其他战争形态相比，信息化战争具有鲜明的时代特征。

一、武器装备信息化

科学技术在军事领域的运用，信息技术物化为信息化武器装备，是引起战争形态发生深刻变革的直接原因。工业时代的战争，以机械化武器装备为物质基础；信息时代的战争，则是以信息化武器装备系统为物质基础。信息化的武器装备系统，又是以计算机技术为核心、以信息技术为基础的一体化的武器装备系统。其构成主要包括：信息化武器系

统、单兵数字化装备和C^4ISRK系统。信息化武器系统包括软杀伤型信息化武器和硬杀伤型信息化武器。软杀伤型的信息化武器是指以计算机病毒武器为代表的网络攻击型信息武器和以电子战武器为代表的电子攻击型信息武器。硬杀伤型信息化武器主要指精确制导武器和各种信息化作战平台。信息化作战平台装有大量的电子信息传感设备，并与C^4ISRK系统联网。它们集侦察、干扰、欺骗和打击功能于一体，既可实施战场探测，为精确打击和各种战场行动提供目标信息，还可实施信息攻防作战，是信息化战争的重要物质基础。单兵数字化装备，是指士兵在数字化战场上使用的个人装备，也称信息士兵系统。它由单兵计算机和无线电分系统、综合头盔分系统、武器分系统、综合人体防护分系统和电源分系统组成。单兵数字化装备的出现和运用，意味着陆军作战效能将出现革命性变化。C^4ISRK系统，是战场指挥、控制、通信、计算机、情报、监视、侦察和杀伤系统的简称。它把作战指挥控制的各个要素、各个作战单元黏合在一起，是军队发挥整体效能的“神经”和“大脑”。

二、战场空间多维化

与机械化战争相比，信息化战争的战场空间已由地面、海洋和空中向外层空间、电磁空间、网络空间及心理空间等领域扩展，使信息化战争的战场空间呈现多维化的特征。

在信息化战争中，战场监控、信息传输、导航定位、精确制导等主要靠外层空间的卫星来支持，太空所具备的独特的优越性得到了进一步扩展和强化，没有太空的控制权就不可能掌握制信息权和制空权，也就没有制海权和制陆权。为争夺太空的控制权，太空信息战、太空反卫星战、太空反导弹战等一些新的作战样式应运而生。电磁战场被称做继陆、海、空、天之后的第五维战场，在信息化战争中，电子目标星罗棋布，无论是电台、雷达、通信卫星等各种电子装备，还是地面开进的坦克、海上游弋的舰艇、空间格斗的战机等各种作战兵器和武器平台，在广阔的空间形成密集的电磁频谱网，通过电磁频谱网确保对各军兵种部队的指挥控制。网络空间的出现不仅使地理概念和国家之间的地理分界线变得越来越模糊，也给信息化战争带来了新的作战空间，出现了网络战这一全新的样式。通过计算机病毒、芯片攻击和网络“黑客”入侵等手段，对以计算机为核心的信息网络实施攻击，达到瘫痪指挥控制系统甚至使整个部队丧失战斗力的目的。心理空间已成为信息化战争的一个重要作战空间，主要通过心理战瓦解对方的信心和士气，达到攻击对方认知系统的目的。

三、作战要素一体化

信息化战争是体系与体系的对抗。交战双方为了赢得战争的胜利，必须调动一切积极因素，充分发挥各自系统最大整体作战能力，这就使一体化成为信息化战争的一个重要特征。一体化主要体现在以下几个方面。

（一）作战力量一体化

通过信息网络和信息技术，可以将处于不同空间位置的各种作战力量联结成为一个有机整体，形成一体化的作战力量，主要是武器装备一体化、诸兵种合成一体化、诸军种联合一体化。

（二）作战行动一体化

信息化战争中的主要作战形式，是由两个以上的军种按照总的企图和统一计划，在联合指挥机构的统一指挥下共同进行联合作战，单一军种的独立作战正在消失，空地一体、海空一体、陆海空天一体的多军兵种联合作战已成为作战的基本形式，作战呈现出十分鲜明的一体化特征。

（三）作战指挥一体化

在信息化战争中，集指挥、控制、通信、计算机、情报、监视与侦察为一体的 C^4ISR 系统，为作战指挥提供了准确的战场情报、快速的通信联络、科学的辅助决策、实时的反馈监控，从而使传统的树状指挥体制逐渐被扁平网络化指挥体制所代替，使作战指挥实现了一体化。

（四）综合保障一体化

信息保障的行动趋向“全维”性，“打后勤”将成为全新的作战模式。信息支配的作战保障、后勤保障、装备保障和政治工作保障由分离走向一体化。

四、作战效果精确化

在信息化战争中，在多层次、全方位、全时空的情报、侦察和监视网络的支持下，使用大量的精确制导武器，使各种作战行动的精确化程度越来越高。具体体现在：精确的战场感知、精确的数据传输、精确的指挥决策、精确的打击行动、精确的评估反馈等。

（一）战场感知精确化

大量先进的侦察、监视、预警等探测系统，可对目标实施全天候、全方位的侦察监视，得到全面而准确的战场情报。

（二）指挥控制精确化

在 C^4ISR 系统的支持下，作战指挥与控制实现了互联、互通、互操作，指挥员可以直接对一线部队甚至作战兵器进行有效的指挥控制和协调，使指挥控制精确化。

（三）打击精确化

打击精确化是作战精确化的核心内容，它是靠提高命中精度来保证作战效果，而不是通过增加弹药投射的数量去增强作战效果。随着探测、高速信号处理、自动控制等技术的发展，精确制导武器的命中精度将进一步提高。同时，在 C^4ISR 系统的支持下，信息化武器装备将形成一个完善、精确、灵巧的侦察—指挥—打击一体化系统。

（四）保障精确化

运用以信息技术为核心的高技术手段，精细而准确地筹划、实施保障，高效地运用保障力量，使保障的时间、空间、数量、质量要求尽可能达到精确的程度，以最大限度地节约保障资源。

五、作战样式多样化

作战样式是对作战类型的进一步分类，是战争形态的具体表现，有什么样的作战形态，就必然会出现什么样的战争样式。信息化战争除拥有机械化战争原有的一些作战样式外，还增添了诸如精确战、网络战、电子战、情报战和心理战等与传统作战不相同的新作战样式，使作战样式呈现多样化。

六、战场行动快速化

信息化战争的作战速度快，作战节奏转换迅速，作战行动甚至整个战争的持续时间越来越短暂，使信息化战争呈现出快速化的特征。

（一）作战指挥快

信息技术广泛运用于战场侦察监测设备和信息快速传输网络，实现了信息的实时获取、实时传输、实时处理，使得信息流动速度空前加快，空间因素贬值，时间因素急剧增殖，作战指挥得以快速进行。尽管基本作战指挥程序和信息流程没有发生根本变化，同样要经过发现目标、进行决策、下达指令、部队行动等环节，但这些环节几乎可以同步进行。

（二）部队机动快

部队机动主要体现在空中机动、陆上机动、海上机动等，部队机动的速度达到了前所未有的程度。伊拉克战争中，美军第3机械化步兵师高速挺进，不与伊南部的伊军部队纠缠，开战仅5天，就长驱直入400千米，直逼巴格达，创造了日行170千米的开进速度，是海湾战争中美军开进速度的3倍，创造了战争史上大纵深突击的新纪录。

（三）打击速度快

在信息化战争中，各种信息化武器具有快速打击的能力，使得作战行动的速度加快，时效性明显增强。

第三节 信息化战争的发展趋势

从世界范围来看，战争形态正处在一个从机械化战争向信息化战争转变的快速发展时期。因此，在当前条件下，要准确地预测信息化战争的发展趋势还比较困难。然而，历史的发展有其自身的逻辑轨迹，信息化战争也不例外。未来的信息化战争将在战争的暴力性、战争的层次以及战争的主体等方面发生重大的变化，从而使传统的战争观念受到冲击。

一、战争的暴力性减弱

未来的信息化战争中，由于各种经济活动和社会活动的高度计算机化、信息化和网络化，社会的经济生活和政治生活更多地依赖于各种信息系统，战争则有可能成为不流血或少流血的政治。比如支撑社会经济和政治活动的金融系统、能源系统、交通系统、通信系统和新闻媒介系统等，都是以计算机为基础的信息网络系统。信息和信息系统既是武器，也是交战双方攻击的主要目标。只需通过网络攻击、黑客入侵和利用新闻媒介实施大规模心理战等“软”打击的方式，破坏敌方的计算机信息网络，瘫痪敌方指挥系统，瘫痪敌国经济，制造敌方社会动乱，把战争意志强加给对方，以不流血的形式换取最大的政治和经济利益。在使用各种“硬”摧毁手段的作战中，进攻一方也不再以剥夺敌国的生存权利，或完全夺占敌方的领土等作为最终目标，而是注重影响对手的意志，尽可能地减少战争的伤亡，力争以最小的伤亡代价换取最大的胜利。战争暴力性将会减弱，传统战争的暴力行动将可能被非暴力的“软”打击行动所替代。需要说明的是，战争从本质上讲仍然是解决阶级、民族、国家和政治集团之间矛盾冲突的最高斗争形式，是政治通过暴力手段的继续，那种把信息化战争看做是“不流血”的观点是错误的。

二、战争的主体多元化

传统的战争主要发生在国家、政治集团之间，战争打击的目标主要是对方的军事力量和战争潜力，战争的主体是军队。而在信息时代，由于信息技术和信息系统高度发展，计算机网络联通了整个世界，使得整个世界的政治、经济、科技和文化的联系日益密切，国家的安全受到来自多方面、多种势力的威胁，表现出易遭攻击的脆弱性。实施信息攻击的主体既可能是军队，也可能是社会团体，还可能包括恐怖组织、贩毒集团和宗教极端分子等。

随着科学技术的发展，制造常规弹药易如反掌，制造核武器、化学武器和生物武器的技术也被越来越多的人们了解和掌握，这就使一些社会团体和组织，不仅可以掌握和使用常规武器，而且也有可能掌握和使用核生化武器以及计算机病毒等信息武器。因此，这种情况使国家安全面临着严峻的挑战，并使得发动和从事战争的主体呈现出多元化的特征。当战争爆发时，受到攻击的一方，可能难以判明谁是真正的对手，也难以迅速作出有效的反应和反击。战争不仅会在国家与国家之间展开，而且也可能会在社会团体与社会团体之间、社会团体与国家之间、少数个人与社会团体之间展开。为了应对这种挑战，仅仅依靠军队力量是不够的，还必须依靠社会的各种力量，进行广泛的全民战争。

三、战争的层次更加模糊

在未来信息化战争中，战争的战略、战役和战术层次会逐渐模糊。一方面，战役或战术行动具有战略意义。由于大量信息化、智能化装备和系统的集中运用，武器装备的作战效能越来越高，精确打击和信息作战等作战行动对敌方军事、政治、经济和心理的攻击威力越来越大，因此小规模的作战行动和高效益的信息进攻行动就能有效地达成一定的战略目的。这使得战争进程更为短暂，战争与战役甚至战斗在目的上的趋同性更为突出。另一方面，作战行动将主要在战略层次展开。信息化战争不再是从战术突破到战役突破再到战略突破，而是战争一开始，打击的对象就将主要集中于关乎敌方政治、经济和军事命脉的重要战略目标。尤其是在信息化战争中起主导作用的战略信息战，它对敌方经济和政治信

息系统的攻击以及对敌方民众和决策者心理的攻击，更具有全纵深和全方位的性质。大规模的信息进攻和超视距的非接触作战将成为未来信息化战争的主要行动样式。

四、战争指导上更加追求速决取胜

在信息时代，战争指导者为了得到世界民众的支持，不引发民众强烈的反战情绪，不得不对战争的规模和进程实施严格的控制，为了以最小的代价获得所需要的政治、经济和军事利益，就必须高度重视军事威慑的作用，力争采取速决的方法赢得战争的胜利。美军在伊拉克战争中所运用的“威慑”与“迅速制敌”作战理论，代表了未来信息化战争的一种发展趋势。这种作战理论的核心思想是：“战争发动者通过广泛使用政治、经济、战略、战役、战术层次的全方位力量，形成一种综合力量，向敌人发出‘要么毁灭、要么投降，抵抗是毫无意义’的信号。它所打击的要害目标是国家，特别是国家领导层以及该国军民的抵抗意志，以最经济的手段达成最大的政治利益，从而达到‘不战而屈人之兵’的理想境界。”

在“迅速制胜”理论中，“迅速”意味着在敌人能作出反应前进行快速机动，“制胜”意味着在物质和精神上能够影响和主导敌人意志的能力。“物质制胜”包括摧毁、解除武装组织和抵消能力，使对手无能为力；“精神制胜”意味着摧毁、战胜以及抵消敌人抵抗意志的能力，或者是不用武力就迫使敌人接受已方的条件和目标。达成这种“制胜”的主要机制是通过对敌人施加足够的“震慑”条件，迫使其接受已方的战略目的和军事目标。“迅速制敌”将会夺取环境控制，而且催毁敌人对事件的看法和理解力，或者使敌人的看法和理解力成为负担，从而迫使敌人无法在战术和战略层次上形成抵抗。

第四节　信息化战争与国防建设

信息化战争的到来，增大了国家对战略选择的难度，特别是对我国国防力量建设提出了严峻挑战。对此，我们必须立足当前，着眼未来，在迎接挑战的同时抓住机遇，从发展的角度搞好国防和军队的信息化建设，以求在未来信息化战争中立于不败之地。

一、树立国防建设新理念

认识只有跟上时代变化才能占据主动，理念只有适应形势发展才能把握先机。战争形态的发展变化，给我们带来的挑战首先是观念上的影响和冲击。应对信息化战争带来的挑战，强烈要求我们必须适应这种不可抗拒的变化，树立与打赢信息化战争相适应的观念，为国防现代化提供有效的建设理念和指导方法。

与机械化战争相比，信息化战争是体系与体系的对抗，交战双方力求通过破坏对方的作战体系，瘫痪对方的系统，达到“巧战而屈人之兵”的目的，传统的以大量歼灭敌人有生力量为主的消耗战将不复存在；交战将可能涉及军事、政治和经济等多条战线，以有形（暴力）和无形（非暴力）的方式进行；传统的界线明确的前线与后方的观念将彻底改变，重要的政治、经济、交通目标都可能成为打击的对象。国防建设是打赢信息化战争的重要基础，应对信息化战争形态带来的挑战，只有确立与打赢信息化战争相适应的思维方式，强化信息制胜意识，用与信息化战争要求相适应的国防建设新理念谋划国防建设和发展，才能在迎接挑战中实现国防建设的科学发展。因此，要根据信息化战争对国防建设提出的新要求，在科学考虑国防建设和经济建设时，从宏观规划人力、物力和财力的动员，从经济基础建设到国防工程、交通、信息、防汛和医疗卫生等建设都必须和打赢信息化战争进行通盘考虑、规划和建设，唯有这样，才能使国防建设与未来信息化战争要求相适应。

二、培养国防信息化人才

建设信息化军队，打赢信息化战争，人才是根本。要赢得未来信息化战争的胜利必须高度重视国防和军队信息化人才的培养，造就大批德才兼备的高素质人才，为我军现代化建设和未来作战提供强有力的人才保障和智力支撑。要充分利用相对和平的有利时机，做好军事人才的需求与发展预测，对未来人才的需求规模、类别、结构及其变化规律、发展趋势等作出科学的预测，制定出中长期发展规划，尽快使国防信息化人才培养的层次、目标、体制、方法与国防和军队信息建设的新要求相适应，在武器装备发展更新、未来信息化条件下局部战争爆发前做好必要的人才储备，从而缩小与发达国家军队在人员素质上的差距，确保在未来的军事斗争中立于不败之地。

为适应国防和军队信息化建设的需要，在当前和今后一个时期内必须着力建设好以下几支人才队伍。第一，要努力造就一大批政治过硬、作风过硬、业务过硬的高素质军事科学特别是国防信息科学的研究人才，繁荣和发展我国的军事科学、国防信息科学。第二，要培养和造就大批不同层次的国防信息专业人才。首先，要培养和造就一批既懂海、陆、空、天合同战术，又懂信息技术和信息战，能将“软”、“硬”手段有机结合起来指挥作战，具有先进的军事思想和良好战斗作风的高级指挥人才。其次，要培养和造就一大批信息专业基础知识扎实，才思敏捷，适应性强，具备信息战知识的军官，他们应是善于将技术和战术紧密结合，将信息技术与其他技术紧密结合的复合型人才。再次，要培养和造就一大批掌握最新信息技术，跟踪信息战前沿，勇于攀登国防信息技术制高点的技术专家，从而完善与信息化战争要求相适应的国防信息人才队伍结构。在国防信息人才培养的渠道上，一方面，要依托地方加强信息化人才的双向培养；另一方面，要在军事院校的教学中加大信息化的比重，在部队提高信息化条件下的训练水平，创造良好的信息化人才培养的信息环境和氛围。

三、加强国防信息基础建设

国防信息化是建设信息化军队、打赢信息化战争的基础和保障。面对信息化战争带来的挑战，加强我国国防信息基础建设，重要的是进一步完善我国的国防信息基础设施。如果没有快速、准确和高效的国防信息基础设施，就不可能真正实现国防和军队的信息化。加强国防信息基础设施建设，要促使传统的军事通信网尽快向一体化指挥平台过渡，实现综合、智能和无缝的国防信息网，能使指挥员在任何时间、任何地点获取指挥信息，为满足信息化战争需求提供技术支持和能力保障。

当前，我国的信息基础设施建设已取得了长足的发展，在交通、金融和通信等主要领域的信息化水平已接近世界发达国家，但在整体建设上仍存在较大差距。特别是在核心技术的掌握上还有受制于人的地方，在信息边疆安全问题上还存在许多薄弱环节，信息基础

设施在平时为经济建设服务，在战时为战争服务的能力还不强。因此，必须下大力气加强我国的国防信息基础建设，努力为打赢信息化战争提供重要支撑。目前，国家信息基础建设的重点应主要放在以下几个方面：① 加大微电子技术、计算机技术和通信技术为主体的信息技术研发，力争生产具有独立知识产权的产品，提升信息化的整体水平，避免战时受制于人；② 要大力提升国家大型网络建设水平，固强信息边疆，提高抵御风险的能力和实力；③ 要大力提高软件开发设计能力。目前，我国软件技术还远远落后于世界发达国家，与印度等发展中国家相比也不占优势，而国家的信息安全在很大程度上来自于先进软件技术的保障。因此，要加大研制和开发软件技术的投人，努力使我国软件技术跻身于世界先进行列。

四、完善国防信息动员体系

国防信息动员体系是以增强国防信息能力特别是满足信息化战争需要为目的，以动员信息资源为重点，依靠信息技术手段建立起来的快速、高效的动员组织和管理体系。面对信息化战争带来的挑战，快速高效的国防信息动员是打赢信息化战争的重要保障。

首先，要拓宽动员领域，把动员重点转到信息资源上来。要转变观念，把信息资源作为国防潜力调整和动态管理的重点，把动员的目光聚集于信息资源密集的部门和行业，加强对这些部门和行业动员机构的设置，强化动员职责，严密组织协调，以信息动员带动其他动员。其次，要加快动员手段的信息化建设。要建立纵向贯通、横向连接的动员指挥管理网络，要特别注意增强动员系统各部门之间、动员系统与军队和政府网络之间的技术通用性和兼容性。再次，要形成适应信息化国防动员要求的运行机制。信息化的动员体制，不仅要求各动员系统之间加强横向沟通，而且动员部门与军队和政府部门、社会团体之间也要形成顺畅的关系。

完善国防信息动员体系，要营造信息国防环境。信息国防是一项大的系统工程，既要有一支训练有素、战斗力极强的信息国防部队，还要建立起强大的群众性的国防信息体系。为维护国家安全和适应信息国防需要，平时依托国家的信息产业，在地方信息、资源、信息技术开发、信息技术人才培养、信息装备生产、信息基础设施建设上满足军事需求，以提高信息领域平战转换和信息攻防作战能力，还要进行信息动员。地方在信息数据库建设中考虑军事用途，在信息基础设施中预留军用接口，在信息技术开发和信息人才培养中考虑信息安全需要，在信息装备生产中提高军民兼容程序，都是信息动员建设的主要内容。

加快推进国防信息化建设是信息化时代的必然要求。我军在走机械化和信息化复合发展道路的同时，必须依托国家经济建设和社会信息化快速发展的强劲之势，努力实现国防和军队信息化建设又好又快地发展。如果按部就班地在完成机械化建设后再进行信息化建设，就会坐失良机，在全球信息化的浪潮中被淹没，在下一场战争中失利，军队就不能有效履行新时期新阶段的历史使命。“历久远而不衰，临绝地而再造，逢机遇而勃发”，这是中华民族生生不息的真实写照，也是中华儿女奋发图强的人生志铭。每一个中华儿女都应肩负起中华民族伟大复兴的历史责任，为建设强大的国防贡献力量！

第五节　近期几场高技术战争介绍

学习信息化战争要与研究战例结合起来，以加深对理论的理解和掌握。本节精选两场典型的高技术战争，供大家参考。

一、科索沃战争

科索沃战争是美国为了独霸全球，利用北约对南联盟进行的一场非正义、反人道的战争。战争中，拥有大量高技术武器装备的北约军队通过实施高精度、大毁伤力、非接触的空袭作战，无须攻城掠地就将自己的意志强加给了对方；而处于弱势的南联盟军民，虽然凭借非凡的勇气和灵活的战术迫使北约集团付出了巨大的代价，最终因力量悬殊而以败局收场。

（一）战争起因

科索沃战争的直接诱因，是科索沃的民族矛盾。科索沃是南联盟塞尔维亚共和国西南部的一个省，面积约 1.1 万平方千米，人口约 200 万，90% 以上是阿尔巴尼亚族人，塞尔维亚族人不到 10%。由于历史原因，科索沃的塞、阿两族长期不和，阿族要求建立“科索沃共和国”，并谋求从南联盟分离出去，最终与阿尔巴尼亚合并；而塞族则将科索沃视为本民族历史和文化的摇篮，不愿放弃那里的一寸土地。塞阿两族针锋相对，互不让步。一些阿族极端分子成立了“科索沃解放军”，号召阿族人起义，并策划了一系列袭击和暗杀事件，使暴力冲突逐步升级。从 1998 年 2 月开始，科索沃局势急剧恶化。

科索沃的民族矛盾，被以美国为首的北约所利用。美国的核心目标就是让北约军队进驻科索沃，以肢解南联盟或使其屈服，将整个巴尔干地区完全纳入北约战略体系之中，完成东扩和对俄罗斯的战略挤压。以美国为首的北约积极卷入科索沃危机，使其逐渐国际化，并着手准备对南联盟动武。1999 年 1 月，美国以武力强迫科索沃冲突双方按美国的方案到法国的朗布依埃进行谈判。谈判中，南联盟表示不能接受北约军队进驻科索沃这一涉及南联盟领土主权的条款。谈判最终破裂，北约迫不及待地对南联盟动武。3 月 24 日，北约以“保护人权”之名，对南联盟发动了代号为“联盟力量”的空袭行动，使南联盟人民陷入战争的深渊。

（二）战争经过

科索沃战争历时 78 天，北约的空袭进程大体可分为四个阶段。

第一阶段（1999 年 3 月 24 日—3 月 27 日）：北约共进行了四轮空袭，主要对南军防空系统、空军基地、指挥控制中心和通信中心实施了重点打击，以夺取制空权及削弱整个南军指挥控制系统。南军实施全国紧急动员，奋起抗战。首轮空袭前，北约派出了数架电子战飞机，对预定空袭区域进行了强电磁定向干扰，使南军无法对所属各部队实施有效的指挥与控制，对外联系一度中断。空袭正式开始后，北约出动了包括 B—2、B—52、F—117、F—15、F—16、F/A—18 等高技术武器，对科索沃省和贝尔格莱德附近的南军防空导弹阵地、雷达站、机场、指挥控制中心和通信系统等军事目标实施了重点打击，企图迅

速瘫痪南军的防空体系，全面夺取作战地域的制空权，以确保北约飞机在南联盟上空的安全，为后续阶段的大规模空袭创造条件。战争爆发后，南军民在米洛舍维奇政府的领导下，立即进行全民族的战争动员，号召全国上下团结一致抗敌，动员全国65岁以下男子随时准备参战。同时南防空部队对北约飞机和巡航导弹进行了积极的拦截作战，当天就击落北约的一架F—16隐形飞机。25、26、27日，北约对南实施了三轮空袭，虽然北约在战场上基本占据了主动，但仍然付出了较大的代价，特别是27日南联盟使用萨姆—3型防空导弹，将美军一架F—117A隐形战斗机击落，极大地鼓舞了南军民的抗战士气，令北约大为震惊。此阶段，北约基本上夺取了战场制空权。南军防空设施虽受到严重破坏，但指挥系统仍在运转。

第二阶段（3月28日—4月4日）：北约重点打击南军防空系统和其他军事目标，特别是科索沃及其附近地区的南军警部队，削弱南军作战能力，同时开始打击南联盟各类基础设施。南军适时调整作战方针，坚持持久作战。这一阶段，北约使用了幻影—2000、A—10、集束炸弹等新式武器，对南联盟实施大规模空袭。从3月29日开始，北约打击重点转向部署在科索沃的南军地面部队以及南联盟的工业基地等重点目标。从4月1日起，北约又进一步扩大了空袭的范围，开始轰炸南联盟境内的重要交通设施及各类基础设施。阿族非法武装“科索沃解放军”，乘机向南军发动进攻。在这种情况下，米洛舍维奇总统主持召开最高军政会议，讨论抗敌斗争对策，确立了坚持持久作战的方针。由于南军民的抗敌意志十分坚强，北约速战速决的企图彻底破产，被迫向战区增派兵力。北约虽给南联盟造成巨大损失，但仍未达成预定作战目的。

第三阶段（4月5日—5月27日）：北约采取“添油”战术，进一步加大了空袭的规模和强度，全面打击南联盟各类目标，力争最大限度地削弱其维持战争的能力。南联盟继续抗敌，形势极为严峻。这一阶段，北约空袭持续时间长，空袭范围广，作战手段多样，打击强度大；同时，开始进行地面作战的军事部署。南军民继续进行顽强抗击，但难以扭转战场态势，面临的形势越来越严峻：损失巨大，外援无望，周边安全环境恶化，国内出现悲观失望情绪。南政府不得不正视严峻的形势，在继续抗战的同时，积极寻求尽快结束战争的途径。

第四阶段（5月28日—6月10日）：北约继续保持强大的空中压力，以配合外交斡旋以及北约与南联盟军事代表团谈判，确保在取得科索沃战后主导权的同时，最大限度地削弱南联盟的作战能力和战争潜力。南联盟难以继续抗敌，决定有条件地接受北约和谈条件。北约两个多月的狂轰滥炸，给南联盟造成了极大的战争灾难，使其蒙受了巨大的物质损失和人员伤亡，此时已无退敌之策。为避免国家遭受更大损失，稳定国内局势，南政府决定接受北约提出的条件，与北约举行停战谈判。6月5日，双方军事代表举行会晤，协调接受科索沃和平协议、南军撤离科索沃地区的细节问题。9日，双方就南军撤离科索沃的安排达成协议。10日，南军按照协议开始大规模撤离科索沃。当晚，北约欧洲盟军最高司令克拉克下令暂时停止对南联盟的军事打击，进而宣布结束长达78天的科索沃战争。

（三）主要特点

在科索沃战争中，以美国为首的北约使用其强大的军事力量，实施了78天的战略空袭，基本达成了预定的战略目的，开创了人类战争史上只依靠空袭行动即结束一场战争的先河。

1．北约空袭作战特点

（1）使用高技术兵器，实施诸军兵种联合空袭“南联盟力量”行动。

北约采取的作战方法包括：① 采用前沿部署兵力和快速投送增兵的方法，组成了庞大的高技术海、空军联合空袭力量；② 使用先进的联合直接攻击弹药、空射和海基巡航导弹，实施防区外远程打击；③ 使用飞机携载精确制导弹药实施近距离打击。

（2）围绕政治目的和战略意图，集中打击要害目标。

北约为实现其政治目的和战略企图，对南联盟实施了逐步升级的战略空袭。

第一阶段重点打击在科索沃清剿阿族武装的南联盟军队和南联盟首都的防空系统、军队指挥控制系统以及主要军营等战略目标，其主要目的是防止科索沃阿族武装被歼，迫使南联盟屈服。

第二阶段从3月28日开始，重点打击南联盟地面部队、军工厂和航空设备生产设施等目标，包括集群坦克、火炮、其他重型装备和运输车辆以及北纬44°线以南的流动指挥所等目标，打击范围已逐步扩展，企图进一步削弱南联盟的军事实力，摧毁南联盟军队的斗志。

第三阶段从4月5日开始，转入对南联盟的全面打击。打击目标包括南联盟内务部、警察总部等政府机构、军事指挥系统、军火库以及石油生产及储存设施、无线电通信及广播电视设施、飞机场、飞机库、重要的高速公路桥和其他公路桥等民用设施，企图破坏和削弱南联盟战争潜力和经济实力，动摇南联盟人民的战争意志，加速实现使南联盟屈服的政治目的。

（3）信息战和夜间精确打击相结合，多种作战手段并用。

① 北约空袭采取了非对称作战的战法，空袭时机多选在夜间。首先对南进行全盘信息压制，破坏南军的侦察监视和指挥系统，从而最大限度地降低南防空导弹系统的反空袭作战能力；尔后，利用夜暗，使用巡航导弹和大批作战飞机实施精确制导打击，使南军的高炮部队难以对空中目标进行有效的目视搜索和射击。② 空袭作战计划灵活多变，多种空袭兵器协调并用。使用巡航导弹对大型固定目标实施远程袭击，使用机载精确弹药对点状和集群目标实施近程轰炸。③ 注重特种作战和战场救援。驻马其顿的北约特种作战部队，迅速向科索沃及南联盟其他地区进行渗透，并积极搜集情报、指示目标、协助救援，从事特种破坏、恐怖活动和开展心理战等，以配合空袭作战。

（4）战区外远程指挥与战区内机动指挥相结合，综合运用多种指挥手段。

北约首次使用了“初期联合空战中心能力系统”、“北约综合数据传输系统”和“海上指挥控制系统”等新的C^4ISR系统实施指挥。在性能先进的C^4ISR系统的支持下，北约欧洲盟军总司令克拉克将军，在布鲁塞尔北约总部，对千里之外的各种打击力量实施实时的战区外指挥与协调。战区内则由空袭机群指挥官和舰艇指挥官实施机动式的战术指挥与控制，从而提高了指挥的时效性，增强了北约多国部队的协同作战能力。但由于巴尔干地区地形复杂，气象条件恶劣，卫星和空中侦察效果有限，加上南联盟实施新闻管制，并采取了防谍反特等措施，使得北约难以准确评估空袭的作战效果，从而影响了其作战信息链的正常运作，造成北约后续行动的打击目标带有很大的盲目性。

（5）空袭效果不佳，被迫采取添油战术。

北约空袭虽然给南联盟造成了自第二次世界大战以来最大的战争损失，但其战略空袭并没有达到预期的效果。同时也暴露了其弱点：① 战场信息准备不足，从空袭效果看，北约对战场目标数据的掌握有限，对南联盟军队隐藏起来的目标更是一无所知，以致打击效果不佳；② 低估对手实力，空袭之初，很快被南联盟军队击落包括 F—117A 隐形战斗机在内的数架先进战机，之后被迫采取添油战术，逐次增兵，不断扩大打击范围和增强打击力度，时至 4 月中旬，空袭仍不能达成目的，造成骑虎难下的被动局面。

2. 南联盟反空袭作战特点

（1）作战准备充分。经过多年的战备施工，南联盟在各战略要地构筑了大量战备工程和防空设施，形成了完善配套、能打能藏的国防工程设施。特别是在北约发出空袭威胁时，便开始进行反空袭作战的准备。

① 构筑防空设施，加强防空部队建设。南共有 16 个防空旅和 15 个防空团，而其陆军的地面机动部队也只有 20 个旅零 5 个团。防空部队几乎与地面机动部队相等，可见其防空部队所占比例是很大的。② 战前进行了广泛的战争动员，落实了各项防空措施。基本上做到了“导弹机动，飞机进洞，人员疏散”，有效地保存了军力。③ 美英“沙漠之狐”行动结束后，南联盟军队曾专门派人到伊拉克研究反空袭作战的经验教训，探讨反空袭战法，特别是研究探讨了如何保存军力、如何拦截巡航导弹、如何打敌隐形飞机的一些具体措施，从而使南联盟在北约大规模空袭面前秩序井然、迅速地转入了战时体制，组织部队、居民进行有重点的顽强抗击。

（2）作战方法灵活。① 避敌锋芒。北约空袭初期，南联盟有效地隐蔽了防空力量，特别是性能较为先进的米格—29 飞机和防空导弹，从而减少了损失。② 重点抗击。集中主要防空力量于首都贝尔格莱德和科索沃地区，抓住敌低空轰炸、救援等时机，打击空袭之敌。由于南联盟的防空部署比较科学合理，因而南联盟不仅有效地保存了实力，而且创造了击落各种战机 60 余架、拦截巡航导弹 238 枚的战绩。③ 以己之长，击敌之短。针对北约空袭的规律，广泛采用佯动迷惑、航线设伏、突然开机搜索、突然打击等战术手段，有效地抗击了北约的空袭行动，仅在第一、二阶段反空袭作战中，南联盟军队就击落了 10 余架北约战机，特别是击落了号称世界上最先进的 F—117A 隐形战斗机，创造了以劣势装备战胜优势装备之敌的典范。南联盟还在北约空袭期间，实施了“马蹄铁”作战计划，投人大量兵力围剿科索沃阿族武装，造成了犬牙交错之势，使北约空袭投鼠忌器，难以对南联盟实施精确打击。

（3）充分发挥天时地利优势。南联盟充分利用其境内山多林密的复杂地形和阴雨多雾的天候条件，有效地隐蔽了军队的部署、机动和打击行动。在贝尔格莱德和普里什蒂纳两市及其附近地区，南联盟军队以城市建筑物作隐蔽，充分发挥城市交通便利、通信高效的有利条件，与敌展开了机动防空作战。

（4）广泛实施信息战。① 电子战。空袭过程中，南联盟积极与敌展开了电子斗争，阻止了北约夺取预期的制电磁权，南联盟雷达仍然能够有效地发挥作用。② 情报战。南联盟在空袭伊始即宣布驱逐参战国所有记者，组织群众昼夜巡查，清除耳目，削弱了北约的情报搜集能力，并在反空袭斗争中，成功破获了一个间谍网；同时，南联盟利用驻北约的支持者，也搜集了一些北约空袭的情报。③ 心理战。南联盟利用广播电视、国际互联网等媒体宣传空袭造成的灾难，争取国际舆论的广泛支持，宣传反空袭战果，鼓舞全国人民斗志。④ 网络战。南通社为随时提供南联盟遭空袭的情况和战果，专门开设了“科索沃危机”网址，号召全世界塞族人民团结御敌，贝尔格莱德的“网吧”还用各种方式鼓励网民们上网抗击西方媒体，有的计算机专家还以互联网为武器，向北约总部及其成员国政府的网址实施攻击并取得一定的效果。

（四）战争启示

1．军队要常备不懈

军队是国家或政治集团为战争和实施战争而建立起来的正规组织，是执行政治任务的武装集团。随时准备用战争手段抵抗侵略，捍卫国家主权和尊严，维护祖国统一和领土完整，保卫人民的和平劳动和社会主义建设成果，是我军神圣的使命。

全军要树立准备打仗的观念：① 要牢记我军肩负的神圣职责，增强敌情意识和忧患意识，居安思危，常备不懈；② 要有不畏强敌、敢打必胜的信心，随时准备忠实履行党和人民赋予的历史使命；③ 要努力把握信息化条件下局部战争的特点和规律，创造行之有效的训法和战法；④ 要坚定走科技强军的道路，切实提高打赢信息化条件下局部战争的能力。

科索沃战争表明，一个国家或一支军队必须有正确的战争观，对战争危险要有清醒的认识。只要我们把军事斗争准备的基点时刻放在打赢可能发生的战争上，切实提高军队的战斗力，就一定能战胜强敌，不辱使命。

2．构建完整可靠的防空体系

构建完整可靠的防空体系，着重解决两个问题：① 建立平战结合的三军联合战区防空作战指挥机构，对战区范围内的所有防空力量实行统一指挥；② 各级都应成立单独的防空业务部门，以加强防空兵建设和作战指挥，驻地附近有重要战略目标的防空兵部队，可以赋予日常防空任务，以弥补国土要地防空力量的不足，保卫重要目标的空中安全。

加强对重要经济目标的防空。未来战争中敌对我实施空袭，除打击我军事目标外，也可能以破坏我经济建设为目的，对重要大中城市经济价值较大的民用目标，如沿海发达地区的经济重镇和交通枢纽及大型电站等进行打击。应围绕这些重要地区和目标，有重点地进行防空战场建设，包括交通、通信、工程、物资储备等。

改善防空武器装备。大力发展防空武器装备，尽快缩短我与强敌的技术差距，是取得反空袭作战胜利的重要条件。科索沃战争的实践表明，现代防空力量的优劣对比不在个别武器装备，而在于整个武器系统，哪一方占据系统优势，哪一方就有可能在战争中取得主动。劣势装备虽也能在战争中打掉几架高性能的飞机，也能拦截一些巡航导弹，但不能从根本上扭转战局。发展我军的防空武器装备，应从提高整个武器系统效能出发，坚持软硬兼顾，人机相融，攻守平衡，以形成强大的综合防空能力。

3．夺取制信息权才能掌握战场主动权

战争中的主动权是军队的命脉。如果说在第一次世界大战中为夺取胜利必须获得地面火力优势，而在第二次世界大战中除夺取地面火力优势外还要夺取制空权的话，那么在现代条件下，这种主动权已经在很大程度上转移到信息领域，制信息权成为军队全部的自由权。在这场战争中，北约几乎完全夺取了制信息权，而南军却基本上丧失了制信息权。由于受到北约强烈的电磁干扰和反辐射攻击，南军远程预警系统、指挥通信系统和兵器基本失效。由此可见，在现代战争中，谁拥有信息优势，谁掌握了制信息权，谁就能在战争中赢得主动；相反，谁要丧失了制信息权，谁就将处于被动地位。

我国的信息技术发展很快，建立在信息基础上的各种网络系统已初具规模。但在总体上，我们的信息系统和信息化武器装备还很落后，与未来战争中可能面临的强敌相比，还存在较大差距，主要表现在：敌信息攻击能力强，我信息防御难度大；敌信息系统技术比较先进，我信息进攻手段有限；敌侦察监视手段多，我侦察与欺骗任务艰巨。因此，在争夺信息领域主动权的过程中，我国将面临严峻的挑战。

4. 有针对性地进行新“三打三防”训练

科索沃战争期间，南军用较落后的武器装备，击落了一些作战性能先进的敌机，其中很重要的原因是根据敌机行动的规律，平时加强了针对性训练。在信息化条件下的局部战争中，信息化空袭兵器对我构成了新的挑战，必须加强以打隐身飞机、打巡航导弹、打武装直升机为内容的新“三打”和防侦察监视、防电子干扰、防精确打击为内容的新“三防”训练。

加强对空侦察训练，提高空情预警报知能力。① 如何对地面和空中的雷达发射、接收设备合理布局，组成配套严密、空地一体化的多基雷达网；② 如何充分运用高平台雷达，即星载雷达、空中预警雷达及其他机载雷达，从不同角度尽可能发现隐身飞机；③ 如何充分发挥光电设备、夜视器材的作用，运用望远镜、高性能摄像机、夜光夜视仪、红外热成像仪等器材，结合雷达手段发现隐身飞机；④ 当雷达系统不能连续发现掌握隐身飞机航迹时，雷达情报综合系统如何将所掌握的多个断续航迹加以连接，并进行推移延长，迅速判明敌机航线；⑤ 如何混合、交错部署雷达，从不同频段、不同方向发现来袭目标；⑥ 如何建立以观察哨为主的低空搜索网，做到一哨发现，全网皆知。

加强防空机动作战训练，提高快速反应能力。有效打击隐身飞机、巡航导弹、直升机等高技术空袭兵器，发现是前提，战法运用也很关键。加强机动作战训练，提高快速反应能力，是解决“抓得住”的问题。① 如何建立对敌隐身机群实施伏击或截击部署；② 加强对空射击训练，提高火力突击能力。加强对空射击训练，提高火力突击能力，是解决“打得上”的问题。实施拦阻射击，对隐身飞机实施较大范围的火力覆盖，达到将其歼灭的目的；实施后向射击，一线与二线防空兵力密切配合，对敌来袭兵器形成前后夹击之势；活用火力，抓住战机，快速射击。

二、伊拉克战争

伊拉克战争是美英等少数国家，不顾世界上大多数国家和爱好和平的人们的反对，公然违背联合国宪章和国际法基本准则，绕开联合国对主权国家伊拉克进行的一场非正义战争。

（一）战争起因

2003 年 3 月 20 日，美英等国在没有取得安理会授权的情况下，按照其“先发制人”的战略，绕开联合国发动了对伊拉克的战争。美国对伊开战的理由是：萨达姆实行独裁专制；伊拉克支持恐怖主义；伊拉克拥有大规模杀伤性武器；伊拉克实质性地违反了联合国 1441 号决议等。实际上，美国发动伊拉克战争的动机却在于推进其全球战略：谋求建立单极世界，维护其霸权地位；改变世界石油权利结构，强化世界经济的主导地位和追求现实利益；整顿中东秩序，打击伊斯兰世界中的反美势力；防止大规模杀伤性武器扩散，追求

“绝对安全”与消除“9·11”事件后的不利影响等。它反映了美国的地缘战略、能源战略、经济战略和反恐战略的重叠与综合作用。

（二）战争经过

伊拉克战争仅持续了43天，远不及人们战前所预想的时间长，交战的激烈程度也有限，但它却是现代信息化战争的一个典型缩影，并形成了明显的阶段性作战特征。这场战争按作战的意图及进程大致可分为火力空袭与快速突进阶段、战场控制与消耗作战阶段、主要城市进攻与战局转折阶段、扩展战果与搜剿稳定阶段。

1. 火力突袭与快速突进阶段（3月20日—3月25日）

2003年3月20—3月25日，是伊拉克战争大规模交战的初始阶段，也是美英联军对伊拉克实施海空联合火力突袭与地面部队快速突进作战阶段，作战持续时间为6天。

本阶段的主要作战行动包括：美英联军海空力量的“斩首”作战、“震慑”作战，支援地面部队作战，地面作战力量的快速突进作战和特种部队的作战等。

其中，于3月20日当地时间0时25分突然实施的“斩首”作战，主要针对的是萨达姆及亲信。随后展开的“震慑”作战除进一步打击伊拉克高层领导人的可能藏身地外，还袭击了包括指挥中心、情报中心、通信设施、电力设施、政府办公设施和新闻机构在内的伊拉克重要目标。

与此同时进行的地面作战分东、西两线进行，西线为主要攻击方向，以美陆军第3机械化步兵师为主力的联军部队，沿幼发拉底河直向巴格达突进，企图从西南方向突破巴格达地区伊军的防御；东线为助攻方向，以英军第1装甲师第7装甲旅和美海军陆战队第1远征部队一部为主的联军部队，向乌姆盖斯尔港和巴士拉方向进行策应性攻击前进，企图从东南方向撕开巴格达伊军的防御，为联军后续部队登陆创造条件，并控制伊拉克南部主要油田。

美英联军特种部队的作战行动包括：潜入巴格达附近地区进行侦察与情报战，夺占伊拉克西部的H2和H3机场，并在伊北部地区进行力量集结与组织库尔德反伊武装等。

伊拉克军队也针对美英联军的行动进行了相应的防御与反击作战。其中，包括反空袭作战，第51师所属部队在巴士拉外围及乌姆盖斯尔港一带的防御作战和部分导弹袭击战等。

2. 战场控制与消耗作战阶段（3月26日— 4月5日）

3月26日—4月5日，是战争的一个相对胶着阶段，也是美英联军对伊进行战场控制与攻城夺要阶段，作战持续时间10天。

本阶段的主要行动包括：进一步的“震慑”作战，巴格达外围要地和巴士拉及其附近要地的争夺战以及开辟北方战线和调整部署等。

其中，美英联军新一轮的“震慑”作战，加大了对巴格达的空袭强度，并扩大了对战区重要目标的打击范围，有选择地攻击伊拉克居民区，包括3月27日对伊拉克国家电视台的袭击和31日对伊拉克新闻大楼的袭击以及对提克里特地区伊军精锐部队的打击。联军西线主攻部队主力则分别在纳西里耶、库特、纳杰夫以及卡尔巴拉至希拉一线与伊军展开了激战，并于4月5日进抵巴格达外围。联军东线部队一部对巴士拉外围进行清剿作战，并开始围攻巴士拉；另一部则对后方及侧翼的伊军进行了清剿，其中一部兵力于4月

2 日攻占了库特以西的努马尼耶机场。

美军特种部队不仅于 3 月 28 日开始在伊北部苏莱曼尼地区出现，并组织库尔德武装展开了保障北方战线的行动，还于 4 月 1 日在纳西里耶进行了营救美军战俘的行动。同时，联军为解决战线拉长后的兵力不足问题，开始抽调美军第 4 机械化步兵师开赴战区。伊拉克军队则利用沙尘暴对联军的不利影响，组织了一些局部反击与袭击作战，以迫使联军放缓攻击速度，并增加伤亡。其中，3 月 26 日在库特地区实施了装甲部队的反击；30 日向科威特进行了导弹袭击；4 月 4 日在一个检查站进行了人体炸弹袭击等。

3. 主要城市进攻与战局转折阶段（4 月 6 日—4 月 9 日）

4 月 6—4 月 9 日，是美英联军对以巴格达为代表的伊拉克主要城市进行围攻与占领，并促成战局发生根本转折的阶段，作战持续时间 4 天。

本阶段的主要作战行动包括：以巴格达和巴士拉为中心的城市进攻作战、支援地面作战的海空火力战和北方战线的配合作战等。

其中，以美军第三机械化步兵师为主的联军部队在经过了预先试探后，于 4 月 7 月、4 月 8 日从西面和南面两个方向进入巴格达，海军陆战队第 1 远征部队则从东面和东北两个方向进入巴格达。至 9 日，美军基本控制了巴格达市区内的主要目标。以英军第 3 突击旅为主的部队则分别从东南、西南和西北三个方向对巴士拉发起进攻，并于 4 月 7 日基本清除伊军的主要抵抗力量，8 日起转入巩固占领的零星作战。与此同时，联军其他部队分别占领了纳西里耶、纳杰夫、希拉、卡尔巴拉、库特和阿马拉等伊军防御要点。由于伊拉克的几个主要战略要点均已丧失，从而形成了战局的急转直下。

与联军的主要行动相呼应，在美军特种部队组织下的库尔德武装也攻占了伊北方重镇摩苏尔附近的战略要点马克布尔山，并逐渐缩小对石油重镇基尔库克的包围圈。美军新投入的第 4 机械化步兵师也开始向巴格达以北地区运动，并于 4 月 6 日抵达纳西里耶和塞马沃之间。

相对而言，伊军除在巴士拉外围以及于联军围困巴格达之初，或入城后在个别地区的零星袭击行动外，这一阶段几乎没有组织有效的抵抗，更没有形成“激烈的巷战”，以致让联军长驱直入。

4. 扩展战果与搜剿稳定阶段（4 月 10 日—5 月 1 日）

4 月 10—5 月 1 日，是美英联军继续扩展战果，向伊拉克北部主要地区发展进攻，并巩固胜利的搜剿与稳定作战阶段。作战持续时间 23 天。

本阶段的主要作战行动包括：攻占提克里特作战、北方战线对摩苏尔和基尔库克的作战、以巴格达为主的清剿与搜捕等。

其中，自 4 月 13 日夜开始，联军对提克里特实施了空袭，美海军陆战队一部兵力在未遇有效抵抗的情况下突入该城。此前两天，空降至伊北部的美军第 173 空降旅等部队及特种部队，在库尔德武装的配合下，已进入摩苏尔和基尔库克。同时，美军以巴格达为主，展开了大规模的清剿与搜索行动，并于 13 日接管了巴格达警察局。至 15 日，继先前驻摩苏尔的伊军第 5 军放弃抵抗后，管辖伊叙边界安巴尔地区的伊军指挥官也向联军投降。联军方面从而宣称，对伊战争大规模军事作战行动暂告结束。但仍继续通缉与搜捕伊拉克军政高级领导人，并继续清剿残存的伊拉克敢死队及零星抵抗的武装人员。同时，转入战后稳定秩序与部署重新调整时期。

2003 年 5 月 1 日 21 时，美国总统小布什在从海湾战争返回的“林肯”号航母上宣布：“我们在伊拉克的主要作战行动已经结束。”在这场历时 43 天的战争中，联军共出动作战飞机 3 万余架次，投掷与发射各类精确制导弹药 27200 余枚。其中，精确制导炸弹 18200 余枚，巡航导弹 750 余枚。主要作战期间，美英联军伤亡近 700 人，其中，美军亡 134 人，英军亡 31 人，美英受伤及失踪共计 500 多人。伊军伤亡初步统计达 3 万多人，其中，亡 15000 余人，伤 2 万人左右，另有 9000 余人被俘。

（三）主要特点

在伊拉克战争中，美英联军依靠强大的军事实力，充分发挥了高新技术武器的优势，精确选择打击目标，协调运用各种力量，灵活运用新的作战样式与战法，体现了一些不同于以往战争的特点。

1. 注重“斩首”，直接打击要害

在战争中，美英联军在“直接打击敌军重心”思想的指导下，采取了“擒贼先擒王”的精确打击战法，针对伊拉克军政最高统帅萨达姆，采取了“斩首”行动，并重点轰炸伊拉克首都巴格达的重要战略目标。同时，辅以规模空前的海空火力“震慑”作战和地面部队的快速突进，企图一举制胜。为达成“斩首”目标，联军对萨达姆的总统官邸、家人住所、可能的办公与开会地点，或藏身之处等，都进行了持续的空中精确打击。并且，作为联军主力的美陆军第 3 机械化步兵师，在发起进攻后长驱直入，不恋战，迅速兵临巴格达城下，直接威逼并攻取了伊拉克首都，从而造成了伊军整个防御体系的失衡与战线的迅速瓦解，致使战局发生了根本性转变。

2. 空地并举，多种力量协同作战

在战争中，美英联军一改以往那种先实施大规模战略空袭，再实施战场准备，而后才发起地面进攻的传统作战模式，既没有采用第一次海湾战争的模式，也没有采用科索沃战争的模式，而是采取空地并举、多种力量协同作战的模式。联军地面作战力量几乎在海空作战的同时便展开了攻击行动，而且空袭作战与地面作战相互协同，互相配合。同时，特种部队也展开了多种行动进行配合。另外，美英还利用电视、电台、互联网、传单和大喇叭广播等多手段对伊进行了力度极大的心理战。它们互为呼应，对伊形成了综合压力，并促成了战略目标的顺利实现。

3. 因情变阵，实施灵活指挥

战争进行期间，曾经遇到了海湾地区的沙尘暴以及初期进展不顺的情况。对此，美英联军没有因原先计划受阻而方寸大乱，而是采取了主动的应变策略：一方面即时调整了攻击部署与进攻节奏；另一方面各级指挥人员采取了灵活的临机处置，以保持指挥的不间断。

在遇到沙尘暴袭击期间，联军减缓了空中袭击的频率和地面推进的速度，但仍保持战机的一定出动率，以保持对伊军的战场压力。并且，地面部队除进行必要的攻击行动外，加强了对伊军战场目标的侦察与伊军动向的进一步掌握。

当土耳其议会否决了允许美军通过该国开辟“北方战线”的动议，联军“南北对进”计划落空后，美国家最高指挥当局一方面调整作战计划，加强了南部方向的主要进攻；另一方面积极进行外交斡旋，最终争取了北方战线的开辟。

当美军因长驱直入，战线过长，后勤补给不济，作战面临重大困难时，作为联军最高

指挥机构的中央总部迅速将部分决策权下放给前线的指挥官，使其得以根据战场形势的发展自行决断采取下一步行动的时机。

4. 注重信息化手段的运用与随机作战保障

美英联军充分发挥信息优势，不仅运用其先进的技术侦察手段，还以特种部队和情报人员，对伊军情况与欲打击的目标进行了准确把握，并将情报及时反馈到指挥中心与分发到参与攻击的空中联队，从而实现了对重点目标的精确定位打击。为了加大打击效果，美英联军还在作战中大量使用了信息化的精确弹药，其所占比例高达80%，为海湾战争的10倍。另外，美军还在作战中部分地检验了数字化部队的未来士兵信息化作战系统。在作战保障上，美军为避免重蹈第一次海湾战争时物资囤积过量、一半没有派上用场的覆辙，采用了与“适时、适地和适量”原则相适应的随机与“弹弓式”保障方式，使后勤保障部队与作战部队保持同步推进，从而提高了战场支援的效率。

（四）战争启示

伊拉克战争是信息化条件下的一场高技术战争，既具有信息化战争的特征，也反映出机械化战争的一般特点和规律。总结这次战争的经验和教训，可以得出以下主要启示。

1. 居安思危，提高遏制战争和打赢战争的能力

伊拉克战争表明，当今世界仍然是一个以强凌弱、以大欺小、以富压贫的世界。以对伊战争为开端，美国的战略野心和战争狂热可能进一步升级，其战略重心可能加快向亚太地区转移，加速完成对我国的战略环形封控。我们必须立足于更高的战略基点审视面临的威胁和挑战，要丢掉幻想，准备斗争。面对强敌咄咄逼人的进攻态势，必须提高遏制战争和打赢战争的能力。要按照“遏制有手段，打赢有能力”的目标，建设一支现代化的国防力量。我们要争取20年的和平环境，全面实现小康社会的战略目标。但是，这20年和平要靠我们自己充分的军事斗争准备来保障。

2. 消除“恐高症”，树立敢打必胜的坚定信心

在近期几场高技术战争中，美军大量使用高技术武器装备，迅速达成了战争目的。因此，我军部分人员产生了畏难惧战心理。这次战争初期，伊拉克军民利用GPS干扰器或燃烧石油，造成美军一些精确制导武器出现偏航和掉弹；广泛设置假目标，消耗精确制导炸弹；袭扰后勤，造成敌前方供应困难，使美军一度处于比较被动的局面。战争实践证明，只有从“恐高症”中解放出来，真正树立敢打必胜的信心，才有可能发挥人的主观能动性，运用谋略，争取主动，战胜对手。消除“恐高症”，是我们未来战胜强敌，在思想上必须解决好的首要问题。伊拉克尚且敢于与拥有高技术武器装备的强敌对抗，我们更应该有决心、有信心、有办法与强敌较量。同时，还要汲取伊拉克的深刻教训，其军队高层军官尚未作战，精神上就已缴械、投降，这样的军队不可能有旺盛的战斗意志，到了战争的关键时刻，军队便顷刻瓦解。

3. 突破高新技术的“瓶颈”，夺占航天和信息的制高点

在伊拉克战争中，美军动用了各种军用卫星90多颗。各种卫星为预警探测、情报侦察、通信联络、指挥控制和精确打击提供了全天候、大范围、高精度、长时间的技术保障。伊军即便利用沙尘暴天气机动，也未能逃过美军的监视。未来战争中，围绕太空制高点和信息优势的争夺将日趋激烈。我们必须在这两个方面有大的突破、以减少和弱化强敌

的优势。

我国的航天事业已有相当基础，应继续加大投入，有重点地研发反制卫星、干扰卫星及摧毁信息节点的手段，增强空间对抗能力。在信息化建设方面，我军尚处于起步阶段，远不能适应未来信息化战争的需要。必须发展 C^4ISR 系统，为各种能力与武器装备实现系统集成提供信息支撑；必须加大信息化武器装备的发展力度，对各类武器装备进行信息化改造，极大地提高各种毁伤压制兵器的打击精度和使用效果。要以信息化带动机械化，实现我军武器装备的跨越式发展。

4. 推进新军事变革，以作战需求牵引理论创新

在伊拉克战争中，美军运用了“快速决定性作战”理论，“斩首”和“震慑”战法，长驱直入式的机动战，夺要攻心的城市战等新理论、新战法，战场变化令人耳目一新；在特种部队单兵计算机中安装了“漫游者”软件，大大提高了战场感知和指挥控制能力；美军后勤以商业化方式保障物资筹供，全面运用可视化后勤系统，确保指挥的实时高效，实现了聚焦后勤的思想；配发新型单兵野战口粮和具有止血功能的急救包；把通缉令制作成扑克牌下发等。这些都体现了美军求新、求异、求发展，超越自我，不满足于现状的思维方式。

在借鉴中全面创新发展，是我军的一项重大历史性课题。我们应真正以作战需求为牵引，改革一切不适应信息化战争的观念、制度和体制，包括对作战指挥体制、院校结构和教育模式、现行的战法和训法、军队职业化、后勤社会化等方面的改革。进一步强化创新意识，按照打赢信息化战争的标准，勇于破旧立新，大幅提升我军整体作战能力，以应对世界新军事变革的严峻挑战。

思考题

1. 什么是信息化战争？
2. 信息化战争的产生与发展的动因是什么？
3. 信息化战争的基本特征有哪些？
4. 信息化战争的发展趋势有哪些？
5. 谈谈如何加强信息化条件下的国防建设。
6. 从近期几场高技术战争中你得到了哪些启示？

第六章

共同条令教育与训练

条令，就是命令，是军队战斗、训练、工作、生活的法规和准则。中国人民解放军有很多条令、条例，不同军、兵种又有各自不同的条例和规定，而《中国人民解放军内务条令》、《中国人民解放军纪律条令》、《中国人民解放军队列条令》则是全军必须执行的共同条令，是全体军人必须共同遵守的法典。三部条令依据我军性质、宗旨，以立法的形式规定了军队日常活动等最基本的行为规范。

第一节　军队颁布共同条令的意义

中国人民解放军是人民的军队，是中华人民共和国的武装力量，是人民民主专政的坚强柱石，肩负着巩固国防、抵抗侵略、捍卫祖国的历史重任。我军的性质和任务，要求我军必须要有高度统一的组织纪律和行动。我军的广大干部、战士来自祖国的四面八方和社会各个阶层，在生活习惯、文化水平、人生经历、道德素养等方面的差异较大，如果没有一个从生活到工作、从管理到训练统一、严格的行动准则予以规范，部队就会失去应有的凝聚力和战斗力，也就不可能完成好以军事训练为中心的各项工作任务，作为军人也就不可能成为优秀的干部、战士。

在新的历史时期，执行和落实好条令是实现我军现代化、正规化建设战略目标的重要措施之一。只有全面认真地贯彻执行条令，才能更好地维护我军内部良好的上下级关系、军内外关系和正规的工作秩序、生活秩序，才能严格履行职责，搞好行政管理，才能培养优良作风，增强纪律性，巩固和提高战斗力，提高我军质量建设的水平。

按照2002年教育部、总参谋部、总政治部下发的《普通高等学校军事课教学大纲》的要求，在普通高等学校开展学生军训工作，进行中国人民解放军共同条令教育训练，对于增强学生的组织纪律性，树立良好形象，提高学生综合素质，培养“四有”新人，加强和维护校园正常的学习、生活和工作秩序，促进校园文明建设，将起到积极的推动作用。

共同条令是军队建设的基本准则，也是高校学生军训生活必须遵循的原则和标准。通俗地讲，条令就是学生军训的规矩。因此，每一个军训学生，首先，要认真学习条令内容，把握条令精神。紧密结合自身实际，切实从理论与实践的结合上，把条令精神融入到学习、训练、生活和工作中，使《中国人民解放军内务条令》、《中国人民解放军纪律条令》和《中国人民解放军队列条令》真正成为每个学生军训生活的行为准则。其次，搞好条令教育，增强条令意识。高校学生来自全国各个不同的民族和地区，在文化、思想、观念和素质等方面具有相当大的差异性，据此，高校管理部门要坚持以教育为导向，采取集中教育与分散教育、集体教育与个别教育、管理教育与思想教育等多种形式并举的方法，转变思想观念，真正把大家的思想和行动统一到条令精神上来。最后，抓好条令落实，促进全面发展。军事技能训练，要认真贯彻“严格训练，严格要求”的“两严”方针，通过认真落实条令，让广大参训学生从军事技能训练的实践中领悟条令丰富而深远的育人内涵，激发科技强军、知识报国、振兴中华的自信心和责任感，促进学生素质与能力的全面发展。

第二节　共同条令简介

一、内务条令

内务条令是规定军人基本职责、军队内部关系和日常生活制度的法规，是军队生活的准则、行政管理的依据，由军队最高领导人或领导机关颁发全军执行。其目的在于：建立和维护团结统一的内部关系、紧张有序的生活秩序、严整的军容、优良的作风和严格的组织纪律，以巩固和提高战斗力，保证作战及其他任务顺利进行。

中国历代军队有关内务的要求，通常是与作战、训练、纪律等内容结合在一起予以规定的。清光绪三十二年（1906 年），北洋陆军兵备处编印了《内务条例》，形成了专门的军队内务法规。我军历来重视内务管理。1936 年，《中国工农红军暂行内务条令》颁布施行，这是我军最早的内务条令。1942—2010 年，中央军委对《中国人民解放军内务条令》先后进行了 9 次修订。

2010 年颁布的《中国人民解放军内务条令》内容包括：总则，军人宣誓，军人职责，内部关系，礼节，军人着装，军容风纪，与军外人员的交往，作息，日常制度，值班，警卫，零散人员管理，日常战备和紧急集合，后勤日常管理，装备日常管理，营区管理，野营管理，常见事故防范，国旗、军旗、军徽的使用和国歌、军歌的奏唱，附则等，共 21 章 420 条。该条令根据我军新时期质量建军的总任务，从加速建设现代化、正规化革命军队的需要出发，按照江泽民“政治合格，军事过硬，作风优良，纪律严明，保障有力”的总要求，认真贯彻“三个代表”的重要思想，进一步强调了坚持党对军队的绝对领导，保证党的路线、方针、政策的贯彻执行，使部队在思想上、政治上、行动上同党中央保持高度一致。该条令充分体现了从严治军的基本特点和规律；突出了以军事训练为中心，以管理工作为重点，以正规化建设为目标的各项工作；贯彻了建立正规的内务制度和良好的战备、训练、工作、生活秩序，加强装备物资和军事设施的管理，努力提高军队打赢高技术条件下局部战争能力的内务建设原则。它是我军在新的历史条件下，维护良好内外关系建立正规内务制度，履行职责，进行管理教育，培养优良作风的依据，是军队生活的准则。

二、纪律条令

《中国人民解放军纪律条令》是中国人民解放军维护纪律、实施奖惩的基本依据，适用于中国人民解放军现役军人和单位，以及参战、支前的预备役人员。

纪律条令是规定军队纪律的法规，其目的在于培养军人高度的组织性、纪律性，巩固和提高部队战斗力，保证部队训练、战备、作战等任务的顺利进行。中国历代成文法中，有许多关于军人奖赏和刑罚方面的条文。中国人民解放军在创建初期就制定了《三大纪律六项注意》，后发展为《三大纪律八项注意》。2010 年 6 月，由中央军委颁布实施了新的

《中国人民解放军纪律条令》，内容包括：总则、奖励、处分、特殊措施、控告和申诉、首长责任和纪律监察、附则，共7章179条。

该条令继承了我军维护和巩固纪律的优良传统。条令指出："中国人民解放军的纪律，是建立在政治自觉基础上的严格的纪律，是军队战斗力的重要因素，是坚持人民军队性质、宗旨，团结自己、战胜敌人和完成一切任务的保证"，"军人在任何情况下，都必须严格遵守和自觉维护纪律"。条令通篇贯穿了依法治军的思想，规定了中国人民解放军的纪律的基本内容和要求，反映了人民军队的本质，既体现了赏罚严明，以教育为主，惩处为辅的原则，又体现了党的十一届三中全会以来的路线、方针、政策以及国家宪法、法律的有关精神，完全符合新时期部队建设的要求。

三、队列条令

《中人民解放军队列条令》适用于中国人民解放军现役军人和单位，以及参训的预备役人员，是规定队列动作、队列队形和队列指挥的法规，是全军队列训练的依据。

现行的《中国人民解放军队列条令》是2010年6月由中央军委发布施行的。共有总则，队列指挥，队列队形，单个军人的队列动作，班、排、连、营、团的队列动作，分队乘坐汽车、火车、舰（船）艇和飞机，敬礼，国旗的掌持、升降和军旗的掌持、授予与迎送，阅兵，晋升（授予）军衔、授枪和纪念仪式，附则，共11章71条。这些规定反映了部队队列生活的特点，是加强部队正规化建设的必要形式。

《中国人民解放军队列条令》从适应我军优良作风的培养和技术、战术训练的需要出发，对于军队的队列训练和队列生活作了具体规范。条令中指出："本条令是中国人民解放军队列生活的准则和队列训练的基本依据。全体军人必须严格执行本条令，加强队列训练，培养良好的军姿、严整的军容、过硬的作风、严格的纪律和协调一致的动作，促进我军正规化建设，巩固和提高战斗力。"它要求全体军人必须参加队列训练，并在日常生活中自觉地严格执行条令的规定，做到队列动作标准化、生活队列正规化。

四、落实共同条令注意的问题

（一）加强条令学习和教育，提高广大军训学生执行条令的自觉性

通过条令学习和教育，使大家懂得贯彻执行条令的目的、意义和要求，既要懂得为什么要这样做，又要明白应该怎样做才能做好，切实从思想、训练和工作中增强贯彻落实条令的自觉性。

（二）抓好养成教育，强化条令意识

把严格落实条令与训练的目标和任务相结合，要在认真按条令办事的基础上，真正做到灵活而不死板，正规而不教条，严格而不失标准，用科学的方法和态度，从点滴做起，从小事抓起，真正使条令的落实成为自觉行动。

（三）理论联系实际，培养军地两用人才

要通过军事技能训练和条令教育，学习解放军优良传统和作风，加强组织纪律性，促进文明居室建设，遵守学校各项规章制度，创造良好的学习、生活环境，使自己成为有理

想、有道德、有文化、有纪律的一代新人。

第三节　单兵及队列动作训练

队列，是军人或部（分）队在进行集体行动时必须排成的队列形式。队列形式简称队形，包括横队、纵队和方队等。

队列动作训练的一般要求包括：坚决执行命令，做到令行禁止；姿态端正，军容严整，精神振作，严肃认真；按照规定的位置列队，集中精力听从指挥，动作迅速、准确、协调一致；保持队列整齐，出入列应报告，经允许方可出、入列。

一、队列动作训练的一般程序、基本方法和对指挥人员的基本要求

（一）队列训练的一般程序和方法

（1）先讲解，后示范。即采取动作要领理论讲解与动作示范引导相结合的方法，由教练员边讲解、边示范。

（2）先分解，后连贯。即采取流水作业或单个动作教练等方法，先进行有步骤的分解动作训练，后进行连贯动作的完整训练。

（3）先单兵，后集体。即先进行单兵单个动作基础训练，后进行分解或连贯动作的（班、排、连）集体训练。

（4）先分练，后合练。即根据训练情况先进行分组分散训练，后进行统一集中合练。

（5）先班、排，后分队（连队训练）。即先进行班（排）训练，后进行分队（连队）合训练。

（二）对队列指挥员的要求

（1）指挥位置正确。

（2）姿态端正，精神振奋，动作准确。

（3）口令准确、清楚、洪亮。

（4）清点人数，检查着装，认真验枪。

（5）严格要求，维护队列纪律。

二、单个军人的队列动作

单个军人队列动作，是部队训练、队列生活和日常生活的基础动作，是加强部队作风纪律建设，培养战斗力的必要形式。其内容主要包括：立正、跨立、稍息、停止间转法。

1. 立正

立正是军人的基本姿势，是队列动作的基础。军人在宣誓、接受命令、进见首长和向首长问话、升降国旗和军旗、奏国歌和军歌等庄重的时间和场合，均应当自行立正。

口令：立正。

要领：两脚跟靠拢并齐，两脚尖向外分开约60度；两腿挺直；小腹微收，自然挺胸；上体正直，微向前倾；两肩要平，稍向后张；两臂下垂自然伸直，手指并拢自然微屈，拇指尖贴于食指第二关节，中指贴于裤缝；头要正，颈要直，口要闭，下颌微收，两眼向前平视。见图6-1。

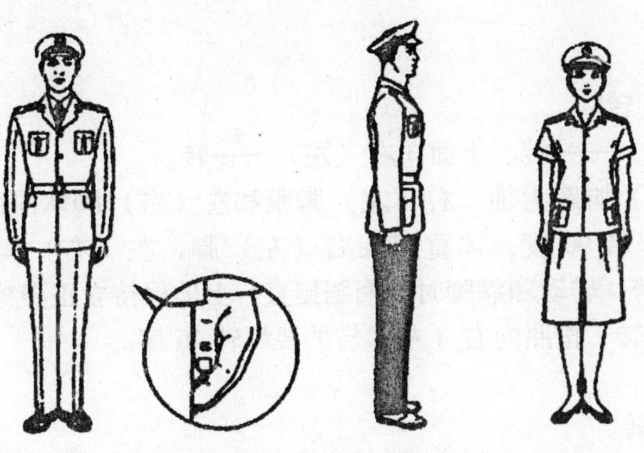

图6-1　徒手立正姿势

携枪（筒）的要领：

肩冲锋枪和81式自动步枪（40火箭筒）时，右手在右胸前握背带（拇指由内顶住），右大臂轻贴右肋，枪（筒）身垂直，枪口（筒尾）向下。

持半自动步枪（班用轻机枪）时，右臂自然下垂，左手将背带挑起、拉直，由右手拇指在内压住，余指并拢在外将枪握住，同时左手放下，托底板在右脚外侧全部（81式自动步枪托前踵）着地，托后踵与脚尖对齐。

2. *跨立（即跨步站立）*

口令：跨立。

要领：左脚向左跨出约一脚之长，两腿挺直，上体保持立正姿势，身体重心落于两脚之间。两手后背，左手握右手腕，拇指根部与外腰带下沿（内腰带上沿）同高；右手手指并拢自然弯曲，手心向后。携枪时不背手。见图6-2。

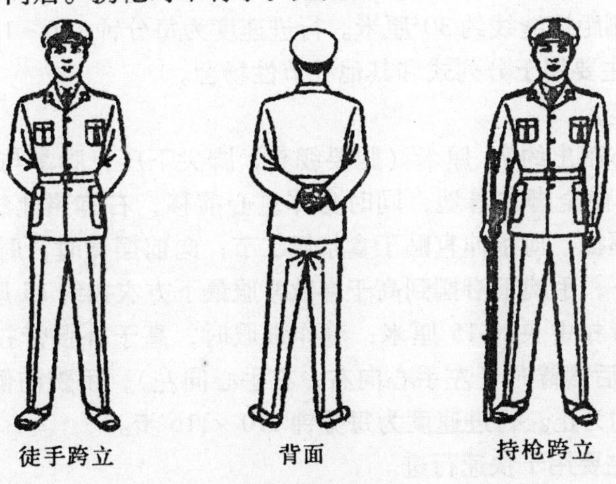

图6-2　跨立姿势

3．稍息

口令：稍息。

要领：左脚顺脚尖方向伸出约全脚的 2/3，两腿自然伸直，上体保持立正姿势，身体重心大部分落于右脚。携枪（筒）时，携带的方法不变，其余动作同徒手。稍息过久，可自行换脚。

4．停止间转法

（1）向右（左）转。

口令：向右（左）——转、半面向右（左）——转。

要领：以右（左）脚跟为轴，右（左）脚跟和左（右）脚掌前部同时用力，使身体协调一致向右（左）转 90 度，体重落在右（左）脚，左（右）脚取捷径迅速靠拢右（左）脚，成立正姿势。转动和靠脚时，两腿挺直，上体保持立正姿势。

半面向右（左）转，按照向右（左）转的要领转 45 度。

（2）向后转。

口令：向后——转。

要领：按照向右转的要领向后转 180 度。

（3）持枪转动时，除按照徒手动作要领外，听到预令，将枪稍提起，拇指贴于右胯，使枪随身体平稳转向新的方向，托前踵（95 式班用机枪托底）轻轻着地，成持枪立正姿势。

5．行进与停止

行进的基本步法分为齐步、正步和跑步。辅助步法有便步、踏步、移步和礼步。

（1）齐步。齐步是军人的常用步法，一般用于队列整齐行进。

口令：齐步——走。

要领：左脚向正前方迈出约 75 厘米，按照先脚跟后脚掌的顺序着地，同时身体重心前移，右脚照此法动作；上体正直，微向前倾；手指轻轻握拢，拇指贴于食指第二节；两臂前后自然摆动，向前摆臂时，肘部弯曲，小臂自然向里合，手心向内稍向下，拇指根部对正衣扣线，并高于春秋常服最下方衣扣约 5 厘米（着夏常服、水兵服时，高于内腰带扣中央约 5 厘米；着作训服时，与外腰带扣中央同高），离身体约 30 厘米；向后摆臂时，手臂自然伸直，手腕前侧距裤缝线约 30 厘米。行进速度为每分钟 116～122 步。

（2）正步。正步主要用于分列式和其他礼节性场合。

口令：正步——走。

要领：左脚向前方踏出约 75 厘米（腿要绷直，脚尖下压，脚掌与地面平行，离地面约 25 厘米）适当用力使全脚掌着地，同时身体重心前移，右脚照此法动作；上体正直，微向前倾；手指轻轻握拢，拇指伸直贴于食指第二节；向前摆臂时，肘部弯曲，小臂略成水平，手心向内稍向下，手腕下沿摆到高于春秋常服最下方衣扣约 15 厘米处（着夏常服、水兵服时，高于内腰带扣中央约 15 厘米；着作训服时，高于外腰带扣中央约 10 厘米），离身体约 10 厘米；向后摆臂时（左手心向右，右手心向左），手腕前侧距裤缝线约 30 厘米，摆到不能自然摆动为止。行进速度为每分钟 110～116 步。

（3）跑步。跑步主要用于快速行进。

口令：跑步——走。

要领：听到预令，两手迅速握拳（四指蜷握，拇指贴于食指第一关节和中指第二关节），提到腰际，约与腰节同高，掌心向内，肘部稍向里合。听到动令，上体微向前倾，两腿微弯，同时左脚利用右脚掌的蹬力跃出约 85 厘米，前脚掌先着地，身体重心前移，右脚照此法动作；两臂前后自然摆动，向前摆臂时，大臂略垂直，肘部贴于腰际，小臂略平，稍向里合，两拳内侧各距衣扣线约 5 厘米；向后摆臂时，拳贴于腰际。行进速度为每分钟 170 ~180 步。

(4) 便步。便步用于行军、操练后恢复体力及其他场合。

口令：便步——走。

要领：用适当的步速、步幅行进，两臂自然摆动，上体保持良好姿态。

(5) 踏步。踏步用于调整步伐和整齐。

停止间口令：踏步——走。

行进间口令：踏步。

要领：两脚在原地上下起落（抬起时，脚尖自然下垂，离地面约 15 厘米；落下时，前脚掌先着地），上体保持正直，两臂按照齐步或者跑步摆臂的要领摆动。

(6) 移步（5 步以内）。移步用于调整队列位置。

1) 右（左）跨步。

口令：右（左）跨 × 步——走。

要领：上体保持正直，每跨 1 步并脚 1 次，其步幅约与肩同宽，跨到指定步数停止。

2) 向前或后退。

口令：向前 × 步——走、后退 × 步——走。

要领：向前移步时，应当按照单数步要领进行（双数步变为单数步）。向前 1 步时，用正步，不摆臂；向前 3 步或 5 步时，按照齐步走的要领进行。向后退时，从左脚开始，每退 1 步靠脚 1 次，不摆臂，退到指定步数停止。

(7) 立定。

口令：立——定。

要领：齐步、正步和礼步走时，听到口令，左脚再向前大半步着地（脚尖向外约 30 度），两腿挺直，右脚取捷径迅速靠拢左脚，成立正姿势。跑步时，听到口令，再跑 2 步，然后左脚向前大半步（两拳收于腰际，停止摆动）着地，右脚靠拢左脚，同时将手放下，成立正姿势。踏步时，听到口令，左脚踏 1 步，右脚靠拢左脚，原地成立正姿势（跑步的踏步，听到口令，继续踏 2 步，再按照上述要领进行）。

持枪立定时，在右脚靠拢左脚后，迅速将托底钣（95 式班用机枪托底）轻轻着地。其余要领同徒手。

(8) 步法变换。步法变换均从左脚开始，齐步、正步互换，听到口令，右脚继续走 1 步，即换正步或者齐步行进。

齐步换跑步：听到预令，两手迅速握拳提到腰际，两臂前后自然摆动；听到动令，即换跑步行进。

齐步换踏步：听到口令，即换踏步。

跑步换齐步：听到口令，继续跑 2 步，然后换齐步行进。

跑步换踏步：听到口令，继续跑 2 步，然后换踏步。

踏步换齐步或者跑步：听到“前进”的口令，继续踏2步，再换齐步或者跑步行进。

6. 行进间转法

（1）齐步、跑步向右（左）转。

口令：向右（左）转——走。

要领：左（右）脚向前半步（跑步时，继续跑2步，再向前半步），脚尖向右（左）约45度，身体向右（左）转90度时，左（右）脚不转动，同时出右（左）脚按照原步法向新方向行进。

半面向右（左）转走，按照向右（左）转走的要领转45度。

（2）齐步、跑步向后转。

口令：向后转——走。

要领：左脚向右脚迈出约半步（跑步时，继续跑2步，再向前半步），脚尖向右约45度，以两脚的前脚掌为轴，向后转180度，出左脚按照原步法向新方向行进。

转动时，保持行进时的节奏，两臂自然摆动，不得外张；两腿自然挺直，上体保持正直。

7. 坐下、蹲下、起立

（1）坐下。

1）徒手坐下。

口令：坐下。

要领：左小腿在右小腿后交叉，迅速坐下（坐凳子时，听到口令，左脚向左分开约一脚之长），手指自然并拢放在两膝上，上体保持正直。

2）携枪坐下。

口令：枪靠右肩——坐下。

要领：携枪坐下时，两腿按照徒手坐下的要领进行，然后枪靠右肩（枪面向右），右手自然扶贴护木，左手手指自然并拢，放在左膝上。（携40火箭筒时，用右手腕的旋转力，迅速将筒转到右肩前，同时左手接握护板，右手移握护板）

3）背背囊（背包）坐下。

背背包时，听到“放背包”的口令，两手握背包带，取下背包，转体向右，右手将背包横放在脚后，背包口向左，按照口令坐在背包上。携枪（筒）放背包时，先置枪（架枪、筒）或两腿夹枪，然后放背包。

（2）蹲下。

口令：蹲下。

要领：右脚退半步，前脚掌着地，臀部坐在右脚跟上（膝盖不着地），两腿分开约60度（女军人两腿自然并拢），手指自然并拢放在两膝上，上体保持正直。蹲下过久，可以自行换脚。

持枪时，右手移握护木（95式班用机枪，握上护盖前端；冲锋枪、自动步枪和40火箭筒的携带方法不变），左手手指自然并拢，放在左膝上。

（3）起立。

口令：起立。

要领：全身协力迅速起立，成立正姿势或者成持枪、肩枪（筒）立正姿势。

8．脱帽、戴帽和整理着装

（1）脱帽。

口令：脱帽。

要领：双手捏帽檐或者帽前端两侧，将帽取下，取捷径置于左小臂，帽徽向前，掌心向上，四指扶帽檐或者帽墙前端中央处，小臂略成水平，右手放下。

（2）戴帽。

口令：戴帽。

要领：双手捏帽檐或者帽前端两侧，取捷径将帽迅速戴正。

携枪（筒）时，用左手脱、戴帽。

需夹帽时，双手捏帽檐或者帽前端两侧，取捷径将帽取下，左手握帽墙（女军人戴卷檐帽时，将四指并拢，置于下方帽檐与帽墙之间），小臂夹帽自然伸直，帽顶向左，帽徽朝前。

（3）整理着装。

口令：整理着装。

要领：双手（持自动步枪时，将枪夹于两腿之间）从帽子开始，自上而下，将着装整理好。必要时，也可以相互整理。整理完毕，自行稍息。听到“停”的口令，恢复立正姿势。

第四节　班、排、连的队列动作

一、集合、离散

（一）集合

集合，是使单个军人、分队、部队按照规范队形聚集起来的一种队列动作。

集合时，指挥员应当先发出预告或者信号，如“全连（或者×排）注意”，然后，站在预定队形的中央前，面向预定队形成立正姿势，下达“成××队——集合”口令。所属人员听到预告或者信号，原地面向指挥员成立正姿势；听到口令，跑步到指定位置面向指挥员集合（在指挥员后侧的人员，应当从指挥员右侧绕过），自行对正、看齐，成立正姿势。

1．班集合（见图6-3、图6-4）

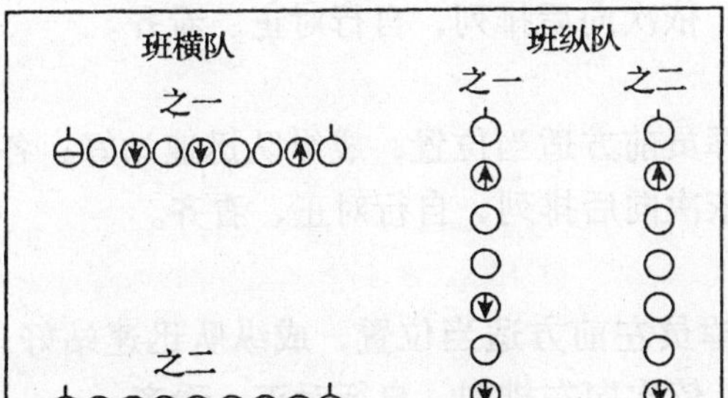

图6-3　班的基本队形（一）

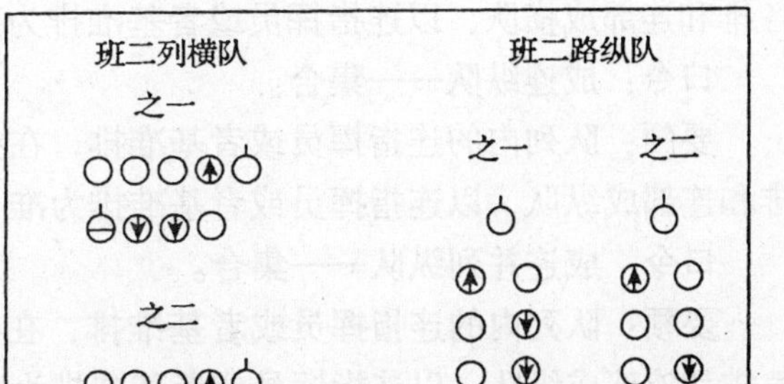

图6-4　班的基本队形（二）

口令：成班横队（二列横队）——集合。

要领：基准兵迅速到班长左前方适当位置，成立正姿势；其他士兵以基准兵为准，依次向左排列，自行看齐。成班二列横队时，单数士兵在前，双数士兵在后。

口令：成班纵队（二路纵队）——集合。

要领：基准兵迅速到班长前方适当位置，成立正姿势；其他士兵以基准兵为准，依次向后排列，自行对正。成班二路纵队时，单数士兵在左，双数士兵在右。

2. 排集合（见图 6-5）

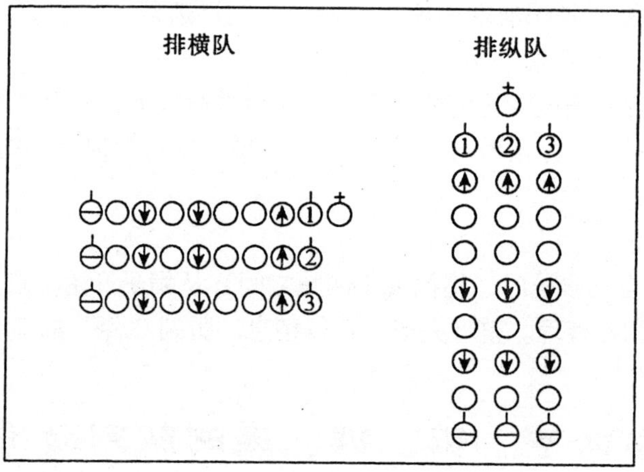

排横队　　排纵队

图 6-5　排的基本队形

口令：成排横队——集合。

要领：基准班在指挥员前方适当位置，成班横队迅速站好；其他班成班横队，以基准班为准，依次向后排列，自行对正、看齐。

口令：成排纵队——集合。

要领：基准班在指挥员右前方适当位置，成班纵队迅速站好；其他班成班纵队，以基准班为准，依次向右排列，自行对正、看齐。

3. 连集合

口令：成连横队——集合。

要领：队列内的连指挥员或者基准排，在指挥员左前方适当位置，成横队迅速站好；各排和连部成横队，以连指挥员或者基准排为准，依次向后排列，自行对正、看齐。

口令：成连纵队——集合。

要领：队列内的连指挥员或者基准排，在指挥员前方适当位置，成纵队迅速站好；各排和连部成纵队，以连指挥员或者基准排为准，依次向后排列，自行对正、看齐。

口令：成连并列纵队——集合。

要领：队列内的连指挥员或者基准排，在指挥员左前方适当位置，成纵队迅速站好；各排和连部成纵队，以连指挥员或者基准排为准，依次向左排列，自行对正、看齐。

（二）离散

离散，是使列队的单个军人、分队、部队各自离开原队列位置的一种队列动作。

1. 离开

口令：各营（连、排、班）带开（带回）。

要领：队列中的各营（连、排、班）指挥员带领本队迅速离开原列队位置。

2. 解散

口令：解散。

要领：队列人员迅速离开原列队位置。

图 6-6　向中看齐时基准兵的举手姿势

二、整齐、报数

（一）整齐

整齐，是使列队人员按照规定的间隔、距离保持行、列齐整的一种队列动作。整齐分为向右（左）看齐和向中看齐（见图 6-6）。

口令：向右（左）看——齐、向前——看。

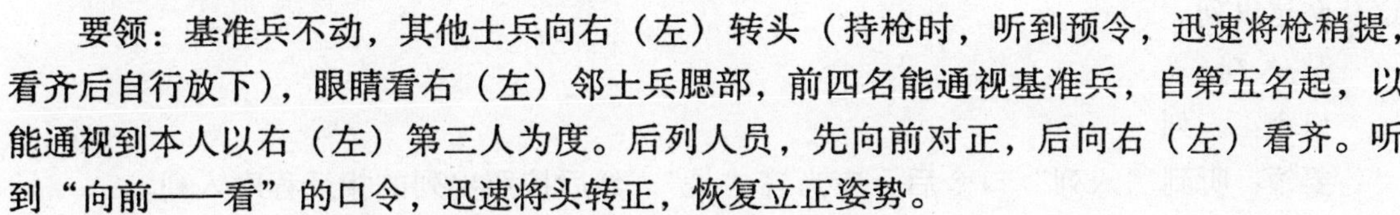

要领：基准兵不动，其他士兵向右（左）转头（持枪时，听到预令，迅速将枪稍提，看齐后自行放下），眼睛看右（左）邻士兵腮部，前四名能通视基准兵，自第五名起，以能通视到本人以右（左）第三人为度。后列人员，先向前对正，后向右（左）看齐。听到“向前——看”的口令，迅速将头转正，恢复立正姿势。

口令：以×××为准，向中看——齐；向前——看。

要领：当指挥员指定“以×××为准（或者以第×名为准）”时，基准兵答“到”，同时左手握拳高举，大臂前伸与肩略平，小臂垂直举起，拳心向右。听到“向中看——齐”的口令后，其他士兵按照向左（右）看齐的要领实施。听到“向前——看”的口令后，基准兵迅速将手放下，其他士兵迅速将头转正，恢复立正姿势。一路纵队看齐时，可以下达“向前——对正”的口令。

（二）报数

口令：报数。

要领：横队从右到左（纵队由前向后）依次以短促洪亮的声音转头（纵队向左转头）报数，最后一名不转头。数列横队时，后列最后一名报“满伍”或者“缺×名”。连集合时，由指挥员下达“各排报数”的口令，各排长在队列内向指挥员报告人数，如“第×排到齐”或者“第×排实到××名”。

必要时，连也可以统一报数。

要领：连实施统一报数时，各排不留间隔，要补齐，成临时编组的横队队形。报数时，连指挥员先发出“看齐时，以一排长为准，全连补齐”的预告，尔后下达“向右看——齐”口令，待全连看齐后，再下达“向前——看”和“报数”的口令，报数从一排长开始，后列最后一名报“满伍”或者“缺×名”。

三、出列、入列

单个军人和分队出、入列通常用跑步（5 步以内用齐步，1 步用正步），或者按照指挥员指定的步法执行；然后，进到指挥员右前侧适当位置或者指定位置，面向指挥员成立正姿势。

（一）单个军人出列、入列

1. 出列

口令：×××（或者第×名），出列。

要领：出列军人听到呼点自己姓名或者序号后应当答“到”，听到“出列”的口令后，应当答“是”。

1）位于第一列（左路）的军人，按照本条上述规定，取捷径出列。

2）位于中列（路）的军人，向后（左）转，待后列（左路）同序号的军人向右后退1步（左后退1步）让出缺口后，按照本条的上述规定从队尾（纵队时从左侧）出列；位于“缺口”位置的军人，待出列军人出列后，即复原位。

3）位于最后一列（右路）的军人出列，先退1步（右跨1步），然后按照本条有关规定从队尾出列。

2. 入列

口令：入列。

要领：听到“入列”口令后，应当答“是”，然后按照出列的相反程序入列。

（二）班、排出列、入列

1. 出列

口令：第×班（排），出列。

要领：听到“第×班”的口令后，由出列班（排）的指挥员答“到”，听到“出列”的口令后，由出列班（排）的指挥员答“是”，并用口令指挥本班（排），按照本条的有关规定，以纵队形式从队尾（位于第一列的班取捷径）出列。

2. 入列

口令：入列。

要领：听到“入列”的口令后，由入列班（排）指挥员答“是”，并用口令指挥本班（排），以纵队形式从队尾（位于第一列的班取捷径）入列。

四、行进、停止

横队和并列纵队行进以右翼为基准，纵队行进以左翼为基准（一路纵队行进以先头为基准）。

行进，指挥员应当下达“×步——走”的口令。听到口令，基准兵向正前方前进，其他士兵向基准翼标齐，保持规定的间隔、距离行进。纵队行进时，排、连通常成三路纵队，也可以成一、二路纵队。行进中，需要时，用“一二一”（调整步伐的口令）、“一二三四”（呼号）或者唱队列歌曲，以保持步伐的整齐和振奋士气。

停止，指挥员应当下达“立——定”的口令。听到口令，按照立定的要领实施，分队的动作要整齐一致。停止后，听到“稍息”的口令，先自行对正、看齐，再稍息。

五、队形变换

队形变换，是由一种队形变成为另一种队形的队列动作。

（一）横队和纵队的互换

1. 横队变纵队

停止间口令：向右——转。

行进间口令：向右转——走。

2. 纵队变横队

停止间口令：向左——转。

行进间口令：向左转——走。

要领：停止间，按照单个军人向右（左）转的要领实施。行进间，按照单个军人向右（左）转走的要领实施。分队动作要整齐一致。队形变换后，排以上指挥员应当进到规定的列队位置。

（二）停止间班横队和班二列横队，班纵队和班二路纵队互换

1. 班横队变班二列横队

口令：成班二列横队——走。

要领：变换前，先报数。听到口令，双数士兵左脚后退1步，右脚（不靠拢左脚）向右跨1步，左脚向右脚靠拢，站到单数士兵之后，自行对正、看齐。

2. 班二列横队变班横队

口令：间隔1步，向左离开。成班横队——走。

要领：听到“间隔1步，向左离开”的口令，取好间隔；听到“成班横队——走”的口令，双数士兵左脚左跨1步，右脚（不靠拢左脚）向前1步，左脚向右脚靠拢，站到单数士兵左侧，自行看齐。

3. 班纵队变班二路纵队

口令：成班二路纵队——走。

要领：变换前，先报数。听到口令，双数士兵右脚右跨1步，左脚（不靠拢右脚）向前1步，右脚向左脚靠拢，站到单数士兵右侧，自行对正、看齐。

4. 班二路纵队变班纵队

口令：距离2步，向后离开。成班纵队——走。

要领：听到“距离2步，向后离开”的口令，取好距离；听到“成班纵队——走”的口令，双数士兵右脚后退1步，左脚（不靠拢右脚）站到单数士兵之后，自行对正。

（三）连纵队和连并列纵队的互换（略）

六、方向变换

方向变换，是改变队列面对的方向的一种队列动作。

（一）横队和并列纵队方向变换

停止间，通常是左（右）转弯或者左（右）后转弯，必要时可以向后转。

停止间口令：左（右）转弯，齐（跑）步——走，或者左（右）后转弯，齐（跑）步——走。向后——转，齐（跑）步——走（当需要向后转走时，应当先下“向后——转”的口令，待方向变换后，再下“齐（跑）步——走”的口令）。

行进间口令：左（右）转弯——走，或者左（右）后转弯——走。

要领：一列横队方向变换时，轴翼士兵踏步，并逐渐向左（右）转动；外翼第一名士兵用大步行进并同相邻士兵动作协调，逐步变换方向（愈接近轴翼者，其步幅愈小），其他士兵用眼睛的余光向外翼取齐，并保持规定的间隔和排面整齐，达到 90 度或者 180 度时踏步并取齐，听口令前进或者停止。

数列横队和并列纵队方向变换时，第一列轴翼士兵停止间用踏步、行进间用小步，外翼士兵用大步行进，保持排面整齐，边行进边变换方面，转到 90 度或者 180 度后，听口令前进或者停止；后续各列按照上述要领，保持间隔、距离，取捷径进到前一列转弯处，转向新方向跟进。

（二）纵队方向变换

停止间，通常是左（右）转弯，或者左（右）后转弯，必要时可以向后转。

停止间口令：左（右）转弯，齐（跑）步——走，或者左（右）后转弯，齐（跑）步——走。向后——转，齐（跑）步——走（按照横队和并列纵队向后转走的方法实施）。

行进间口令：左（右）转弯——走，或者左（右）后转弯——走。

要领：一路纵队方向变换，基准兵在左（右）转弯时，按照单个军人行进间转法（停止间，左转弯走时，左脚先向前一步）的要领实施，在左（右）后转弯时，用小步边行进边变换方向，转到 90 度或者 180 度后，照直前进；其他士兵逐次进到基准兵的转弯处，转向新方向跟进。数路纵队方向变换时，按照数列横队和并列纵队方向变换的要领实施。

七、指挥员列队位置变换

连（营、团）长出列指挥后，其列队位置、应当由副连（副营、副团）长替补。

队列内指挥员列队位置的变换方法如下。

横队、并列纵队时，副连长（副营长、参谋长）右跨 1 步（编有副政治教导员时，副政治教导员向前 1 步；编有副政治委员时，参谋长向前 1 步），副政治指导员（副团长）向前 1 步（未编有副政治指导员时，政治指导员左跨 1 步，与副连长对齐）。

纵队时，副连（副团）长向前 1 步（未编有副政治指导员时，副连长左跨半步，政治指导员后退 1 步；编有副政治教导员时，副营长向前 1 步，副政治教导员左跨半步；编有副政治委员时，参谋长向前 1 步），副政治指导员（副营长、参谋长）左跨半步，教导员后退 1 步。

第五节　敬礼

敬礼分为举手礼、注目礼和举枪礼。

一、敬礼、礼毕

（一）敬礼

1. 举手礼

口令：敬礼。

要领：上体正直，右手取捷径迅速抬起，五指并拢自然伸直，中指微接帽檐右角前约 2 厘米处（戴卷檐帽、无檐帽或者不戴军帽时微接太阳穴，约与眉同高），手心向下，微向外张（约 20 度），手腕不得弯曲，右大臂略平，与两肩略成一线，同时注视受礼者（见图 6-7）。

图 6-7　敬礼

2. 注目礼

要领：面向受礼者成立正姿势，同时注视受礼者，并目迎目送（左右转头角度不超过 45 度）。

3. 举枪礼（用于阅兵式或者执行仪仗任务）

口令：向右看——敬礼。

要领：右手将枪提到胸前，枪身垂直并对正衣扣线，枪面向后，离身体约 10 厘米，枪口与眼同高，大臂轻贴右肋；同时左手接握表尺上方，小臂略平，大臂轻贴左肋；同时转头向右注视受礼者（见图 6-8），并目迎目送（右、左转头角度不超过 45 度）。

图 6-8　携半自动步枪举枪礼姿势

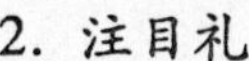
（二）礼毕

口令：礼毕。

要领：行举手礼者，将手放下；行注目礼者，将头转正；行举枪礼者，将头转正，右手将枪放下，使托前踵轻轻着地，同时左手放下，成持枪立正姿势。

二、单个军人敬礼

要领：单个军人在距受礼者 5 ~ 7 步处，行举手礼或者注目礼。

徒手或者背枪时，停止间，应当面向受礼者立正，行举手礼，待受礼者还礼后礼毕；行进间（跑步时换齐步），转头向受礼者行举手礼（手不随头转动），并继续行进，左臂仍自然摆动（见图 6-9），待受礼者还礼后礼毕。

图 6-9　行进间敬礼

携带武器（除背枪）等不便行举手礼时，不论停止间或者行进间，均行注目礼，待受礼者还礼后礼毕。

三、分队、部队敬礼

（一）停止间敬礼

要领：当首长行进到距本分队（部队）适当距离时，指挥员下达“立正”的口令，跑步到首长前5~7步处敬礼。待首长还礼后礼毕，再向首长报告。例如，“团长同志，摩托化步兵第×连正在进行队列训练，全连应到×××名，实到×××名，请指示，连长×××。”报告完毕，待首长指示后，答“是”，再敬礼。待首长还礼后礼毕，而后跑步回到原来位置，下达“稍息”口令或者继续进行操练。

（二）行进间敬礼

要领：由带队指挥员按照单个军人行进间敬礼的规定实施，队列人员按照原步法行进。

第六节　阅兵

一、阅兵的时机和形式

阅兵通常在重大节日、检阅、迎送国宾时或根据上级首长的指示进行。阅兵，由党和国家领导人，中央军事委员会主席、副主席、委员以及团以上部队军政主要首长或者被上述人员授权的其他领导和首长实施。通常由1人检阅。

阅兵，分为阅兵式和分列式。通常进行两项，根据需要也可以只进行一项。

二、阅兵程序

阅兵分为上级首长检阅和本级首长检阅。当上级首长检阅时，由本级军事首长任阅兵指挥；当本级军政主要首长检阅时（由1人检阅，另1名位于阅兵台或者队列中央前方适当位置面向部队），由副部队长或者参谋长任阅兵指挥。摩托化步兵团阅兵程序如下。

（一）迎军旗

迎军旗在阅兵式开始前进行。

将展开的军旗持入队列时，部队应当整队举行迎军旗仪式。摩托化步兵团迎军旗时，通常成营横队的团横队。特殊情况下，可以由机关和指定的分队参加，按照部队首长临时规定队形列队。

摩托化步兵团迎军旗时，主持迎军旗的指挥员下达“立正”、“迎军旗”的口令，听到口令后，掌旗员（扛旗）、护旗兵齐步行进，当由正前或者左前方向本团右翼进至距队列40~50步时，主持迎军旗的指挥员下达“向军旗——敬礼——”的口令，听到口令后，位于指挥位置的军官行举手礼，其余人员行注目礼；掌旗员（由扛旗换端旗）、护旗兵换正步，取捷径向本团右翼排头行进，当超过团机关队形时，主持迎军旗的指挥员下达“礼

毕”口令，部队礼毕；掌旗员（由端旗换扛旗）、护旗兵换齐步。军旗进至团指挥员右侧3步处时，左后转弯立定，成立正姿势。

（二）阅兵式

团阅兵式的队形，通常为营横队的团横队，或者由团首长临时规定。阅兵式程序如下。

1. 阅兵首长接受阅兵指挥报告

当阅兵首长行至本团队列右翼适当距离时或者在阅兵台就位后（当上级首长检阅时，通常由团政治委员陪同入场并陪阅），阅兵指挥在队列中央前下达“立正”的口令，随后跑到距阅兵首长5~7步处敬礼，待阅兵首长还礼后礼毕并报告，如“师长同志，摩托化步兵第×团列队完毕，请您检阅”。报告后，左跨1步，向右转，让首长先行，然后在其右后侧（当上级首长检阅时，团政治委员在团长右侧）跟随陪阅。

2. 阅兵首长向军旗敬礼

阅兵首长行至距军旗适当位置时，应立正向军旗行举手礼（陪阅人员面向军旗，行注目礼）。

3. 阅兵首长检阅部队

当阅兵首长行至团机关、各营部、各连及后勤分队、装备分队队列右前方时，团机关由副团长或参谋长，各营部由营长、各连由连长，后勤分队和装备分队由团指定的指挥员下达“敬礼”的口令。听到口令后，位于指挥位置的军官行举手礼，其余人员行注目礼，目迎目送首长（左、右转头不超过45度）；阅兵首长应当还礼，陪阅人员行注目礼。当首长问候：“同志们好！”或者“同志们辛苦了！”，队列人员应当齐声洪亮地回答：“首——长——好！”或者“为——人民——服务！”。当首长通过后，指挥员下达“礼毕”的口令，队列人员行礼毕。

4. 阅兵首长上阅兵台

阅兵首长检阅完毕后上阅兵台，阅兵指挥跑步到队列中央前，下达“稍息”口令，队列人员稍息。当上级首长检阅时，团政治委员陪同首长上阅兵台，然后跑步到自己的列队位置。

（三）分列式

团分列式队形由团阅兵式队形调整变换，或者由团首长临时规定。团分列式，应当设四个标兵。一、二标兵之间，三、四标兵之间的间隔各为15米，二、三标兵之间的间隔为40米。标兵应携带自动步枪，并在枪上插标兵旗。分列式程序如下。

1. 标兵就位

分列式开始前，阅兵指挥在队列中央前，下达“立正”、“标兵，就位”的口令。标兵听到口令，成一路纵队持（托）枪跑步到规定的位置，面向部队成持枪立正姿势。

2. 调整部（分）队为分列式队形

标兵就位后，阅兵指挥下达“分列式，开始”的口令，然后，跑步到自己的列队位置。听到口令后，各分队按规定的方法携带武器（掌旗员扛旗），团、营指挥员分别进到团机关和营部的队列中央前，各分队指挥员进到本分队队列中央前，下达“右转弯，齐步——走”的口令，指挥分队变换成分列式队形。

3. 开始行进

变换成规定的分列式队形后，团机关由副团长或者参谋长下达“齐步——走”口令。

听到口令后，团指挥员、团机关人员齐步前进，其余分队依次待前一分队离开约 15 米时，分别由营长、连长及后勤分队、装备分队指挥员下达“齐步——走”的口令，指挥本分队人员前进。

4. 接受首长检阅

各分队行至第一标兵处，将队列调整好。进到第二标兵处，掌旗员下达“正步——走”的口令，并和护旗兵同时由齐步换正步，扛旗换端旗（掌旗员和护旗兵不转头）。此时，阅兵首长和陪阅人员应当向军旗行举手礼。副团长或者参谋长和各分队指挥员分别下达“向右——看”的口令，队列人员听到口令后（可喊“一、二”），按照规定换正步（81 式自动步枪手换端枪）行进，并在左脚着地的同时向右转头（位于指挥位置的军官行举手礼，并向右转头，各列右翼第一名不转头）不超过 45 度注视阅兵首长，此时，阅兵台首长应当行举手礼。

进到第三标兵处，掌旗员下达“齐步——走”的口令，并与护旗兵由正步换齐步，同时换扛旗；其他分队由上述指挥员分别下达“向前——看”的口令，队列人员听到口令后，在左脚着地时礼毕（将头转正），同时换齐步（81 式自动步枪手换提枪）行进。

当上级首长检阅时，团长和团政治委员通过第三标兵后，到阅兵首长右侧陪阅。各分队通过第四标兵，换跑步到指定的位置。待最后一个分队通过第四标兵，阅兵指挥兵式下达“标兵，撤回”的口令，标兵按照相反顺序跑步撤至预定位置。

（四）阅兵首长讲话

分列式结束后，阅兵指挥调整好队形，请阅兵首长讲话。讲话完毕，阅兵指挥下达“立正”口令，向阅兵首长报告阅兵结束。当上级首长检阅时，由团政治委员陪同阅兵首长离场。

（五）送军旗

送军旗在阅兵首长讲话后或者分列式结束后进行。

将军旗持出队列时，部队应当整队举行送军旗仪式。摩托化步兵团送军旗时，参加人员和队形与迎军旗同。

摩托化步兵团送军旗时，主持送军旗的指挥员下达“立正”、“送军旗”的口令。听到口令后，掌旗员（成扛旗姿势）、护旗兵按照迎军旗路线相反方向齐步行进。

军旗出列后行至团机关队形右侧前时，主持送军旗的指挥员下达“向军旗——敬礼——”的口令。听到口令后，掌旗员（由扛旗换端旗）、护旗兵换正步，全团按照迎军旗的规定敬礼。当军旗离开距队列正面 40 ~ 50 步时，主持送军旗的指挥员下达“礼毕”的口令，部队礼毕，掌旗员（由端旗换扛旗）、护旗兵换齐步，返回原出发位置。

思考题

1. 如何理解中国人民解放军共同条令在部队建设中的地位和作用？
2. 阅兵的权限是如何规定的？
3. 阅兵的基本程序有哪些？

第七章

轻武器射击

轻武器通常是指可由单个士兵或战斗班组携带和使用的轻便武器，一般包括枪械、手榴弹、枪榴弹、榴弹发射器、轻型纵火武器及某些单兵使用的轻型导弹。这些武器大多是供步兵使用的，有时又叫步兵武器。有些轻武器也广泛装备于其他军种或兵种，作为辅助武器使用。轻武器的主要用途是杀伤敌方有生力量，毁伤敌坦克、装甲车等战斗车辆，打击各种低空飞行目标，破坏或压制敌人其他军事设施及武器装备。

第一节　武器常识

在各种不同类型的轻武器中，枪械的种类最多，使用范围最广，在步兵武器装备序列中占有重要地位。目前我军大量装备部队的步枪主要是81—1 自动步枪，手枪主要是54 式手枪。原装备我军56 式半自动步枪在20 世纪70 年代以后已经停止使用，现在只做为礼仪用枪，但大学生军训当中，仍做为预习用枪。本节也将56 式半自动步枪与81—1 自动步枪，54 式手枪的基本常识一并加以介绍，重点介绍81—1 自动步枪。

一、81—1 自动步枪

81—1 式自动步枪（见图7-1）是在20 世纪70 年代初设计的，1981 年设计定型，它与81 自动步枪、81 轻机枪合成为81 式枪族。这3 种武器的重要结构相同，约有65 种零部件可以互换通用，该枪族的出现，使中国的武器基本适应了当今世界一枪多用、枪族系列化、弹药通用化的发展趋势，极大地方便了部队的训练、使用和维修，既加强了战斗分队的战斗力，也为枪械互换、增强火力提供了条件。

（一）战斗性能和主要诸元

81—1 自动步枪射击精度较好，机构齐全，结构紧凑，安全可靠，该枪自动方式采用导气式，枪机回转式闭锁。可实施单、连发射击，固定的枪榴弹发射具能用空包弹发射60 毫米反坦克枪榴弹，也可用实弹发射40 毫米枪榴弹系列。对单个目标在400 米内射击效果最好，集中火力可射击500 米内敌人的飞机、伞兵以及集团目标，弹头在1500 米处仍有杀伤力。使用56 式普通弹在100 米距离上能射穿6 毫米厚的钢板、15 厘米厚的砖墙、30 厘米厚的土层和40 厘米厚的木板。

图 7-1　81—1 自动步枪

口径	7.62 毫米
战斗射速	45～115 发/分
普通弹的初速	720 米/秒
弹头最大飞行距离	2000 米
枪全长	1105 毫米
不装刺刀	955 毫米
枪托折叠状态	730 毫米
枪全重	3.5 千克

（二）自动原理

扣扳机后，击锤打击击针，撞击子弹底火，点燃发射药，产生火药气体，推送弹头沿膛线向前运动；弹头经过导气孔，部分火药气体通过导气孔，涌入导气箍，冲击活塞，推动推杆，使枪机向后，压缩复进簧，完成开锁、抛壳，并使击锤成待发状态。枪机退到后方时，由于复进簧的伸张，使枪机向前运动，推送下一发子弹入膛、闭锁。此时，如保险机定在连发位置，扳机未松开，击发阻铁不能卡住击锤，击锤再次打击击针，形成连发；如保险机定在单发位置，击锤被单发阻铁卡住不能向前，若再次发射，必须松开扳机，再扣扳机。

（三）主要机件名称、用途

81—1 自动步枪由刺刀（匕首）、枪管、瞄准具、活塞及调节塞、机匣、枪机、复进机、击发机、弹匣和枪托十大部机件组成（见图 7-2），另有一套附品。

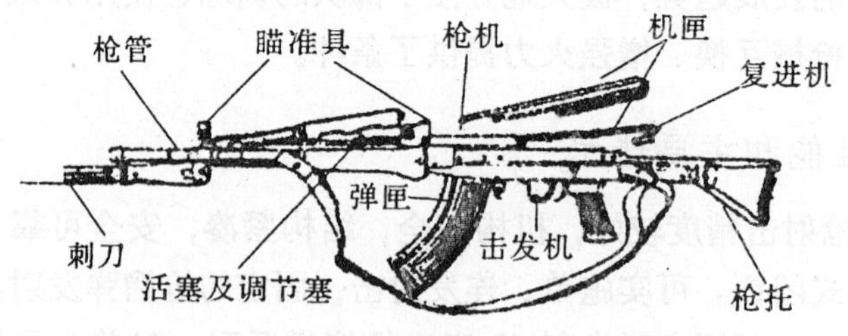

图 7-2　81—1 自动步枪的十大部机件

1. 刺刀（匕首）（见图 7-3）

刺刀用来刺杀敌人。刺刀上有刺刀柄、刀环、卡笋轴及卡笋，平时作匕首用，并装入刀鞘中，战时结合在枪上。

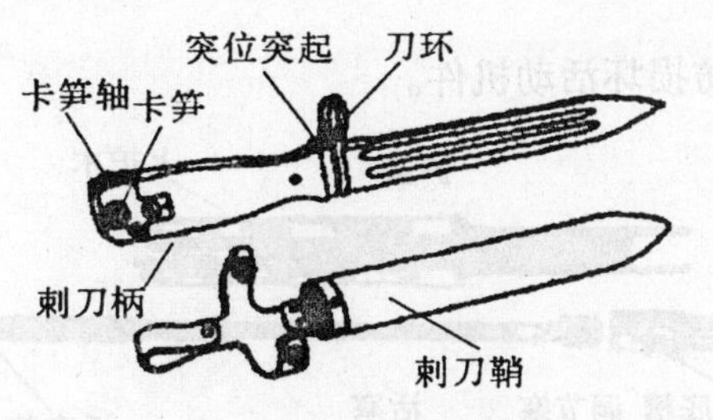

图 7-3 刺刀（匕首）

2. 枪管（见图 7-4）

枪管用来赋予弹头及枪榴弹的飞行方向。枪管内是枪膛，枪膛分为弹膛和线膛。弹膛用来容纳子弹；线膛能使弹头在前进时旋转运动，以保持飞行的稳定性。枪管前端有枪榴弹发射具。发射具前端下方有凹槽，用以限制刺刀的安装位置。枪管外有导气箍，用来引导火药气体冲击活塞。导气箍上刻有“0”、“1”、“2”的数字，用来表示火药气体冲击活塞的大小。

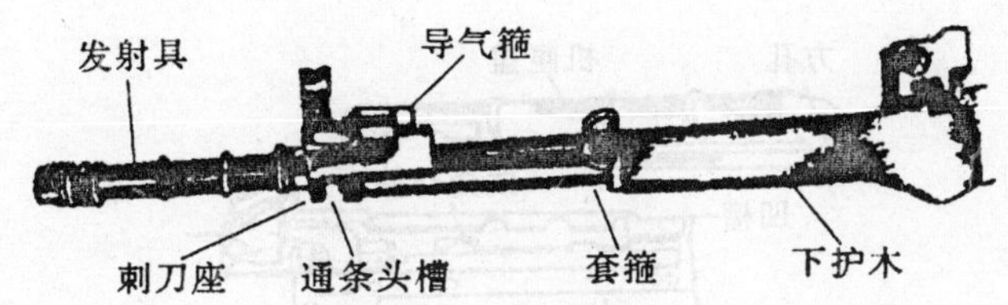

图 7-4 枪管

3. 瞄准具（见图 7-5）

瞄准具由表尺和准星组成，用于瞄准。表尺钣上有缺口和护铁。缺口用以通视准星向目标瞄准，护铁用以保护缺口。表尺转轮，用于装定所需的表尺分划和固定活塞护盖，转轮上刻有 0 ~ 5 的分划，“0”分划用于分解结合，“1 ~ 5”的分划，每一分划相应间隔为 100 米。表尺座侧面圆点为表尺定位点，用以指示所装定的分划。

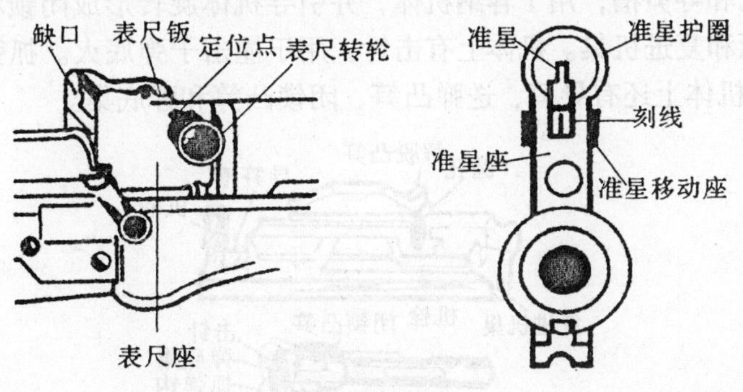

图 7-5 瞄准具

4. 活塞及调节塞（见图 7-6）

活塞及调节塞用来承受火药气体的压力，推压枪机向后。活塞簧，用于使活塞回到前方位置。护盖上有上护木和活塞定位凸笋。导气箍上的“1”、“2”分别表示调节塞上的小孔和大孔，通常装定在“1”上，当武器过脏，来不及擦拭或在严寒条件下射击时装定在“2”上。变换调节塞位置可用弹壳底部卡入弹底槽。当发射枪榴弹时，必须将调节塞转动到“0”的位置，以防损坏活动机件。

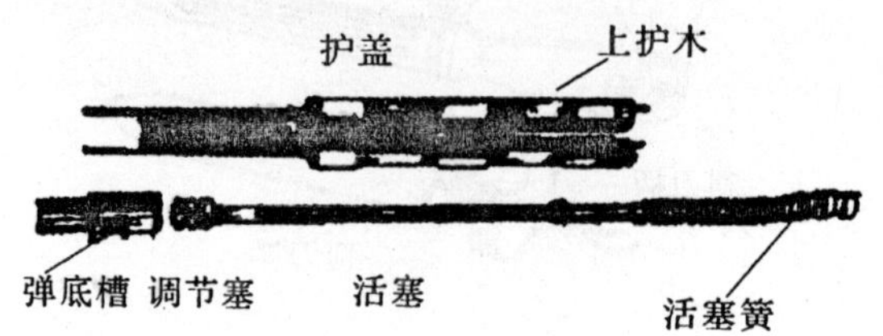

图7-6　活塞及调节塞

5. 机匣（见图7-7）

机匣用于容纳枪机、复进机，固定击发机和弹匣。机匣外有机匣盖，用于保护机匣内部免沾污垢。机匣外还有握把、扳机护圈和弹匣卡笋。机匣内有闭锁卡槽，能保证枪机闭锁枪膛。当弹匣内无子弹时，枪机阻铁能使枪机停在后方位置。凹槽用于容纳复进机导管座，拨壳凸笋用以拨出弹壳（子弹）。机匣下方还有弹匣结合口，用于结合弹匣。

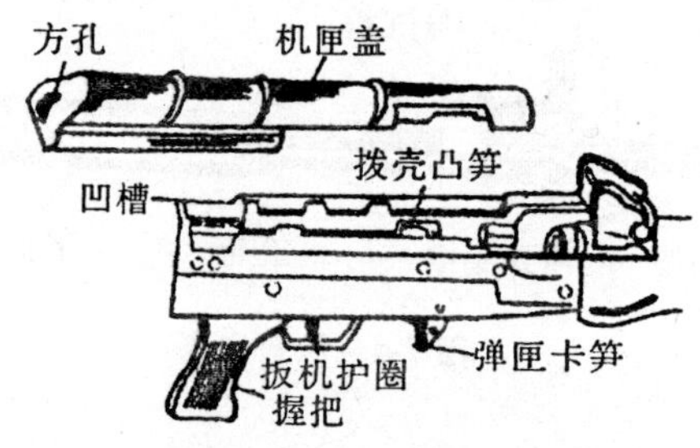

图7-7　机匣

6. 枪机（见图7-8）

枪机由机栓和机体组成，用于送弹、闭锁、击发和退壳，并能使击锤向后成待发状态。机栓上有圆孔和导笋槽，用于容纳机体，并引导机体旋转形成闭锁和开锁。机栓上还有解脱凸笋、机柄和复进机巢。机体上有击针，用于撞击子弹底火。抓弹钩用于从膛内抓出弹壳（子弹）。机体上还有导笋、送弹凸笋、闭锁凸笋和弹底巢。

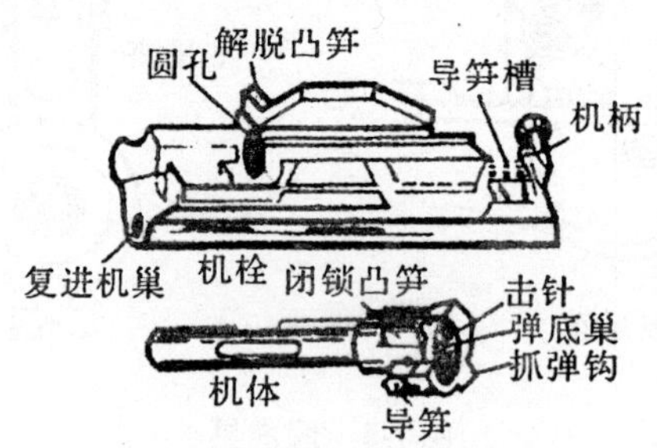

图7-8　枪机

7. 复进机（见图7-9）

复进机由导管、导杆、导管座、复进簧和支撑环组成，用于使枪机回到前方位置。导管座上有机匣盖卡笋。

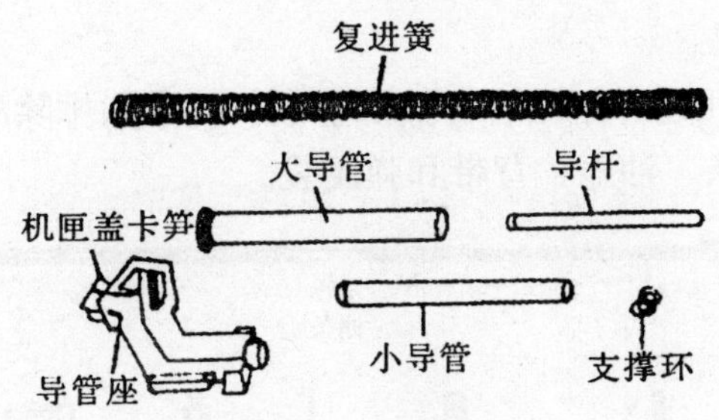

图 7-9　复进机

8. 击发机（见图 7-10）

击发机用于与枪机相互作用形成待发和击发。击发机上有击发控制机，能在枪机闭锁枪膛前防止击发。保险机用于保险和控制单发射、连发射（“1”、“2”、“0”分别为单发射、连发射、保险）。击发机上还有击发阻铁、单发阻铁、击锤和扳机。

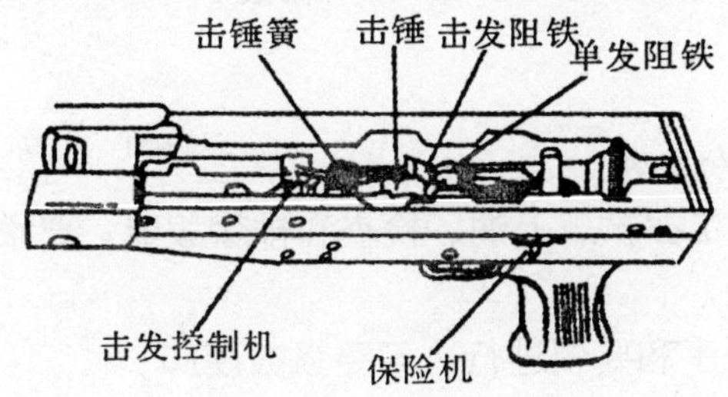

图 7-10　击发机

9. 弹匣（见图 7-11）

弹匣用于容纳和托送子弹，可装 30 发子弹。弹匣由弹匣体、托弹钣、托弹钣簧、固定钣、弹匣盖组成。弹匣体上有凹槽和挂耳，用于将弹匣固定在枪上。检查孔，当看到子弹时，则已装满子弹。

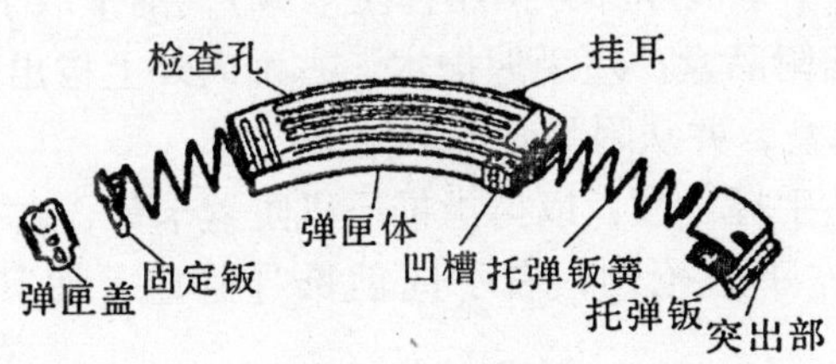

图 7-11　弹匣

10. 枪托（见图 7-12）

枪托用于操枪、据枪，由枪颈、托底钣、附品盒巢和枪托卡笋组成，平时成打开状态，必要时可折叠。

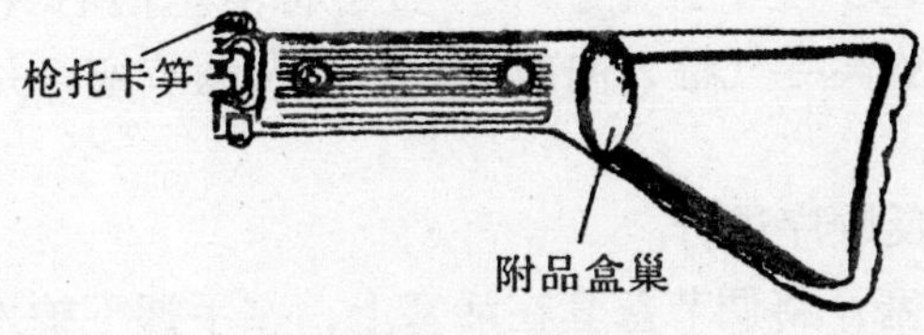

图 7-12　枪托

附品（见图7-13）用以分解结合、擦拭上油、携带和排除故障。附品包括擦拭杆、鬃刷、铳子、附品盒、通条、油壶、背带和弹匣袋。

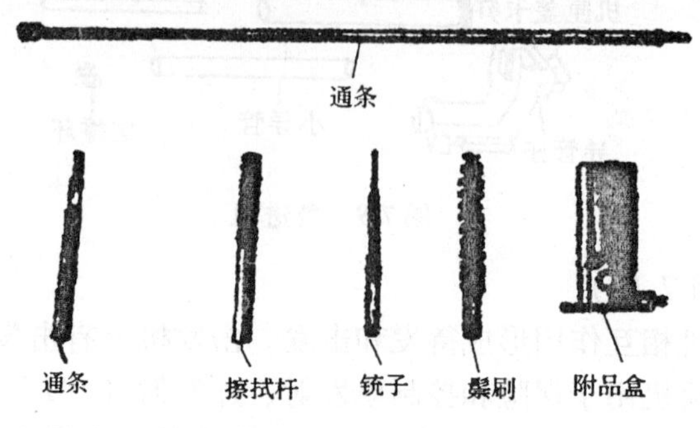

图7-13　附品

（四）分解结合

1. 分解结合的目的和要求

分解结合的目的是为了擦拭、上油、检查和排除故障。要求如下。

（1）分解前必须验枪。

（2）分解结合应按顺序和要领进行，不要强敲硬卸。

（3）分解下来的机件应按次序放在干净的物体上。

（4）除所规定的分解内容外，未经许可，不准分解其他机件。

（5）结合后，应拉送枪机数次，检查机件结合是否正确。

2. 分解

（1）卸下弹匣。左手握护木，枪面稍向左，右手握弹匣，拇指按压弹匣卡笋（也可右手掌心向上握弹匣，以手掌肉厚部分推压弹匣卡笋），前推取下。

（2）拔出通条和取出附品盒。左手握护木，右手向外上拔出通条；然后用中、食指顶压附品盒底部，取出附品盒，并从附品盒内取附品。

（3）卸下机匣盖。左手握枪颈，以拇指推压机匣盖卡笋，右手将机匣盖上提取下。

（4）抽出复进机。左手握枪颈，右手向前推导管座，使其脱离凹槽，向后抽出复进机。

（5）取出枪机。左手握枪颈，右手拉枪机向后到定位，向上向后取出，左手转动机体向后，使导笋脱离导笋槽，再向前取出机体。

（6）卸下护盖。右手握上护木，左手将表尺转轮定到“1”，再向左拉转轮装定在“0”上，然后，左手握下护木，右手向上向后卸下护盖。

（7）卸下活塞及调节塞。左手握下护木，右手将活塞向右（左）转动到定位，压缩活塞杆簧，使调节塞前端脱离导气箍，向前卸下活塞及调节塞，并将活塞及调节塞分开。

3. 结合

结合时，按分解的相反顺序进行。

（1）装上活塞及调节塞。将调节塞套在活塞上，左手握下护木，右手将活塞杆插入表尺座的圆孔内，压缩活塞簧，使调节塞前端进入导气箍，并向左转动调节塞，使解脱凸笋

进入凹槽。

(2) 装上护盖。左手握下护木，右手将护盖前端两侧卡在导气箍上，按压护盖后部到定位。左手转动表尺转轮使分划“1”对正定位点。

(3) 装上枪机。右手握机栓，使导笋槽向上。左手将机体结合在机栓上，使导笋进入导笋槽并转到定位。左手握枪颈，右手将枪机从机匣后部装入机匣，前推到定位。

(4) 装上复进机。左手握枪颈，右手将复进机插入复进机巢内，向前推压，使导管座进入凹槽内。

(5) 装上机匣盖。左手握枪颈，右手将机匣盖前端对正半圆槽，使后部的方孔对正机匣盖卡笋，向前下方推压机匣盖，使卡笋进入方孔内。

(6) 装上附品盒和通条。将附品装入附品盒内，左手握护木，右手将附品盒装入附品盒巢内，用中、食指顶压附品盒底部，并使附品盒卡笋进入圆孔。然后，将通条插入通条孔内，并使通条头进入通条头槽。此时，拉送枪机数次，检查机件结合是否正确，扣扳机，关保险。

(7) 装上弹匣。左手握护木，枪面稍向左，右手握弹匣并将弹匣口前端插入结合口内，扳弹匣向后，听到响声为止。

二、56 式半自动步枪

56 式 7.62 毫米半自动步枪是 1956 年定型生产供步兵使用的单人武器，它以火力、刺刀及枪托杀伤敌人，射击时，因利用部分火药气体能量和先进活塞簧伸张力来自动完成退壳、送弹且只能进行单发射击得名。

(一) 战斗性能和主要诸元

半自动步枪在 400 米内对单个目标射击效果最好，集中火力可以射击 500 米内的飞机、伞兵和杀伤 800 米内的集团人马。弹头飞行到 1500 米仍有杀伤力。战斗射速每分钟 35~40发。弹头初速为每秒735 米。使用56 式普通弹，在 100 米距离内能射穿6 毫米厚的钢板、15 厘米厚的砖墙、30 厘米厚的土层和 40 厘米厚的木板。

口径	7.62 毫米
初速	735 米/秒
有效射程	400 米
战斗射速	35 ~40 发/分
弹仓容量	10 发
枪全长	1330 毫米
全枪重（不装弹）	3.85 千克

(二) 半自动原理

扣扳机后，击锤打击击针，撞击子弹底火，点燃发射药，产生火药气体，推送弹头沿膛线向前运动；弹头经过导气孔，部分火药气体通过导气孔，涌入导气箍，冲击活塞，推动推杆，使枪机向后，压缩复进簧，完成开锁、抛壳，并使击锤成待发状态；枪机退到后方时，由于复进簧的伸张，使枪机向前运动，推送下一发子弹入膛，闭锁；此时，由于击锤已被击发阻铁卡住，不能向前打击击针，若再次发射，必须松开扳机，再扣扳机。

(三) 主要机件名称

半自动步枪由枪刺（刺刀）、枪管、瞄准具、活塞及推杆、机匣、枪机、复进机、击发机、弹仓、木托十大部机件组成（见图 7-14），另有一套附品。

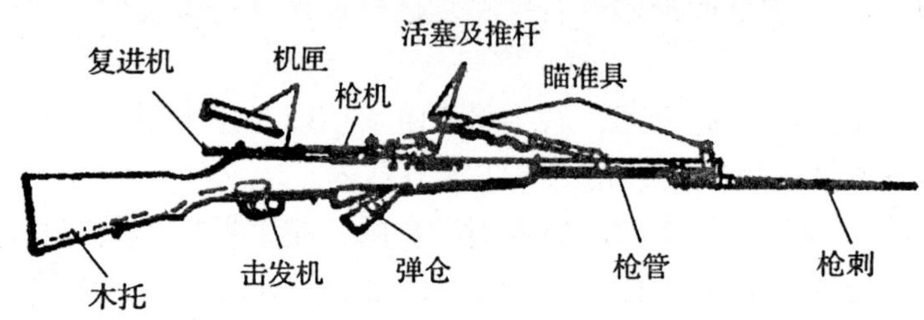

图 7-14　56 式半自动步枪的十大部机件

(四) 分解结合

1. 分解结合的目的要求

同 81—1 自动步枪。

2. 分解

(1) 拔出通条和取出附品筒。左手握护木，右手向下向外拉开枪刺约成 45 度，拔出通条，折回枪刺。然后，用食指顶开附品筒巢盖，取出附品筒，并从附品筒内取出附品。

(2) 卸下机匣盖。左手握枪颈，拇指抵住机匣盖后端，右手扳连接销扳手向上成垂直状态，再向右拉到定位，向后卸下机匣盖。

(3) 抽出复进机。右手向后抽出复进机。

(4) 取下枪机。左手握下护木，使枪面稍向右，右手拉枪机向后取出。然后，将机栓和机体分开。

(5) 卸下活塞筒。左手握下护木，右手扳固定栓扳手向上，使固定栓平面垂直，向上卸下活塞筒（将固定栓扳手扳回或保持不动，以防推杆弹出）。然后，从筒内取出活塞。

3. 结合

结合时，按分解的相反顺序进行。

(1) 装上活塞筒。将活塞插入活塞筒内，左手托握下护木，右手将活塞筒前端套在导气箍上，使活塞筒后部对正固定栓垂直面按下，再将固定栓扳手向下扳到定位。

(2) 装上枪机。左手握下护木，使枪面稍向右，右手将机栓和机体结合好，从机匣后部放进机匣内，向下按压托弹板，前推枪机到定位。

(3) 装上复进机。右手将复进机（弯曲部向前）插入机栓上的复进机巢内。

(4) 装上机匣盖。左手握枪颈，右手将机匣盖放在机匣上，左手拇指将其向前推到尽头，右手将连接销推入后向前扳到定位。

(5) 装上附品和通条。将附品装入附品筒并盖好，左手握下护木，右手将附品筒（筒盖向外）装入附品筒巢内。然后，拉开枪刺，插入通条并使其头部进入通条头槽。折回枪刺。

结合后，打开弹仓盖，拉送枪机数次，检查机件组合是否正确。关上弹仓盖，打开保

险，扣扳机，关保险。

三、54 式手枪

54 式 7.62 毫米手枪是我国仿苏联 TT1930/1933 式手枪的产品，于 1954 年定型，至今仍装备部队，是我国生产和装备量最大的手枪。54 式手枪的自动方式采用枪管短后座式，闭锁方式采用枪管摆动式，保险装置为击锤保险。它具有体积小、重量轻、携带方便、受地形环境制约小，反应快等特点，便于在狭小空间，隐蔽突然地向敌人实施攻击，是部队基层指挥员和特种兵非常理想的单兵自卫的战斗武器。

（一）战斗性能和主要诸元

54 式手枪使用国产 51 式 7.62 毫米手枪子弹，用以杀伤 50 米内有生目标，在 25 米的距离上能射穿 3 毫米厚的钢板，10 厘米的木板，6 厘米厚的砖墙，35 厘米厚的土层。

口径	7.62 毫米
弹头初速	430 米/秒
有效射程	50 米
战斗射速	30 发/分
弹匣容量	8 发
枪长	195 毫米
重量	0.85 千克
瞄准基线	156 毫米

（二）半自动原理

扣扳机后，击锤打击击针，撞击子弹底火，点燃发射药，产生火药气体，推送弹头沿膛线向前运动，同时通过弹底将动能传给套筒，套筒带动枪管一同后坐。由于连接轴的作用，使其开锁。开锁后，枪管停止运动，套筒依其惯性后坐，完成压倒击锤、压缩复进簧、抛壳并后坐到位。由于复进簧伸张，推套向前运动，推送一发子弹入膛。套筒带动枪管一同向前，共同完成闭锁。此时，由于击发阻铁限制，击锤不能向前打击击针。若再次发射，必须松开扳机，再扣扳机。

（三）主要机件名称、用途

手枪由枪管、套筒、复进机、套筒座、击发机和弹匣六大部机件组成（见图 7-15），另有附品。

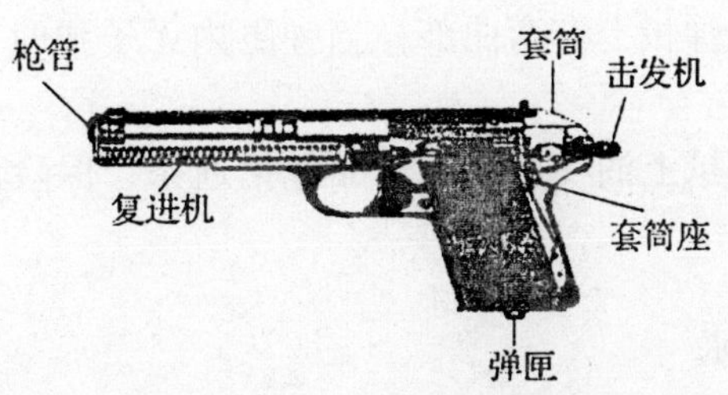

图 7-15　54 手枪的六大部机件

（1）枪管。用以赋予弹头飞行方向。枪管外部有：闭锁凸笋，用以闭锁枪膛；铰链，在连接轴的作用下，能使枪管后部上下活动，形成闭锁和开锁。

（2）套筒。用以容纳枪管和复进机。套筒（见图 7-16）外有准星和缺口，用以瞄准；枪管套，用以规正枪管及抵住复进机的前端。套筒内有枪机，用以送弹、击发和退壳，并能使击锤向后成待发状态，枪机上有击针、击针簧、弹底巢和抓弹钩。闭锁凸笋槽用以容纳枪管上的闭锁凸笋，导槽用以与套筒座相连接，复进机巢用以容纳和规正复进机。

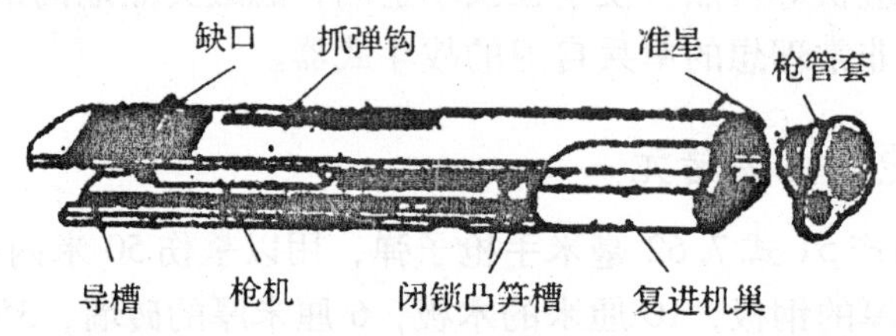

图 7-16　套筒

（3）复进机。由复进簧、复进簧导杆和复进簧帽组成，用以使套筒回到前方位置。复进簧导杆上还有导杆座，用以抵住铰链座。

（4）套筒座。用以连接套筒和枪管，容纳击发机和弹匣，使用时便于握持。套筒座（见图 7-17）上有连接轴，用以通过铰链将枪管、套筒与套筒座连接起来；连接轴上有套筒阻铁，能使套筒停在后方位置；卡簧用以固定连接轴；导棱用以连接套筒并规正套筒前后运动。

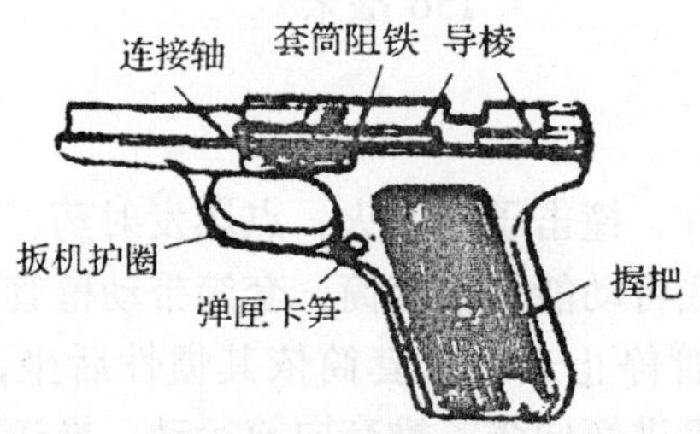

图 7-17 套筒座

（5）击发机。用以与套筒相互作用形成待发和击发。击发机上有：击锤，用以打击击针；击发阻铁，用以使击锤成保险（击发阻铁进入保险卡槽）或待发（击发阻铁进入击发阻铁槽）状态；压杆，用以使扳机与击发阻铁脱离，形成半自动和在套筒未前进到定位时防止击发；扳机，用以击发；击发机座上，有拨壳凸笋。

（6）弹匣。用以容纳和托送子弹（可装 8 发子弹）。弹匣上有弹匣体、托弹板、托弹板簧、固定板、弹匣盖。托弹板上有弯曲部，当弹匣内无子弹时，能抬起套筒阻铁，使套筒停在后方位置。

附品用以分解结合，擦拭上油和携带；附品包括通条、保险带、背带和枪套。

（四）分解结合

1. 分解结合的目的要求

同 81-1 自动步枪。

2. 分解

（1）取出弹匣。右手握握把，拇指按压弹匣卡笋，左手取出弹匣。

（2）卸下连接轴。右手握握把，使枪面向内，左手用弹匣盖平齐一端推连接轴卡簧向后，使其脱离连接轴。然后，左手掌抵住枪口部，中指扣住扳机护圈，稍推套筒向后，食指顶连接轴头部，右手卸下连接轴。

（3）卸下套筒。右手握握把，左手握住套筒，并以食、中指从下面抵住复进机（防止弹出），慢慢向前卸下套筒。

（4）取出复进机。左手握套筒，使复进机向上，右手拇、食、中指捏住导管座，向后压缩复进簧并向上向前取出复进机。

（5）取出枪管套和枪管。左手握套筒，右手将枪管套转动半圈取下。然后，放倒铰链，左手食指从抛壳口顶起枪管，右手将其取出。

（6）取出击发机。右手握握把，左手向上取出击发机。

3. 结合

（1）装上击发机。右手握握把，左手将击发机装在套筒座上。

（2）装上枪管和枪管套。左手握套筒并使枪面向下，右手握枪管前端并使铰链向上，将枪管插入套筒内。然后，将枪管套装入套筒转动半圈到定位。

（3）装上复进机。左手握套筒并竖起铰链，右手拇、食、中指捏住复进机导杆座，将复进机插入套筒的复进机巢内，压缩复进簧，使导杆座抵住枪管上的铰链座为止，并用左手食、中指压住复进机。

（4）装上套筒。右手握握把，将套筒座的导棱对正套筒的导槽，左手将套筒向后推到定位。

（5）装上连接轴。左手掌抵住枪口部，中指扣住扳机护圈，稍推套筒向后，当套筒座和铰链上的连接轴孔对正时，右手将连接轴插入孔内，然后，用弹匣盖平齐一端向前推连接轴卡簧到定位。结合后，拉送套筒数次，检查机件结合是否正确，然后，装上弹匣，将击锤送于保险位置。

四、子弹

枪与子弹是不可分离的有机整体，二者互为条件才能发挥作用。

（一）子弹的组成及性能

子弹（见图7-18）由弹头、弹壳、底火和发射药组成。弹头用以杀伤敌人的有生力量；弹壳用以容纳发射药，安装弹头和底火；底火用以点燃发射药；发射药用以燃烧后产生火药气体，推送弹头前进。

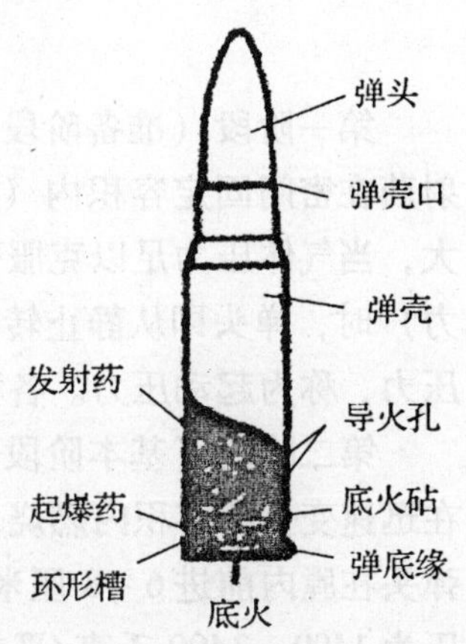

图7-18 子弹

（二）子弹的种类及各种弹的用途与标志

（1）普通弹。用以杀伤敌人的有生力量。

（2）曳光弹。主要用以试射、指示目标和作信号用。命中干草能起火，曳光距离可达800米。弹头头部为绿色。

（3）燃烧弹。主要用以引燃易燃物体。弹头头部为红色。

（4）穿甲燃烧弹。主要用以射击飞机和轻装甲目标（在200米距离上穿甲厚度为7毫米），并能在穿透装甲后引燃汽油。弹头头部为黑色并有一道红圈。

另外，还有空包弹，教练弹、空炸弹等辅助弹。空包弹主要用以演习，没有弹头，弹壳口收口压花并密封；教练弹主要用以练习装退子弹、击发等动作，外型和重量与普通弹相似，弹壳上有三道凹槽，无发射药，底火为橡皮制成。空炸弹主要用以对空射击训练用，弹头在500米内性能与曳光弹相同，超过500米时，弹头自动分离为三部分，能减小对射击地域的危险程度。

子弹箱外均标有弹种、数量、批号和年号等。领用时应看清标志，千万不能弄错。

第二节　简易射击学理

一、发射的过程

火药气体压力将弹头从膛内推送出去的现象，叫发射。扣动枪的扳机，击针撞击子弹底火，使起爆药发火，火焰通过导火孔引燃发射药，产生大量火药气体，在膛内形成很大的压力，迫使弹头脱离弹壳，沿膛线旋转加速前进，直至推出枪口。发射过程时间极短促，现象却很复杂，整个过程可分为四个阶段（见图7-19）。

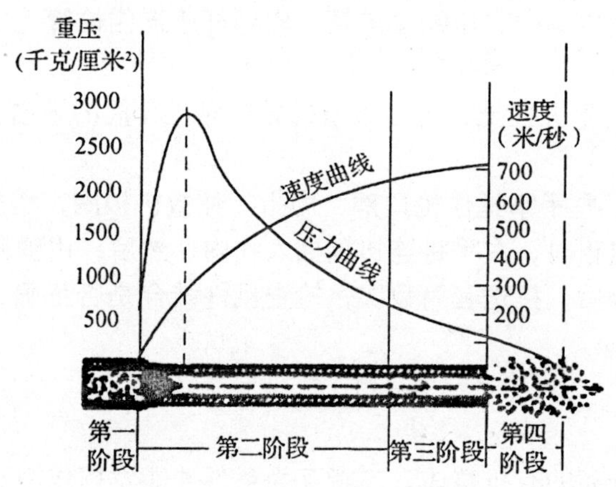

图7-19　发射的四个阶段

第一阶段（准备阶段）：由发射药开始燃烧起至弹头开始运动时止。在此阶段中，发射药在密闭固定容积内（弹壳内）燃烧并产生气体，气体逐渐增加，从而使压力逐渐增大，当气体压力足以克服弹头运动阻力（弹壳口对弹头的摩擦力及阻止弹头嵌入膛线的抗力）时，弹头即从静止转为运动，脱离弹壳，嵌入膛线。弹头完全嵌入膛线所需要的气体压力，称为起动压力。各种枪的起动压力为250～500千克/平方厘米。

第二阶段（基本阶段）：自弹头开始运动到发射药燃烧完为止。在此阶段内，发射药在迅速变化的容积内燃烧，膛内压力随气体的增加迅速加大，弹头运动速度随之加快。当弹头在膛内前进6～8厘米时，膛内的压力最大，引压力称为最大膛压，各种枪的最大膛压为1400～3400千克/平方厘米。

第三阶段（气体膨胀阶段）：在此阶段内，弹头是在高压灼热气体膨胀作用下运动的。

虽然没有新的火药气体产生，但原有的气体仍储有大量的能，继续作功使弹头加速运动，直至脱离枪口。弹头脱离枪口瞬间的气体压力，称为枪口压力。各种枪的枪口压力为200～600千克/平方厘米。

第四阶段（火药气体作用的最后阶段）：自弹头底部脱离枪口前切面时起到火药气体停止对弹头作用时止。弹头飞出枪口时，火药气体形成一股气流，从膛内喷出，其速度比弹头速度大得多，因此，在距离枪口一定距离（各种枪5～50厘米）火药气体仍继续对弹头底部施加压力，并加大弹头的运动速度，直至火药气体压力与空气阻力相等时为止。此时，弹头飞行的速度最大。

从发射的四个阶段可知，膛压的变化规律是：从小急剧增大，尔后逐渐下降；弹头速度的变化规律是：由静到动，由慢到快，始终是加速运动。

二、后坐的形成及对命中的影响

发射时，武器向后运动的现象，叫后坐（见图7-20）。发射药燃烧时，产生的气体同时作用于各个方向，作用于膛壁周围的压力为膛壁所抵消，向前作用于弹头后部的压力推送弹头前进；向后作用于弹壳底部的压力经过枪机传给整个武器，使武器向后运动，形成后坐。武器的后坐和弹头的运动是同时开始的。在弹头脱离枪口瞬间，大量的火药气体随弹头后部从膛内向外喷出，形成了反作用力，使武器后坐更加明显。后坐对单发（连发首发）射击的命中影响极小，对连发射击的命中有一定的影响。因为连发射击时，第一发子弹射出后，由于枪身的明显后坐变动了原来的瞄准线，对第二发以后的射弹产生偏差。但只要射手据枪要领正确、适应连发武器射击时的后坐规律，就能减小后坐对连发命中的影响，提高射击精度。

图7-20　火药气体压力的作用产生后坐

三、弹道形状及其实用意义

（一）弹道的形成

弹头在运动过程中，其重心所经过的路线，叫弹道。弹头脱离枪口后，在空中飞行时，由于受到地心吸力和空气阻力的作用，逐渐下降，速度也越来越慢，因此形成了一条不均等的弧线，升弧较长较直，降弧较短较弯曲（见图7-21）。

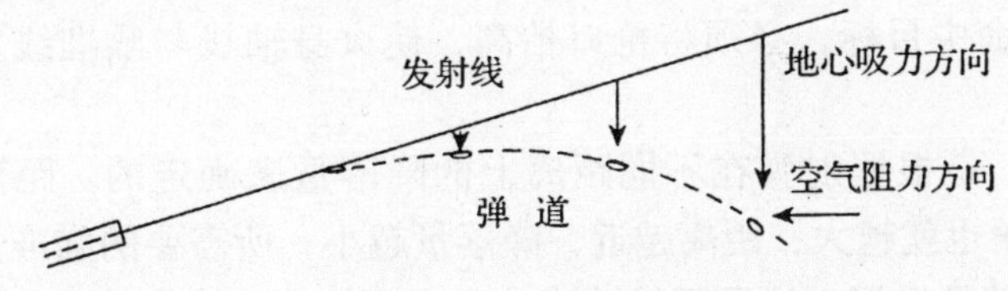

图7-21　弹道的形成

（二）弹道要素（见图7-22）

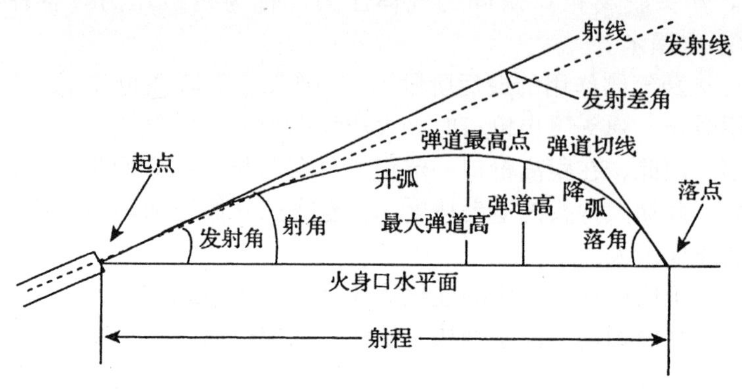

图7-22 弹道要素

起点：火身口中心点（外弹道开始点）。

火身口水平面：通过起点的水平面。

射线：发射前火身轴线的延长线。

射角：射线与火身水平线的夹角。

发射线：发射瞬间火身轴线的延长线。

发射角：发射线与火身口水平面所夹的角。

发射差角：发射线与射线所夹的角。发射线高于射线时，发射差角为正；低于射线时，发射差角为负；相重合时，发射差角为零。

落点：弹道降弧与火身口水平面的交点。

弹道最高点：火身口水平面上弹道最高的一点。

升弧：由起点到弹道最高点的弹道。

降弧：由弹道最高点到落点的弹道。

弹道高：弹道上任何一点的火身口水平面的垂直距离。

最大弹道高：弹道最高点到火身口水平面的垂直距离。

弹道切线：弹道上任何一点的切线。

落角：落点的弹道切线与火身口水平面的夹角。

射程：起点到落点的水平距离。

四、选定表尺（瞄准镜）分划和瞄准点

（一）瞄准具（镜）的作用

由于地心吸力和空气阻力的作用，如果用枪管直接瞄向目标射击，射弹就会打低打近（见图7-23）。为了命中目标，必须将枪口抬高，使火身轴线与瞄准线之间形成一定的角度，即瞄准角。

瞄准角的大小，是根据射弹在不同距离上的降落量来确定的。距离越远，降落量越大，所需要的瞄准角也就越大；距离越近，降落量越小，所需要的瞄准角也就越小。

瞄准具（镜）就是根据上述原理设计成的。由于缺口上沿到火身轴线的高度大于准星尖到火身轴线的高度，射击时，是通过缺口上沿中央和准星尖的平正关系来对目标进行瞄

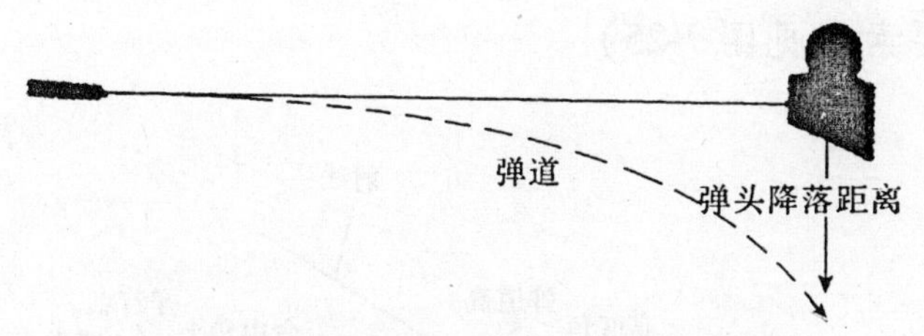

图 7-23　用枪管直接瞄准目标射击的景况

准的，因此，就抬高了枪口，使火身轴线与瞄准线之间构成了一定的瞄准角。表尺位置高，瞄准角就大，相应的射击距离就远；表尺位置低，瞄准角就小，相应的射击距离就近。各种枪的表尺钣上都刻有不同的表尺分划，装定表尺分划，就是改变表尺的高低位置，实际上也就是装定瞄准角。

由此可见，瞄准具（镜）的作用，就是对一定距离上的目标射击时赋予武器相应的瞄准角和射向。射击时，只要按照目标的距离装（选）定相应的表尺分划瞄准射击，就能命中目标。因此，正确地选定表尺分划，对准确命中目标有着决定性的意义。

（二）选定表尺分划和瞄准点

为了使射弹准确地命中目标，就必须正确地选定表尺分划和瞄准点，通常有下列三种方法。

（1）当目标距离为百米整数时，定表尺“1”，瞄准目标 10 环中央射击，即可命中目标。

（2）当目标距离不是百米整数时，通常选定大于实距离的表尺分划，相应降低瞄准点。也可选定小于实距离的表尺分划，相应提高瞄准点射击。如对 250 米处的人胸靶目标射击时，定表尺“3”瞄准目标下沿中央射击，即可命中目标。

（3）当目标在 300 米距离以内时，通常定常用表尺“3”或“4”，小目标瞄下沿中央，大目标瞄下部中央（见图 7-24）。

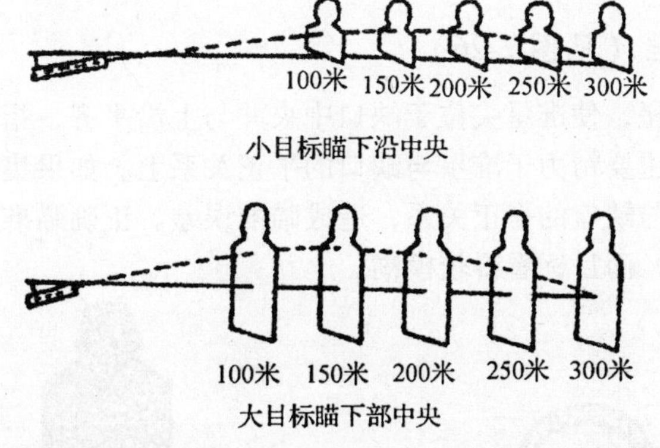

图 7-24　定常用表尺对 300 米以内目标射击的景况

（三）瞄准要素（见图7-25）

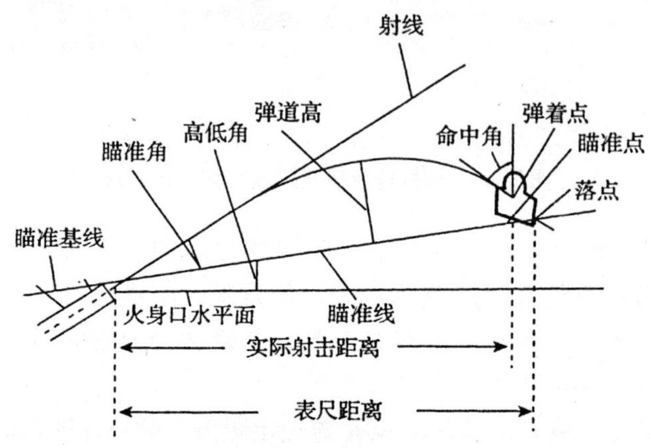

图7-25　瞄准要素

瞄准基线：缺口的上沿中央到准星尖的直线。

瞄准线：视线通过缺口上沿中央和准星尖的延长线。

瞄准点：瞄准线所指向的一点。

瞄准角：射线与瞄准线的夹角。

高低角：瞄准线与火身口水平面的夹角（目标高于火身口水平面时，高低角为“+”；目标低于火身口平面时，高低角为“-”）。

瞄准线上弹道高：弹道上任何一点到瞄准线的垂直距离。

落点：弹道降低与瞄准线的交点。

弹着点：弹道与目标表面或地面的交点。

命中角：弹着点的弹道切线与目标表面或地面所夹的角。命中角通常以小于90度的角计算。

实际射击距离：起点到弹着点的距离。

（四）正确的瞄准（见图7-26）

右眼通视缺口和准星，使准星尖位于缺口中央并与上沿平齐，指向瞄准点，就是正确瞄准。瞄准时，应集中主要精力于准星与缺口的平正关系上。如果集中主要精力于准星与目标上，就会忽略准星与缺口的平正关系，造成瞄准误差。正确瞄准景况，应是准星与缺口的平正关系看得清楚，而目标看得较模糊。

图7-26　正确的瞄准

（五）瞄准误差对命中的影响

1. 准星与缺口关系不正确

瞄准时，若准星与缺口关系不正确，对命中影响很大，准星偏哪，弹着偏哪。如准星尖在缺口内偏差1毫米，弹着点在100米距离上的偏差量，自动步枪为32厘米，距离越远，偏差量越大。射弹偏差量的大小，与射击距离的远近和瞄准基线的长短有直接关系。

2. 瞄准线指向的偏差

瞄准时，若准星与缺口的关系正确，而瞄准线指向产生偏差时，射弹也会产生偏差，射弹的偏差与瞄准线指向的偏差相一致。如瞄准线指向偏左15厘米，射弹也就偏左15厘米。

3. 枪面倾斜

枪面倾斜对命中精度也有一定影响，因为枪面倾斜，使枪身轴线的指向产生了偏差。枪面偏左，射弹偏左下；枪面偏右，射弹偏右下。

（六）检查瞄准的方法

1. 个人检查

瞄准时，头稍上下移动检查准星是否位于缺口中央；头稍左右移动，检查准星尖是否与缺口上沿平齐。也可以用平正准星检查器遮挡的方法，检查准星与缺口是否平正。

2. 固定枪检查

将枪放在依托物上，瞄准后不动枪，互相检查瞄准的正确程度。

3. 四点瞄准检查

将枪放在依托物上，在枪前15米处设固定白纸靶。示靶手将检查靶固定在白纸上，由教练员或优秀射手向检查靶瞄准。瞄好后，将枪固定好，示靶手通过检查靶中央的圆孔标记一点，并画“×”作为基准点。然后，移动检查靶，由射手不动枪瞄准，指挥示靶手移动检查靶。连续瞄三次，每次瞄好后点上圆点作为标记。三次的瞄准标记点与基准点能套在直径10毫米的圆孔内为及格；能套在5毫米的圆孔内为良好；能套在3毫米的圆孔内为优等。

四点瞄准时，由于动靶不动枪，而实际射击则是动枪不动靶。因此，瞄准标记点为基准点的高低和方向偏差与实际射击的偏差相反。

4. 用检查镜检查

将检查镜固定在枪上，检查者位于射手的左侧进行检查。

五、外界条件对射击的影响及修正

武器弹道基本诸元的计算，都是在标准条件下进行的。射击时，若外界条件不符合标准条件，就会改变弹道的形状，影响射击精度。要使射弹准确地命中目标，必须了解外界条件对射击的影响，学会修正克服的方法。

（一）风对射弹的影响及修正

风是一种具有速度和方向的气流，它能改变射弹的飞行方向和距离。在各种外界条件中，风对射弹的影响最大。因此，必须准确地判定风向和风力，根据风对射弹的影响进行修正，以保证射弹准确命中目标。

各种枪射击时，为了使射弹准确地命中目标，必须根据射弹受风影响偏的差量，将瞄准点向风吹来的方向修正。修正时，以横方向的和风修正量为准，强风加一倍，弱风减一半，斜方向的强（或弱）风，应按横方向的强（或弱）风的修正量减一半。修正量从预期命中点算起，偏差多少，就修正多少。

自动步枪对横和风的修正量（人体），可按如下口诀求出：距离200米，修1/4人体，表尺3、4、5，减去2.5，强风加一倍，弱（斜）风减一半。

例：81—1式自动步枪对200米距离上的目标射击，强风从左吹来，如何修正？

81—1式自动步枪对200米距离上的目标射击时，横和风的修正量依口诀为1/4人体，强风加一倍则为：1/4+1/4=1/2（人体）。也可按表求出，即0.14×2=0.28（米），约半个人体。所以，瞄准点应向左修正半个人体。

为运用方便，将在横和风条件下，以400米内目标射击时的瞄准景况归纳如下口诀："一百不用修，二百瞄耳线，三百瞄边沿，四百边接边"（见图7-27）。

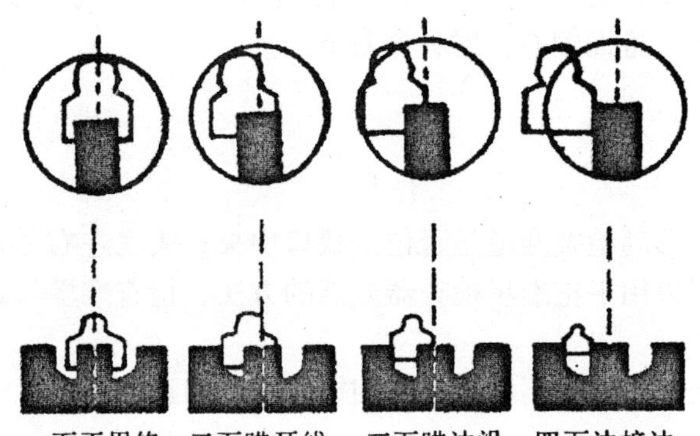

图7-27　横和风时的修正情况

（二）阳光对瞄准的影响及克服方法

在阳光下瞄准时，由于阳光照射作用，缺口部分会产生虚光，形成三层缺口：虚光部分、真实部分、黑实部分。如不注意辨清真实缺口的位置，就容易产生误差，使射弹产生偏差。

若用虚光部分瞄准，射弹就偏向阳光照来的方向。阳光从右上方照来时，缺口左边和上沿产生虚光，用虚光部分瞄准，准星实际上偏右高，因此，射弹偏右上。阳光从左上方照来时，用虚光部分瞄准，射弹则偏左上。

若用黑实部分瞄准，射弹就偏向阳光照来的相反方向。如阳光从右上方照来，用黑实部分瞄准，准星实际上偏左低，因此射弹偏左下；阳光从左上方照来时，射弹则偏右下。

在阳光照射下，缺口和准星尖同时产生虚光时，若用虚光部分瞄准，射弹偏低；若用黑实部分瞄准，射弹偏高。正确瞄准应是：不要白（虚光部分），不要黑（黑实部分），只要中间灰白色（真实缺口）。其克服方法有以下几点。

1. 在不同方向的阳光照射下练习瞄准

在不同方向的阳光照射下练习瞄准，可采取遮光瞄准不遮光检查，或不遮光瞄准遮光检查的方法，反复练习，确实辨清真实缺口的位置和正确瞄准的景况。

2. 瞄准要细致

瞄准时应正确平正准星与缺口，但瞄准时间不宜过长，以免眼花而产生误差。

3. 要保护好瞄准具

平时要注意保护好瞄准具，不使其磨亮而反光。

（三）气温对射弹的影响及修正

气温就是空气的温度，它随着天气的炎热和寒冷而变化。气温变化时空气密度也会随着改变，对射弹的阻力也就不同，从而影响射弹的飞行速度，使弹道形状发生变化。

气温升高时，空气密度减小（稀薄），射弹在飞行中受到的空气阻力就小，射弹就打得远（高）；气温降低时则情况相反。

由于各地区和各季节的气温不同，很难与标准气温（15 摄氏度）条件相符，因此，应在当时当地的气温条件下矫正武器的射效，并以矫正时的气温条件为准。射击时，若气温差别不大，在400米内对射弹命中的影响较小，不必修正。若气温差别很大或对远距离目标射击时，应适当提高或降低瞄准点，气温降低时，提高瞄准点或增加表尺分划；气温升高时，降低瞄准点或减小表尺分划。

第三节　射击训练动作

射击时射手所作的动作称为射击动作。射击动作的正确与否，关系到射弹能否准确命中目标，它由验枪、卧姿装退子弹、据枪、瞄准、击发五个要素组成。五者是互相联系和互相影响的。

一、81—1 自动步枪的射击动作

（一）验枪

验枪是一项保证安全的重要措施。使用武器前后及必要时，均应验枪。认真检查弹膛、弹匣和教练弹中有无实弹。验枪时，严禁枪口对人。

口令：“验枪”、“验枪完毕”。

要领：“听到”验枪的口令后。以右脚掌为轴，身体半面向右转，左脚顺势向前迈出一步（两脚约与肩同宽），同时右手移握护木，将枪向前送出（背带从肩上脱下）左手接握下护木，左大臂紧靠左肋。枪托贴于右胯，准星约与肩同高。右手掌心向下，虎口向前，拇指打开保险，卸下弹匣（使弹匣口向后弯曲部朝上）交给左手握于护木右侧，移握机柄。

当指挥员检查时，拉枪机向后，验过后，自动送回枪机，装上弹匣，扣板机，关保险，移握枪颈。

听到“验枪完毕”口令后，左手反握护木，将枪倒置于胸前，上背带环约与肩同高，右手挑起背带，身体半面向左转，在右脚靠拢左脚的同时，两手协力将枪送上右肩，恢复肩枪姿势。

（二）卧姿装退子弹

口令：“卧姿——装子弹”、“退子弹——起立”。

要领：听到“卧姿——装子弹”的口令后，右手移握上护木，使枪口向前（背带从肩上脱下），左脚向右脚尖前迈出一大步（也可右脚顺脚尖方向迈出一大步），左臂伸出，掌心向下手指稍向右，按照膝、手、肘的顺序顺势卧倒。以身体左侧、左肘支持全身。右手将枪向目标方向送出，左手接握下护木，枪面稍向左，枪托着地，右手卸下空弹匣（弹

匣口朝后弯曲部朝上）交给左手握于护木右侧，解开弹袋扣取出并换上实弹匣，将空弹匣装入弹袋内并扣好，拇指打开保险，拉枪机送子弹上膛，关上保险。右手拇指和食指转动表尺转轮，使所需分划对正表尺座一侧定位点。然后，右手移握握把，全身伏地，两脚分开约与肩同宽，身体右侧与枪身略成一线，目视前方，准备射击。

听到“退子弹——起立”的口令后，稍向左侧身，右手卸下实弹匣交给左手，打开保险，拇指慢拉枪机向后，余指接住从膛内退出的子弹，送回枪机，将子弹压入弹匣内，解开弹袋扣，取出并换上空弹匣，把实弹匣装入弹袋内并扣好，扣扳机，关保险，表尺转轮分划归“3”，移握上护木，将枪收回，同时左小臂向里合，屈左腿于右腿下，以左手和两脚撑起身体，右脚向前一大步，左脚再向前一步，左手反握护木，将枪倒置于胸前，右手挑起背带，在右脚靠拢左脚的同时，两手协力将枪送上右肩，恢复肩枪姿势。

（三）有依托据枪、瞄准、击发

为了获得更好的射击效果，应力求利用地物和构筑依托物实施射击。依托物的高度应以射手的身体而定，一般为25～30厘米，依托物内侧应陡些。在紧急情况下，还应善于利用不同高度的依托物实施射击。

1. 据枪

卧姿有依托据枪时，下护木放在依托物上，身体右侧与枪身略成一线。左手握弹匣（也可握下护木），左肘着地外撑。右手拇指将保险机扳到所需的位置，虎口向前紧握握把，食指第一节靠在扳机上，右大臂略成垂直，右肘着地外撑（肘皮控制在内前侧）。两肘保持稳固，胸部挺起，身体稍前（右肘不离地），上体自然下塌，两手用力保持不变，使枪托确实抵于肩窝。头稍前倾，枪托自然贴腮。

2. 瞄准

首先使瞄准线自然指向目标。若未指向目标，不可迁就而强扭转身，必须调整姿势。需要修正方向时，可左右移动身体或两肘。需要修正高低时，可前后移动整个身体或两肘里合、外张（连发射击时，右肘不宜外张），也可适当调整依托物。

3. 击发

用右手食指第一节均匀正直地向后扣压扳机（食指内侧与枪应有不大的空隙），余指力量不变。当瞄准线接近瞄准点时，开始预压扳机，并减缓呼吸；当瞄准线指向瞄准点时，应自然地停止呼吸，继续增加对扳机的压力，直至击发，击发瞬间应保持正确一致的瞄准。若瞄准线偏离瞄准点或不能继续停止呼吸时，应既不增加也不放松对扳机的压力，待修正或换气后，再继续扣压扳机，直至击发。

据枪、瞄准、击发是互相联系和互相影响的整体动作。稳固持久的据枪、正确一致的瞄准、均匀正直的击发，三者正确的结合，是准确射击的关键。因此，必须刻苦学习，反复训练，熟练掌握。

（四）常犯的毛病及纠正方法

1. 抵肩位置不正确

射击时，射手若不能正确地抵肩，会使射弹产生偏差。在通常情况下，抵肩过低易打低；抵肩过高易打高。纠正时，射手要反复体会正确的抵肩位置，并通过他人摸、推的方法检查抵肩位置是否正常。

2. 两手用力不当

射击时，射手为了命中目标，往往以强力控制枪的晃动，造成肌肉紧张、用力方向不正、姿势不稳，使枪产生角度摆动，增大射弹散布。纠正时，应强调据枪时正直向后适当用力，使用力和后坐方向一致。连发射击时，应保持姿势稳固，据枪力量不变。练习时，可在据枪后由协助者向后推枪、拉枪机或射手两手后引枪等方法。检查用力方向是否正确，发现偏差，及时纠正。自动武器射击应特别注意防止右手上抬，下压或向右后引枪等毛病。

3. 停止呼吸过早

射击时，停止呼吸过早易造成憋气，使肌肉颤动、据枪不稳或猛扣扳机。纠正时，应使射手反复体会在瞄准线指向瞄准点或在瞄准点附近轻微晃动时，自然停止呼吸的要领。在剧烈运动后，无法按正常情况停止呼吸时，应进行深呼吸后再停止呼吸。

4. 击发时机掌握不好

无依托射击时，有的射手常为捕捉瞄准点，造成勉强击发或猛扣扳机。纠正时，应指出瞄准线的指向在瞄准点附近轻微晃动是正常现象，当瞄准线在瞄准点附近轻微晃动时，应达到适时击发。练习时，可让射手反复体会在保持准星与缺口平正关系的基础上，自然指向瞄准点的景况。也可用加强臂力锻炼和采取逐步缩小瞄准区的辅助练习方法，摸索枪的晃动规律，掌握击发的时机。

5. 耸肩、眨眼和猛扣扳机

射击时，由于射手过多考虑枪响时机、点射弹数、射击成绩等原因，造成心情紧张，产生耸肩、眨眼和猛扣扳机等错误动作，影响射弹命中。纠正时，应强调按要领操作，把主要精力、视力集中在准星与缺口的正确关系上，达到自然击发。

6. 枪面倾斜

瞄准时，如枪面偏左（右），射角减小，枪身轴线指向瞄准点左（右）边，射击时，弹着偏左（右）下。纠正时，强调射手据枪应保持枪面平正。

（五）据枪、瞄准、击发的检查方法

教练员检查时，可按照看、转、推、拉、抬、问等方法进行。

看：看射手据枪的动作顺序、外形姿势是否正确、击发是否均匀正直。用检查镜和固定枪检查瞄准时，看瞄准是否正确一致。

转：射手完成据枪动作后，检查者用适当的力量转动枪身，检查射手各部用力是否正确，抵肩是否确实。

推：用手掌正直地推枪口向后，检查射手左手用力大小，方向是否正确，姿势是否稳固，人枪结合是否紧密，两肘撑地是否可靠。

拉：快速拉枪机数次，检查射手各部用力是否正确。

抬：用手向上抬枪口，检查射手左手用力大小、方向是否正确，抵肩是否确实有力。

问：问射手完成据枪瞄准击发过程中的感觉和内心感受，以便发现问题并予以纠正。

二、56 式半自动步枪的射击动作（略）

三、54 式手枪的射击动作（略）

第四节　实弹射击

一、实弹射击前的准备工作

实弹射击前的准备工作主要包括：制定实弹射击方案，确定实弹射击时间、日程、靶场规定、纪律等。

二、实弹射击场地组织和安全规则

（1）组织实弹射击，射击场应有射击场指挥员、地段指挥员、靶壕指挥员和警戒、信号（观察）、示靶、发弹、记录、修械、医务人员等。各人都要明确自己的职责，坚守岗位。

（2）射击前，应向全体人员明确规定各种信号，如开始射击、停止射击、报靶和射击终止等信号。

（3）实弹射击时，必须仔细搜索靶场警戒区，派出警戒，设置警戒旗。必要时，应预先将射击开始和结束的时间，危险区域及射击开始和结束的信号，通知当地有关单位。

（4）射击前必须验枪。无论枪内有无子弹，射手都不得将枪口对人。严禁将装有实弹的武器随意放置或交给他人。不准将实弹与教练弹混在一起。没有指挥员的命令，射手不准装弹。报靶时，严禁在射击地线摆弄武器向靶区瞄准。

（5）射击场必须具备可靠的靶档和确保安全的靶壕掩蔽部，并应避开高压线。

（6）射击场应标示出发地线和射击地线，无关人员不得越过出发地线。

（7）发出准备射击信号后，示靶人员应迅速隐蔽并竖起红旗，未经射击场指挥员许可，不得外出。射击场指挥员未接到靶壕内发出的可以射击的信号，不得下令射击。靶壕内若发生特殊情况，需立即停止射击时，应出示白旗或用其他规定的方法向指挥员报告。射手看到白旗或听到停止射击的口令，立即停止射击，并关上保险。

（8）实弹射击时，射向不得超出安全射界。

三、实施方法与具体要求

（1）各学生军训连到达靶场后，到指定的集结地域待命。各学生军训连连长核对本连实弹射击编组，按要求带出分组人员参加射击。射击人员到达靶场后，要做到一切行动听从指挥，不随意进入射击场地，不围观射手。

（2）示靶组设置和校正靶位，做好射击准备，发出可以射击的信号。指挥员发出“准备射击”的信号，第一组进入出发地线，领取子弹，按指挥员的命令进入各自的射击位置，做好射击准备，听到“开始射击”口令，射手即可射击。听到“停止射击”口令时，射手应立即停止射击，关上保险。并按指挥员的口令退出剩余子弹并起立。

（3）指挥员下达“验枪”的口令，射手逐个验枪，地段指挥员应严格检查。验枪后，指挥员下达“以第×名射手为准靠拢”的口令，射手跑步靠拢。组长按规定路线带出射击场外，到指定地点休息。

（4）指挥员发信号或用电话通知示靶组报靶（检靶、糊靶）。示靶组长组织示靶员报

靶、检靶、贴靶，并登记射击成绩。其他各射击编组按顺序依次进行射击。

四、实弹射击评定标准

1. 单个人员射击成绩评定标准（见表7-1）

表7-1 实弹射击评定标准

项目	固定目标射击（第一练习）		
枪种	半自动步枪	81—1自动步枪	54式手枪
目的	检验射手精度、射击技能		
目标距离	胸环靶100米		胸环靶25米
姿势	卧姿有依托		立姿无依托
使用弹数	5发		
评定标准	优秀：命中45环以上 良好：命中35环以上 及格：命中30环以上		优秀：命中40环以上 良好：命中30环以上 及格：命中25环以上
实施方法	1. 自下达装子弹的口令起，5分钟内射击完毕 2. 每发射一次后报靶，并指示弹着点		

2. 单位实弹射击成绩评定标准

优秀：90%以上射手的成绩在及格以上，并有40%以上射手的成绩为优秀。

良好：80%以上射手的成绩在及格以上，并有40%以上射手的成绩为良好或优秀。

及格：70%以上射手的成绩在及格以上。

五、报环靶的方法

报靶不仅是示靶手的职责，射手也应了解其方法，特别需要了解指示弹着的方法，以便在射击中适时进行修正。报环靶的方法有用报靶杆报和用红白旗报两种，现介绍用报靶杆报靶的方法。报靶杆圆头（直径15～20厘米，一面红，一面白）放在靶子不同位置表示环数。红面外放在左中间为4环，右中间为5环，左上角为6环，正上方为7环，右上角为8环。在靶子中央上下移动为9环，在靶子中央左右摆动为10环。围绕靶子画圆圈脱靶。每次报出环数后，将报靶杆圆头放在靶子中央（白面朝外），再慢慢向弹着偏差方向移出靶子2次，以指示弹着的偏差方向。

六、基本射击场设置（见图7-28）

附：信号规定

(1) 准备射击：哨音一长声。

(2) 开始射击：哨音连续短声。

(3) 暂停射击（检靶）：哨音一长一短。

(4) 要求停止射击：白旗高举不动或用对讲机呼叫。

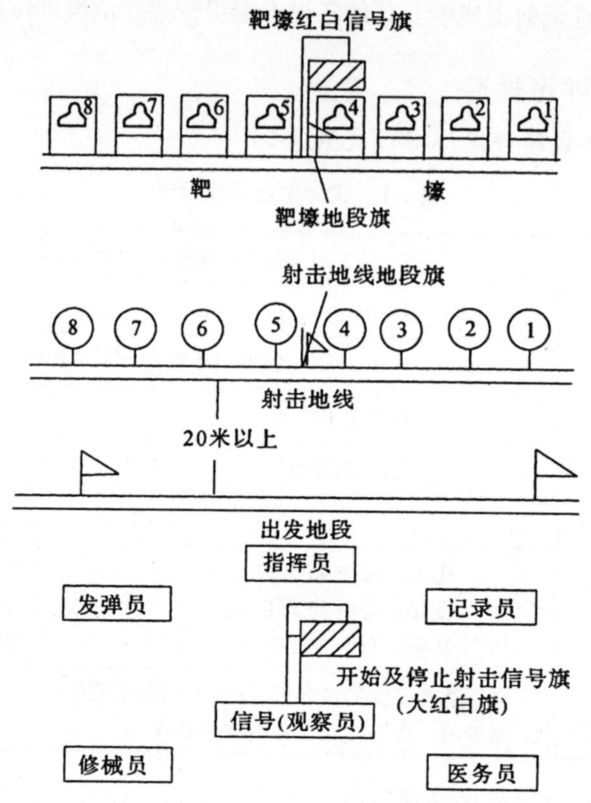

图 7-28　基本射击场设置示意图

思考题

1. 56 式半自动步枪由哪些部件组成?
2. 56 式半自动步枪分解结合的顺序和要领是怎样的?
3. 验枪的动作要领是什么?可分几步训练?
4. 据枪、瞄准、击发的动作要领是什么?

第八章

军事地形学

军事地形学是从军事应用的角度研究和利用地形的一门学科。它主要研究地形对战斗行动影响的规律，军用地图和航空、航天相片的识别与应用原理，战场简易测量方法以及调制地图的要领等。

地形是组织指挥作战所依据的重要条件，是影响部队作战行动的基本因素之一，利用地形为历代军事家所重视。中国春秋末期军事家孙武说："夫地形者，兵之助也。料敌制胜，计险厄远近，上将之道也。知此而用战者必胜，不知此而用战者必败。"（《孙子·地形篇》）孙子还列举了作战中经常遇到的通、挂、支、隘、险、远等六种地形，指出了利用各类地形的原则。孙武的这些论述从不同角度说明了地形与作战的密切关系，强调将帅要重视对地形的研究和利用。

随着现代战争突发性的增大，战场范围扩大，参战军种、兵种增多，部队机动能力提高，研究利用地形愈显重要；加之军事测绘成果的不断丰富，军事地形学逐渐发展成为一门专门学科，并成为军事训练的一门重要科目。

第一节　地形及其对战斗行动的影响

一、地形的分类

地形是地貌和地物的总称。地貌是指地表面平坦和起伏的自然状态，如山地、丘陵地、平原等；地物是指分布在地面上人工或自然的固定性物体，如居民地、道路、江河、森林等。

各种不同类型的地形，是由不同的地貌和地物的错综结合形成的。依地貌的状态，可分为平原、丘陵地、山地和高原；依地物的分布和土壤性质，可分为居民地、水网稻田地、江河与湖泊、山林地、石林地、黄土地形、沙漠与戈壁、草原、沼泽等；依对军队战斗行动的影响，又可分为开阔地、荫蔽地和断绝地等。不同的地形对军队战斗行动有着不同的影响。

二、地形的作用

（一）地形条件是组织指挥作战的重要依据

指挥员在定下决心前，必须对敌情、我情、地形、气象等情况进行全面分析，并得出结论，其中地形是一个重要条件。

（二）地形是影响部队作战行动的基本因素之一

地形对部队作战行动的影响，较为明显的主要是以下五个方面。

1．地形对军队机动的影响

在现代战争条件下军队的机动，对地形条件要求较高，无论是沿道路机动，还是越野机动，都受地形条件的影响，特别是摩托化程度较高的部队受地形条件的影响更大。

2．地形对观察、射击的影响

战场地形的起伏、地物的密度和高度及其分布等情况，对观察、指挥所的通视和各种兵力兵器的火力发扬等均有极大的影响。

3．地形对隐蔽、伪装的影响

植被、居民地、山谷冲沟、山洞、矿井和其他天然物体等，都具有隐蔽和伪装作用。

4．地形对工程构筑的影响

土质和地下水的状况，是影响工程构筑的主要因素；森林和居民地状况对工程构筑的取材和人力资源的获得有着一定的影响。

5．地形对原子、化学武器袭击和防护的影响

地貌的起伏和陡峻、山脊、山谷的错综分布，可减小原子、化学武器的影响；地形平坦、开阔，地面物体少，有利于原子、化学武器杀伤作用的发挥，而不利于防护。

此外，地形对判定方位、通信联络也有一定影响。

（三）各类地形的特点及其对战斗行动的影响

1．平原

地面平坦宽广，海拔一般在200米以下，高差在50米以下的地区叫平原。它以较小的高程区别于高原，以较小的起伏区别于丘陵地。平原地面平坦、交通发达、人烟稠密、物产丰富。军队在平原地区作战，便于机动，尤其是北方平原，更能发挥坦克、机械化部队的机动性能，便于军队组织指挥。平原对原子武器和化学武器的防护性能较差，杀伤面积较大。平原地区作战一般说是易攻难守。

2．丘陵地

地面起伏较缓，高差一般在200米以下的高地叫丘陵。许多丘陵错综连绵的地区叫丘陵地。丘陵地对军队的机动和各种兵器器材的使用一般限制较小。不论攻防均便于部署兵力兵器，攻者便于隐蔽接近敌人，实施迂回包围；防者可以利用纵深高地组织多层次、支撑点式环形防御。丘陵地形既利于攻，也利于守，是一种攻守兼宜的地形。

3．山地

地面起伏显著，高差一般在200米以上的高地叫山。群山连绵交错的地区叫山地。山地山高、坡陡、谷深，地形断绝，山顶高耸，山背、山脊纵横起伏，人烟稀少，交通不便，气象与温差变化大。军队在山地作战，因地面起伏急剧，形成地形割裂断绝，对军队的机动、展开、指挥、协同、通信联络、观察射击和运输补给都有一定困难，因此不利于进攻。但便于隐蔽伪装，凭险扼守，能减少核武器爆炸杀伤威力。

4．山林地

许多树木聚生的山地叫山林地。山林地与山地基本相似，只是地形更为隐蔽，人烟更

加稀少，交通更加不便。山林地利于隐蔽集结和接敌，易达成战斗的突然性；便于实施迂回包围，穿插分割；便于轻装部（分）队活动，开展游击战；便于控制要点据险扼守，节省兵力；便于就地取材，修筑工事，设置障碍，制作简易渡河、工程保障器材；便于采集野生食物，短期克服困难；便于隐蔽配置和机动，进行伏击和袭击。但不便于大兵团行军、作战。山林地对原子、化学武器有防护作用，但易遭受立体沾染。

5. 石林地

石峰交错林立的地区叫石林地，又称岩溶地，是由于石灰岩受水的溶蚀作用而形成的一种特殊地貌。地面起伏不大，岩峰挺拔林立，尖峭陡峻，洞穴较多，岩峰之间常围成封闭式微洼平地。石林地由于孤峰之间多为平地，一般便于部队行军作战。石峰陡峻，步兵不易攀登；地形割裂，凸凹不平，重武器不便展开；通信联络不便，雷达侦察发现目标困难；隐蔽伪装困难。石林地防原子化学袭击条件较好。

6. 高原

地势高而地面比较平缓宽广，海拔一般在500米以上的地区叫高原。它以较大的高程区别于平原，又以较大的平缓地面和较小的起伏区别于山地。高原地势高亢，地面平坦开阔，多数为盆地，少数为宽谷地。高原地区，通视广阔，观察条件良好；由于交通不便，部队机动困难，特别是技术兵器使用受到限制；因空气稀薄，部队行动时，体力消耗大，运动速度降低；非战斗减员会增多。

7. 黄土地形

由黄土塬、梁、峁构成的千沟万壑地区，叫黄土地形。它是由黄土层覆盖的松软地面，经流水作用而形成的特殊地貌。在黄土地作战，由于沟壑多、道路少，部队运动不便，协同联络不便，后勤补给困难，水源有限，隐蔽伪装困难，但观察与射击条件好。

8. 岛屿和海岸

岛屿是散布于海洋、江、湖中的陆地。面积大小不一，通常大的叫岛，小的叫屿。岛屿四面环水，面积狭小，地形复杂，坡度陡峻，岸线弯曲，岸陡滩狭，道路少，居民少，物产有限，淡水缺乏。岛屿是国防前哨、捍卫大陆的天然屏障、海军作战的重要依托，也是战略反攻和追击敌人的前进基地。岛屿利于防御不利于进攻，协同指挥困难，战斗独立性大。

海岸是我抗击外军入侵的前沿阵地，依其性质可分为泥岸、岩岸和沙岸。

泥岸岸滩多淤泥，岸线直，岸坡缓，涨落潮界线距离远，不便于军队登陆；由于泥泞下陷，技术兵器不便于发挥作用，构筑工事亦较困难，有海堤时可作依托；但内陆地形平坦开阔，除水稻田地外，一般适于诸兵种合成军队登陆后发动进攻。

岩岸岸高且陡，岸线曲折，土质坚硬，近岸多岛屿、礁石，滨海地形起伏大，港湾多。这种海岸的登陆地段小，不便于展开与靠岸，技术兵器使用受限制，向纵深发展困难，但便于依托要点组成纵深梯次防御，便于对原子武器袭击的防护。

沙岸岸线较曲折，港湾较多，岸坡短平，地形隐蔽。这种海岸便于登陆的地段较多，舰船易于靠岸，技术兵器使用受限制小，便于向纵深发展。对防御，则便于控制要点和隐蔽机动兵力兵器。

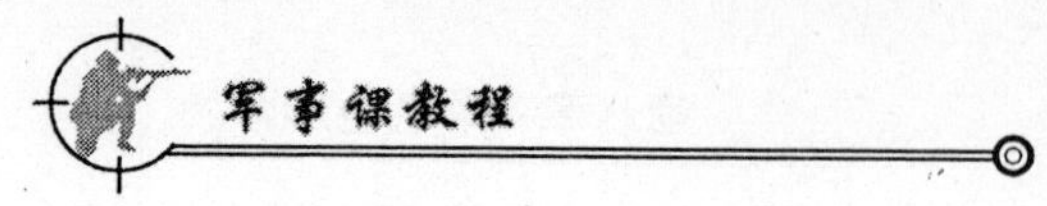

9. 居民地

人们按照生产和生活需要而形成的聚集定居的地区叫居民地。根据性质和人口多少分为城市、集镇、村庄等。大的居民地通常是攻防要点，居民地便于构成坚固的防御阵地，利于近战、夜战和小分队战斗活动。城市便于隐蔽、宿营、补给，坚固的地下室对原子武器袭击有一定防护作用。但缺水断电后部队行动将会受到很大影响。集镇、村庄的战术性能均比城市差，但居民地外轮廓的明显拐角和散列式居民地中的独立房屋却具有一定的防卫作用。

10. 水网稻田地

水田遍布的地区叫水网稻田地。水网稻田地是平原的一种类型，地势平坦开阔，江河、沟渠纵横交错，湖泊、池塘星罗棋布。公路较少，但路基坚固，晴雨通车。水网稻田地，地势平坦，展望良好，视界、射界均较开阔，但不易选择良好的观察所、指挥所和火炮发射阵地，不便于指挥、联络和协同，机械化部队难以展开，部队体力消耗大，运动速度减低，道路易被破坏，但便于步兵分队，利用防御间隙，实施迂回、包围，并可利用河流、沟渠进行水上运输和隐蔽机动。

11. 江河与湖泊

江河是指较大的河流。湖泊是汇集于陆地上较大的水域。江河是进攻的天然障碍，也是防御的天然屏障。江河视界、射界开阔，便于发扬火力，但军队机动、指挥、协同、联络和物资补给受到较大限制。湖泊亦是进攻者的严重障碍，防御者的天然屏障，军队在多湖泊地域作战时，不论攻防，常被分割在湖泊之间的狭长地带上行动，因而兵力分散，互相支援困难，指挥联络不便，大的湖泊是开展水上游击战争的好地方。

12. 沙漠与戈壁

在地表面覆盖着厚薄不一的沙层，形成的广阔沙砾地区叫沙漠。在硬土层上覆盖着砾石，粗沙的广阔荒漠地区叫戈壁或砾漠。沙漠与戈壁地区属于干燥气候地带，地势平坦或略有起伏。沙漠、戈壁地形特殊，气候恶劣，温度变化大，多暴风沙、水源缺乏和交通不便，是影响军队战斗行动的主要因素，给军队战斗行动带来许多不便和困难，装备磨损大，补给困难。

13. 草原

生长繁茂草类和一些灌木的广大平坦地区叫草原。草原地形平坦，略有起伏，遍地荒草、牧草丛生，间有灌木丛，高大树木稀少。草原视界和射界开阔，在荒草和灌木丛生的地带，观察、射击均受一定影响，不便选择制高点、观察所、指挥所和射击阵地；部队机动条件好，各种车辆均可越野行驶，尤能发挥骑兵的作用；战斗队形容易展开，通信、联络、指挥、协同较方便。草原无险可踞，一般利攻不利守。

14. 沼泽

地势低洼，土壤长期被水浸透，苔草丛生的泥泞地区叫沼泽。沼泽大都在地表积水长期不能排除的低洼地带形成，沼泽地势一般低平或稍有下陷，地表过度湿润，软泥较厚，并有泥炭层。在沼泽地区，军队行军、宿营、作战困难，特别对坦克和炮兵机动而言更是严重障碍，但在干旱和冰冻期间，障碍程度可减轻；隐蔽伪装和工程构筑均较困难，不易选择良好的观察所、指挥所和火炮发射阵地。

第二节　地形图知识

一、地图的定义

地图是地球表面在平面上的缩写图。它是按照一定的数学法则，用特定的图式符号、颜色和文字注记，将地球表面的自然和社会现象，经过一定的制图综合测绘于平面图纸上的图。

二、地形图的分类和用途

（一）地形图的分类

1. 按地形图的比例尺分类

大比例尺地形图：比例尺大于（含）1∶5 万的地形图。

中比例尺地形图：1∶10 万和1∶25 万比例尺的地形图。

小比例尺地形图：1∶50 万和1∶100 万比例尺的地形图。

2. 按测、编方法分类

实测图：直接测绘的地形图，其比例尺大于1∶10 万。

编绘图：根据实测图和有关地形资料在室内编绘而成的图，大多是中小比例尺地形图。

3. 按用途分类

战术用图：通常指1∶1 万～1∶10 万比例尺地形图，供战术兵团、部（分）队及技术保障部（分）队使用。

战役用图：指1∶10 万～1∶50 万比例尺地形图，供战役军团使用。

战略用图：指小比例尺地形图，供陆、海、空及战略导弹部队高级指挥机关和最高统帅部使用。

1∶25 万～1∶100 万比例尺地形图，称协同作战用图，简称协同图。

（二）地形图的用途

1∶1 万、1∶2.5 万比例尺地形图为实测图，显示内容详细、精确，主要用于测制重要城市和要塞、基地、重点设防地区。主要供团以下分队研究地形和组织战斗时使用，另外还用于国防工程设计和国家经济建设勘察、设计。

1∶5 万比例尺地形图也是实测图，是师、团两级组织训练和指挥作战的基本用图。同时也是技术保障分队研究地形、保障设施选址的基本用图。在图上可以进行量测和计算，确定炮兵射击诸元等。

1∶10 万比例尺地形图多数为编绘图，少数地区，如草原、戈壁地区是经实地调查测绘的。主要供装甲、机械化部队和师、集团军指挥机关组织计划战斗时使用，还可供炮兵射击、空降兵选定着陆场使用。它也是合成军队的基本用图。

1∶25 万、1∶50 万比例尺地形图主要供集团军以上的指挥机关拟订战役计划、研究兵力部署、指挥陆空大兵团协同作战时使用。

1:100 万比例尺地形图主要供陆海空及战略导弹部队研究战役方向，进行战略、战役规划和部署，解决战略、战役方面的作战任务时使用。

三、地图比例尺

（一）地图比例尺的概念

图上某线段的长与相应实地水平距离之比，叫地图比例尺。地图比例尺的大小是按比例来衡量的。地图比例尺越大，图上显示的地形就越详细，精度就越高，但同一幅面所包含的实地范围也就越小；反之，图上显示的地形就越粗略，精度就越低，但同一幅面所包含的实地范围也就越大。

我国的军用系列基本比例尺地形图包括1:1 万、1:2.5 万、1:5 万、1:10 万、1:25 万、1:50 万和1:100 万共 7 种。

（二）比例尺的表示形式

根据用图和测图的需要，地图比例尺的表示形式有：数字式，如1:50 万；文字式，如“百万分之一”；图解式，即图上长度与实地长度的比例关系用线段、图形表示。

（三）图上量算距离

1. 用直尺量算

用直尺量取所求两点的图上长度，然后乘以该图比例尺的分母，即得实地水平距离。

2. 用两脚规在直线比例尺上比量

如图 8-1 所示，在地形图上用两脚规量得土堆至独立房之间的张距后，在直线比例尺上进行比量。比量时，根据两脚规张距的大小，使一脚落在尺身的整分划上，另一脚落在尺头上。本例直线比例尺为 1:5 万，故尺头上每一小分划（1 毫米）为 50 米，左端卡在第五个小分划上，故为 250 米。因此，本例实际水平距离为：1000 米 +250 米 =1250 米。

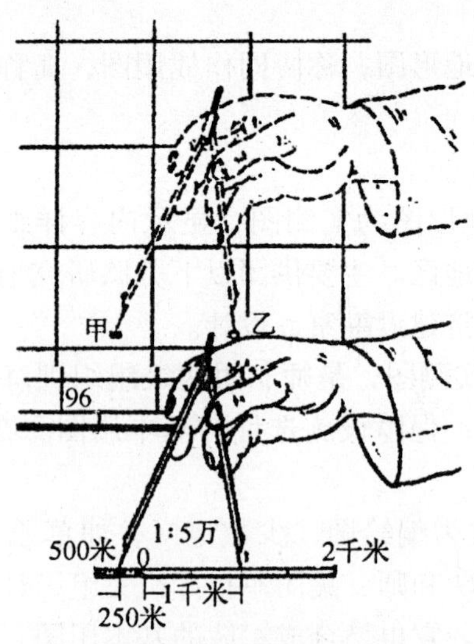

图 8-1　用两脚规在直线比例尺上比量

3. 用里程表量读

当量取弯曲路线或曲线距离时，使用指北针上的里程表比较方便。里程表由表盘、指针和滚轮三部分组成。图 8-2 所示为 62 式指北针，其里程表的表盘上刻有1∶2.5 万、1∶5 万、1∶10 万三种比例尺里程分划圈，各分划圈上的数字为相应实地水平距离的千米数，每一小分划为 1 千米。

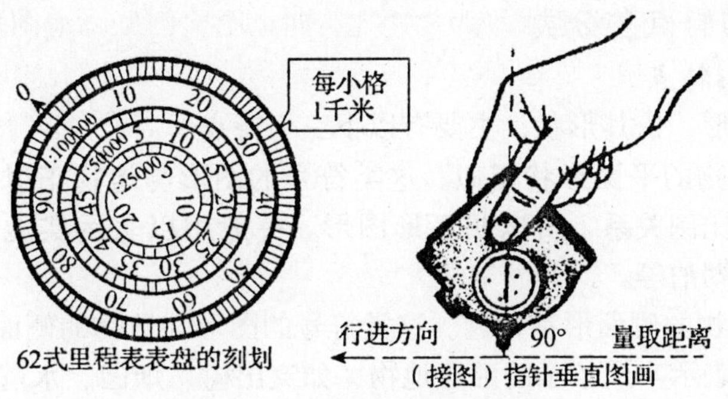

图 8-2　用里程表量读距离

量读时，先使指针归零，然后手持里程表，将滚轮放在起点上（使指针按顺时针方向转），沿所量线段滚至终点，指针在相应比例尺分划圈上所指的千米数，即为所量曲线的实地距离。

（四）图上距离的倾斜改正

由于地形图上点间的距离都是水平距离，而实地总是起伏不平的，因此，实际距离往往大于水平距离。也就是说，实际距离与水平距离之间有一个差值，将其差值尽量缩小，使之更接近实地距离，叫做坡度改正。坡度改正数，随着坡度的增大而增大，按其理论推算，其改正数值如表 8-1 所示。

表 8-1　坡度改正数表

坡　度（α）	改正数 +（%）	坡　度（α）	改正数 +（%）
5°	0.38	25°	10.34
10°	1.54	30°	15.47
15°	3.53	35°	22.08
20°	6.42	40°	30.54

由于实地坡面并不是一个均匀的坡面，又加之道路多有弯曲，所以，理论改正数与实际改正数仍有较大差别。根据部队在一般地形上的实验，其改正数值如表 8-2 所示。

改正的方法是：实际距离 = 水平距离 + 水平距离 × 改正数。

表 8-2　坡度与弯曲改正数表

坡　度（α）	改正数 +（%）	坡　度（α）	改正数 +（%）
0° ~4°	3	20° ~24°	40
5° ~9°	10	25° ~29°	50
10° ~14°	20	30° ~34°	65
15° ~19°	30	35° ~40°	80

四、地物符号

地面上的地物，在地图上是用统一规定的符号结合注记表示的，这些规定的图形符号叫地物符号。它是构成地图的重要因素，是地图的语言。要识别地物符号，并了解它在军事上的意义，就必须先了解地物符号的规律及其相互关系。

（一）符号的特点和分类

1．符号的图形特点

地物符号的图形，依其形状，主要有以下三个特点。

（1）图形与地物的平面形状相似。这类符号的图形与地物正射投影后的平面形状相似，并保持一定的比例关系，所以叫正形图形。一般用以表示实地较大的地物，如居民地、森林、河流、湖泊等。

（2）图形与地物的侧面形状相近。这类符号的图形与地物的侧面形状相近，所以叫侧形图形，一般用以表示实地较小的独立地物，如突出树、烟囱、水塔等。

（3）图形与地物的有关意义相应。这类符号的图形是按照会形、会意的方法构图的，所以叫象征图形。具有形象和富有联想的特点，如变电所、矿井、气象台（站）等。

2．符号的分类

按符号与实地地物的比例关系，可以分为四类。

（1）依比例尺符号（又叫轮廓符号）。实地面积较大的地物，如大居民地、森林、江河、湖泊等，其外部轮廓是按比例尺缩绘的，内部文字注记是按配置需要填绘的。

（2）半依比例尺符号（又叫线状符号）。实地呈窄长线状的地物，如道路、垣栅、土堤、通信线等，其转折点、交叉点位置是按实地精确测定的，其长度是按比例尺缩绘的，而宽度则不是按比例尺缩绘的。

（3）不依比例尺符号（又叫点状符号）。实地上一些对部队战斗行动有影响或有方位意义的地物，如突出树、亭、塔、油库等，因其实地面积较小，不能按比例尺缩绘，只能用规定的符号表示。

（4）说明和配置符号。主要是用来说明，补充上述三种符号不能表示的内容。说明符号是用来说明某种情况的，如表示街区性质的晕线，表示江河流向的箭头等。配置符号是用来表示某些地区的植被及土质分布特征的，如草地、果园、树林、道旁行树、石块地等。说明和配置符号只表示实地地物的分布情况，并不表示地物的真实位置和数量。

（二）符号的有关规定

1．注记的规定

地物符号，只能表示地物的形状、位置、大小和种类，但不能表示其质量、数量和名称，因此，还需用文字和数字予以注记，作为符号的补充和说明。

（1）名称注记。① 居民地名称：城市居民地用“等线体”字注出，乡镇名称用“中等线体”字注出，农村居民地用“仿宋体”字注出。注记，一般用水平字列，必要时才用垂直、雁行字列。② 山和山脉名称：独立高地、山隘等一般用“长中等线体”字注出，并以水平字列注在山顶的上方；山岭、山脉走向等用“耸肩等线体”字注出，注在山岭、山脉走向的中心线上。③ 水系名称：包括海洋、海峡、海港、海湾、江河、沟渠、湖泊、水库、池塘等，都用蓝色的“左斜宋体”字注出，按地物的面积均匀注记。④ 地理单元名称：岛屿、草原、沙漠、滩礁、海角等，均用“宋体”字注出；群岛名称则用“扁等线体”字注出，按地形的面积和长度适当注记。

（2）说明注记，是用来说明地物的性质和特征的，如水的咸、淡，公路路面质量，徒涉场底质，塔形建筑物的性质等，均用“细等线体”字简注在符号内或一旁。

（3）数字注记，是用来说明地物的数量特征的。图上注记分为分数式和单个数字两种形式。分数式注记中，分子一般表示地物的长度、宽度和高度；分母表示地物的深度、粗度和载重量。单个数字注记，一般表示地物的高度、深度、比高、流速、里程、界碑编号、山隘通行和时令河有水的月份等。里程碑、千米数及界碑、界桩编号等用“斜宋体”注出，其他数字用“正等线体”字注出，各种数字注记的颜色，均与相应的符号颜色一致。

2. *颜色的规定*

为了提高地图表现力，丰富地图内容，使地图层次分明、清晰易读，地物符号采用不同的颜色来区分地物的性质和种类。目前，我军出版的地形图为四种颜色，其规定如表 8-3 所示。

表 8-3　颜色的规定

颜色		使用范围
四色图	黑色	人工物体——居民地、独立地物、管线、垣栅、道路、境界及其名称与数量注记等
	绿色	植被要素——森林、果园等的普染以及 1978 年后出版图的植被符号及注记等
	棕色	地貌要素——等高线及其高程注记、地貌符号（变形地）及其比高注记、土质特征、公路普染等
	蓝色	水系要素——河岸线、单线河及其注记和普染、雪山地貌等

3. *定位点的规定*

地物符号中，不依比例尺和半依比例尺的符号，实际上都是夸大了的符号，因此，它们在地形图上就有个定位的问题，制图时都有明确的规定。

（1）不依比例尺符号。不依比例尺符号（主要是指独立地物符号），其定位点的规定如表 8-4 所示。

表 8-4　不依比例尺符号的定位点

定位点	符号举例		
图形中有一点的，在该点上	三角点 △	亭子 ∩	窑 ∧
几何图形，在图形的中心	油库 ●	水车、风车 ✧	发电厂 ✕
底部宽大的，在底部中点上	水塔 ⇧	古塔 ▲	纪念碑 ⊥
底部为直角的，在直角的顶点	路标 (	突出阔叶树 ♤	突出针叶树 !
组合图形，在主体图形的中心	石油井 ♁	泉 ♦	小面积树林 ○。
其他图形，在图形的中心	桥 ≍	矿井 ✕	水闸 ⌅

（2）半依比例尺符号。半依比例尺符号主要是指线状地物符号。

五、地貌判读

（一）等高线表示地貌

1. 等高线表示地貌的原理

等高线是由地面上高程相等的各点连接而成的曲线，我们一到水库，就会看到水面周围的边沿，有一条一条的水涯线，由此，就可以联想出等高线的构成原理。如图 8-3 所示，假想把一座山从底到顶按相等的高度，一层一层地水平切开，这样，在山的表面就出现许多大小不同的截口线，再把这些截口线垂直投影到同一平面上，便形成一圈套一圈的曲线图形，因为同一条曲线上各点的高程都相等，所以叫等高线。地图就是根据这个原理来显示地貌的。

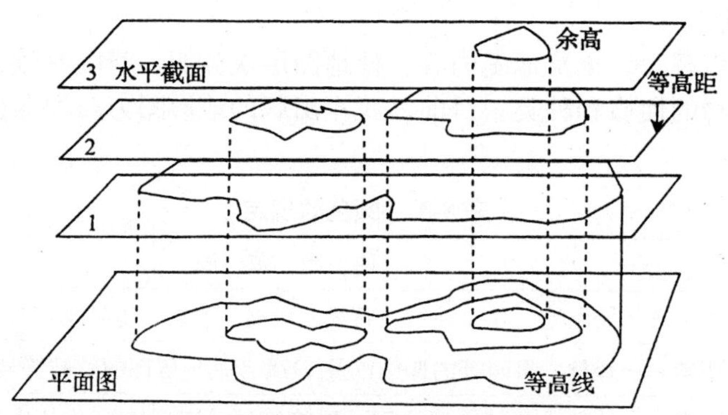

图 8-3　等高线表示地貌的原理

2. 等高线表示地貌的特点

（1）在同一条等高线上各点的高度相等，每条等高线都是闭合曲线。

（2）在同一幅地图上或同一等高距的条件下，等高线多，山就高；等高线少，山就低。凹地则与此相反。

（3）在同一幅地图上或同一等高距条件下，等高线间隔密，实地坡度陡；等高线间隔稀，实地坡度缓。

（4）图上等高线的弯曲形状与相应实地地貌形状相似。

3. 等高距的规定

相邻两条等高线间的实地垂直距离叫等高距。等高距的大小，在很大程度上决定着地貌表示的详略，等高距愈小，等高线愈多，地貌表示得就愈详细；等高距愈大，等高线愈少，地貌表示得就愈简略。但由于实地起伏程度不同，坡度起伏不一，适合显示平坦地区的等高距，表示山区就会出现等高线拥挤重合；反之，适合显示山区的等高距，表示平坦地区又显得过于稀疏。同时，等高线过于密集也会影响其他要素的表示。所以，等高距应根据具体的地貌特征、地图比例尺和地图的用途等状况来规定。我国基本比例尺地形图等高距的规定如表 8-5 所示。

表 8-5 等高距的规定

比例尺	一般地区（基本等高线）（米）	特殊地区（选用等高线）（米）	
1:1 万	2.5	1 或 5	注：一般地区，指大部分地区采用的等高距；特殊地区，指那些不适用基本等高距的地区，并非狭指山区
1:2.5 万	5	10	
1:5 万	10	20	
1:10 万	20	40	
1:20 万	40	80	
1:50 万	50	100	

4. 等高线的种类和作用

等高线按其作用不同，分为以下四种，如图 8-4 所示。

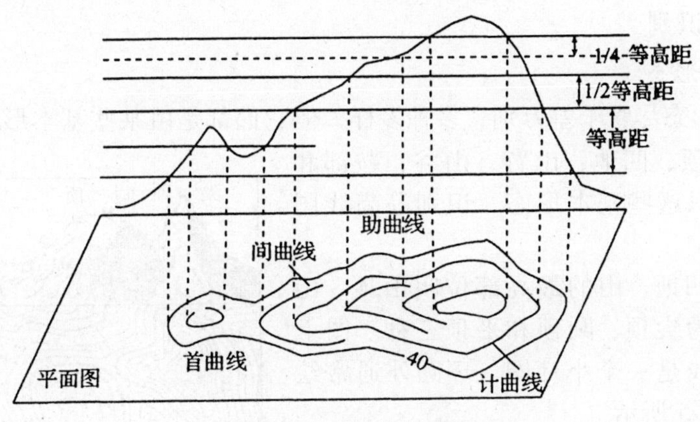

图 8-4 等高线的种类

（1）首曲线，又叫基本等高线，是按规定的等高距，由平均海水面起算而测绘的细实线，线粗 0.1 毫米，用以显示地貌的基本形态。如在1:5 万图上的首曲线，依次为 10 米、20 米、30 米……

（2）计曲线，又叫加粗等高线，规定从高程起算面起，每隔四条首曲线（即五倍等高距的首曲线）加粗描绘一条粗实线，线粗 0.2 毫米，用以数计图上等高线与判读高程。如在1:5 万图上的计曲线，依次为 50 米、100 米、150 米……

（3）间曲线，又叫半距等高线，是按 1/2 等高距描绘的细长虚线。用以显示首曲线不能显示的某段微型地貌，如小山顶、阶坡或鞍部等。

（4）助曲线，又叫辅助等高线，是按 1/4 等高距描绘的细短虚线。用以显示间曲线不能显示的某段微型地貌。

间曲线和助曲线只用于局部地区，所以它不像首曲线那样一定要各自闭合。除描绘山顶和凹地的曲线各自闭合外，表示鞍部时，一般只对称描绘，并终止于适当位置；表示斜面时，一般终止于山脊两侧。

对于独立山顶、凹地以及不易辨别斜坡方向的等高线，还要绘出示坡线。示坡线是与等高线相垂直的短线，是指示斜坡的方向线，绘在曲线拐弯处，其不与等高线连接的一端指向下坡方向。

5. 高程起算和注记

我国把“1956 年黄海平均海水面”作为全国统一的高程起算面，高于该面为正，低于该面为负（负值前要加“－”），称“1956 年黄海高程系”。

从黄海平均海水面起算的高程，叫真高，也叫海拔或绝对高程；从假定水平面起算的高程，叫假定高程或相对高程。地貌、地物由所在地面起算的高度，叫比高，它是相对高程的一种。起算面相同的两点间高程之差，叫高差。

地形图上的高程注记有三种，即控制点高程、等高线高程和比高。控制点（包括三角点、埋石点、水准点等）的高程注记，用黑色字体注出，字头朝向北图廓；等高线的高程注记，用棕色字体注出，字头朝向上坡方向；比高注记与其所属要素的颜色一致，字头朝向北图廓。

（二）地貌识别

1. 山的各部形态

地貌的外表形态尽管千差万别，多种多样，但它们都是由某些基本形态组成的，这些基本形态包括山顶、凹地、山背、山谷、鞍部和山脊等，如能熟识这些基本形态，识别等高线图就比较容易了。

（1）山顶、凹地。山的最高部位叫山顶。山顶依其形状可分为尖顶、圆顶和平顶三种。图上表示山顶的等高线是一个小环圈，环圆外通常绘有示坡线，如图 8-5 所示。

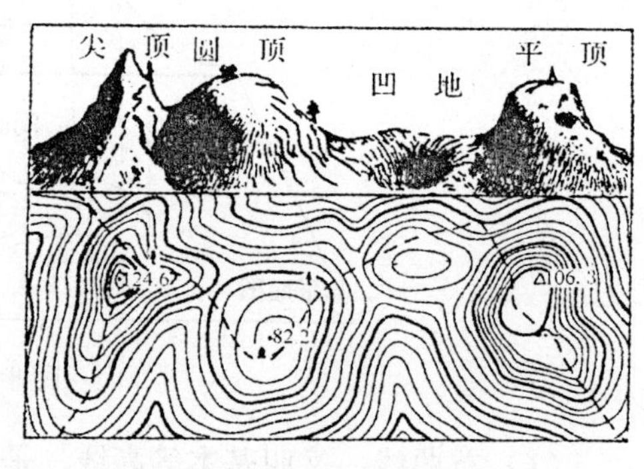

图 8-5 山顶和凹地

比周围地面低下，且经常无水的低地，叫凹地。大面积的低地称盆地。小面积的低地称凹（洼）地。图上表示凹地的等高线是用一个或数个小环圈，并在环圈内绘有示坡线，如图 8-5 所示。

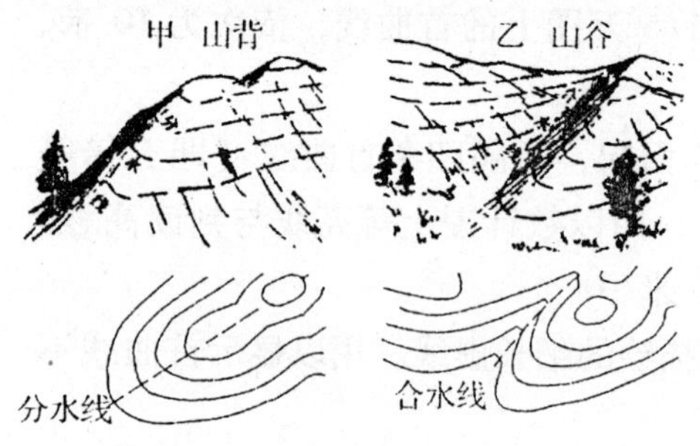

图 8-6 山背和山谷

（2）山背、山谷。山背，是从山顶到山脚的凸起部分，很像动物的脊背。下雨时，雨水落在山背上会向两边分流，所以最高凸起的棱线又叫分水线。图上表示山背的等高线以山顶为准，等高线向外凸出，各等高线凸出部分顶点的连线，就是分水线，如图 8-6 所示。

依山背的外形分，有尖山背、圆山背和平齐山背三种。尖山背，等高线依山背延伸方向呈尖状回头；圆山背，等高线依山背延伸方向呈弧状回头；平齐山背，等高线依山背延伸方向呈平齐状回头。

山谷，是相邻山背、山脊之间的低凹部分。由于山谷是聚水的地方，因此最低凹入部

分的底线又叫合水线。图上表示山谷的等高线与山背相反，以山顶或鞍部为准，等高线向里凹入（或向高处凸出），各等高线凹入部分顶点的连线，就是合水线，如图 8-6 所示。

根据横剖面的形状，山谷分尖形、圆形和槽形三种。尖形谷的横剖面是上部宽敞，底部尖窄，等高线图形为“V”形；圆形谷的横剖面是上部宽敞，底部近于圆弧状，等高线图形为“U”形；槽形谷的横剖面如同水槽上宽下窄的几何梯形，等高线图形为“U”形。

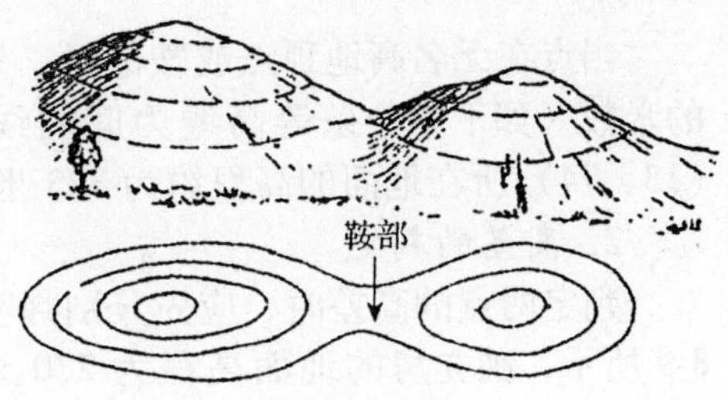

图 8-7 鞍部

（3）鞍部、山脊。鞍部，是相连两山顶间的凹下部分，其形如马鞍状，故称鞍部。在地图上是用一对表示山背的等高线和一对表示山谷的等高线显示的，如图 8-7 所示。

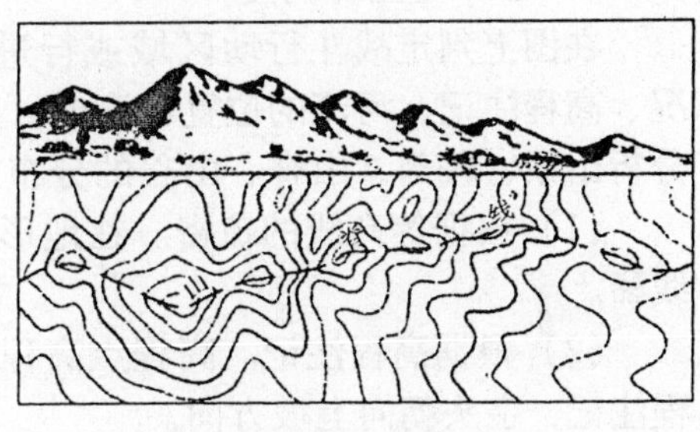
图 8-8 山脊

山脊，是由数个山顶、山背、鞍部相连所形成的凸棱部分。山脊的最高棱线叫山脊线，如图 8-8 所示。

2. 斜面和防界线

由山顶到山脚的坡面叫斜面。在军事上，朝向敌方的斜面，叫正斜面；背向敌方的斜面，叫反斜面。斜面按其断面形状可分为等齐斜面、凸形斜面、凹形斜面和波形斜面。斜面上坡度由缓变陡的变换线，叫防界线。在防界线上能观察到下面的斜面，利于设置阵地和观察所。

（三）高程与高差的判定

在地形图上判定高程和高差，是根据等高距和高程注记进行的。在判定时要做到迅速、准确，就必须掌握判定的方法。

1. 高程的判定

在使用地形图时，经常要判定点位的高程，如炮兵射击。为了确定高低角，就要知道火炮阵地、观察所和射击目标的高程。在地图上判定高程的方法如下。

（1）先从南图廓外查明本图的等高距，并在判定点附近找出控制点或等高线的高程注记。

（2）根据判定点与已知高程注记的关系位置，向上或向下数等高线，并加（减）等高距。

（3）根据判定点所在的位置，判定其高程。

当点在等高线上时，判明该等高线的高程就是该点的高程。如图 8-9 所示，判定独立房（11，71）的高程时，先弄清本图幅的基本等高距，为 10 米；再在附近找到计曲线的高程注记，为 300 米；从图上看出，独立房的高程为 270 米。也可利用附近点的高程注记 357. 4 米（12，72），该山顶的最高等高线为 350 米计曲线，7. 4 米为余高，从此向下数，独立房所在的等高线，其高程为 270 米。

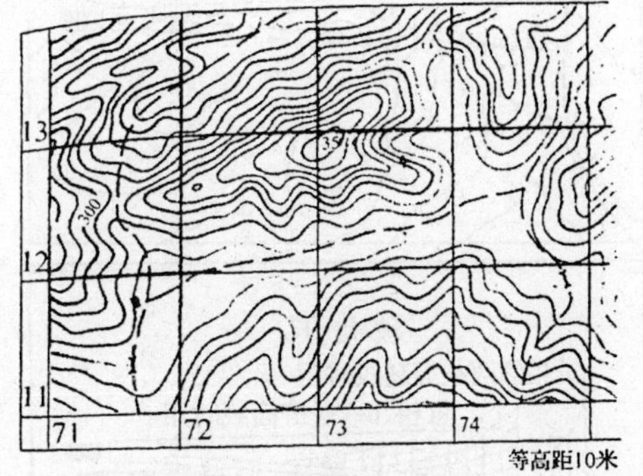

图 8-9 判定高程差

当点在某两等高线之间时，应先判明其上、下相邻两等高线的高程，再按该点所在等高线间的部位进行估计。如图8-9所示，判定突出树（12，73）所在地面的高程，因突出树位于310米与320米两等高线之间，约占等高线间隔的2/5，所以突出树的地面高程约为314米。

当点在无名高地顶点或鞍部时，先判定该点下方一条等高线的高程，再加半个等高距的米数（如下方一条等高线为间曲线，应加1/4等高距米数）。如图8-9所示，独立石（13，74）所在地面的高程约为325米。独立石左侧鞍部的高程约为285米。

2. 高差的判定

判定两点的高差时，应先分别判明两点各自的高程，然后两数相减，即得高差。如图8-9所示，独立房的地面高程为270米，突出树的地面高程为314米，则两点的高差为314米－270米＝44米。

3. 地面起伏的判定

在图上判定战斗行动区域或行进方向上的起伏状况时，首先应根据等高线的疏密情况、高程注记、河流的位置和流向，判明各山脊的分布状况和地形总的下降方向，再具体分析山顶、鞍部、山脊、山谷的分布，详细判明起伏状况。其判定根据如下。

（1）根据等高线的疏密。在地形图上，一般是高处、坡陡等高线密；低处、坡缓等高线稀。

（2）根据高程注记。高程点高程递增的为上坡方向，递减的为下坡方向；等高线的高程注记，字头朝向上坡方向。

（3）根据示坡线。示坡线与等高线相连接的一端是上坡方向，另一端指向下坡方向。

（4）根据河流符号。地形图上河流符号多数由细渐粗，大的河流还绘有流向符号，从而判别河的上下游，明确倾斜方向；当一组等高线在河流一侧时，靠近河流的等高线低，远离河流的等高线高；当一组等高线横穿河流时，上游的等高线是上坡方向，下游的等高线是下坡方向。

（5）根据山的各部形态判定。山顶高，鞍部低；山背高，山谷低；山脊高，山脚低；山地高，平原洼地低。通过图上各部形态的等高线图形，就能判定其高低或上下坡方向。

4. 坡度的判定

（1）用坡度尺量。

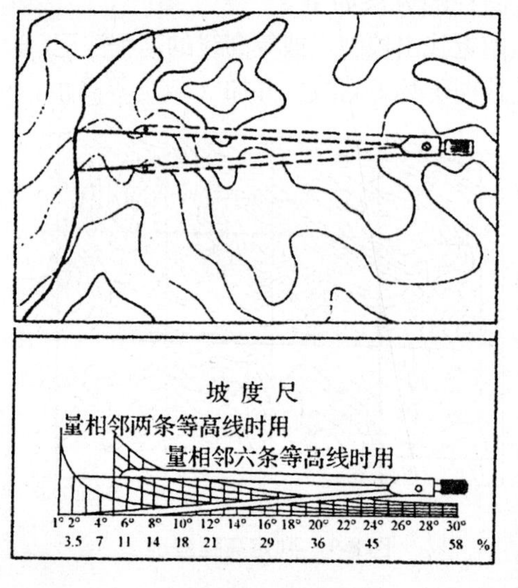

图8-10 坡度尺

地形图南图廓的下方都绘有坡度尺（见图8-10）。坡度尺的底线上注有从1°～30°的坡度数值和3.5%～58%的百分数，从下至上有六条线（一条直线，五条曲线），可以分别量取2～6条等高线间的坡度。量取两条等高线间的坡度时，先用两脚规（或纸条、草棍等）量取图上两条等高线间的宽度；然后到坡度尺的第一条曲线与底线间的纵方向上比量，找到与其等长的垂直线，即可读出相应的坡度。如图8-10所示，所量道路的坡度为2°。

如几条等高线的间隔大致相等时，可一次量取2～6条等高线的间隔。量取几条等高线，就在坡度尺上相应的曲线上比几条，然后读出相应的坡度。

六、坐标系

确定平面上或空间中某点位置的有次序的一组数值称为该点的坐标。

我国地面点的坐标，是采用克拉索夫斯基椭球，按高斯投影方法计算得到的，并于1954年完成北京大地原点的测算与定向工作，故称“1954年北京坐标系”。

（一）地理坐标

用经度、纬度表示地面点位置的球面坐标，叫地理坐标。地理坐标值用角度表示，单位为度、分、秒。在空军、海军和外交事务中，常用于指示目标位置。

1. 地形图上的地理坐标网及注记

地理坐标网是由一组经线和纬线构成的。因此，地图的内图廓线为经线和纬线。在1:25万～1:100万地形图上，绘有地理坐标网。纬度数值注记在东西的内外图廓间；经度数值注记在南北的内外图廓间。在1:2.5万～1:10万地形图上，图廓四角注有经纬度数值，内外图廓间绘有经、纬“分度带”，如将两对边相应的分度线连接起来，便构成了地理坐标网。

2. 地理坐标的量读

在1:25万～1:100万地形图上，可用两脚规比量目标点的地理坐标，在图廓的分划线上读数。因南、北图廓的长度不同，故在量取某点的经度时，应在靠近该点的南（或北）图廓上比量。在1:2.5万～1:10万地形图上量取某点的地理坐标时，先求纬度。用圆规、三角板或直尺，通过该点向南（北）内图廓线作垂线（不必画线，但注意点靠近南图廓向南作垂线，反之，向北作垂线），量出该点与南（北）图廓的距离，然后向东（西）图廓平移，根据图廓角上的纬度注记和分度带，读出该点的纬度值。求经度的道理同求纬度基本相同，只是向东（西）内图廓线作垂线，向南（北）内图廓线平移，根据经度注记和分度带，读出该点的经度值，其他略同。

（二）平面直角坐标

1. 高斯平面坐标网的构成

用平面上的长度值表示地面某点位置的直角坐标，叫平面直角坐标。军事上通常用于从地图上迅速、准确地确定点位，指示目标。我国地形图上采用的就是高斯平面直角坐标系。

地形图采用高斯投影，它是以经差6度为一个投影带，每投影带的中央经线的投影为纵坐标轴（Y轴），赤道的投影为横坐标轴（X轴）。这样，每一个投影带便构成了一个独立的坐标系。

为了便于在每幅地形图上迅速、准确地指示和确定目标点的坐标，在每个高斯投影带内，均以整千米数为单位，按相等的距离作平行于纵轴和横轴的直线，由这两簇正交直线组成正方形的网格，叫高斯平面直角坐标网，也叫方里网。由于地图比例尺不同，因此坐标方格的边长也不同。

2. 坐标的起算和注记

纵坐标（Y）以赤道为零起算，向北为正，向南为负。因为我国位于北半球，所以纵坐标都是正值。横坐标（X）如以中央经线为零起算，向东为正，向西为负，这样，X坐标在中央经线以西就都是负值，使用时非常不便。为了使用方便，避免X坐标出现负值，将中央经线向西平移500千米，规定各带中央经线（纵轴）从500千米起算，这样，在中央经线以东的横坐标值均大于500千米，以西的均小于500千米。

地形图上坐标值均以千米数为单位注记在内外图廓线之间。在东西图廓间横线上，由下向上增大的为纵坐标值（简称纵坐标）；在南北图廓间纵线上，由左向右增大的为横坐标值（简称横坐标），在图廓间只注记末两位数；在图廓四角，注记坐标的全部数值，横坐标值均为三位数，即百千米数，三位数前面的为投影带号。为了使用方便，在图幅内某些坐标线的交叉点上（新出版的地图则为图幅中央处的纵横坐标线上），也注有相应的坐标数值，如图8-11所示。

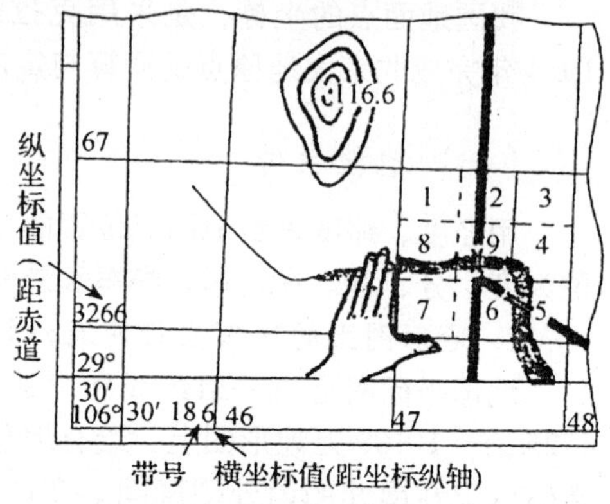

图8-11 用概略坐标指示目标

3. 平面直角坐标的应用

平面直角坐标计算简便，使用广泛，主要用于指示和确定目标在图上的位置，也可根据方格估算距离和面积。指示目标或确定位置时，必须严格按照先纵坐标后横坐标的顺序进行。

（1）用概略坐标指示目标。

指示目标时，首先应读出该目标的坐标。读目标坐标时，伸出左手，将目标点卡在虎口的左上方，顺着大拇指的方向读取纵坐标Y值，沿着四指方向读取横坐标X值。如图8-11所示，116.6高地的概略坐标为（67，46），写为：116.6高地（67，46）。

指标目标时，通常有两种格式。① 书写格式：指标物，坐标，目标性质。如：116.6高地，（67，46），敌机枪发射点一个。② 口述格式：坐标，指示物，目标性质。如：坐标（67，46），116.6高地，敌机枪发射点一个。

需要指明目标在方格中的具体位置或在同一方格内存在两个以上相同目标时，可采用"井"字法，即将一个方里格用"井"字划为九个小格并按从左到右顺时针呈螺线形依次编号。指示目标时，在概略坐标后加注小格的编号即可。如图8-11所示，两个车行桥的概略坐标分别为（66，47_5）和（66，47_9）。

用末两位千米数指示目标，只适用于百千米范围以内，如超过百千米范围时，就会产生重复，造成混淆。此时，还应指出图幅名称、编号或使用坐标的全值。如图8-11所示，116.6高地的概略坐标全值为（3267，18646）。

（2）精确坐标指示目标。

使用坐标尺量读精确坐标，方法简单迅速。如图8-12所示，量取某高地上发射点的精确坐标，方法如下：① 查出暗堡的概略坐标为（85，49），并使坐标尺纵边与49的纵线重合，横边与发射点

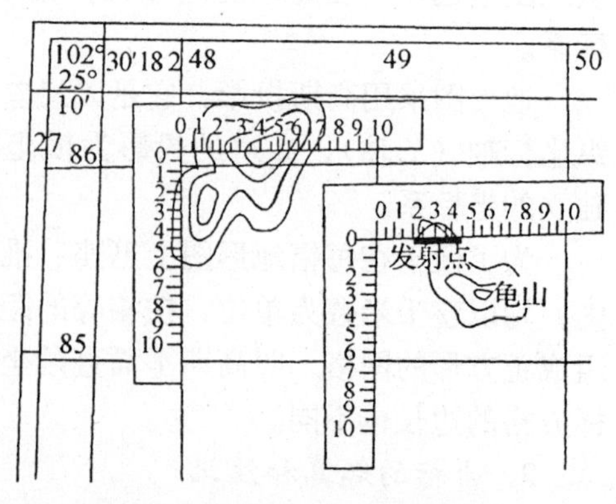

图8-12 用坐标尺量读精确坐标

相切；② 从坐标尺的纵边上估出与85横坐标线所对的分划数为645米，并与85千米相加，纵坐标即为85645米；③ 从坐标尺的横边上，估出发射点所切的分划数为300米，并与49千米相加，横坐标即为49300米。发射点的精确坐标即为（X49300，Y85645），全坐标值为（X18249300，Y2785645）。

七、方位角与偏角

方位角与偏角是地形图的数学要素之一。军队在现地判定方位、标定地图、指示目标、准备炮兵射击诸元以及保持行进方向时，常会用到方位角与偏角。

（一）方位角

从某点的指北方向线起，依顺时针方向到目标方向线之间的水平夹角，叫该点的方位角。它是用密位或度来表示的。如图8-13所示，站立点到亭子的方位角是10－00（读作一千密位），到纪念塔的方位角是42－00（读作四千二百密位）。

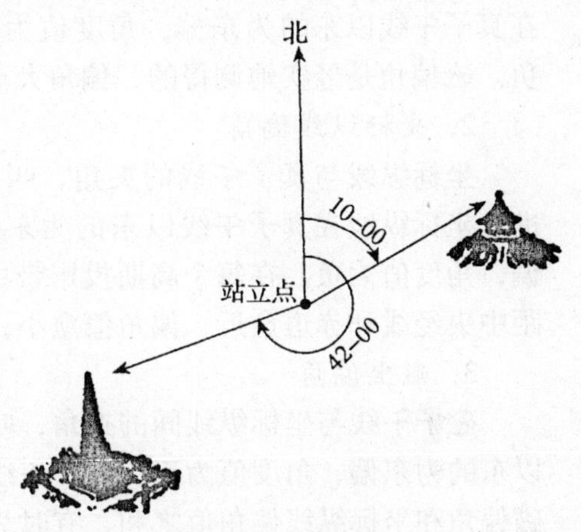

图8-13 方位角

根据现地用图的需要，在地形图上定向，采用了三种不同的起始方向线，即真子午线、磁子午线、坐标纵线。因此，从某点到同一目标，就有三种不同的方位角，如图8-14所示。

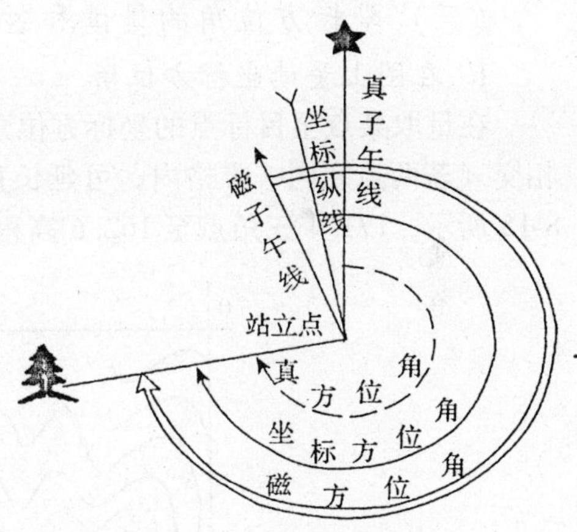

图8-14 方位角的种类

1．真子午线和真方位角

真子午线，就是通过任一点的经线，因为经线是通过地球南北极的，所以它所指的方向是真正的南北方向，故称真北。从某点的真子午线起，依顺时针方向到目标方向线之间的水平夹角，叫该点的真方位角。通常在精密测量中使用。

2．磁子午线和磁方位角

磁子午线，就是地面上任一点磁针所指的南北方向线，故称磁北。磁子午线通过地球的南北磁极，南北磁极与地球南北极不在一处，根据1975年测量，北磁极位于北纬76°12′、西经100°36′，南磁极位于南纬65°48′、东经139°24′。在地形图南北图廓上绘有磁南、磁北（或P、P′），其两点的连线，就是该图的磁子午线。从某点的磁子午线起，依顺时针方向到目标方向线之间的水平夹角，叫该点的磁方位角，广泛使用于航空、航海、炮兵射击和军队行进。

3．坐标纵线和坐标方位角

地形图上的纵方里线就是坐标纵线，它是大致指向北方的，故称坐标北。从某点坐标纵线起，依顺时针方向到目标方向线之间的水平夹角，叫该点的坐标方位角。炮兵使用较多，它不但便于从图上量取，还可换算成磁方位角。

（二）偏角

由于真子午线、磁子午线、坐标纵线（简称三北方向线）三者方向不一致，所构成的水平夹角，叫偏角或三北方向角。偏角共有三种。

1. 磁偏角

磁子午线与真子午线间的水平夹角，叫磁偏角。磁偏角是以真子午线为准，磁子午线在真子午线以东的为东偏，角度值为正；磁子午线在真子午线以西的为西偏，角度值为负。磁偏角是经实地测得的，偏角大小因地而异，是该图幅范围内磁偏角的平均值。

2. 坐标纵线偏角

坐标纵线与真子午线的夹角，叫坐标纵线偏角，又叫子午线收敛角。以真子午线为准，坐标纵线在真子午线以东的为东偏，角度值为正；坐标纵线在真子午线以西的为西偏，角度值为负。在每个高斯投影带中央经线以东的图幅均为东偏，以西的图幅为西偏。距中央经线和赤道愈近，偏角值愈小；反之，偏角值愈大，但最大不超过3°。

3. 磁坐偏角

磁子午线与坐标纵线间的夹角，叫磁坐偏角。以坐标纵线为准，磁子午线在坐标纵线以东的为东偏，角度值为正；磁子午线在坐标纵线以西的为西偏，角度值为负。它有时为磁偏角和坐标纵线偏角值之和，有时为两者之差。

（三）坐标方位角的量读和磁坐标方位角的换算

1. 在图上量读坐标方位角

在量取某点至目标点的坐标方位角时，先将该点和目标点连成直线，使其与坐标纵线相交（若两点在同一方格内，可延长直线），然后，用量角器按方位角的定义量读。如图8-15所示，171.4三角点至162.6高程点的坐标方位角为：17－40（即1740密位）。

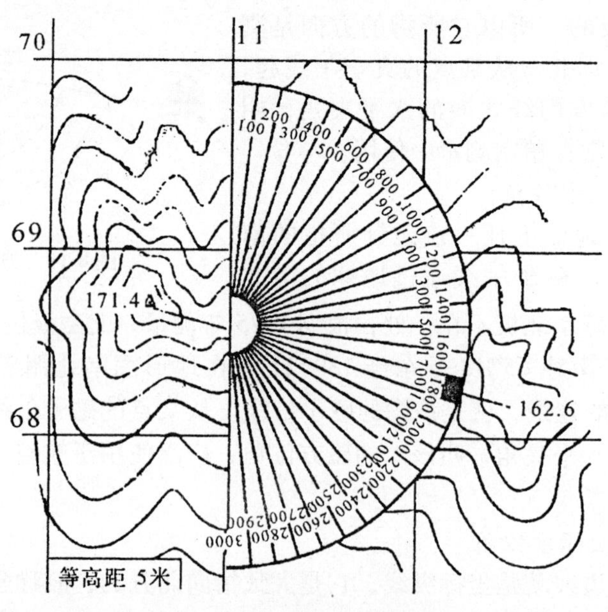

图8-15　坐标方位角的量度

当坐标方位角大于 30－00 密位，应将量角器放在坐标纵线的左边，使零分划朝南，再将读出的密位数加上 30－00 密位，即为所求的坐标方位角。

2. 坐标方位角和磁方位角的换算

（1）求坐标方位角。当磁方位角已知时，可按下式计算：坐标方位角＝磁方位角＋（±磁坐偏角）。

（2）求磁方位角。当坐标方位角已知时，可按下式计算：磁方位角＝坐标方位角－（±磁坐偏角），式中的磁坐标偏角值，可在地图下方的偏角图中查取。计算中，当两个角度相加大于 60－00 密位时，应减去 60－00 密位；若小角度减大角度时，就加上 60－00 密位，再与大角度相减。

第三节　地形图的使用

一、现地判定方位

现地判定方位，就是在现地辨明东、西、南、北方向。军队在行军作战中，必须随时随地能辨明方向，明确周围地形和敌我关系位置，才能实施正确的指挥和行动。判定方位的方法，主要有如下几种。

（一）利用指北针判定

指北针（又名指南针），是根据我国古代发明“司南”逐渐改进而成的。指北针携带方便，操作简单，能迅速、准确地判定方位，是现地判定方位的基本工具。

（二）利用北极星判定

北极星，是正北天空一颗较亮的恒星，夜间找到北极星，就找到了正北方向，如图 8-16 所示。

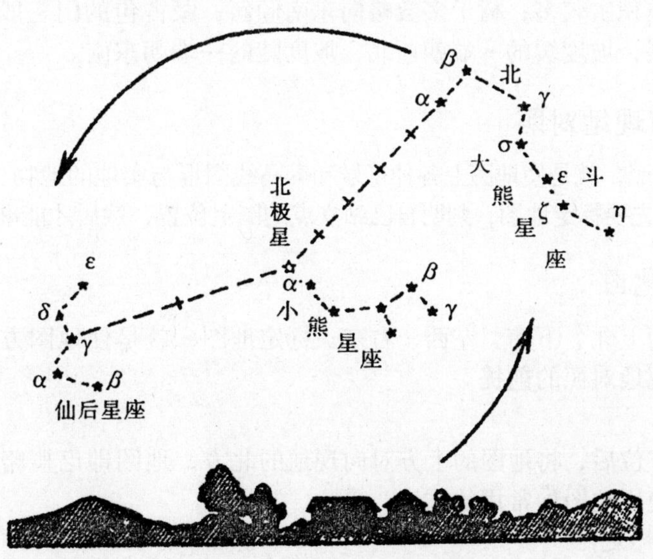

图 8-16　利用北极星判定方位

（三）利用太阳和时表判定

一般说来，在当地时间6时左右，太阳在东方；12时左右，太阳在正南方；18时左右，太阳在西方。根据这一规律，便可利用时表和太阳结合起来判定概略方位。判定时，先将手表平放，以表盘中心和时针所指时数（每日以24小时计算）折半位置的延长线对向太阳，此时，由表中心通过“12”的方向就是北方，如图8-17所示。

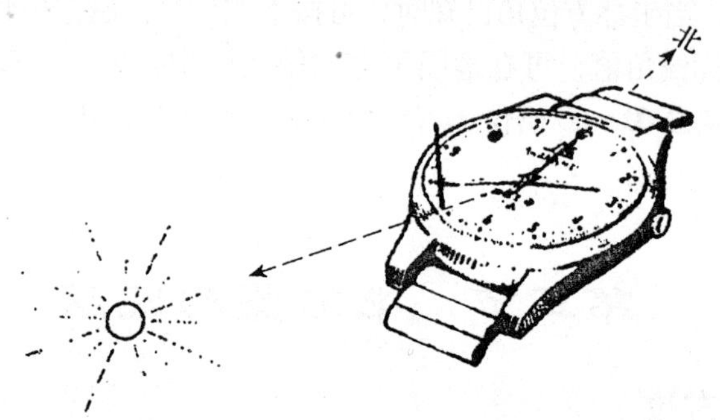

图8-17　利用太阳和时表判定方位

（四）利用自然特征判定

（1）独立大树，通常是南面枝叶茂密，树皮较光滑；北面枝叶较稀少，树皮粗糙，有时还长青苔。砍伐后，还可根据树桩上的年轮判定方向，北面间隔小，南面间隔大。

（2）突出地面的物体，如土堆、土堤、田埂、独立岩石和建筑物等，南面干燥，青草茂密，冬季积雪融化较快；北面潮湿，易生青苔，积雪融化较慢。土坑、沟渠和林中空地则相反。

（3）我国大部地区，尤其是北方，庙宇、宝塔的正门多朝南方；广大农村住房的正门一般也多朝南开。

我国幅员广大，土地辽阔，各地都有不同的特征，只要留心观察、注意调查、收集和研究，就会找到判定方向的自然特征。如在内蒙古高原，冬季大多是西北风，山的西北坡积雪较少，东南坡积雪较多；树干多数略向东南倾斜；蒙古包的门一般朝东南；新月形沙丘朝东南方向伸展，坡度缓的一端朝西北，坡度陡的一端朝东南。

二、地图与现地对照

地图与现地对照，就是使地图上各种符号和等高线图形与实地的地物、地貌一一对应。地图与现地对照，首先要标定地图，判明自己站立点的图上位置，然后才能准确地对照地形。

（一）标定地图

地图的方位为上北、下南、左西、右东。标定地图，就是使地图方位与现地方位相一致，这是地图与现地对照的前提。

1．概略标定

在现地判明方位后，将地图的上方对向现地的北方，地图即已概略标定。这种方法简便迅速，是现地使用地图最常用的方法。

2．用指北针标定

先以指北针的直尺切于磁子午线，并使准星的一端朝向北图廓，然后水平转动地图，

使磁针北端对准指标，地图即已标定。

3．利用直长地物标定（见图 8-18）

利用直长地物（指道路、河渠、土堤、电线等直长地物）标定地图，应先在图上找到这段直长地物符号，对照两侧地形，使地图和现地的关系位置概略相符；再转动地图，使图上的直长地物符号与现地直长地物方向一致，地图即已标定。

图 8-18　依直长地物标定地图

4．依明显地形点标定（见图 8-19）

在明显地形点上使用地图时，可依明显地形点标定地图。标定时，首先确定站立点在图上的位置；再选一图上和现地都有的远方明显地形点（如山顶、独立地物等）作为目标点；然后将指北针直尺（或三棱尺）边切于图上站立点和该目标点上，并转动地图，通过照门、准星照准现地目标点，地图即已标定。

图 8-19　依明显地形点标定地图

5．依北极星标定

夜间，可利用北极星标定地图。标定时，先面向北极星，并使地图上方朝北，然后转动地图，使东（或西）内图廓线（即真子午线）对准北极星，地图即已标定。

（二）确定站立点

标定地图后，就应随即确定站立点在图上的位置，这是现地用图的关键。

1. 目估法

利用明显地形点目估确定站立点在图上的位置，这是确定站立点最常用的方法。

2. 后方交会法（见图8-20）

当站立点附近没有明显地形点时，可用后方交会法确定站立点的图上的位置。

图8-20　后方交会法

3. 截线法（见图8-21）

当站立点在直长地物上时，可用截线法确定站立点的图上位置。先标定地图，在直长地物的侧方选择一个图上和现地都比较明显的地形点，将直尺切于图上该地形点上，然后以该地形点为轴心转动直尺，照准现在该地形点，并描绘方向线，使之与直长地物符号相交，该交点即为站立点的图上位置。

图8-21　截线法

4. 磁方位角法

在较远处选取两个交角良好的地形点，用指北针分别测出站立点到该两点的磁方位角，把图板放平，将图上的磁北方向分别推至两明显地形点，并以此为准，用量角器作出相应的反磁方位角线，其交即是站立点在图上的位置。

5. 极距法（见图 8-22）

当便于测定站立点至明显地形点的距离时，可采用此法。首先标定地图，选择一个图上与实地都有的明显地形点，以照准器直尺切绕图上所选明显地形点照准实地相应目标并沿直尺画方向线；测出站立点至地形点的距离，在图上由地形点起在线上按比例尺截取距离，其端点即为站立点在图上的位置。

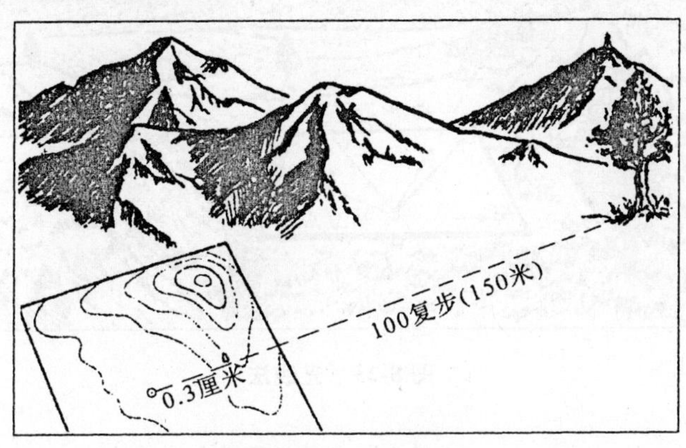

图 8-22 极距法

也可用指北针测站立点至所选地形点的磁方位角，再按前述方法于图上绘出该磁方位线，由地形点起在该磁方位线上缩取相应距离，其端点即为站立点在图上的位置。

依图确定站立点的方法很多，可根据情况灵活应用。但应注意，上述几种方法中所讲的明显地形点的个数是必需的。为防止出现错误，最好多选一个点参与作业，以便检查。操作时，地图方位标定后，在定位过程中不能碰动地图。采用交会法时，交角最好为30°~150°。点位确定后，还应再次对照周围地形，防止判错。

6. 透明纸法

当站立点上无法精确标定地图时，可采用透明纸法确定站立点的图上位置。选择在图上和现地都有的三个以上明显地形点，在透明纸上描画方向线。描画时，先将透明纸固定在图板上，并在适当位置插一细针；再以指北针直尺（或三棱尺）边紧靠细针，图板保持不动，依次向三个地形点瞄准，并向前画方向线；然后在各方向线的末端注记相应地形点名称。取下透明纸，覆在地图上，并转动透明纸，待各方向线分别均能通过图上相应地形点符号的定位点时，即将透明纸上的针孔刺于图上，该点即为站立点的图上位置。

（三）确立目标点

1. 目估法

当目标点在明显地形点上时，从图上找出该明显地形点，即为目标点在图上的位置。当目标点在明显地形点附近时，应先标定图，在图上找出该明显地形点，再根据目标与明显地形点的方位、距离和高差等，将目标点目估定于图上。

2. 光线法（见图 8-23）

当目标较多，其附近又没有明显地形点时，多采用光线法确定目标点的图上位置。其方法是：① 标定地图；② 确定站立点在图上的位置；③ 向目标描画方向线，描画时，先将指北针直尺（或三棱尺）边切于图上的站立点（可插细针），再向现地各目标瞄准，并向前画方向线；④ 目测站立点至目标点距离，并根据距离按地图比例尺在各方向线上截取相应目标的图上位置。不易目测距离时，也可通过分析地形层次，或目标点与附近地形的关系位置，在方向线上目估目标点的图上位置。

图 8-23　光线法

3．极距法

利用器材直接测定方向角和距离来确定目标点在图上位置的方法叫极距法，炮兵确定目标位置时经常采用。其方法是：① 在目标区域选一明显地形点，并用望远镜（或方向盘）等器材测出该点至目标点的方位角（也可不选明显地形点，而直接测出目标点的磁方位角，并换算成坐标方位角）；② 在图上将站立点和明显地形点连一直线，并以此直线为准（或坐标纵线），按所测方向角（或坐标方位角）图解画出站立点至目标点方向线；③ 测出站立点至目标点距离，并按地图比例尺，在方向线上定出目标点位置。也可根据目标点附近地形关系位置，在方向线上通过分析比较，目估定出目标点在图上的位置。

4．前方交会法（见图 8-24）

当目标点较远而附近又无明显地形点时，可在两个站点上用前方交会法，确定目标点在图上的位置。其方法是：① 选定现地与图上都有的 2 ~ 3 个明显地形点；② 标定地图，在第一个站立点上，首先确定该点在图上的位置并插一细针，再以指北针直尺（或三棱尺）边紧靠细针向目标点瞄准，并向前画方向线；③ 以同样方法在第二个站立点上描画方向线，两方向线的交点就是目标点的图上位置。

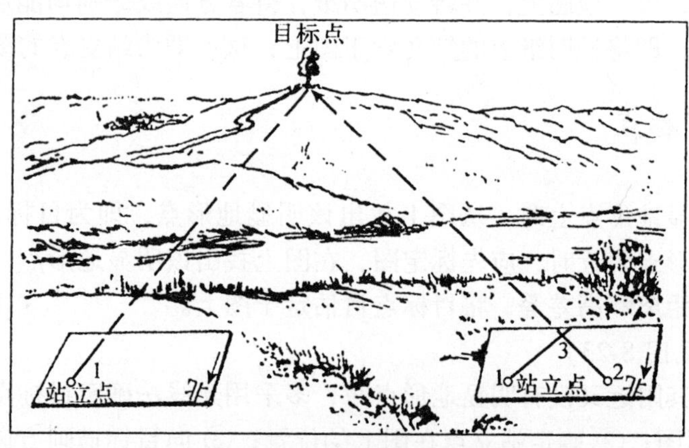

图 8-24　前方交会法

5. 高差法

当目标点和已知地形点位于坡度较陡的同一正斜面上时，可采用高差法确定目标点的图上位置。其方法是：① 用望远镜等器材测出已知地形点至目标点的方位角，并依方位角在图上图解出站立点至目标点的方向线（亦可在标定地图后，直接向目标点描绘方向线）。② 测出目标点与已知点的高低夹角，并在图上量取站立点至已知点的距离，利用密位公式计算目标点与已知地形点高差，求出目标点的高程。其公式为：高差（米）= 高低夹角（密位）× 距离（千米）；目标点高程 = 已知点高程 +/ - 高差。③ 在站立点至目标点方向线上，根据目标点高程，确定目标点的图上位置。

（四）按地图行进

1. 行进前的准备

这里讲的行进前准备主要是图上准备，其内容如下。

（1）选择行进路线。行进路线是根据受领的任务、敌情、地形和部队装备等情况在图上选出行进的最佳路线。选择时，应着重考虑和研究路线上与行动有关的地形因素，如地貌起伏、沿线居民地、森林地、山垭口以及桥梁、渡口和徒涉场的状况。如有敌情顾虑时，更应注意研究沿道路两侧地形的起伏与荫蔽情况、遇空袭时的疏散区域以及遭遇敌人时可能利用的有利地形等。组织大部队行进，还应根据部队的大小选择平行路，以便分路行进。在越野行进时，尤应使每一转变点都有明显的方位物。在夜间行进时，则应注意选定夜间便于识别的方位物。为便于行进中掌握方向，在路线选定后，还应在沿线选定明显突出、不易变化的目标作为方位物，如行进路线上的转弯点、岔路口、桥梁、居民地的出入口、城市中的广场和突出建筑物以及沿线两侧的高地等。

（2）在图上标绘行进路线。标绘行进路线和方位物，就是将选定的行进路线（起点、转折点和终点）和方位物，用彩色笔醒目地标绘于图上，并按行进方向顺序进行编号，以便行进中对照检查。必要时也可专门绘制行军路线略图。

（3）量取里程和计算时间。就是在图上量取行进路线上各段里程和计算行进时间，并注记于图上或工作手册上，如行进路线上地貌起伏较大时，还应当将图上量得的水平距离，按不同的坡度改正为实地距离。为了便于掌握行进速度和时间，需要时可将改正后的各段距离，根据预定行进速度换算为行进时间。

（4）熟记行进路线。熟记行进路线的方法，一般按行进的顺序，把每段的里程、行进时间、经过的居民地、两侧方位物和地貌特征，特别是道路的转弯处、岔路口和居民地进出口附近的方位物及地形特征等都熟记在脑子里，力求做到“胸中有图，未到先知”。

总之，图上准备就是：一选、二标、三量算、四熟记。在行进之前一定要认真准备，切实做好，行动起来就自如了。

2. 徒步行进

徒步沿道路行进是军队机动的主要方式，其要领如下。

（1）在出发点上，先标定地图，对照地形，判定出发点位置，明确行进的道路和方向，然后记时出发。

（2）在行进中，应根据记忆，边走边回忆，边走边对照，随时明确站立点的图上位置，清楚已走过的里程；随时明了前方将要通过的方位物和到达的位置等，力求做到“人在路上走，心在图中移”。

（3）在经过岔路口、道路转弯点、居民地进出口时，应及时对照现地地形，明确站立点的图上位置，以保持正确的行进方向。

（4）在遇到现地地形变化与地形图不一致时，应采用多种方法，仔细对照地貌，全面分析地形的变化和关系位置，然后准确地判定站立点的位置和行进方向。做到有疑不走，有矛盾不走，方向不明不走。找准方向，消除疑虑和矛盾后继续走行进。

（5）当发现走错了路时，应立即对照地形，回忆走过的路程，判明从什么地方开始出错，偏离原定路线有多远，根据情况决定另选迂回路或返回原路，回到正确路线后，再继续行进。

3. 乘车行进

乘车行进，也是军队机动的一种方式，随着我军技术装备的不断改善，快速机动的能力将逐步提高，乘车行进的机会将越来越多，因此，我们必须学会按地图乘车行进的方法。

乘车行进的特点：行进速度快、方向转换多、观察地形粗略，稍有疏忽，就容易走错路，一旦走错路，就错得更远。乘车按地图行进的要领与徒步沿道路行进基本相同。

行进中要随时标定图，逐个对照方位物，掌握行车里程和速度，遇到岔路口、转弯处，提前给司机打招呼，同时放慢车速，以便能仔细对照，确认前进方向，无把握时还要停车判明，直至现地对照无疑后，再继续行进。

4. 越野行进

在道路稀少地区（如沙漠、草原等），或因任务需要，不能沿道路行进时，部队常采用越野行进。越野行进时，因为地面起伏不平，障碍多，容易偏斜方向，所以多采用按地图与方位角相结合的方法行进。

5. 特殊条件下行进

（1）夜间行进。

利用夜间行军、作战，出其不意地攻歼敌人，是我军的特长和传统战法，也是我军训练的重点内容之一。为了保障部队夜间行动的自如，必须学会夜间按地图行进的方法和要领。夜间行进视度不良，观察不便，地形重叠，远近不分，高低难辨，地图与现地对照困难，行进容易迷失方向。因此，夜间行进与白天行进相比较，又有其特殊性。

夜间一般采用按地图与方位角相结合的方法行进。在出发点上，要仔细标定地图，对照地形，确定出发点的图上位置，明确行进方向，记时出发。行进中，要做到多找点，勤观察，勤对照。要严格按照预定的路线行进，切不可贪走捷径，以防迷路；凡是经过的地方，要留心记下主要特征。要注意掌握行进速度和时间，必要时，可根据行进的速度、时间判断到达的地点。有敌情顾虑时，要注意隐蔽、肃静，防止声响、发光。夜间行进应尽量避免穿行居民地，若必须穿过居民地时，在进出口处要仔细判读，认真分析，切勿弄错方向、走错路。

（2）山林地行进。

山林地行进的特点：地形起伏大，山脊重叠，纵横交错，林木丛生，道路少，障碍多，通视不良，缺少明显方位物，通行极为困难。因此，组织部队在山林地行进时，应采用按地图和方位角相结合的方法行进。图上选择行进路线时，应按照“有路不越野，走脊不走沟”的原则选定，并量测方位角和准确计算行进时间。行进中，要随时掌握好

行进方向，尽可能沿山背、山脊、鞍部等明显地形行进，不要横越山背（谷），并尽可能避开悬崖、峭壁和陡石山地段。行进中还要时刻对照地图，随时判断到达点的图上位置。发现走错路或迷路时，应冷静回忆走过的地形，细致观察对照，远近结合，判定站立点；若站立点一时判定不出来，应按原路返回到开始发生错误的地方再走，一般不要取捷径斜插，以免造成大错。如经过多种方法判定还是找不出站立点，又不能返回原路，应尽力判定现地方位，按原定总方向插向目的地。

（3）沙漠、戈壁地区行进。

沙漠、戈壁地区行进的特点：地形开阔、道路缺乏、方位物甚少，不易确定站立点的图上位置，容易迷失方向、走错道路，部队运动困难。因此沙漠、戈壁地区行进，一般采用按地图和方位角相结合的方法行进。行进前要在图上周密地选择行进路线，测量方位角和科学计算时间，行进中确定站立点：① 抓明显特殊的地形，仔细对照判定；② 抓突出的明显地形点，通过交会法、极距法等确定；③ 当明显地形点甚少时，可按方向和距离来确定，即按磁方位角控制方向，采用步测和记时间相结合的方法估算距离，每前进一段，就将这段距离在图上预先选择的路线上按比例尺截取。

行进时要正确处理行进中的疑难问题，集中精力，注意地图与现地对照，掌握好方向和距离。当对地形发现疑问或者无法确定站立点时，应沉着冷静，回忆已走过的路线和两侧的地形特征，仔细研究对照，如仍无法确定时，也不要过久停留，可以前进一段再定。如果错迷较大，虽经反复回忆和对照，仍不能确定站立点的图上位置，则应根据行进总方向和远方的明显方位物，取直线向目的地行进，千万不要久留，防止在原地打圈子。

第四节 全球定位导航系统（GPS）及其在军事中的作用

运动体通过不断测定自己的位置，沿着一定的路线到达目的地的运动，称为导航。导航必须对运动体进行实时定位，以便与目的地的位置相比较，从而确定前进的方向和距离。导航系统必须能够定位，反之能够定位的系统不一定能够导航，关键在于能否实时取得足够精度的观测值并实时定位和为导航提供导航数据。全球定位系统（GPS）属于导航定位系统。

GPS 即全球定位系统（Global Positioning System），是美国从 20 世纪 70 年代开始研制的，历时 20 多年，耗资 200 亿美元，于 1994 年全面建成，具有在海、陆、空进行全方位实时三维导航与定位能力的新一代卫星导航与定位系统。我国测绘局等部门的使用经验表明，GPS 以全天候、高精度、自动化、高效益等显著特点，赢得广大测绘工作者的信赖，并成功地应用于大地测量、工程测量、航空摄影测量、运载工具导航和管制、地壳运动监测、工程变形监测、资源勘察、地球动力学等多种学科，从而给测绘领域带来一场深刻的技术革命。

GPS 是美国第二代卫星导航系统。它是在子午仪卫星导航系统的基础上发展起来的，它采纳了子午仪系统的成功经验。和子午仪系统一样，全球定位系统由空间部分、地面监控部分和用户接收机三大部分组成。

按目前的方案，GPS 的空间部分使用 24 颗高度约 2.02 万千米的卫星组成卫星星座。这 24 颗卫星均为近圆形轨道，运行周期约为 11 小时 58 分钟，分布在 6 个轨道面上（每轨道面 4 颗），轨道倾角为 55 度。卫星的分布使得在全球的任何地方、任何时间都可观测到 4 颗以上的卫星，并能保持良好定位解算精度的几何图形（DOP）。这就提供了在时间上连续的全球导航能力。

卫星播发两个频率的载波无线电信号：$L_1 = 1575.42MHz$，$L_2 = 1227.6MHz$。在 L_1 载波上调制有 1.023MHz 的伪随机噪声码（称为粗捕获码，或 C/A 码）和 10.23MHz 的伪随机噪声码（精码，或 P 码）以及每秒 50 比特的导航电文，在 L_2 载波上只调制精码及导航电文。粗捕获码用于低精度测距并过渡到捕获精码；精码用于精密测距。

地面监控部分包括四个监控站、一个上行注入站和一个主控站。监控站设有 GPS 用户接收机、原子钟、收集当地气象数据的传感器和进行数据初步处理的计算机。监控站的主要任务是取得卫星观测数据并将这些数据传送至主控站。主控站设在范登堡空军基地，它对地面监控部实行全面控制。主控站的主要任务是收集各监控站对 GPS 卫星的全部观测数据，利用这些数据计算每颗 GPS 卫星的轨道和卫星钟改正值。上行注入站也设在范登堡空军基地，它的任务主要是在每颗卫星运行至上空时把这类导航数据及主控站的指令注入到卫星。这种注入对每颗 GPS 卫星每天进行一次，并在卫星离开注入站作用范围之前进行最后的注入。

GPS 具有性能好、精度高、应用广的特点，是迄今最好的导航定位系统。随 GPS 的不断改进，软硬件的不断完善，应用领域正在不断地开拓，目前已遍及国民经济各种部门，并逐步深入人们的日常生活。

GPS 的基本定位原理是：卫星不间断地发送自身的星历参数和时间信息，用户接收到这些信息后，经过计算求出接收机的三维位置、三维方向及运动速度和时间信息。

GPS 系统包括三大部分：空间部分——GPS 卫星星座；地面控制部分——地面监控系统；用户设备部分——GPS 信号接收机（见图 8-25）。

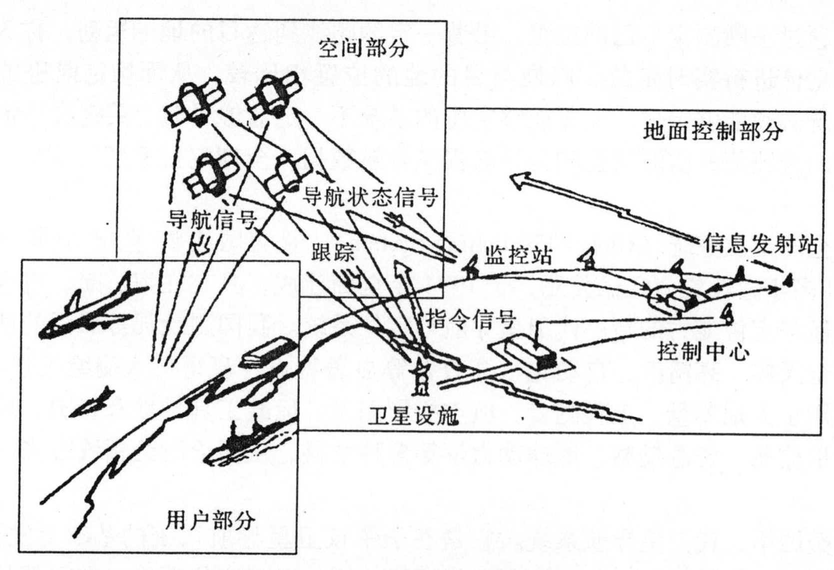

图 8-25　导航卫星全球定位系统

一、GPS 卫星星座

由 21 颗工作卫星和 3 颗在轨备用卫星组成的 GPS 卫星星座，记作（21 +3）GPS 星座。24 颗卫星均匀分布在 6 个轨道平面内，轨道倾角为 55 度，各个轨道平面之间相距 60 度，即轨道的升交点赤经各相差 60 度。每个轨道平面内各颗卫星之间的升交角距相差 90 度，一个轨道平面上的卫星比西边相邻轨道平面上的相应卫星超前 30 度。

在 2 万千米高空的 GPS 卫星，当地球对恒星来说自转一周时，它们绕地球运行两周，即绕地球一周的时间为 12 恒星时。这样，对于地面观测者来说，每天将提前 4 分钟见到同一颗 GPS 卫星。位于地平线以上的卫星颗数随着时间和地点的不同而不同，最少可见到 4 颗，最多可见到 11 颗。在用 GPS 信号导航定位时，为了计算测站的三维坐标，必须观测 4 颗 GPS 卫星，称为定位星座。这 4 颗卫星在观测过程中的几何位置分布对定位精度有一定的影响。对于某地某时，甚至不能测得精确的点位坐标，这种时间段叫做“间隙段”。但这种间隙段是很短暂的，并不影响全球绝大多数地方全天候、高精度、连续实时的导航定位测量。GPS 工作卫星的编号和试验卫星基本相同。

二、地面监控系统

对于导航定位来说，GPS 卫星是一动态已知点。星的位置是依据卫星发射的星历——描述卫星运动及其轨道的的参数算得的。每颗 GPS 卫星所播发的星历，是由地面监控系统提供的。卫星上的各种设备是否正常工作，卫星是否一直沿着预定轨道运行，都要由地面设备进行监测和控制。地面监控系统另一重要作用是保持每颗卫星处于同一时间标准——GPS 时间系统。这就需要地面站监测各颗卫星的时间，求出钟差。然后由地面注入站发给卫星，卫星再由导航电文发给用户设备。GPS 工作卫星的地面监控系统包括一个主控站、三个注入站和五个监测站。

三、GPS 信号接收机

GPS 信号接收机的任务是：能够捕获到按一定卫星高度截止角所选择的待测卫星的信号，并跟踪这些卫星的运行，对所接收到的 GPS 信号进行变换、放大和处理，以便测量出 GPS 信号从卫星到接收机天线的传播时间，解译出 GPS 卫星所发送的导航电文，实时计算出测站的三维位置，甚至三维速度和时间。

GPS 卫星发送的导航定位信号，是一种可供无数用户共享的信息资源。对于陆地、海洋和空间的广大用户，只要用户拥有能够接收、跟踪、变换和测量 GPS 信号的接收设备，即 GPS 信号接收机，就可以在任何时候用 GPS 信号进行导航定位测量。根据使用目的的不同，用户要求的 GPS 信号接收机也各有差异。目前世界上已有几十家工厂生产 GPS 接收机，产品也有几百种。这些产品可以按照原理、用途、功能等来分类。

在静态定位中，GPS 接收机在捕获和跟踪 GPS 卫星的过程中固定不变，接收机高精度地测量 GPS 信号的传播时间，利用 GPS 卫星在轨道的已知位置，计算出接收机天线所在位置的三维坐标；而动态定位则是用 GPS 接收机测定一个运动物体的运行轨迹。GPS 信号接收机所位于的运动物体叫做载体（如航行中的船舰、空中的飞机、行走的车辆等）。载体上的 GPS 接收机天线在跟踪 GPS 卫星的过程中相对地球而运动，接收机用 GPS 信号实时地测得运动载体的状态参数（瞬间三维位置和三维速度）。

接收机硬件和机内软件以及 GPS 数据的后处理软件包，构成完整的 GPS 用户设备。GPS 接收机的结构分为天线单元和接收单元两大部分。对于测地型接收机来说，两个单元一般分成两个独立的部件，观测时将天线单元安置在测站上，接收单元置于测站附近的适当地方，用电缆线将两者连接成一个整机。也有的将天线单元和接收单元制作成一个整体，观测时将其安置在测站点上。

GPS 接收机一般用蓄电池做电源，同时采用机内、机外两种直流电源。设置机内电池的目的在于更换外电池时不中断连续观测，在使用机外电池的过程中，机内电池自动充电。关机后，机内电池为 RAM 存储器供电，以防丢失数据。

近几年，国内引进了多种类型的 GPS 测地型接收机。GPS 测地型接收机用于精密相对定位时，其双频接收机精度可达 5mm ± 1ppm. D，单频接收机在一定距离内精度可达 10mm ± 2ppm. D，用于差分定位时，其精度可达亚米级至厘米级。

目前，各种类型的 GPS 接收机体积越来越小，重量越来越轻，便于野外观测。GPS 和 GLONASS 兼容的全球导航定位系统接收机已经问世。

四、GPS 的应用

GPS 最初就是为军方提供精确定位而建立的，至今仍由美国军方控制。军用 GPS 产品主要用来确定并跟踪在野外行进中的士兵和装备的坐标，为海中的军舰导航、军用飞机提供位置和导航信息等。

目前，GPS 的应用已经十分广泛，我们可以应用 GPS 信号进行海、陆、空的导航，导弹的制导，大地测量和工程测量的精密定位，时间的传递和速度的测量等。对于测绘领域，GPS 卫星定位技术已经用于建立高精度的全国性的大地测量控制网，测定全球性的地球动态参数；用于建立陆地海洋大地测量基准，进行高精度的海岛陆地联测以及海洋测绘；用于监测地球板块运动状态和地壳形变；用于工程测量，成为建立城市与工程控制网的主要手段。用于测定航空航天摄影瞬间的相机位置，实现仅有少量地面控制或无地面控制的航测快速成图，导致了地理信息系统、全球环境遥感监测的技术革命。

GPS 的应用十分广泛，它能对全球各个地方的接收机全天候地实施定位和导航。若把 GPS 的接收机作为指挥自动化系统的终端，指挥员能随时了解部队和重要武器的位置；若将接收机装在巡航导弹上，可自行修正航路偏差，按预定航线击中目标；若将接收机装在舰船、飞机或战斗车辆上，可实现自动导航；还可用于炮阵地连测和获取射击诸元。

GPS 接收机最适合于在开阔地使用。使用中，当附近遇有高大建筑物、陡峭的岸壁、山背或处于林地时，要防止这些高大物体遮断天线影响接收信号，并要尽量避开高压线和强磁场。

便携式 GPS 接收机很适合于小分队或单兵使用。当沿预定路线行进时，先在地形图上顺次量出起点、中间点（如拐点）和终点的三维坐标并标记于图上；在起点上进行首次定位，并与已标注的三维坐标进行核对，若差值在误差限值之内，即开始行

进。行进中应不断更新定位，检查坐标的变化是否逐渐趋近于计划中的下一点坐标，当达到预定点坐标附近（±100 米）时，应利用地形图作进一步的准确定位。在1:5万比例尺地形图上，100 米的误差在图上相应为 2 毫米。尽管误差较大，但仍然是有利于定位的。

利用 GPS 接收机可以判定方位，如连续更新定位值而使横坐标值不变的方向，就是坐标北方向。

思考题

1. 地形对作战行动的影响有哪些？
2. 等高线显示地貌的原理和特点是什么？
3. 现地判定方位的方法有哪几种？
4. 如何确定站立点和目标点在图上的位置？
5. 按图行进的要领是什么？

第九章 战术基础

战术，是指进行战斗的方法，包括战斗基本原则以及兵力部署、战斗指挥、协同动作、战斗行动的方法和各种保障措施等内容。战术基础是最基本的战术理论和战斗动作的统称。

第一节 战斗基本类型和战斗样式

战斗是兵团或部队、分队在较短时间和较小空间内进行的有组织的作战行动。

一、战斗基本类型

战斗基本类型按战斗性质进行的分类，可分为进攻战斗和防御战斗两种。

（一）进攻战斗

进攻战斗是主动攻击敌人的战斗。其目的是歼灭敌人，攻占重要地区和目标。进攻战斗具有优势性、主动性、机动性、坚决性等基本特征。其基本任务包括以下可能：突破敌人阵地，消灭防御之敌，夺占重要地区或目标；攻歼驻止、运动之敌；破袭敌人的交通运输线或重要目标；攻占敌纵深要点，割裂敌部署，断敌退路，阻敌增援，配合主力围歼敌人。

进攻战斗可在与敌直接接触的情况下开始实施，也可在与敌非直接接触的情况下开始实施。无论在哪种情况下开始实施的进攻，都应当周密地组织侦察，正确地选定主要进攻方向，并且集中使用兵力，建立有重点的纵深、立体、梯次而又疏散的战斗部署，组织好各部（分）队、各兵种及陆空之间的协同动作和各种保障，迅速完成各项准备，隐蔽、突然地发起攻击，突破后还要善于实施包围迂回，穿插分割，垂直打击，各个歼灭敌人。

（二）防御战斗

防御战斗是抗击敌人进攻的战斗，通常由战术兵团、部队和分队在保卫重要地区或目标，阻敌增援、突围或退却，掩护主力集中、机动或休整，巩固占领地区或阵地等情况下组织实施。其目的是大量杀伤、消耗、迟滞敌人，扼守阵地。争取时间，为直接转入进攻或保障其他方向的进攻创造条件。防御战斗具有目的相对有限、空间相对固定、以弱抗强、行动相对被动、注重依托地形等特征。其基本任务包括以下可能：保卫重要目标或地区；迟滞、消耗、钳制、吸引敌人，创造歼敌的有利战机或掩护主力进攻；阻敌增援、突

围或退却；巩固占领的地区，抗击敌人反冲击或保障主力翼侧安全；掩护主力集中、机动或休整。

防御一方通常在兵力兵器对比上处于劣势，其战斗行动受进攻一方制约较大，不得不经常处于高度紧张的状态，要随时准备抗击敌人从任何方向实施的突击。防御战斗虽然是一种被动形式，但它在被动的形式中具有主动的内容，而且能够由形式上的被动阶段转入形式上、内容上的主动阶段。这是因为，战术上的防御手段，都是直接或间接地为进攻服务的，都是为整个战斗或战役全局服务的，这是防御战斗具有主动内容的一个重要方面。另一方面，防御本身也不是单纯采用被动挨打的防御战法，而是要善于从机动中吸取力量，善于把顽强坚守与积极反击结合起来，以必要的攻势行动大量杀伤、消耗敌人。因此，防御战斗必须树立全局观念和积极顽强的思想，善于根据信息化条件下战斗的特点，充分利用有利地形，巧妙地布设阵地，部署兵力，组织火力，构筑工事，设置障碍物，采取各种防护和保障措施，构成全纵深、全方位、立体、有重点的防御体系，并把严密防护与积极打击结合起来，把顽强抗击与积极反击结合起来，把正面抗击与侧后袭击及阵地伏击结合起来，把阵地坚守与机动抗击结合起来，把地面抗击与防空作战结合起来，灵活机动地使用兵力、火力、障碍器材及其他各种手段，各个击破敌人的进攻。

（三）进攻战斗与防御战斗的关系

进攻战斗和防御战斗是战斗中最基本的一对矛盾，具有相互对立、相互统一的辩证关系。进攻和防御的对立，表现为两者的相互区别和相互排斥。在战斗目的上，进攻是为了歼灭敌人，攻占重要地区或目标；防御是为了保存力量，坚守重要地区或目标。在战斗行动上，进攻是为了突破对方的防御，防御是为了阻止对方的进攻。进攻和防御的统一，表现为两者相互依存、相互渗透和相互转化。进攻和防御不是单一的状态，它们相互包含、相互贯通，攻中有防，防中有攻，攻防一体，融合趋势明显，这一点在信息化条件下表现得更加明显。但从战斗性质和根本目的上看，两种类型的界限仍然是明确的。进攻和防御的地位并不是一成不变的，在一定的条件下可以相互转化，当进攻达到顶点或失去相应条件时则会转入防御，当防御具备了条件时也会转入进攻。进攻和防御的矛盾运动，推动它们不断由低级形态向高级形态发展。进攻的发展变化，必然导致防御的发展变化；同样，防御的发展变化，又反过来作用于进攻的发展变化。

二、战斗样式

战斗样式，是在战斗类型基础上所作的进一步分类。战斗样式通常可按照敌情、地形、气候、行动方式等不同情况进行划分。

（一）进攻战斗样式

进攻战斗样式，是对进攻战斗所作的分类。按敌人的行动性质和状态，通常区分为对预有准备防御之敌、立足未稳之敌、运动之敌的进攻战斗。对预有准备防御之敌的进攻战斗，由于敌防御组织的完善程度和方式不同，可区分为对野战阵地防御之敌的进攻战斗、对坚固阵地防御之敌的进攻战斗和对要塞防御之敌的进攻战斗等。对立足未稳之敌的进攻战斗，包括对临时驻止之敌的进攻战斗、对空降着陆之敌的进攻战斗和对登陆上岸尚不巩

固之敌的进攻战斗等。对运动之敌进攻，由于进攻部队的战斗行动方式不同，通常可分为伏击战斗、遭遇战斗、追击战斗。由于战斗地区的地形、气象条件不同，又可区分为一般条件下的进攻战斗和特殊条件下的进攻战斗。特殊条件下的进攻战斗，按照战场地形条件，可区分为登陆、城市、山地、荒漠草原地、渡江河、水网稻田地进攻等；按战场气象条件，可区分为高寒地区和热带山岳丛林地进攻等；按照作战时间，可区分为昼间进攻和夜间进攻等。

（二）防御战斗样式

防御战斗样式，是对防御战斗所作的分类。依据防御的目的和防御准备的程度，可分为阵地防御战斗、机动防御战斗和仓促防御战斗等。阵地防御战斗按阵地性质的不同，又可分为野战阵地防御战斗和坚固阵地防御战斗。按作战地形、气象条件和时间的不同，可区分为一般条件下防御战斗和特殊条件下防御战斗。特殊条件下防御战斗，按照战场地形条件，可区分为山地、平原地、高原地、城市、山林地、荒漠草原地、热带山岳丛林地、海岸、岛屿、江河、水网稻田地防御战斗等；按照战场气象条件，可区分为热带地区和严寒地区防御战斗等。按照作战时间，可区分为昼间防御战斗和夜间防御战斗等。

第二节　战斗原则

战斗原则，是指战斗行动所依据的法则或标准，是一切战斗行动的依据和指南。只有掌握了战斗原则，才能在战斗中举一反三，结合不同战斗类型、战斗样式的具体情况对战斗进行正确指导。

一、我军战斗原则的形成和发展

我军战斗原则的形成与发展，与战争实践紧密相连。从游击战到正规战，从国内革命战争到同日、美、苏、印、越等国军队作战，我军走过了从弱小到壮大的波澜壮阔的战斗历程。之所以能够屡屡以劣抗优，以弱胜强，是因为我军一直遵循着正确的战斗原则。

在井冈山斗争时期，针对我军当时所处的政治形势、地形地理条件和绝对弱小的实际情况，我军广泛开展游击战，实行工农武装割据，取得了丰富的游击战经验。1928 年 2 月，毛泽东同志提出了“分兵以发动群众，集中以应付敌人”的原则，并形象地提出了“打得赢就打，打不赢就走，赚钱就来，蚀本不干”、“既要会打圈，又要会打仗”的战术，它们包含着朴素、浅显的游击战思想。后来，在总结对敌斗争经验教训的基础上，创造性地提出了“敌进我退、敌驻我扰、敌疲我打、敌退我追”的十六字诀。十六字诀是对我军建立初期的战斗经验的理论概括，反映了灵活机动的战略战术。

抗日战争时期，我军深入敌后开辟战场，在战略防御、战略相持阶段实行“战略防御中的战役和战斗的进攻战，战略持久中的战役和战斗的速决战，战略内线中的战役和战斗的外线作战”，在战略反攻阶段实行“战略的反攻战”。其战略方针是“基本的是游击战，但不放松有利条件下的运动战”。毛泽东同志在总结以往作战经验的基础上，提出了“拣弱的打”、“攻击那些敌力薄弱的城市和交通线，依其情况而长久地或暂时地占领之”、“集中兵力，各个击破”等思想和原则。在正确的方针政策和思想原则指导下，广泛开展

游击战争，有力配合正面战场，最终取得了抗日战争的胜利。

解放战争时期，我军作战能力增强，作战规模扩大，兵力的集中性也空前提高，迫切需要适应新的条件、新的形势下的作战指导原则。1947 年 12 月 25 日，毛泽东同志在党中央召开的会议上，作了关于《目前形势和我们的任务》的报告，明确提出了“十大军事原则”：① 先打分散和孤立之敌，后打集中和强大之敌。② 先取小城市、中等城市和广大乡村，后取大城市。③ 以歼灭敌人有生力量为主要目标，不以保守或夺取城市和地方为主要目标。④ 每战集中绝对优势兵力，四面包围敌人，力求全歼，不使漏网。⑤ 不打无准备之仗，不打无把握之仗，每战都应力求有准备，力求在敌我条件对比下有胜利的把握。⑥ 发挥勇敢战斗、不怕牺牲、不怕疲劳和连续作战的作风。⑦ 力求在运动中歼灭敌人，同时，注重阵地攻击战术，夺取敌人的据点和城市。⑧ 在攻城问题上，一切敌人守备薄弱的据点和城市，坚决夺取之。一切敌人有中等程度的守备、而环境又许可加以夺取的据点和城市，相机夺取之，一切敌人守备强固的据点和城市，则等候条件成熟时然后夺取之。⑨ 以俘获敌人的全部武器和大部人员，补充自己。⑩ 善于利用两个战役之间的间隙，休息和整训部队。“十大军事原则”高度概括了我军的作战经验，内容极为丰富，其精神实质是集中优势兵力打歼灭战。围绕着这个核心，“十大军事原则”对作战方针、歼击目标、作战形式、作战方法、作战准备、战斗作风以及补充休整等问题，都作出了若干规定。“十大军事原则”对夺取解放战争胜利起到了非常重要的指导作用。

新中国成立后，在朝鲜战争中，毛泽东、彭德怀总结了志愿军五次运动作战的经验，提出了实行战术小包围的理论原则。当战争进入相持阶段后，我军又创造了以坑道为骨干结合野战工事的防御阵地体系，总结了“零敲牛皮糖”、积小胜为大胜的作战原则。此后，我军借鉴外军经验，结合我军实际，先后多次颁发战斗条令，制定了自己的战斗原则。在信息化条件下，我军在战术思想与作战方法的发展方面，进一步强化了整体作战、合同作战、联合作战的战术思想。

二、战斗基本原则的主要内容

我军战斗基本原则主要包括战斗目的、战斗准备、战斗方法、战斗指挥、兵力运用、战斗作风、战斗保障等内容。

（一）知彼知己，正确指挥

知彼知己，正确指挥，是指必须在熟知敌我双方和其他方面情况的基础上，使主观指导符合客观实际，实施正确的指挥。遵循这一普遍性的军事原则，是战斗中主观指导符合客观实际的必然要求，是夺取战斗胜利的根本保证。

古代军事家孙子在其军事著作《孙子兵法·谋攻篇》中写道：“知彼知己者，百战不殆；不知彼而知己，一胜一负；不知彼，不知己，每战必殆。”所谓知彼，就是要弄清敌人的情况，知己则是要熟知己方的情况。知彼、知己两者对于战斗及其指挥来讲都非常重要，不可偏废。知彼知己除了解敌情、我情之外，还包括对作战环境情况，比如地形、气象、水文、社情等的了解。

知彼知己是实施正确指挥的前提和基础。在信息化条件下，由于双方使用大量的高技术兵器进行对抗，战斗的突然性、破坏性和连续性空前增大，战场情况变化急剧，加之现代信息技术、伪装技术、隐形技术的发展，侦察与反侦察的斗争异常激烈，这对做好侦察和判断工作提出了更高的要求。敌对双方要做到知彼知己比以往更加困难，特别对于装备处于劣势的一方，可能优势敌方对战场拥有“单向透明”。这就要求指挥员充分依托陆海空天电一体化的侦察体系，运用一切可能的技术、战术等手段捕捉、辨别敌人的蛛丝马迹，力求把握其行动的规律和特征。当然，战场情况有很大的盖然性，在敌对双方彼此互相保密、欺骗的情况下，要做到全然知彼是不大可能的，特别是在情况极为复杂不利的情况下，应尽可能知其大略、知其要点，掌握最基本的情况，以确保实施正确的战斗指挥。

（二）消灭敌人，保存自己

消灭敌人，保存自己，是战斗的本质和目的，也是其他一切作战行动的基本原则。它普及于战斗的全体，贯彻于战斗的始终。

保存自己，消灭敌人，是一个对立的统一体，是古往今来军事家们必须处理好的一对矛盾体。保存自己的目的，在于消灭敌人；而消灭敌人，又是保存自己最有效的手段。保存自己与消灭敌人，是战斗目的的两个方面，两者互相作用，互相依存。不消灭敌人的力量，就不能有效地保存自己；不保存自己，也就失去了消灭敌人的物质基础。毛泽东对两者的关系给出了最为全面、系统和精辟的论述：“战争目的中，消灭敌人是主要的，保存自己是第二位的，因为只有大量地消灭敌人，才能有效地保存自己。”所以，部（分）队的一切战斗行动均应以消灭敌人为主；一切保存自己的措施，均应服从于消灭敌人。同时还应注意到，消灭敌人、保存自己的这种主次关系，不是一成不变的，在一定条件下可以相互转化。如进攻是直接为消灭敌人而实施的战斗行动，同时也是为了保存自己；防御是直接为保存自己而采取的战斗行动，事实上这样的行动往往能够大量、有效地杀伤敌人，而且还是一种辅助进攻或者为进攻作准备的行动。

（三）集中力量，重点打击

集中力量，重点打击，就是集中优势力量，对敌实施有重点的打击，以便于各个歼灭敌人。它包括集中各种战斗力量，选择重点打击目标，善于抓重点关节部位，把握指挥决策重心等内容，核心是集中使用力量，打击重点目标。其目的在于根据战斗企图、敌我双方的态势，把兵力集中使用在重要目标、主要方向、关键性时节，从而逐个消灭敌人。集中力量与重点打击是相辅相成的，集中力量是重点打击的基础和前提，重点打击是集中力量的必然要求。在战斗中，只有把兵力、兵器和火力集中起来，才能形成打击敌重点部位的优势力量，才能达到首先歼敌一部，而后逐个消灭敌人，取得战斗的胜利；也只有有重点地在战斗中选择作战目标，才能使集中力量成为可能，也才能真正实现集中力量的目的。

信息化条件下，“集中”的含义已发生了较大的变化。“集中”不再像以往战争那样主要是指集中兵力兵器。这里的“集中”已不再是单纯的兵力集中了，而是要把战斗力的一切要素，如机动、火力、防护、指挥等要素的综合效能都作用于决定性的时间和地点，从而实现快速、安全、高效地集中战斗力威力。重点打击是集中力量于战斗的重心、关节点或要害，着重打击敌人战斗力量整体系统中起支撑作用的要害目标，通过瘫痪敌作战体

系实现战斗的胜利。

（四）充分准备，快速反应

充分准备，快速反应，是指每战力求进行充分的战斗准备，确保在各种情况下快速作出反应，以不失时机地打击并确有把握地战胜敌人。充分准备是取得作战胜利的前提条件，毛泽东指出："优势而无准备，不是真正的优势，也没有主动。"并要求我军"不打无准备之仗，不打无把握之仗，每战都应力求有准备，力求在敌我条件对比下有胜利的把握"。无数战斗实践表明，战斗准备程度的好坏，直接影响到战斗的成败，战斗准备越充分，胜利的把握就越大。如果没有必要和充分的准备，必然陷入被动的地位，临时仓促应战，是很难保证胜利的。

战斗准备是一项复杂的系统工程，它涉及精神和物质两个方面，并贯穿于战斗的始终。信息化条件下的战斗，是诸军兵种联合作战背景下的整体作战，参战兵种多，规模大，技术装备复杂多样，组织协同困难，进行战斗准备的任务十分艰巨。加之信息化条件下战斗节奏加快，情况变化突然，战斗准备时间相应缩短，这些都对战斗准备提出了更新、更高的要求。既要求每战应尽可能有周密的计划和准备，又要求适应战场快节奏，能针对战场态势迅速作出反应，弹性应变。

（五）隐蔽突然，出敌不意

隐蔽突然，出敌不意，是指运用各种战术、技术手段，隐蔽己方的部署、目标和各种行动，使敌不能或者难以识别和发现；我则能在敌方意想不到的时间、地点，以出敌意料的战法，给敌方以沉重打击，使敌方惊慌失措，仓促应战，无法采取有组织的抵抗，从而限制敌方战斗效能的发挥。其目的就是使敌方在遭受突如其来的打击后，不知所措，意志沮丧，失去有组织的抵抗，而丧失优势和主动。

隐蔽突然，出敌不意，是前人对战争实践经验的总结。早在2000多年前，孙子就提出："攻其无备，出其不意"。在战斗中造成的"错觉"和"不意"，可以导致敌方丧失优势和主动，因而有计划地造成敌人的错觉，给予出其不意的攻击，是造成优势和主动的方法。在未来信息化条件下，侦察监视手段先进，战场趋向"透明"，给出其不意地打击敌人增加了新的难度。但是，只要运用创新思维，充分利用各种有利条件，积极创造和抓住战机，出奇制胜仍是可以达成的。

（六）灵活机动，因势制敌

灵活机动，因势制敌，是指在客观物质基础上，充分发挥主观能动性，审时度势，灵活机动地使用力量和变换战术，以达到克敌制胜的目的。灵活，是指挥员基于客观情况，审时度势，采取及时而恰当的处置方法的一种指挥才能，是战术的生命；机动则是灵活的表现形式，其核心是巧妙用兵和讲究战术。孙子曰："兵无常势，水无常形；能因敌变化而取胜者，谓之神。"正是对灵活机动、因势制敌这一战斗原则的深刻阐释。

信息化条件下的战斗，战斗节奏加快，态势变化急剧，意外情况不断出现，有利战机稍纵即逝，这对灵活机动提出了更高的要求。在战斗中，指挥员应力求使主观指导符合客观实际，必须根据实际情况，活用原则，根据敌情、我情、地形、天候、社情等客观条件，因势利导，灵活用兵。

（七）力求近战，善于夜战

近战，是指敌对双方在近距离内进行的作战。其基本特点是与敌胶着，短兵相接，行动迅速，紧张激烈，在较短时间内解决战斗，是彻底消灭敌人，最终达成战斗目的的一种战斗行动。力求近战，是远战武器装备处于劣势一方所必须遵循的原则。夜战，是指在夜暗条件下进行的作战，其基本特点是利于隐蔽行动企图，减少伤亡，出奇制胜，近战歼敌。拥有先进的夜视器材和装备优势的一方，应尽可能进行夜战；夜视装备和器材落后的一方，则应积极为与敌夜战作准备，以避免遭受重大打击。

过去，近战、夜战是我军的长处和强项，也是强敌害怕我军的主要原因之一。信息化条件下，强敌仍然害怕胶着近战，但由于其在先进的夜视器材上占优势，我军传统的夜战优势受到了严峻挑战。因此，要善于组织实施夜战，尽可能掌握敌人夜视装备器材的特点、性能和使用规律，特别是掌握其战术、技术性能上的弱点，善于同使用先进夜视器材的敌人作斗争，并积极组织火力和其他技术力量摧毁、干扰敌夜视装备器材，降低其优势武器装备的效能。

（八）密切协同，合力破敌

密切协同，合力破敌，是指参加战斗的所有武装力量，为完成共同的战斗任务，在统一的意图和计划下，按目的（任务）、时间、地点协调一致地行动和相互支援，充分发挥整体威力，合力打击敌人。信息化条件下的战斗，参战军（兵）种多，武器装备较为复杂，体系对抗特征明显。各军（兵）种、部（分）队，都具有适应某种特定的作战需要的功能，它们之间既不能互相代替，也难以单独解决战斗。任何一个军（兵）种，要使其在战斗中充分发挥自身的作战效能，乃至提高生存能力，只有依靠与其他军（兵）种的协同，才能得以实现。

密切协同，合力破敌的实质在于发挥整体合力。各军（兵）种、各部（分）队必须树立整体和全局观念，遵循统一的战术思想和协同原则，在集中统一指挥下，实施一体化作战。根据上级协同指示和战斗计划，在统一的意图下，从复杂、困难的情况着眼，紧紧围绕关节问题和动作，重点做好步炮、步坦和陆空等协同。

（九）勇敢顽强，连续作战

战争实践证明，勇敢顽强的战斗作风，连续作战的精神，高昂、旺盛的士气，可以在很大程度上弥补武器装备和其他方面的不足。我军要立足以劣势装备去战胜优势装备之敌，继承和发扬我军勇敢顽强、连续作战的优良战斗作风，对于夺取战斗的胜利具有重要意义。

在战斗中，勇者锐、怯者钝是战斗本质的一种客观反应。因此，对战斗中的军心士气，古今中外的军事家无不予以高度重视。兵书曰："善战者不在少，善守者不在小，胜在得威，败在失气。""用兵之法，必先察吾士众，激吾胜气，乃可以击敌。"在历次战争中，我军之所以能够屡屡以劣势装备战胜优势装备之敌，在很大程度上，是与我军所具有的战斗作风分不开的。在信息化条件下，武器装备的高技术化，丝毫没有降低过硬的战斗

精神、顽强的战斗作风和勇敢的精神士气在现代战斗中的作用，而且由于战争的杀伤力、破坏力及其对人的精神震撼力的空前增大，战斗环境更加残酷、困难、紧张、激烈，对发扬优良的战斗作风和战斗精神，提出了更高的要求。

（十）全面保障，突出重点

全面而有重点进行战斗、后勤、装备技术等保障，是顺利实施战斗并夺取胜利的重要保证。

信息化条件下的诸军兵种战斗，人力物力的损耗剧增，技术装备复杂，加大了对后勤保障和技术保障的依赖程度，因此，必须统筹兼顾，突出重点。“突出重点”主要是指对主要方向和作战重心，要进行超常加强和重点保障；而“全面保障”不仅体现在各种保障内容的综合性上，如侦察、警戒、电子对抗、通信联络、工程、伪装等战斗保障与后勤、装备技术保障的紧密结合，还表现在各种保障方法的综合性上，如专业保障与自身保障的结合，定点保障与机动保障的结合等。

三、战斗原则的运用

一般来说，知道并熟记战斗原则是比较容易的，然而在同等条件下不同指挥员指挥的战斗结果却有胜有负，问题的关键在于是否能够正确地运用战斗原则。正确应用战斗原则，应着重把握好以下几点。

（一）具体情况具体分析，灵活地运用原则

灵活地运用原则，是运用战斗原则首要的和最高的要求。任何战斗都不是以往战斗的再现，每次战斗的情况千差万别，内容极其生动复杂，因此，在运用原则时必须结合具体情况，灵活地运用。

首先，必须牢牢掌握时机、地点、部队三个关节。部（分）队在各种条件下进行战斗，面临着各种各样的敌情、我情、自然环境、社会环境的变化组合，指挥员需要面对各种复杂多变的战场态势。只有善于根据战场情况的发展变化，在适当的地点、适当的时间，灵活运用适当的作战力量进行战斗，才能取胜。以“集中力量”这一原则为例，毛泽东在“十大军事原则”中，就作了灵活规定，即两倍、三倍、四倍，有时甚至是五倍或者六倍于敌之兵力。至于每一次战斗究竟集中几倍于敌的兵力，需要综合考虑敌人的强弱、兵力的多少、我军的战斗能力、战场条件等各方面的情况来确定。由此可见，战斗原则只是一种原则性的规定，运用时只有与实际情况紧密结合，才能获得预期的效果。

其次，善于灵活、巧妙运用原则，甚至是对原则进行变通使用。应用战斗原则不同于应用数学公式，必须适应于当时战斗的具体情况，特别应重视分析研究其特殊性，力求做到因情施法，灵活善变。有时为了达到“出敌不意”的效果，甚至可以适当地变通原则。

再次，应灵活把握运用原则的“度”。合理掌握运用原则的度是指应当辩证地执行诸原则。在有些特殊场合和时机，运用原则时会遇到各种矛盾。比如，进攻战斗要力求达成突然性，必须选择“出敌不意”的时机和方向，并须直指敌人要害，而实战中往往实难两全。这时应综合考虑、权衡利弊，确保能够获得最大战斗效益的原则优先得以执行，并采取必要的补救措施。另外，合理掌握运用原则的度意味着不能超越客观条件许可的限度。任何原则都是建立在客观条件许可的基础上的。

（二）从各原则的相互关联出发，全面地运用战斗原则

每条战斗原则都有其相对独立的含义，构成了解决战斗中某一方面问题的行动依据。但是，各条原则之间又相互联系，相互依存，互为作用，从而形成了解决战斗指导诸问题的理论体系。由于战斗原则具有系统性，各条原则既有相对独立的含义，成为解决战斗指导中某一方面问题的依据，又是一个相互联系的整体，成为解决战斗指导中诸问题的准则，因而要求在战斗中必须全面运用。如果指挥员遵循了某几条原则，同时又违背了另外几条原则，那么其战斗的组织与实施必然存在着某些致命的弱点，一旦被敌利用，则必将导致战斗的失利。

全面地运用原则，还必须着重把握对赢得战斗胜利起决定作用的原则。战斗情况的这种千差万别，决定了各条原则在实践中所起作用是不会等同的。在某些情况下，可能这几条原则起主导作用；而在另一种情况下，可能那几条原则起主导作用。因此，全面地运用战斗原则，并不意味着不分主次轻重。指挥员既要作全面的、系统的思考，遵循诸原则指导战斗；又要善于紧紧把握对赢得战斗胜利最有决定意义的原则的基本精神，将指挥的重点放在使这些决定性原则转化为部队的实际战斗行动上。

（三）充分发挥主观能动性，创造性地运用原则

战斗原则是对战斗行动进行规范，并被高度抽象的条文，具有普遍的指导意义。正因如此，只有对战斗原则加以创造性的运用，甚至有所创新，才能使之产生更大的战斗效益。

创造性地运用原则应与运用谋略紧密结合。原则是严格规范、高度抽象的常理，而谋略所反映的是军事斗争的哲理，是无比生动、丰富多彩、富于创造性的。运用原则与运用谋略是有机联系、不可分割的，两者统一于指挥决策过程的思维活动之中。遵循原则是运用谋略的根据，运用谋略是遵循原则的体现。运用原则若不与运用谋略有机结合，原则本身就会成为干瘪、缺乏活力的教条，指挥者可能会弄出纸上谈兵、削足适履的笑话来。无数战斗的范例表明，大凡指挥员正确运用原则赢得胜利，都是由于蕴涵着深刻的谋略思想，富于创造性地运用了原则。

运用原则主要表现为指挥员的决策思维活动。因此，创造性地运用原则首先要求能够进行创造性思维。从根本上讲，战斗情况千差万别，战斗原则只能提出解决问题的一般要求，有许多特殊情况，只有运用创造性思维并付诸实践，才能在战斗中正确使用兵力和变换战法。在我军战史上，如毛泽东指挥的“四渡赤水”，刘伯承指挥的“重叠伏击”等，都是这方面成功的范例。

要在实践中丰富、创新原则。富于创造性地运用原则与不断丰富、创新原则是相辅相成的辩证统一。正如马克思所说：“人们自己创造自己的历史，但是他们并不是随心所欲地创造，并不是在他们自己选定的条件下创造，而是在直接碰到的、既定的、从过去继承下来的条件下创造。”富于创造性地运用原则，最根本的是指挥员要有渊博的军事知识、丰富的作战经验、革命的胆略和科学的头脑；要注意在实践中总结经验，做到打一仗，进

一步，并且善于把实战经验抽象到理论的高度，才能为丰富和发展战斗原则作出贡献。

第三节 单兵战术基础动作

单兵战术基础动作，是战场上有效地躲避敌火力杀伤和消灭敌人的最基本的动作。战斗员要想在战场上有效地躲避敌火力杀伤和消灭敌人，必须熟练掌握和能够灵活地应用战术基础动作。本节主要介绍几种最基本的单兵战术动作。

一、持枪

持枪，是指士兵在战斗中携带枪支的动作和方法。持枪时要做到：便于运动、便于卧倒、便于观察、便于射击。在不同的地形和距离条件下，士兵根据敌情和任务可灵活采用不同的持枪动作。

（一）单手持枪

右臂微屈，右手虎口正对上护木握枪（背带上挑压于拇指下），用五指的握力将枪身固定，枪身轴线与地面略成45度，枪身距身体约10厘米。左臂自然下垂，运动时自然摆动。

（二）单手擎枪

右手正握握把，食指微接扳机，将枪置于身体的右侧，枪口向上，机匣盖末端贴于肩窝，枪身微向前倾，枪面向后，右大臂里合，枪托贴于右肋（枪托折叠时除外），背带自然下垂，目视前方，左手自然下垂或攀扶，运动时自然摆动。

（三）双手持枪

左手托握下护木或握弹匣弯曲部，右手握握把，食指微接扳机，将枪身置于胸前，枪口向前，枪身略成水平，背带自然下垂或挂在后颈上。

（四）双手擎枪

在单手擎枪基础上，左手托握下护木或弹匣弯曲部，枪身略低，枪口对向前上方，背带自然下垂或压于左手下，身体与射向略成30度。

二、卧倒、起立

（一）卧倒

在战场上，如突遭敌火力袭（射）击，应迅速卧倒，防止火力杀伤。卧倒分三种基本动作：双手持枪卧倒、单手持枪卧倒和徒手卧倒。

双手持枪卧倒时，左脚向前一大步，上体前倾，重心前移，按左膝、左肘、左小臂的顺序着地，然后转体，在全身伏地的同时两手协力将枪向目标方向送出，两腿伸直，成据枪射击姿势。

单手持枪卧倒时，左脚（也可右脚）向前迈出一大步，同时身体前倾，按手、膝、肘的顺序侧卧，右手同时将枪向目标方向送出，左手接握下护木或弹匣弯曲部，右手收回，移握握把，成据枪射击姿势。

徒手卧倒时的动作与单手持枪卧倒动作基本相同，只是卧倒后，左小臂横贴于地面上，右手腕压在左手腕上，两手握拢，手心向下，两腿自然伸直和分开与肩同宽，脚尖向外。

（二）起立

双手持枪起立时，应首先观察前方情况，尔后迅速收腹、提臀，用肘、膝支起身体，左脚先上步，右脚顺势跟进，双手持枪继续前进。

单手持枪时，右手移握上护木收枪，同时左小臂屈回并侧身，尔后用臂、腿的协力撑起身体，右脚向前一大步，左脚顺势跟进，继续携枪前进。

徒手起立时，按单手持枪的动作进行，也可双手撑起身体，同时左（右）脚向前迈步起立，尔后继续前进。

三、前进

（一）直身前进

直身前进是在距敌较远，地形隐蔽，敌观察、射击不到时采用的运动姿势。直身前进时，目视前方，右手持枪，大步或快步前进（见图9-1）。

（二）屈身前进

屈身前进是战场上接敌最常用的一种运动动作，是在遮蔽物略低于人体时采用的运动姿势。屈身前进时，目视前方，右手提枪，上体前倾，头部不要高出遮蔽物，两腿弯曲，屈身程度视遮蔽物高低而定，大步或快步前进（见图9-2）。

图9-1　直身前进

图9-2　屈身前进

（三）匍匐前进

匍匐前进，是在通过敌步、机枪火力封锁较短地段或利用较低的遮蔽物前进时采用的运动方法。根据地形和遮蔽物的高低，通常采用低姿匍匐、侧身匍匐和高姿匍匐等姿势。

1. 低姿匍匐

低姿匍匐是身体平趴于地面并降低至最低程度的运动方法，一般是在前方遮蔽物高约

40厘米时采用。低姿匍匐携自动步枪的方法有两种：一种是右手掌心向上，虎口卡住机柄，五指握枪身和背带，将枪置于右小臂内侧；另一种是右手指卡握枪背带上环处，并握枪管，余指抓背带，机柄向上，将枪置于右小臂内侧。行进时，腹部紧贴地面，头稍微抬起，屈回右腿，伸出左手，用右脚的蹬力和左手的扒力使身体前移，然后再屈回左腿，伸出右手，用左脚的蹬力和右手的扒力使身体继续前移，依次交替前进。徒手的低姿匍匐动作与持枪的动作基本相同（见图9-3）。

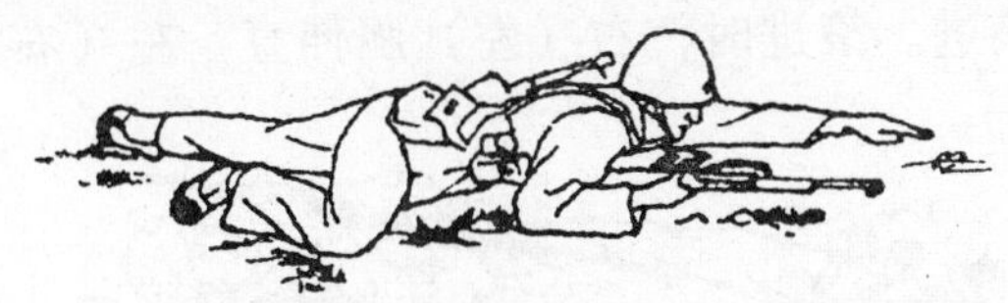

图9-3　低姿匍匐

2. 侧身匍匐

侧身匍匐是在前方的遮蔽物高约60厘米时所采用的运动方法，其特点是运动的速度稍快，但姿势偏高。携自动步枪运动时，右手前伸移握护木将枪收回，同时侧身，使身体左大腿外侧着地，左小臂前伸着地，左大臂支撑身体，右脚收回靠近臀部着地，以左大臂的扒力和右脚的蹬力带动身体前移。如果前方遮蔽物高80～100厘米时，也可采取高姿侧身匍匐。行进动作是：左手和左小腿外侧着地，以左手的支撑力和右脚的蹬力使身体前移。徒手侧身匍匐动作与持枪侧身匍匐动作大体相同（见图9-4）。

图9-4　侧身匍匐

3. 高姿匍匐

高姿匍匐一般是在前方的遮蔽物高约80厘米时采用。持枪前进的动作是，左手握护木，右手握枪颈，将枪横托于胸前，枪口离地，用两肘和两膝支撑身体，然后，依次前移左肘和右膝、右肘和左膝，如此交替前移。有时，也可采取低姿匍匐的携枪方法。徒手的高姿匍匐动作与持枪高姿动作基本相同（见图9-5）。

图9-5　高姿匍匐

无论采取哪种匍匐姿势，运动到预定位置或适当的距离，都应迅速卧倒隐蔽，视情况出枪射击。

（四）滚进

在卧姿时，为避开敌人观察、射击而左右移动或通过棱线时采用。首先将枪关上保险，左手握枪表尺上方，右手握枪颈附近或两手握护木，枪面向右，顺置于胸、腹前抱紧，两臂尽量向里合，两脚腕交叉或紧紧并拢，全身用力向移动方向滚进。运动中，也可在卧倒同时向移动方向滚进。滚进时，右（左）腿伸直，左（右）腿微屈，滚进距离长时可两腿夹紧（见图 9-6）。

图 9-6　滚进

（五）跃进

跃进是在敌火下迅速通过开阔地时采用的运动方法。跃进时要做到跃起快、前进快、卧倒快。

1. 单手持枪跃进

单手持枪跃进，通常在距敌较远、地形平坦时采用。单手持枪跃进时，右手持枪，目视前方，屈身快跑。每次跃进的距离通常为 15～30 米。当进到暂停位置或遭敌猛烈射击时，应迅速隐蔽或卧倒，并准备射击。

2. 双手持枪跃进

双手持枪跃进，通过在距敌较近或通过复杂地段时采用。双手持枪跃进时，采用端枪姿势，左肘稍离开身体，左小臂略平，左手虎口正对枪面，右手握握把，枪托轻贴右胯，并与身体后侧取齐，枪身与地面约成 45 度，枪面稍向左，两腿弯曲，上体前倾，收腹含胸，曲身快跑。

四、利用地形

（一）利用地形的目的和要求

利用地形的目的，在于灵活恰当地运动，发挥火力，隐蔽和掩蔽自己。灵活恰当地运动，是战斗员迅速逼近以至消灭敌人的主要条件；发挥火力，是战斗员消灭敌人的重要手段；隐蔽和掩蔽自己，是战斗员进行防护借以防敌发现和敌火力杀伤的最有效方法。在利用地形时，应首先着眼于消灭敌人，只有消灭敌人，才能有效地保存自己。

利用地形应做到：便于观察、射击和隐蔽身体；便于接近和离开；便于防敌地面和空中火力杀伤。不要妨碍班（组）长指挥、邻兵的动作和火器射击；不要几个人拥挤在一起，以免增大伤亡；不要在一地停留过久，视情况灵活地变换位置。尽量避开独立、明显的物体和难以通行的地段。火箭筒手利用地形射击时，应考虑到尾翼张开时不受影响和喷管后的安全距离，如在火箭弹飞行的路线上不得有草木等障碍；筒后 30 米不能有人，以

免其受到伤害。

（二）对各种地形的利用

利用地形时，应根据敌情和遮蔽物的高低、大小取适当姿势，迅速隐蔽地接近，由下而上地占领，认真细致地观察，不失时机地出枪。对不便于射击的位置，应加以改造。在一地不要停留过久，视情况灵活地变换位置。其要领可归纳为：接近、占领、改造、转移。

（1）接近：右手持枪并抓住背带，当地物高约60厘米时，在距地物3～5步处卧倒，可采取侧身或高姿匍匐接近，视情况也可直接占领。

（2）占领：接近后应由下而上地占领，隐蔽地观察和出枪。双手出枪时，左手握护木，左肘前伸，并调整好位置，右手握枪颈（打开保险），两手协力将枪送出，迅速指向目标实施射击；单手出枪时，右手将枪向目标方向送出，左手接握表尺下方，右手移握枪颈，打开保险，瞄准射击。

（3）改造：若占领的地形不便于射击，应对其加以改造。改造时，将枪收回（关上保险），置于身体右侧，取下小锹，由后向前进行。改造时，应将新土放于地物后侧，不要扬起灰尘，以免暴露目标，并不断观察敌情和指挥，随时准备射击和前进。

（4）转移：根据上级的指挥或视情况需要变换位置时，应迅速收枪（关保险），同时身体下移，采取向左（右）移动或滚动的方法迷惑敌人，突然离开。运动中注意抓好枪背带。

1. 对堤坎、田埂的利用

堤坎、田埂有横向、斜向、纵向和高低之分。横向和斜向的，通常利用背敌斜面的顶端、残缺部、弯曲部和右侧末端；纵向的，利用其弯曲部或顶端。根据坎（埂）的高度，取适当姿势。当坎（埂）高于人体时，应挖踏脚孔或阶梯。如利用坎（埂）对空射击，通常利用顶端，并根据其高度取不同姿势。

2. 对土堆的利用

通常利用独立土堆的右侧，必要时也可利用其左侧或顶端。双土堆通常利用其鞍部。对空射击时，通常利用其后侧或顶端。

3. 对土坑、沟渠的利用

通常利用其前沿，纵向沟渠利用弯曲部。根据敌情、坑的大小和深度，以跳、滚、匍匐等方法进入，并取适当姿势。对空射击时，以坑沿作依托或背靠坑壁进行射击。

4. 对树木的利用

通常利用其右侧，根据树的大小取适当姿势。大树（直径为50厘米以上）可采取各种姿势，较小的树通常采取卧姿。如取立姿时，应尽量将身体左侧和左大臂或左小臂和左膝紧靠树木右后侧，右脚稍向后蹬，进行射击；取跪姿时，应将左脚、左小腿的外侧紧靠树木的右后侧，跪下的同时或跪下后出枪；取卧姿时，应将左小臂紧靠树木右后侧或者以树的根部作依托（见图9-7）。

5. 对墙壁、墙角、门窗的利用

墙壁、墙角、门窗易被敌炮火击毁和坦克撞塌，造成间接伤亡，因此，利用时在一地

不能停留过久。

图 9-7　利用树木射击

按其高度取适当姿势。矮墙可利用顶端或残缺部；墙高于人体时，可将脚垫高或挖射击孔。墙角通常利用右侧，取适当姿势。门通常利用左侧。窗可利用左下角或左侧（见图 9-8、图 9-9）。

图 9-8　利用墙壁射击

图 9-9　利用门窗跪姿射击

思考题

1. 战斗的基本类型和样式有哪些？
2. 我军战斗基本原则有哪些？
3. 匍匐前进的姿势主要有哪几种？通常在什么情况下采用？
4. 战斗中如何利用地形？

第十章

军事综合训练

综合训练，是对部（分）队人员进行的战术、技术、战斗勤务等内容的全面训练，使部队在走、打、吃、住、藏等方面得到适应战时环境的锻炼。它既是对前段所学军事知识的检验，也是对部（分）队人员的军事素质、心理素质的综合训练。综合训练通常包括行军、宿营与野外生存等内容。

第一节　行军

行军是军队徒步或乘坐建制内和配属的车辆沿指定路线进行的有组织的移动，是军队移动最常见、最基本的方式。行军的种类很多，通常按行程与速度将其分为常行军和强行军。常行军，按正常的每日行程和时速实施。徒步时，每日行程30～40千米，时速4～5千米；乘车行军时，每日行程150～200千米，时速昼间为20～25千米，夜间为15～20千米。强行军以加快行军速度和延长行军时间的方法实施，通常徒步每小时行程7千米左右。

现代条件下行军具有受敌威胁程度大，组织防护困难，行军时机出现频繁，与敌遭遇的可能性增大；受敌多种技术侦察器材监视，隐蔽行军企图困难；参加行军的兵种增多，组织保障复杂等特点。因此，行军时必须做好充分的战斗准备，制订周密的组织计划，科学组织行军队形，熟悉战区地形、道路情况，加强各种保障措施，实施坚定、正确的指挥，确保部（分）队迅速、隐蔽、安全、按时到达指定位置。

一、行军的组织准备

（一）传达任务，拟订行军计划

指挥员应根据受领的行军命令，迅速向部属传达任务，确定行军序列，指定观察和值班火器，制定防护措施和各种情况的处置方案。时间充足时应适时召开支委会或骨干会，传达上级的行军命令，分析研究敌情、任务和行军路线，确定行军方案，周密安排行军准备工作；时间仓促时，指挥员可直接向分队传达和明确行军方案。

行军计划是指部（分）队规定行军任务和组织实施行军的文书。通常在指挥员定下决心的基础上拟制，可分为要图（地图注记）式和表格式两种。其内容通常包括：纵（梯）队编成与行军序列、行军长径、行军路线与行程、行军速度、出发线（点）及各梯队先头通过的时间、调整地区（点）及各梯队先头通过的时间、宿营（集结）地域及各梯队到达时间等。

（二）下达行军命令，做好思想动员

行军命令通常在行军前向所属和配置分队下达。时间紧迫时，也可在明确尖兵的编成、本分队序列和路线后，先指挥分队按规定的时间出发，其他事项在行进中明确。下达行军命令时，应着重明确：本部队的任务、敌情、行军路线、里程、着装规定及起床、开饭、完成行军准备与集合的时间，到达指定地区的时间以及行军序列，休息的地点等。

行军命令是下级组织与实施行军的依据。其主要内容包括：敌情、行军的目的、任务、方法、路线和行程；友邻的行军路线（与本队的距离）；通过调整地区（点）时间，行程，到达的时间和地点；行军序列，集合时间和地点；途中大（小）休息地域（点）及休息时间，行军警戒、通信联络信（记）号及口令，着装规定；指挥员在行军中的位置。还应明确侦察、调整勤务、运动保障队的编成和任务，伪装，对空防御，防核、化学、生物武器袭击的措施及其他保障措施，各种弹药、油料携行基数和其他战斗物资，粮秣携行量，遇敌空降、袭击以及与敌遭遇时的作战方案等。乘车行军时，还应明确车辆分配、各车车长，登车时间、地点，车速和车间距等。

行军前，指挥员应根据本分队所担负的任务，结合分队的思想情况，进行深入的思想动员。要教育战士遵守行军纪律，服从命令听从指挥，不得擅自离队，不得丢失装备和食物，不喝生水，不违反群众纪律等，鼓舞士气，保障分队顺利完成行军任务。

（三）组织战斗保障

（1）指定1～2名战士为观察员，负责对地，对空观察；指定值班分队及火器负责对空防御。

（2）规定遭敌核、化、生物武器袭击时，各分队行动方法。

（3）规定在敌人航空兵或炮兵袭击时行军方法。

（4）规定伪装方法及伪装纪律。

行军保障是为行军采取的各项保障措施。组织行军保障的目的包括：为部（分）队顺利实施移动并有组织地进入战斗创造有利条件；及时预报地面及空中的各种情况，防止敌人突然袭击；保障部（分）队的战斗力；为部（分）队提供行军过程中所需用的侦查、警戒，包括前卫、后卫和翼侧警戒；运动保障；对空防御和核、化学、生物武器的防护；调整勤务；伪装；通信联络，技术、物资和卫生保障。远距离行军时，组织先遣队、设营队、收容队。现代条件下的行军，应特别重视行军过程中的物资保障工作。

（四）做好物资装具准备

为了顺利完成任务，保持分队的战斗力，行军前，指挥员必须检查携带的给养与饮水、武器与弹药等情况，检查着装情况，妥善安置伤病员，并根据需要进行防暑、防冻教育和物品的准备。

二、行军的管理与指挥

正确实施指挥是分队达成行军目的的关键。因此，行军时，指挥员应加强观察，掌握

行军路线、方向、队形和速度，及时了解敌情，沿途地形和道路状况，克服各种困难，灵活果断地处理各种情况，组织分队迅速、隐蔽地前进。

（1）出发时，应按上级命令，准时加入上级行军序列。在有可能发生遭遇战斗的情况下行军时，分队指挥员先行，以便及时处置。在公路或乡村路行军时，应沿道路的一侧或两侧行进，乘车时，沿道路的右侧行进。

（2）行进中听从指挥，应注意保持行进速度和规定的距离，未经上级允许，不得超越前面的分队。通过交叉路口时，要看清路标，防止走错路。经过渡口、桥梁、隘路等难以通行的地方时，应严密组织进行通过，不得滞留。

（3）掌握行军路线和行军速度。① 指挥员应利用多种方法手段掌握行军路线。如向导（方向组）带路，询问当地居民，利用地图和行军路线图、路标（地面、墙壁、树木等做标记）和信号等。② 注意发挥各车长、观察员（联络员）和驾驶员的作用，利用车辆里程表等多种方法掌握行军路线。如发现走错路时，应首先确定站立点，然后选近路插向原定路线。如无把握应返回走错路的岔路口，选准方向，然后继续前进。③ 摩托化行军中，应严格遵守行军纪律，维护行军秩序。未经上级允许不得超越前方的部队。桥梁、渡口、隘路、交叉路口居民地或与友邻分队相遇时，应按上级规定的顺序和调整哨的指挥通过，不准停留，不能争先拥挤。要主动给指挥车、通信车、卫生车、工程车和执行特别任务的分队车辆让路。保持规定的车速、车距，严禁随意超车。徒步行军由二路纵队变一路纵队时，应指挥先头行进的分队加速前进，以防后面拥挤；由一路纵队变二路纵队或通过难行地段时，先头放慢速度，以防后面人员跑步追赶，增加疲劳。行军中要严守纪律和行动秘密，搞好宣传活动，开展团结互助。④ 按上级的指示组织休息。小休息应靠路边，保持原来队形，并督促战士整理鞋袜、装备等。大休息应离开道路，进入指定地区，并派出警戒，必要时，可占领附近有利地形，加强对空观察，保持战斗准备，补充饮用水。在严寒地带行军时的小休息时间不要太长，并禁止躺卧，以免冻伤。在炎热季节行军时，应尽量利用早、晚时间实施。

（四）组织收容组

行军中，各分队指定一名军官，带领卫生员和若干体力好的战士组成收容组，在连队后面跟进，负责收容伤病员，组织掉队的战士跟进。

（五）各种情况的处置

现代作战中实施行军，由于受敌空中和远程火力袭击的威胁增大，行军中情况变化复杂。因此，在行军中指挥员应不间断地了解沿途的敌情、地形和道路情况，正确果断处置各种情况，快速组织指挥，并及时向上级报告。

1. 改变行军路线时

在行军中，接到上级指示或因突发情况需要改变行军路线时，指挥员应迅速令分队停止前进并向分队简要明确新的行军路线。当前方有迂回路线能进入新的行军路线时，分队应仍按行军序列从迂回路线进入新路线；当行军纵队已经超过了插向新的路线口，前方又没有新的迂回路线，或迂回路线较远时，分队应选择宽阔的路段或空地作为调头点，组织依次调头进入新的行军路线。调头时，干部应亲自指挥，防止交通堵塞。当前方道路堵塞，附近又没有路线调头时，可采用车辆原地调头法调头（将千斤顶置于车辆重心点，支撑起车辆，人工推动车辆原地调头），改变行军方向和队形，在这种情况下，通常做法是变后方尖兵为前方尖兵，前方尖兵为后方尖兵。

2. 遭敌空袭时

行军中，当收到空袭警报或防空命令时，应迅速指挥车辆就近离开道路，利用地形地物隐蔽伪装，人员下车就近疏散隐蔽，夜间行军时应立即关闭灯光、禁止灯火。根据上级的命令，指挥对空值班火器或组织分队集中火力射击低飞敌机。必要时可单车快速行驶，引开敌机，减少本队损失。空袭后应迅速查明损失情况并立即报告上级，同时组织抢救伤员，抢修车辆，恢复行军队形。对一时难以抢修好的车辆，应就地隐蔽停靠，并报告上级。已损坏车辆上的人员、物资应分乘其他车辆继续前进。

3. 通过敌炮火封锁区时

通过敌炮火封锁区前，指挥员应掌握敌炮火射击规律，如时间、地点（段）、间隔等，规定分队行军队形和通过顺序、车距和间隔时间、通过后的停车地点、中途发生情况的处置方法；准备好拖车缆绳，人员带好钢盔，军官进行分工，然后指挥车辆快速通过。遇有车辆损坏，应迅速拖出危险区，无法拖出的车辆就地靠路边停放；人员快速跃进通过。分队通过后应检查维修车辆，恢复正常行军队形，报告上级，继续前进。

4. 遭敌核、化学武器袭击时

接到敌核、化学武器袭击警报时，指挥员应迅速下达命令，指挥车辆就近利用地形防护，人员迅速穿戴防护衣罩，下车就近隐蔽防护。袭击警报解除后，应迅速查明人员伤亡和车辆损坏情况并报告上级，抢救伤员，抢修车辆，恢复行军序列。

通过受染地段时，根据上级预报的受染程度和范围确定通过方法。配属有防化侦察分队（组）时，应派其查明受染程度并报告上级。如附近有迂回路线时，应报告上级尽量绕过受染区。当时间紧迫又无法迂回时，应增大车距，以最快速度通过。通过时人员除穿戴防护衣罩外，应放下车篷布，武器、器材应罩上防护外衣。通过后，车辆应及时洗消检查，人员口服抗辐射药物，喝足开水，排除大小便。

5. 通过敌地雷区时

遇敌地雷区时，应指挥尖兵分队占领附近有利地形，指挥工兵分队迅速查明雷区的范围和性质，并报告上级，根据上级指示选择迂回路线绕过或开辟道路通过。通过雷区时人员通常应下车，成两路纵队沿车辙印快速通过。

6. 进入敌可能设伏区时

当分队可能进入敌设伏区时，应指挥分队做好战斗准备。指挥尖兵分队下车，加强对道路两侧复杂地形的搜索，发现可疑征候应立即查明。当尖兵分队发现敌伏击地区，应立即报告上级，改变行军路线，绕过敌人的伏击区，如无法绕过时，应指挥分队以袭击的战法向敌翼侧和侧后发起攻击，粉碎敌人的伏击企图。也可请求上级火力压制或驱逐伏击之敌。当分队进至敌伏击边缘发现敌人的伏击企图或尖兵分队已进入敌人伏击圈并与敌触发战斗时，指挥员应指挥分队就近占领有利地形，迅速判明情况。如敌兵力较弱时应以包围迂回、穿插分割等战术手段，迅猛冲击，消灭或驱逐敌人，接近尖兵；如敌兵力较强时，应请求上级并根据上级指示，协同主力歼灭敌人，或以火力掩护尖兵分队脱离敌伏击区；

当分队已大部分或全部误入伏击区时，应迅速展开，抢占有利地形还击，抗击敌人冲击，并将情况报告上级，为上级炮火指示目标，伺机选择敌薄弱方向坚决突围，或根据上级的指示，协同主力歼灭伏击之敌。

7. 与敌遭遇时

与敌遭遇时，指挥员应视情况，指挥分队快速展开。抢占有利地形，果断定下决心，按照遭遇战斗原则灵活处置。并迅速查明情况，报告上级，然后根据上级的指示行动。

行军中，当发现敌在我前进道路附近机降时，指挥员应迅速报告上级，指挥分队立即抢占有利地形，打击机降之敌；当敌人在我行进道路前方机降时，应指挥分队加速前进，快速靠近敌人，并展开占领有利地形，先以火力打击机降着陆之敌，后乘敌立足未稳，勇猛向敌发起冲击，歼灭敌人；当机降之敌企图夺占行进道路上的桥梁、渡口等交通要道时，应以火力坚决拦阻，并抢先占领；当敌机降在行军翼侧或后方时，应指挥分队就近抢占有利地形，先以火力打击敌人，并向机降之敌实施迂回包围，协同友邻或上级主力歼灭敌人。

第二节　宿营

宿营是指军队行军或战斗后的住宿，目的在于使部队得到休息和整顿，以便继续行军或做好战斗准备。

一、宿营的特点

1. 条件简陋，环境复杂

战时条件下宿营，分队通常是根据上级意图随机选择宿营地域，有时在野外搭帐篷露营，有时利用居民房屋舍营，与正常情况下的住宿相比，条件相对简陋。分队对宿营地域的自然、社会环境比较陌生，需要一定的适应过程。复杂的环境给分队宿营管理带来一定的困难。

2. 居住分散，指挥不便

为减少敌火力对宿营分队造成的损伤，分队宿营时通常疏散配置，各分队住宿位置相对分散。为隐蔽宿营企图，宿营时无线电通信应保持静默，指挥员通常采取简易通信手段实施指挥，以便及时、有效地指挥分队行动。

3. 威胁增大，防护困难

现代条件下，由于敌人的侦察能力、隐蔽突防能力和火力打击能力空前提高，加之宿营分队本身的防护能力较弱，宿营地域一般缺乏完善的防护工事和设施，从而给安全宿营造成了很大的威胁。

二、宿营的要求

1. 充分利用地形进行伪装

宿营地域的伪装，是防敌侦察和隐蔽分队宿营企图的重要措施之一。分队在靠近宿营地域时要充分考虑地形因素，确定宿营部署时要充分利用便于隐蔽、便于生活的地形地物，并采取各种有效手段，结合现地环境景况，进行确实巧妙的伪装。必要时，可设置假营地迷惑敌人，达到伪装目的。

2. 加强侦察、警戒和防护

为预先发现敌人来自空中或地面的突然袭击，分队在任何情况下宿营时，都应派出侦察警戒，特别是对空中的侦察，并规定防敌空袭的警报信号，确保分队安全休息，减少损伤。同时在疏散地域内，人员、车辆和重火器应构筑必要的防护工事，派出的值班火器应以防空火器为主。此外，还应制定对核生化武器的防护措施。

3. 严格管理

分队到达宿营地域后，应迅速组织露营和舍营。在宿营过程中，指挥员的大量工作是对所属人员、车辆和生活的管理。禁止人员随意走动，检查维修车辆，做好伙食和卫生管理，使人员的体力和精力通过宿营得以迅速恢复。

三、宿营地区的选择

宿营地区的选择，应根据敌情、地形、任务和行军编成而定。既要能保证战士安全休息，又要便于迅速投入战斗。选择宿营地区时，通常要还要考虑以下因素：① 要符合战术要求，从具体位置到配置方式都应以预想的战术背景为基本前提；② 要着眼于训练课目需要，有利于达到训练目的；③ 要方便生活，尽量靠近水源，并有进出道路；④ 要选择在群众基础较好或影响群众利益较小的地区。

四、进入宿营地后的工作

分队到达宿营地域时，应当在设营人员引导下，隐蔽进入指定的宿营地域。指挥员应立即派出警戒，指定值班分队，明确集合场、各分队疏散位置和遇有紧急情况时的行动方案，提出宿营要求及应注意的问题，组织分队严密伪装，及时补充油料、物资和给养，检查维修车辆和其他技术装备；督促分队按时休息，并为次日继续行军、输送或战斗做好准备。及时向上级呈送宿营报告。

1. 组织警戒

进入宿营地后，应迅速指定对空观察哨和值班火器（或分队），根据情况向有敌情顾虑的方向派出排哨、班哨、步哨、游动哨和潜伏哨。派出警戒的数量和距离，应根据敌情、地形和分队展开所需时间而定。分队在上级编成内宿营时，通常只派出直接警戒。在任何情况下，宿营地域内都应派出警戒哨，严防敌人突然袭击和敌特破坏。摩托化行军宿营时，应加强对车辆的警戒。

2. 呈报宿营报告

分队进入宿营地后，应迅速搜集行军和宿营情况，及时向上级报告。报告的方式有文字、口述等。营、连通常向上级呈送宿营报告（附宿营部署图），也可口述报告。排通常向连口述报告。

3. 组织休息，搞好管理

部署完毕后，各分队应迅速进入各自宿营地，做好以下工作。

（1）卸载、卸装，选定架设帐篷的具体位置。选定位置后，应组织人员进行修整。通常，夏季应铲除杂草，略加平整土地，开挖排水沟，燃烧艾草驱除蚊虫；冬季应利用就便材料设置挡风墙，采集燃料，采集干燥的茅草、树叶或细枝条铺设地铺。

（2）架设帐篷，分队通常利用制式帐篷露营，若无制式帐篷，可利用就便器材如雨衣、雨布、树枝等架设简易帐篷。

（3）寻找水源，明确饮水、用水的方法，并注意警戒水源。

（4）做饭、吃饭，分队通常以野炊的方式制作热熟食。分队组织野炊的方法，通常有炊事班野炊和战斗班野炊两种，有时也可采取战斗班做饭、炊事班做菜的方式进行。组织野炊时，指挥员应派出警戒，明确野炊的位置、方式、隐蔽伪装措施、时间、要求及注意事项。

（5）检查、维修、保养车辆，加油加水。

（6）擦拭武器，整理装具，补充弹药，准备器材。

（7）安排好伤病员，穿刺脚泡，烤晒衣服。

（8）军官深入排、班，检查督促分队尽快休息，加强查铺查哨。

4．伪装宿营地域

为了防止敌侦察和突袭，分队应采取各种措施，严密伪装宿营地。对帐篷、车辆、技术兵器等固定目标，应尽可能配置在有利地形上，采取制式器材与就便器材相结合的方法进行伪装，伪装后的目标，要特别注意与现地环境相一致，以缩小反差。对露营地的进出道路应选择在背敌方向上，人员行走时应避免集中踩踏，并将被踩倒的树枝、杂草恢复原样。宿营地内应尽量减少人员走动，并将器材装具尽量搬入帐篷（房屋）或加以遮盖。野炊应利用拂晓和黄昏进行，并利用散烟灶或采取其他散烟措施减少炊烟。

5．做好群众工作

分队单独宿营时，指挥员应适时与当地政府和人民群众取得联系，了解社情。向分队简要介绍宿营地区的敌情、社情和风俗习惯，认真执行党的政策和三大纪律、八项注意，开展拥政爱民活动，根据实际情况，动员群众，封锁消息，防奸保密，宣传、武装群众，帮助民兵训练，组织助民劳动，解决群众困难，离开宿营地时，应做好群众工作，送还借用的东西，挑水扫地，填平厕所，征求意见，检查纪律。

五、情况处置

在宿营中，指挥员要善于预见可能遇到的各种情况，发现情况灵活指挥，果断处置。当遭敌空中或地面火力袭击时，应立即发出警报，组织指挥分队迅速进入指定疏散地区隐蔽，并采取防护措施，同时组织对空火器打击敌低飞飞机、武装直升机。敌空袭后，视情况继续宿营或根据上级指示转移宿营地。

当遭遇小股敌人袭击时，应当以值班分队或就近分队，迅速围歼或驱逐。当敌兵力较大时，应当指挥分队迅速抢占有利地形，顽强抗击敌人，同时注意边战斗边察明情况，及时报告上级。

当发现敌向我宿营地附近空降时，应立即报告上级，并指挥分队迅速抢占敌空降地区要点，根据上级指示，在友邻部队和民兵的协同下，歼敌于立足未稳之际或掩护主力迅速撤离宿营地区。

当接到敌核、化学、生物武器袭击的警报时，应迅速进入疏散区，利用地形和工事进行隐蔽，利用制式或就便器材进行防护。袭击后，应抢救伤员、灭火、消除沾染（消毒），并将情况报告上级，根据命令，组织分队撤出沾染地区。

第三节　野外生存简介

野外生存即人在食宿无着的山野丛林中求生。深入敌后的特种部队、侦察兵和空降兵以及在战斗中与部队失去联系的战士和失事的空勤人员在孤立无援的敌后或生疏的荒野丛林和孤岛上，在仪器断绝的情况下，更需要掌握野外生存的本领。

野外生存所包括的知识非常广泛，主要有：野外判定方向和迷失方向后的处置；获取饮用水和采捕食物充饥；就地取材，构筑简易露营遮棚；识别、利用草药救治伤病等。概括起来就是走、吃、住、自救四项。

一、在野外利用自然特征判别方向

军人在没有地图和指北针等制式器材的情况下，要掌握一些利用自然特征判定方向的方法。

（一）利用太阳判定方位

用一根标杆（直杆），使其与地面垂直，把一块石子放在标杆影子的顶点 A 处，约 10 分钟后，当标杆影子的顶点移动到 B 处时，再放入一块石子。将 A、B 两点连成一条直线，这条直线的指向就是东西方向。与 AB 连线垂直的方向则是南北方向，向太阳的一端是南方，相反的方向是北方。直杆越高、越细，越垂直于地面，影子移动的距离越长，测出的方向就越准。

（二）利用指针式手表对太阳的方法判定方向

手表水平放置，将时针指示的（24 小时制）时间数减半后的位置朝向太阳，表盘上 12 时的刻度所指示的方向就是概略北方。假如现在时间是 16 时，则手表 8 时的刻度指向太阳，12 时刻度所指的就是北方。

（三）利用北极星判定方向

在夜间寻找北极星，首先要找大熊星座（北斗星）。该星座由 7 颗星组成，开头像一把勺子一样。当找到北斗星后，沿着勺边 A、B 两颗星的连线，向勺口方向延伸约为 A、B 两星间隔的 5 倍处一颗较明亮的星就是北极星。北极星指示的方向就是北方。还可以利用与北斗星相对的仙后星座寻找北极星。仙后星座由 5 颗与北斗星亮度差不多的星组成，形状像“W”。在“W”字缺口中间的前方，约为整个缺口宽度的两倍处，即可找到北极星。

（四）利用地物特征判定方位

使用时，应根据不同情况灵活运用。独立树通常南面枝叶茂盛，树皮光滑。树桩上的年轮线通常是南面稀、北面密。北方农村的房屋门窗和庙宇的正门通常朝南开。清真寺的门则朝向东方（礼拜者面向西方）。建筑物、土堆、田埂、高地的积雪通常是南面融化得快，北面融化得慢。大岩石、土堆、大树南面草木茂密，而北则易生青苔。

二、迷失方向后的处置

在野外行进，原来的道路消失了，或者从开始就没有确定路线，只是依赖地形及方位行进，结果找不到位置，这就是迷失方向了。在野外迷失方向后，切勿惊慌失措，而是要立即停下来冷静地回忆一下所走过的道路，想办法按一切可能利用的标志重新制定方向，然后再寻找道路。最可靠的方法是“迷途知返”，退回原出发地，也可以登高远望，判断应该往哪里走。通常应朝地势低的方向走，这样易于碰到水源。顺河而行最为保险，这一点在森林中尤为重要。俗话说：“水能送人到家”，因为道路、居民点常常是濒水临河而筑的。

如果遇到岔路口，道路多而令人无所适从时，首先要明确要去的方向，然后选择正确的道路，若几条道路方向大致相同，无法判定，则应先走中间那条路，这样可以左右逢源，即便走错路，也不会偏差太远。迷路后如天色渐晚，应立即选址宿营，不要等到天黑，否则将非常被动，若感到十分疲乏时，应立即休息。在冬季应特别注意，过度疲劳和流汗过多，容易冻伤或冻死。

三、复杂地形行进

（一）山地与雪坡

在山地行进，为避免迷失方向，节省体力，提高行进速度，应力求有道路不穿林翻山，有大路不走小路。如没有道路，可选择在纵向的山梁、山脊、山腰、河流小溪边缘以及树高、林稀、空隙大、草丛低疏的地形上行进时力求走梁不走沟，走纵不走横。在山地行进，经常会遇到各种岩石坡和陡壁。攀登岩石最基本的方法是“三点固定”法，要求登山者手和脚能很好地做配合动作，使身体重心逐渐上升。攀登坡度大于30度的山坡时，一般均采取“之”字形上升法。通过草坡时，注意不要乱抓树木和攀引草蔓，以免拔断使人摔倒。在碎石坡上行进时，要特别注意脚要踏实，抬脚要轻，以免碎石滚动。行进中不小心滑倒时，应立即面向山坡，张开两臂，伸直两腿（脚尖翘起），使身体重心尽量上移，以降低滑行速度。

雨季在山地行进，应尽量避开低洼地，以防山洪和塌方。如遇雷雨，应立即到附近的低洼地或稠密的灌木丛去，不要躲在高大的树下，以防雷击。在山地如遇风雪、浓雾、强风等恶劣天气，应停止行进，躲避在山崖下或山洞里，待气候好转时再走。在山谷中行进，应靠近山谷中心线，以避免山坡滚石。不要接近雪槽，更不要在雪槽下行走，以免触发雪崩。一般来说，新雪后次日天晴，早晨9~10点钟容易发生雪崩。

攀登冰川和雪坡要特别谨慎，应数人结组行动，彼此用绳子连接，相邻两人之间的距离一般保持10~12米。在前面开路的人，要经常探测虚实。后面的人一定要踩着前面人的脚印走，通过裂隙上的冰桥或雪桥时，要匍匐前进。

（二）热带丛林地

在热带丛林地中行进，为防止蚊虫、扁虱、蚂蟥、毒蛇的叮咬，应穿靴子，并要扎紧裤腿和袖口领口，最好将裤腿塞进靴子里面，有条件的还应戴手套。在鞋面上涂驱避剂或肥皂，可防止蚂蟥上爬。为了防止毒蛇的袭击，行进中可用木棍“打草惊蛇”，同时，亦应注意树上有无毒蛇。

在丛林中行进时，可以踩着大型野兽踩出的路走，这样可以避免误入毒虫区或陷入沼泽地，但要注意，在兽径上经常有猎人设置的陷阱、捕兽的铁夹子或吊索。毒蜂是无情的“杀手”，接近森林或悬崖下的草坡时，要特别留心，发现有蜂围绕飞翔或有蜂钻入地下时，有可能在林中、地下有蜂窝，要注意绕道行走。遇到成群的毒蜂，切勿惊慌，应就地蹲下，用雨衣遮住皮肤暴露部位，也可燃烟驱赶或跳入水中。

（三）沼泽地

在沼泽地行进，应特别注意观察地貌和植被。草原中的沼泽地易陷落的地方，往往生有鲜绿色的杂草。森林中的沼泽容易陷落的地方枯树较多，而且树木稀疏。遇到这种情况，行进中要引起注意，防止跌落。湖泊和老河床所形成的沼泽，其危险性要比森林、草原中的沼泽大。在这种沼泽地行进要非常小心，最好手中横执一根竿子探寻坚实的地面或泥水较浅的地点通过，以防陷落。在爬出泥坑和援救战友时，应垫以树枝，匍匐而行。

（四）河流的涉渡

河流是山区和平原地区常遇到的障碍。山区河流通常水流湍急，水温低，河床坎坷不平。涉渡时，应当用一根竿子支撑在水的上游方向，或者手执重 15 ~ 20 千克的石头，垂手将石头从水下搬运过去。涉渡森林、草原地区的河流，应预先探明河底性质，是否多淤泥，不要贸然涉渡。遇到较大的河流，可就地取材制作浮渡工具。有条件时可用 2 根圆木和 2 根木杆制作单兵木筏，用铁丝或绳索捆扎，圆木横放，木杆竖放，中间吊一木杆当座位。

（五）沙漠与戈壁地

在沙漠与戈壁地行进时，除正确判定方位之外，要注意三个相互依存的因素：周围的温度、活动量及饮用水的贮存量。在阳光直接照射下，人所消耗的水一般要比阴影下多 3 倍。在沙漠戈壁地区行进，为了降低水的消耗量，必要时可采取“夜行晓宿”。

四、获取饮用水的方法

水是维持生存最基本的要素，如果士兵在训练或实战中摄入的水分不能满足消化、呼吸和排汗的需要，其健康状况会迅速恶化。正常人平均每天耗水 2 ~ 3 升，即使是静卧者，每天也要消耗约 1 升水。

在训练中首先要学习如何保持体内的水分。可以采取下列措施保持水分：多休息、少活动；避免阳光的直接照射，尽量在夜间行进，远离表面高温的物体，如太阳暴晒下的岩石；严格按计划用水；讲究喝水的科学性，喝水时一次只喝一两口，然后含在口中慢慢咽下，过一会儿感觉口渴再喝一口，这样既可使身体将喝下的水充分吸收，又可解决口舌咽喉的干燥。

获取饮用水的途径通常有两条：一是挖掘地下水，另一种是净化地面水。这里只介绍

一下从地表获取饮用水的方法。

通常雨水可以直接饮用。下雨时，可用雨布、塑料布大量收集雨水，也可用空罐头盒、杯子、钢盔等容器收接雨水。

当没有可靠的饮用水又无检验设备时，可以根据水的色、味、温度、水迹，概略鉴别水质的好坏。纯净的水在水层浅时无色透明，深时呈浅蓝色。可以用玻璃杯或白瓷盛水观察。通常水越清，水质越好，水越浑则说明杂质多。一般清洁的水是无味的，而被污染的水则时常带有一些异味。地面水的水温，因气温变化而变化，浅层地下水受气温影响较小，深层地下水水温低而恒定。如果所取样的水不符合这些规律，则水质一般都有问题。此外还可以用一张白纸，将水滴在上面晾干后观察水迹。清洁的水无斑迹，如有斑迹，则说明水中有杂质，水质差。

在野外最好不要饮用从杂草中流出的水，而以从断崖或岩石中流出的清水为佳。饮用河流或湖泊中的水时，可在离水边 1～2 米的沙地上挖个小坑，坑里渗出的水较直接从河湖中提取的水清洁。

在野外，可以用饮水消毒片、漂白粉精片以及明矾等药品净化水。在专家指导下，还可用一些含有黏液质野生植物净化水。切记，不论多么口渴，都不要饮用不洁净的水，万不得已时，也要把水煮开再喝。

五、野外生火的方法

火是必不可少的生存要素，既可以照明取暖，又可以煮烤食物，还可以发送求救信号，在热天还能驱赶蚊虫，并起到鼓舞士气的作用。因此，士兵在野外生存训练中必须学会的一项技能就是如何在没有火柴和打火机的条件下生火。

野外生火必须具备 3 个要素，即火种、引火物和燃料。火种泛指仅需一点热量就可被点燃的材料，如干草、细木屑和蓬松的棉花等；引火物是那些可将燃着的火势增大的木质材料，干燥的小树枝是最好的引火物。燃料是指维持火势的各种材料。通常的生火方法有以下几种。

（一）击石取火

这是人类最早的取火方法。找一块坚硬的石头做“火石”，用小刀的背或小片钢铁向下敲击“火石”，使火花落到引燃物上。一条边缘带齿的钢锯比普通小刀可产生更多的火星。当火种开始冒烟时，缓缓地吹或扇，使其燃起明火。当然并不是任何一块石头都能点燃火种的，石头击出的火花必须有一定的热量和持续时间才能点燃火种。用两块石头互相敲打，也可以产生火花，引燃引火物。

（二）弓钻取火

用强韧的树枝或竹片绑上鞋带、绳子或皮带，做一个弓。在弓弦上缠一根干燥的木棍，用它在一小块硬木上迅速地旋转，这样会钻出黑色粉末，最后，这些粉末也会冒烟而生出火花，点燃火种。

（三）藤条取火

找一根干燥的树干，将一头劈开，并将裂缝撑开，塞上火种，用一根长约两尺的

藤条穿在火种后面，双脚踩紧树干，迅速地左右抽动藤条，使之摩擦发热而将火种点燃。

（四）凸透镜取火方法

凸透镜是一种重要的引火工具。用凸透镜将太阳光聚焦成一点，光点上的温度可以将棉絮、纸张、树叶等物引燃。夏季雾气较大或者冬季阳光较弱时，可以等到正午阳光强烈时引火，然后保存火种以备使用。

六、采捕食物的方法

野外生存获取食物的途径主要有两种：一种是猎捕野生动物，另一种是采集野生植物。

（一）猎捕野生动物

猎捕野生动物是野外求生的重要手段之一。在野外生存中，士兵要学会各种捕猎方法，一般有圈套、陷阱和弹射等方法。这需要在专家指导下经过较长时间的训练和实践后才能真正掌握。这里介绍利用陷阱诱捕动物的基本方法（见图 10-1）。

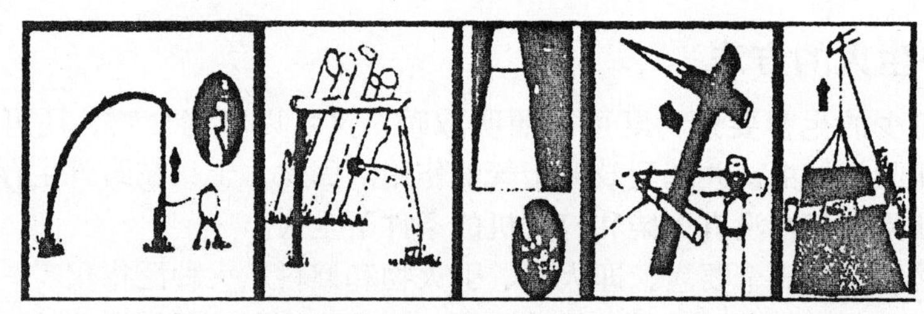

绳套阱　平衡落木阱　尖刀桩落阱1　尖刀桩落阱2　罗网

图 10-1　设置陷阱的常用方法

（1）绳套阱。这种陷阱比较适于捕捉兔子之类的动物。绳子、各种金属线都可以用来临时制作绳套。绳套要一端有眼，以便另一端从中穿过。一般陷阱设在猎物经常出没的地方，要把绳套紧紧拴在树桩、岩石或树上。绳套必须是个活结，大小以能套住猎物的头为准。还可以用有弹性的幼树绷紧绳套，当猎物的头钻到绳套里面进行挣扎时会扳动机关，幼树就会弹起，将猎物吊离地面，便于捕获。

（2）平衡落木阱。这种陷阱是捕捉野猪等大型动物的理想工具。它的构造如下：叉状棒两端削尖，保证触动灵敏；分叉的一支水平置于重物的下方，前端有适当的诱饵；竖直叉上端支撑着横木以维持重物的平衡，一般以圆木作为重物。动物扑向诱饵时会带动叉状棒，破坏支撑木的平衡。圆木会在瞬间落下来，砸中猎物，将其杀死。

（3）尖刀桩落阱。在幼树一端绑上削尖的木桩，用扳机线把幼树拉弯固定。扳机线的一端隐藏于动物必经的路上，动物绊上扳机线后，幼树则被松开，尖刀桩在弹力作用下迅速刺向猎物，通常情况下，猎物即使不死也会身受重伤。

（4）罗网。罗网是最简单的一种陷阱，它主要用于捕鸟。把网布置在鸟儿经常出没的树间是捕鸟的简易方法。

设置陷阱的规则是：① 实用为先，任何陷阱都要以能捕捉到猎物为目的；② 隐藏踪迹，构建和处理陷阱时不要在周围留下自己明显的痕迹，诸如足印等，如果有条件，最好戴一副手套，以免留下汗迹和气味；③ 巧妙伪装，尽量不要改动陷阱周围的自然环境，要对陷阱加以伪装，越自然越好，与环境越协调越好。

除了猎杀大型动物外，还可以捕捉昆虫来解决生存问题。目前，人们可食用的昆虫有蜗牛、蚯蚓、蚂蚁、蝉、蟑螂、蟋蟀、蝴蝶、蝗虫、湖蝇、蜘蛛、螳螂等。大多数人对吃昆虫不习惯，甚至感到厌恶，但在万不得已的情况下，为维持生命，保持战斗力，继而完成任务，不妨一试。但是应注意，要煮熟或烤透，以免昆虫体内的寄生虫进入人体，导致中毒或生病。常见的可食昆虫有下列食法：蝗虫，浸酱油烤着吃，煮或炒也可以；螳螂，去翅后烤或炒食，煮也可以；蜻蜓，干炸后可食；蝉，生吃或干炸，幼虫也可食；蜈蚣，干炸；天牛，幼虫可生食或烤食；蚂蚁，炒食；蜘蛛，除去脚烤食；白蚁，可生食或炒食；松毛虫，烤食。

（二）采集野生植物

我国地域广大，适合各种植物生长，其中能食用的就有 2000 种左右。我国常见的可食野果有：山葡萄、黑瞎子果、茅莓、沙棘、火把果、桃金娘、胡颓子、乌饭树、余甘子等，特别是野栗子、椰子、木瓜更容易识别，是应急求生的上好食物。常见的野菜有苦菜、蒲公英、鱼腥草、马齿苋、刺儿草、荠菜、野苋菜、扫帚菜、菱、莲、芦苇、青苔等。野菜可生食、炒食、煮食或通过煮浸食用。加热野菜时一定要注意不要几种野菜放在一起加热，否则可能会发生化学变化，生成有毒物质。

但是，一般人需要在专家指导下经过一定时间的训练才能掌握这些知识，这里介绍一种最简单的鉴别野生植物有毒无毒的方法，供紧急情况下使用。通常将采集到的植物割开一个小口子，放进一小撮盐，然后仔细观察是否改变原来的颜色，通常变色的植物不能食用。

七、野外露营的方法

野外行动，不可避免地要在荒野中露营。露营地点的选择，首先应考虑避风雨和蚊虫。此外，还应注意防避雪崩、滚石以及突如其来的山洪和涨水等。

夏季，露营地点应选择在干燥、地势较高、通风良好、蚊虫较少的地方。通常，湖泊附近和通风的山脊、山顶是夏天较为理想的设营地点。

冬季，设营地点应该避风，另外还应考虑燃料、设营材料、水源的远近等情况。一般来说，森林和灌木丛是理想的设营地。但应避开易被积雪掩埋的地点，如避开崖壁的背风处，因为在这种地形上，风很快会吹起大量的雪将帐篷或遮棚埋没。

（一）简易帐篷的架设

架设简易帐篷可使用方块雨衣、毛毯、帆布等简便器材。

（1）屋顶形帐篷。将绳子拴在两棵树之间，或用随身携带的工具等作为支柱，用背包带连接，两端固定在地上。然后将方块雨布搭在绳子或背包带上，底边用石块压牢即可（见图 10-2）。也可将数块雨布连接，构成 4 ~ 8 人用的大帐篷。这种屋顶帐篷适合各种地形。

（2）一面坡形帐篷。这种帐篷适于在断墙、棱坎等处架设。架设时，把雨布一头固定

图 10-2 屋顶形帐篷

在墙壁棱坎上，另一头固定在地面，两边用树枝、野草堵塞挡风。在林地架设时，也可以用树木固定。冬季架设帐篷应注意：在雪层较薄的地区，应先将架设地点的雪扫尽。在雪层较深的地区，如果只是暂时驻留，可不必清扫积雪，但应将雪压实、压平，在冻结的地面上形成一道隔绝层。如果暂时不转移，则应在雪地中挖坑埋设帐篷。这样可以更好地抵御寒风。在阔地上架设帐篷时，可在帐篷迎风面筑一道雪墙，既可挡风又便于生火。

（二）临时遮棚的搭建

在森林中过夜，最好不要露宿，因为当人睡着之后，血液循环变慢，皮肤松弛，对外界的抵抗力降低，皮肤上的露水蒸发时又带走了热量，会使人着凉受寒，关节酸痛。在林区露营，可就地取材搭制临时的遮棚。首先，选择两棵树作立柱，然后在距地面一米处绑一横杆，横杆上斜搭（约 45 度）若干后杆，后杆上再绑上两条横杆，即可将树枝像铺瓦一样，一层层重叠地搭挂在支架上。遮棚的两侧也用树枝遮堵（见图 10-3）。

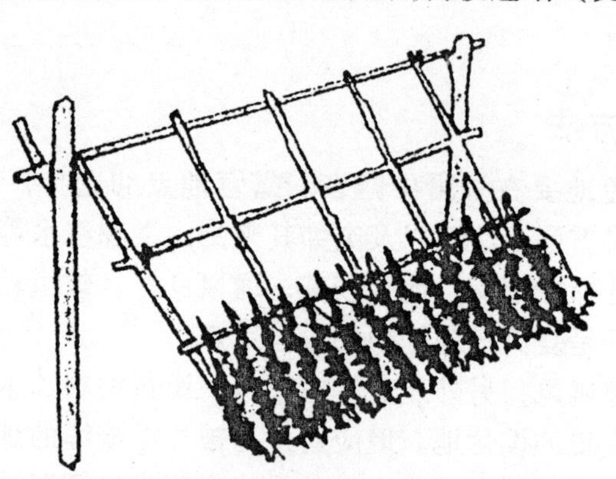

图 10-3 临时遮棚

（三）吊床

在丛林地带，吊床非常适用。搭设吊床的方法是将雨布、床单、帆布及伪装网等用绳系住两头，并系在树干上，人即可躺在上面休息。下雨时，可在上面再拉一根绳子，搭上方块雨布，四角用绳子系牢，便形成防水帐篷（见图 10-4）。

冬季露营应想一切办法取暖。在条件允许的情况下，燃点篝火是有效的取暖措施。

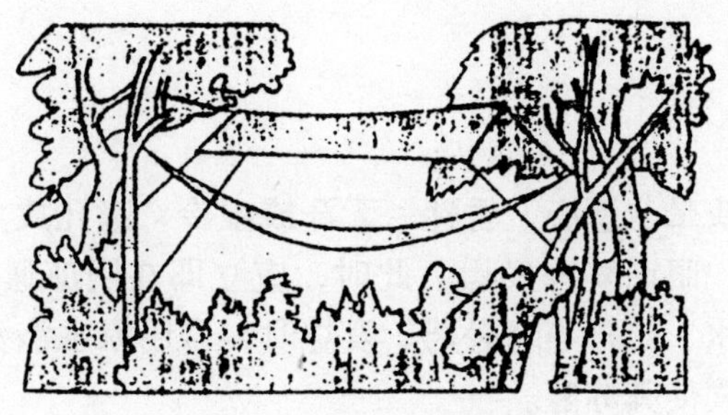

图 10-4 吊床、防水帐篷

八、野外常见伤病的防治

（一）毒蛇咬伤的防治

在山野丛林中活动时，一旦被毒蛇咬伤，应立即采取紧急措施。首先，立刻用布条或布绳等缚住伤口处靠近心脏一端，减少毒血上流。随后用消过毒的刀子在毒蛇咬伤部位划一个十字形口，挤出毒液，也可用口吸出毒液（口内不能有伤口，以免中毒），随吸随吐，有条件的还可用水冲洗伤口，然后送往医院，不可延误。一般情况下，在毒蛇较多地区活动时，应备有蛇药。

（二）昆虫叮咬的防治

在野外为了防止昆虫的叮咬，人员应穿长袖衣和裤，扎紧袖口、领口，皮肤暴露部位涂搽防蚊药。不要在潮湿的树荫和草地上坐卧。宿营时，烧点艾叶、青蒿、柏树叶、野菊花等驱赶昆虫。被昆虫叮咬后，如果有条件，可用氨水、小苏打水、氧化锌软膏涂抹患处止痒消毒。

（三）蚂蟥叮咬的防治

蚂蟥是危害很大的虫类。遇到蚂蟥叮咬时，不要硬拔，可用手拍打或用肥皂液、盐水、烟油、酒精滴在其前吸盘处，或用燃烧着的香烟烫，让其自行脱落，然后压迫伤口止血，并用碘酒涂搽伤口以防感染。部队行进中，应经常查看有无蚂蟥爬到脚上。如在鞋面上涂些肥皂、防蚊油，可以防止蚂蟥上爬。涂一次的有效时间为 4 ~ 8 小时。此外，将大蒜汁涂抹于鞋袜和裤脚，也能起到驱避蚂蟥的作用。

（四）昏厥的防治

野外昏厥多是由摔伤、疲劳过度、饥饿过度等原因造成的。主要表现为脸色突然苍白，脉搏微弱而缓慢，失去知觉。遇到这种情况，不必惊慌，一般过一会儿便会苏醒。醒来后，应喝些热水，并注意休息。

（五）中毒的防治

中毒的症状是恶心、呕吐、腹泻、胃疼、心脏衰弱等。遇到这种情况，首先要洗胃，快速喝大量的水，用手指触碰咽部引起呕吐，然后吃蓖麻油等泻药清肠，再吃活性炭等解毒药及其他镇静药，多喝水，以加速排泄。为保证心脏正常跳动，应喝些糖水、浓茶，暖

暖脚，立即送医院救治。

（六）中暑的防治

中暑的症状是突然头晕、恶心、昏迷、无汗或湿冷，瞳孔放大，发高烧。发病前，常感口渴头晕，浑身无力，眼前阵阵发黑。此时，应立即在阴凉通风处平躺，解开衣裤带，使全身放松，再服十滴水、仁丹等降暑药。发烧时，可用凉水浇头，或冷敷散热。如昏迷不醒，可掐人中、合谷穴使其苏醒。

（七）冻伤的防治

如发现皮肤有发红、发白、发凉、发硬等现象，应用手或干燥的绒布磨擦伤处，促进血液循环，减轻冻伤，轻度冻伤用辣椒泡酒涂擦便可见效。如出现身体冻僵的情况，不要立即将伤者抬进温暖的室内，应先磨擦肢体，做人工呼吸，待伤者恢复知觉后，再到较温暖的地方抢救。

（八）蜇伤的防治

被蝎子、蜈蚣、黄蜂等蜇伤后，伤口红肿、疼痒，并伴有恶心、呕吐、头晕等症状。要先挤出毒液，然后用肥皂水、氨水、烟油、醋等涂擦伤口；或将马齿苋捣碎，汁冲服，渣外敷。也可将蜗牛洗净后捣碎，涂在伤口上。此外，蒜汁对蜈蚣蜇伤有疗效。

第四节　定向运动常识

定向运动是一项极富健身性、知识性、趣味性、竞争性和军事意义的体育项目，是一项非常适合在大学中开展的智慧型学生体育运动。经常参加这项活动，不仅能强健体魄，还能培养学生独立分析解决问题的能力和良好的逻辑思维能力。

一、定向运动概述

定向运动就是运动员利用地图和指南针，按规定的顺序独立寻找若干个标绘在地图上的地面检查点标志，并以最短时间跑完全赛程的运动。定向运动比赛通常在森林、郊外和城市公园里进行，也可在大学校园里进行。

定向运动本身作为一种体育项目，是20世纪初在北欧开始开展的。1932年举行了第一次世界定向运动比赛。1961年国际定向联合会在丹麦的哥本哈根成立，简称国际定联，现有成员国63个。国际定联是世界定向运动的行政实体，是国际体育联合会总会之一。1977年，定向运动获得国际奥委会的承认，被列入奥林匹克体育项目。2001年，世界体育运动大会将定向运动列为正式比赛的项目。

定向运动按运动工具的不同，可分为两种：一种是徒步定向，如传统定向越野跑、接力定向、积分定向、专线定向、公园定向、夜间定向、五日定向等；另一种是借助交通工具定向，如滑雪定向、山地自行车定向、摩托车定向等。每一种定向运动又因参赛者的性别、年龄不同，可分为男女老年组、成年组、青年组、少年组；按技术水平的不同，可分为初级组（体验组和家庭组）、高级组和精英组；按参加人数的不同，又分为单人赛、双

人赛和团体赛，还可设立男女混合赛。

定向越野比赛是国际定联正式承认的比赛项目之一。它是各种定向运动比赛中组织方法比较简便，开展最为广泛的一种。在以下定向运动的介绍中将对定向越野这一典型的定向运动作侧重介绍。

二、定向运动竞赛器材和装备

（一）定向运动竞赛器材

1. 地图

地图是定向越野最重要的器材，它的质量好坏直接影响到运动员比赛的成绩。精确度要求使以正常速度奔跑的运动员没有任何不准确的感觉。定向越野地图的比例尺通常为1:1.5万或1:2万，有时也采用1:1万或1:2.5万。它包括地貌、水系、建筑物、道路、植被和境界等六项内容。

2. 指北针

指北针（见图10-5）主要用于运动中辨别方向、标定地图、确定站立点和辅助按图行进。目前使用的指北针主要有简单式、液晶式、透明式、照准式、电子式等多种，国际上的定向越野比赛常使用由透明有机玻璃材料制造的指北针。

3. 号码布

号码布一般不超过24厘米×24厘米，号码数字的高不低于12厘米，字迹要清晰，字体要端正。正规比赛要求运动员将号码布佩戴于前胸及后背两处。

4. 检查卡片

检查卡片主要用于判定运动员的成绩，用厚纸片制成，分为主卡和副卡两部分。主卡由运动员在比赛中携带，并按顺序将每个检查点的点签图案印在空格中，到达终点时交裁判人员验证；副卡在出发前交工作人员留底和公布成绩时使用。

5. 检查点点标

检查点点标是运动员辨别和确定通过检查点而设置的专门标志。检查点点标由三面标志旗连接组成，每面正方形小旗，沿对角线分开，左上为白色，右下为红色，旗的尺寸为30厘米×30厘米。标志旗通常要编上不同英文字母作为代号，以便选手在比赛时根据旗上代号来判断是否找到了正确的检查点（见图10-6）。

图10-5 指北针

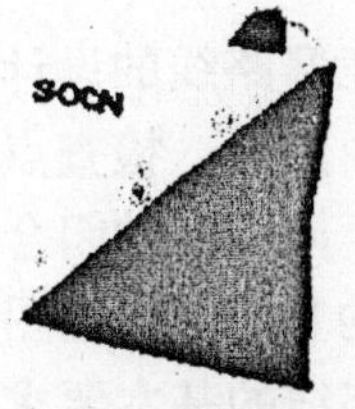

图10-6 标志旗

6. 打卡器

为了证实运动员通过了比赛中的各个检查点，运动员必须在到达每一个检查点（点标）时，使用打卡器（见图10-7）在卡纸上打卡，以此证明其确实到达此点。现在国内大型定向比赛都用电子打卡系统打卡，它不仅可以证实运动员正确通过检查点，而且还能同时记录通过检查点的时间。

（二）定向运动竞赛装备

定向运动装备除号码布、地图等由赛会供应外，基于安全，指北针和哨子是运动员自备的用具，如夺分式定向赛更应带有手表。服装方面，应以轻便、舒适及易于活动为佳，过紧和太厚的衫裤使人运动不便。初涉定向运动的，可穿旅行鞋，保护脚腕。有经验的运动员可穿上比赛用的定向鞋（见图 10-8），鞋身应防水，鞋底有凸齿，在碎沙地不易滑倒。

图 10-7　打卡器

图 10-8　定向鞋

三、定向运动的竞赛区域和路线

（一）定向运动竞赛区域

定向运动竞赛区域的地形复杂程度要与定向运动竞赛的要求相适宜。选择的地域应具有一定数量的树林等植被覆盖，地形具有一定起伏，地貌、地物相对明显且有特点。竞赛地域应是实地，有可通行的越野地域，有道路地域，道路选择多。这样的地域有利于检验参加者的定向运动技能和技术水平。另外，竞赛地域要与竞赛组别的竞赛等级相适宜。对于那些地形变化不大、平缓无特点的地域，以及那些地形变化过大或崖陡谷深的危险地域、农作物区、自然保护区、禁区等不宜作为定向运动竞赛区域。

为了保证竞赛公正，举行过定向运动竞赛的区域，在短期内不得再次选择为竞赛区域，规则规定三年内不得用于全国性竞赛。定向运动竞赛区域应保密，不应使本地参赛者或知情者获益。

（二）定向运动竞赛路线

定向运动竞赛路线的设计应与相应的竞赛组别的定向运动技能水平相适宜。定向运动竞赛运动路线由起点、检查点、终点构成基本的框架。定向运动竞赛运动路线设计分为：起点与终点设于同一处的闭合式竞赛运动路线、起点和终点分开设立的开放式竞赛运动路线。竞赛路线的基本形式见图 10-9。

设计比赛路线的基本要求：① 要具有可选择性，使运动员能够根据自己的能力对前进的方向和路线进行选择；② 要具有可判读性，迫使选手依赖识图用图的能力参加比赛；③ 检查点之间的距离应控制在 500 ~ 1000 米之间，如果受地图比例尺或地形条件限制，可酌情增减。另外，检查点的数量一般控制在 10 个左右，检查点的数量越多，比赛难度越大，用的时间就越长；反之，比赛难度越小，需要时间就越短。

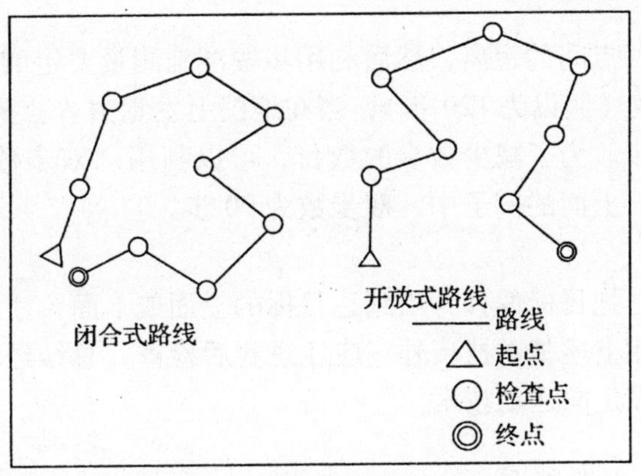

图 10-9　竞赛路线的基本形式

四、定向运动的基本技能

（一）定向越野所需技能

定向运动是一项处在发展和变化中的综合性体育运动，在进行不同项目的定向运动时，由于使用的装备、器材以及组织比赛的方法不同，因此需要的技能也不尽相同。这里仅介绍典型的定向运动项目——定向越野的技能。一名好的定向越野选手的技能可以概括为四个方面：在野外能够迅速地辨别方向；能熟练地使用地图的指北针；善于进行长距离的越野跑；既果断又细心，能够迅速选择最佳的行进路线。但是，在任何情况下，运动员辨别方向和使用地图的能力始终都是最基本的。

（二）基本技术

1. 地图正置及拇指辅行法

先将地图正置，把拇指放在地图上自己的位置。这样，要前进的方向便在地图前面，可以清楚观察四周的环境及地理特征。当前进时，拇指随着移动，当改变前进方向时，地图也要随着转移，即保持地图北向正北方。这样，在任何时候都可以立即指出自己在图中的位置，保持正确的行进路线。

2. 利用指北针

利用指北针，准确地找出目标的方向。每次前往目标前，可先观察目标周围的地势，加深印象，务求快速、准确地到达目的地。

3. 扶手法

利用实地中的线形地形（比喻为上下楼梯时的扶手）作引导，使前进时更具信心，如公路、铁路、河流、小径、围栅、小溪涧、山嘴等，皆是有用的“扶手”。

4. 搜集途中所遇特征

辨别前往控制点途中所遇到的地理特征，确保前进方向及路线正确。切勿将相似的特征误认。

5. 攻击点

先找出控制点附近特别明显的特征，然后利用指北针，从攻击点准确、迅速地前往控制点。攻击点必须是容易辨认的物体，如电塔架、小路交点等。

6. 数步测距

先在地图上量度两点间的距离，然后利用步幅准确测量要走的路程。方法是：先量度100米所需步行的步数（假设为120步），当在地图上发觉由A点到B点的距离是150米，便可估算出应走180步。为了减少数步的数目，可以利用“双步数”，只数右脚落地的一步，便可将步数减半。上面的例子中，双步数为90步。

7. 目标偏测

利用指北针前进，把目标偏移，当到达目标的上面或下面，才沿“扶手”进入目标。

除比赛时灵活运用上述基本技巧外，应注意赛后检查，总结经验，找出常犯的错误和原因，不断改进和提高定向运动技术。

（三）定向运动比赛程序

运动员参加定向运动比赛，应严格按比赛程序进行。

1. 报到处

运动员在比赛前被带到赛区的报到处，办理登记手续，领取比赛号码布。在会场内可查阅参赛员的出发时间或有关该次比赛的资料。

2. 出发区

运动员需于出发前10分钟到达出发区，通常出发区距离会场数分钟至30分钟的路程，参赛员须依从赛会指引，自己前往，不要迟到。如因个人延误迟到，所损失的时间将不获补偿。

3. 进行比赛

各组的参赛员每隔一分钟或几分钟出发一队，出发后，参赛员必须离开出发方格，以免阻碍其他运动员出发。出发后，参赛员须寻找所需到访的控制点，然后返回终点报到。

4. 终点处

参赛员通过跑道，越过计时器后，计时员会把他到达的时间记录下来，参赛员返抵终点后，首先要将检查卡交收卡员，并及时将地图交回地图收集处，方可离开，到指定地点休息。

5. 重返会场

参赛员可从布告板上查阅比赛成绩，如有投诉，须在成绩公布后5分钟内提出。颁奖后，可各自离场。

思考题

1. 行军前要做好哪些准备？
2. 行军的组织实施包括哪些主要内容？
3. 宿营地应具备哪些基本条件？选择时有哪些注意事项？
4. 在野外迷失方向时，如何判定方位？
5. 如何对野外常见伤病进行防治？
6. 在野外如何寻觅水源并对水进行净化处理？
7. 定向运动的基本技能有哪些？

参考文献

[1] 张万年. 当代世界军事与中国国防 [M]. 北京：军事科学出版社，1999.

[2] 中国军事百科全书编审委员会. 中国军事百科全书·军事思想 [M]. 北京：军事科学出版社，1997.

[3] 沈永平. 军事高科技知识 [M]. 北京：解放军出版社，1998.

[4] 刘继贤，张全启. 毛泽东军事思想原理 [M]. 北京：解放军出版社，2007.

[5] 姚延进，刘继贤. 邓小平新时期军事理论研究 [M]. 北京：军事科学出版社，1994.

[6] 蒋顺学. 毛泽东军事思想科学体系 [M]. 北京：军事科学出版社，2007.

[7] 侯鲁梁. 毛泽东建军思想概论 [M]. 北京：解放军出版社，2007.

[8] 中国人民解放军总政治部. 邓小平新时期军队建设思想学习纲要 [M]. 北京：解放军出版社，1997.

[9] 庄久昌. 军事地形学 [M]. 北京：解放军出版社，1998.

[10] 张晓威. 定向越野 [M]. 北京：解放军出版社，1987.

[11] 中国人民解放军总参谋部. 军事地形学 [M]. 北京：解放军出版社，2000.

[12] 彭国甫. 现代国防教育概论 [M]. 长沙：湖南大学出版社，2000.

[13] 张子敬. 大学军训教材 [M]. 长沙：湖南科学技术出版社，1998.

[14] 军事科学院战略研究部. 战略学 [M]. 北京：军事科学出版社，2001.

[15] 曹明晶. 轻武器射击教材 [M]. 济南：黄河出版社，2000.

[16] 郭梅初，杨凤华. 高技术局部战争简论 [M]. 北京：军事科学出版社，2001.

[17] 总参谋部军训部. 战术学基础 [M]. 北京：解放军出版社，1987.

[18] 沈克尼，陶京天. 野外生存 [M]. 北京：解放军出版社，1994.

[19] 高俊敏. 野外生存与防身自救 [M]. 北京：军事谊文出版社，2000.

[20] 赵荣，龙显清. 新编军事课教程 [M]. 长沙：国防科技大学出版社，2008.